海外中国研究信息跟踪报告（2022）

中央党史和文献研究院信息资料馆 / 编

中共党史出版社

图书在版编目（CIP）数据

海外中国研究信息跟踪报告 . 2022 / 中央党史和文献研究院信息资料馆编 . -- 北京：中共党史出版社，2024.8

ISBN 978-7-5098-6522-4

Ⅰ . ①海… Ⅱ . ①中… Ⅲ . ①汉学—研究—国外 Ⅳ . ① K207.8

中国国家版本馆 CIP 数据核字（2024）第 046660 号

书　　名：海外中国研究信息跟踪报告（2022）
作　　者：中央党史和文献研究院信息资料馆

出版发行：中共党史出版社
责任编辑：赵雨　乔君（特约）
责任校对：申宁
责任印制：段文超
社　　址：北京市海淀区芙蓉里南街 6 号院 1 号楼　邮编：100080
网　　址：www.dscbs.com
经　　销：新华书店
印　　刷：北京盛通印刷股份有限公司
开　　本：710mm×1000mm　1/16
字　　数：380 千字
印　　张：29
版　　次：2024 年 8 月第 1 版
印　　次：2024 年 8 月第 1 次印刷
书　　号：ISBN 978-7-5098-6522-4
定　　价：71.00 元

此书如有印装质量问题，请联系中共党史出版社读者服务部 电话：010-83072535

海外中国研究信息跟踪报告（2022）
编　委　会

前　言

随着中国综合国力和国际地位的不断提升，海外中国研究日益成为显学。跟踪海外学界关于当代中国问题的最新研究成果，是一项兼具现实意义和学理价值的重要工作。

做好这项工作，是正确认识和把握世界百年未有之大变局的需要。习近平总书记指出："当前，百年变局加速演进，世界之变、时代之变、历史之变正以前所未有的方式展开。"了解世界如何看中国，是中国融入世界、发展同世界各国关系的必要前提。倾听来自世界的声音，了解国际社会对变化中的中国和世界的认识，有助于我们正确认识和把握世界百年未有之大变局。

做好这项工作，是加快构建中国话语和中国叙事体系、展现良好中国形象的需要。习近平总书记强调，要"加快构建中国话语和中国叙事体系，讲好中国故事、传播好中国声音，展现可信、可爱、可敬的中国形象"。推进中国故事和中国声音的全球化表达、区域化表达、分众化表达，首先要了解对方关于中国问题的兴趣焦点、所持态度和观点、思维逻辑等，有针对性地进行阐释和回应，在此基础上讲好中国故事、传播好中国声音。

做好这项工作，是弘扬全人类共同价值、促进人类文明交流互鉴的需要。习近平总书记指出："在各国前途命运紧密相连的今天，不同文明包容共存、交流互鉴，在推动人类社会现代化进程、繁荣世界文明百花园中具有不可替代的作用。"海外中国研究提供了一个他者的视角，让我们从海外相关研究的反思和分析中，看到中国智慧、中国方案对世界其他国家特别是发展中国家解决自身问题的参考价值，同时也为我们学习借鉴其他国家的经验做法提供新思路、新方法、新举措。

2022 年，党的二十大胜利召开，擘画了全面建设社会主义现代化国家、以中国式现代化全面推进中华民族伟大复兴的宏伟蓝图，吹响了奋进新征程的时代号角。中央党史和文献研究院信息资料馆立足党史和文献资源建设，围绕主责主业，依托高端智库建设和《国外理论动态》杂志编刊工作，组织专家学者精心策划，推出了《海外中国研究信息跟踪报告（2022）》，聚焦并梳理 2022 年海外学界对当代中国问题的最新研究动态，旨在为国内学术界和社会大众开拓视野提供有益资料。

全书共分为两个部分。第一部分"热点篇"收录了 14 篇文章，反映了 2022 年海外学界对习近平新时代中国特色社会主义思想、党的二十大、中国式现代化以及中国共产党历史四个重点议题的关切。海外相关研究既有学理层面的思考，也有实践层面的探讨，具有多角度、多层面、多元化的认知特点。关于习近平外交思想，海外学者多从其形成背景、主要内容和重要影响等方面展开研究，认为习近平外交思想指导中国在维护世界和平与稳定、提供全球公共产品等方面作出了积极的贡献。关于共同富裕理论，海外学者多从其历史内涵、时代意义和可行性路径等方面展开研究，将其视作中国解决不平等问题所采取的负责任行动。关于人类命运共同体理念，海外学者多从理念的提出依据、基本内涵、价值意蕴和实践路径等方面进行探讨，认为该理念有机融合了中西方文化传统和美好愿景，蕴含丰富的时代价值和现实意义。关于党的二十大，国际社会对会议的重大意义和重要内容进行解读，聚焦大会为中国社会主义现代化建设擘画的路线图，期待中国的发展成果更多惠及世界其他国家。关于中国式现代化，海外学者充分肯定了中国式现代化取得的辉煌成就，着重对其成功的原因及展现的特色展开分析，认为中国式现代化深刻影响了世界历史的发展进程。关于中国共产党历史，三篇文章分别评述了美国学界最初兴起中国共产党研究的原因以及海外学界关于安源工人运动和中国红军长征的研究概况。

第二部分"区域篇"收录了 10 篇区域性研究报告，呈现了阿拉伯国家、德国、俄罗斯、法国、美国、南非、日本、西班牙语国家、新加坡和英国（以音序排列）在 2022 年关于中国问题研究的整体情况、研究热点、代表性观点以及特点趋势。这些国家或地区的学者表现出对中国的强烈兴趣，在俄乌冲突等国际事件的背景下，密切关注年度内中国的重大活动以及理论和政策动向，研究议题的共性趋于增强。但与此同时，观点的分化也愈加明显。不仅不同国家或地区在同一问题上的立场有所不同，而且同一国家或地区内部针对某一问题的争论也是显而易见的。这些关于中国问题的研究和分析，最终立足点还是结合所在国别或地区自身实际情况，探究应当采取何种对华立场，如何发展对华关系。

本书有关文献，来自海外主要研究机构或研究人员的研究报告、学术期刊、学术著作、网站文章等，涉及英语、法语、德语、西班牙语、俄语、日语、阿拉伯语等多个语种，反映了不同国家或地区关于中国议题的最新研究动态，是了解海外中国研究的重要参考资料。

本年度报告是中央党史和文献研究院 2022 年重点课题"海外中国研究信息跟踪报告（2022）"的结项成果。课题从立项、研究到成果出版，始终得到了中央党史和文献研究院院长曲青山的大力支持。在课题开展过程中，副院长柴方国和原副院长魏海生给予了悉心指导，对外合作交流局等兄弟部门的领导和专家给予了无私帮助。受主客观条件的限制，本项报告仍有疏漏和欠缺，恳请广大读者批评指正。

2023 年 11 月

目　录

热 点 篇

党的创新理论

海外学者关于习近平外交思想的研究述评　王艳 /3

海外学者关于共同富裕的理论热点述评　张潇爽 /25

海外人士关于人类命运共同体理念的认知图景　张秀萍　张光哲 /43

党的二十大

英文世界关于中共二十大的若干认知　赵启威 /60

俄罗斯社会各界关于中共二十大的若干认知　纪悦生　戢炳惠 /68

日本社会各界关于中共二十大的若干认知　赵庆 /77

非洲社会各界关于中共二十大的若干认知　王婷　李洪峰 /87

阿拉伯社会各界关于中共二十大的若干认知　吕可丁 /100

中国式现代化

日本学界关于中国式现代化的若干认知　成龙　张乐 /107

拉美学界关于中国式现代化的若干认知　　楼宇 /130

英文文献关于中国式现代化的若干认知　　王峰　廖松涛 /148

中国共产党历史

美国中国共产党研究的发生学初探　　吴原元 /168

欧美学者关于安源工人运动的研究评述　　张丹　周利生 /189

国外关于中国红军长征的研究：进路与前瞻　　韩洪泉 /206

区 域 篇

阿拉伯国家　吕可丁 /229

德　国　王婵娜 /245

俄罗斯　孙芳　高雪 /265

法　国　赵超 /291

美　国　付正 /316

南　非　李洪峰　王婷　张经纬　杨思涵 /345

日　本　史佳可 /360

西班牙语国家　陈岚　靳呈伟 /390

新加坡　袁倩 /416

英　国　张壹铭 /434

热 点 篇

党的创新理论

海外学者关于习近平外交思想的研究述评

王艳

习近平外交思想是新时代中国特色大国外交的根本指导思想，它把马克思主义基本原理同新时代中国外交工作紧密结合，提出一系列原创性的外交新理念新思想新战略，系统回答了中国应推动建设什么样的世界、构建什么样的国际关系，新形势下中国需要什么样的外交、怎样办外交等重大理论和实践问题，集中体现了中国方案和中国智慧。海外学者高度关注习近平外交思想并进行了深入研究。本文以海外学者关于习近平外交思想的形成背景、主要内容和重要影响的认知为主线，梳理与评析海外学界在这方面的相关研究状况。

一、关于习近平外交思想的形成背景

2017 年 12 月 28 日，习近平在接见 2017 年度驻外使节工作会议与会使节时提出"百年未有之大变局"的重大判断。他指出："正确认识当今时代潮流和国际大势，放眼世界，我们面对的是百年未有之大变局。"①海外学者也有同"百年未有之大变局"相似的判断，他们大多认为西方主导的世界格局正在被逐渐打破，而中国正是引发这场变局的关键因素之一。

一些学者认为，中国的综合国力、国际地位和影响力显著提升，日益成为区域性乃至全球性大国。英国伦敦国王学院教授克里·布朗（Kerry Brown）指出，中国目前已成为仅次于美国的世界第二大经济体。这样的经济增长规模意味着，无论中国的愿景是什么，外界都会将中国置于更加突出的地位。中国的财富和贸易实力决定了其在环境、自由贸易、核不扩散等问题上都具有举足轻重的作用②。美国哥伦比亚大学教授黎安友（Andrew J. Nathan）等认为，中国已成为美国的"对等竞争者"以及欧洲的"系统性竞争对手"。作为世界第二大经济体，中国通过"一带一路"倡议扩展了其国际影响，建立了足以同美国海军在西太平洋抗衡的海军。中国不再是一个区域性大国，而是一个全球性大国③。美国皮尤智库研究员劳拉·西尔弗（Laura Silver）指出，中国的全球影响力不仅体现在物质意义上，全世界听到并认真对待中国声音和观点的程度都在上升④。

另一些学者认为，面对诸多不稳定和不确定因素，整个世界正在发生深刻的变化，进入了动荡变革期。哈萨克斯坦国立大学杜曼·泽克诺夫（Duman Zhekenov）等学者指出："当前，国际环境正在发生深刻而复杂的变化，世界格局正在步入一个新的发展阶段；

---

① 《习近平谈治国理政》第三卷，外文出版社 2020 年版，第 421 页。

② Kerry Brown, "China's Foreign Policy Since 2012: A Question of Communication and Clarity", *China Quarterly of International Strategic Studies*, Vol. 3, No. 3, 2020, pp. 325–339.

③ Andrew J.Nathan and Boshu Zhang, "'A Shared Future for Mankind': Rhetoric and Reality in Chinese Foreign Policy under Xi Jinping", *Journal of Contemporary China*, Vol. 31, No. 133, 2021, pp. 57–71.

④ Laura Silver, "How People in Asia View China?", Pew Reserch Centre, http://www.pewresearch.org/fact–tank/2017/10/16/how–people–in–asia–pacific–view–china/.

经济全球化导致全球资源重新配置；世界多极化正在不断调整着国际关系；社会信息化使世界各国的联系愈发紧密；多元文化在全球范围内交流互鉴。简言之，全球治理与国际格局正在迅速发生根本性变化。与此同时，世界上不稳定和不确定因素也更加明显。全球经济增长动力不足，贫富差距日益扩大，恐怖主义、网络安全、传染病和气候变化等非常规安全威胁正在全球蔓延。人类面临着许多共同的挑战。在此形势下，中国领导人为国际关系的发展贡献了中国智慧。"① 还有学者认为，从 2012 年开始，中国就面临着来自国内外的巨大挑战。由于国际安全环境日益严峻，中国与邻国发生冲突的可能性增加。值得注意的是，奥巴马"亚洲优先"策略曾一度使中国的地区环境复杂化，中国发展面临的外部不确定性在增加②。

二、关于习近平外交思想的主要内容

习近平外交思想立意高远、内涵丰富，是习近平新时代中国特色社会主义思想的重要组成部分。许多海外学者认为，习近平外交思想中包含了很多新概念新思想，他们主要围绕外交决策机制改革、中华民族伟大复兴、人类命运共同体、"一带一路"倡议、国家间关系的构建、全球治理体系改革等议题进行了研究。

---

① D. Zhekenov, M. Makisheva and S. Jakubayeva, "Chinese Foreign Policy through the Prism of 'Community of Common Destiny'", *International Relations and International Law Journal*, Vol. 88, No. 4, 2019, pp. 13–19.

② Weixing Hu, "Xi Jinping's 'Major Country Diplomacy': The Role of Leadership in Foreign Policy Transformation", *Journal of Contemporary China*, Vol. 28, No. 115, 2018, pp. 1–14.

（一）关于新时代中国外交决策机制改革

习近平在中央外事工作会议上指出："全面推进新形势下的对外工作，必须加强党的集中统一领导，改革完善对外工作体制机制，强化对各领域各部门各地方对外工作新局面提供坚强保障。"[1] 海外学者聚焦新时代中国外交决策机制改革，认为这些改革加强了党对外交工作的集中统一领导，有助于推动跨部门的信息畅通和组织协调，更好地服务于中国对外战略目标的实施。

许多海外学者认为，为了应对外交决策体系低效、信息无法实现共享等问题，习近平推动了旨在加强对外工作集中统一领导的系列改革。法国亚洲中心研究员、香港浸会大学政治及国际关系学系主任高敬文（Jean-Pierre Cabestan）表示，中国作为一个世界大国，有必要引入更快速有效的决策机制，更好地协调政策实施。他认为，习近平采取的重要外交政策之一就是进行了相关领域的制度改革，包括推动建立了国家安全委员会。该委员会以处理国内事务为主，同时还担负一定的国际责任，比如边境管理和反恐怖主义；建立了两个领导小组——中央全面深化改革领导小组、中央网络安全和信息化领导小组[2]；建立了中央外事工作委员会。这些改革的目标是清晰的，即通过向这些协调机构赋权来加强党对相关领域的领导[3]。

海外学者普遍对以上制度改革的效果给予积极的评价。他们认为，习近平高度重视顶层设计、底线思维、立体视角和协调统一，把外交提升到了同国内政策一样重要的高度，通过建立国家安全委

---

[1] 习近平：《论坚持推动构建人类命运共同体》，中央文献出版社 2018 年版，第 202 页。

[2] 2018 年 3 月，这两个小组分别改为中央全面深化改革委员会、中央网络安全和信息化委员会。

[3] Jean-Pierre Cabestan, "China's Foreign and Security Policy Institutions and Decision Making under Xi jinping", *British Journal of Politics and International Relations*, Vol. 23, No. 2, 2020, pp. 319–336.

员会，加强对外交政策的协调能力，大大提升了中国的外交能力①。美国国防大学高级研究员吴志远（Joel Wuthnow）认为，国家安全委员会的建立有利于打破条块分割的限制，更好地统筹处理涉及国内外的安全事务，并将有力推动决策力集中的"一揽子计划"，结束国家安全领域中不同领导小组、国家职能机构和军事情报组织各自为营的碎片化的局面②。高敬文也认为，习近平推动的机构改革有助于更好地协调机构间的决策并加快执行进程。这些改革有效地服务于中国的外交政策目标，减轻了政府面临的安全风险。换言之，在习近平的领导下，中国更好地捍卫了安全利益，提升了中国的国际地位③。

（二）关于中国实现中华民族伟大复兴

2012年11月，习近平在参观《复兴之路》展览时指出："现在，大家都在讨论中国梦，我以为，实现中华民族伟大复兴，就是中华民族近代以来最伟大的梦想。"④ 在2018年6月的中央外事工作会议上，习近平再次指出，坚持以实现中华民族伟大复兴为使命推进中国特色大国外交⑤。中华民族伟大复兴是中国共产党团结带领中国人民进行的一切奋斗、一切牺牲、一切创造的主题。作为新时代中国对外工作的历史使命，海外学者从不同的角度对中华民族伟大复兴

---

① Zhimin Lin, "Xi Jinping's 'Major Country Diplomacy': The Impacts of China's Growing Capacity", *Journal of Contemporary China*, Vol. 28, No. 115, 2018, pp. 31–46.

② Joel Wuthnow, "China's New 'Black Box': Problems and Prospects for the Central National Security Commission", *The China Quarterly*, Vol. 232, 2017, pp. 886–903.

③ Jean-Pierre Cabestan, "China's Foreign and Security Policy Institutions and Decision Making under Xi jinping", *British Journal of Politics and International Relations*, Vol. 23, No. 2, 2020, pp. 319–336.

④《习近平谈治国理政》，外文出版社2014年版，第36页。

⑤《习近平谈治国理政》第三卷，外文出版社2020年版，第427页。

的内涵进行了解读。

首先，中华民族伟大复兴意味着维护领土和主权完整。部分海外学者认为，中华民族的伟大复兴作为一种共识根植于中华民族的集体记忆中，它根源于中国百年屈辱史，因此维护领土和主权的完整对中国摆脱屈辱的记忆至关重要。芬兰国际关系研究院研究员高玉麟（Jyrki Kallio）通过研读中国官方的历史著述提出，"复兴"是指洗刷掉过去殖民权力和战争带给中国的屈辱，进而巩固领土和主权完整。中华民族伟大复兴以及中国梦的实现与捍卫和巩固中国主权与领土完整密切相关[1]。

其次，中华民族伟大复兴意味着恢复历史上曾经有过的国际地位。不少海外学者认为，中华民族伟大复兴是一个奋斗目标，也是新时代凝聚人心、共同奋斗的基础。牛津大学教授罗斯玛丽·福特（Rosemary Foot）等认为，中国提出的中华民族伟大复兴是指回到中国光荣的过去，并在世界事务中发挥主要作用[2]。比利时天主教鲁汶大学学者玛丽亚·阿黛勒·卡拉伊（Maria Adele Carrai）指出，目前西方学术界和政界对"中国梦"的内涵还存在争议，但它的一个显著标志是对过去五千年文明的怀旧。其叙事方式是面向未来的，通过唤起对过去的记忆，包括百年屈辱的创伤和千年文化传统的荣耀等叙事方式，为政治行动者和普通民众构建一种看待和阐释世界的方式[3]。英国伦敦政治经济学院客座教授白若思（Gordon Barrass）等认为，中国旨在恢复几个世纪以来所享有的区域主导性地位，同时

---

[1] Jyrki Kallio, "Dreaming of the Great Rejuvenation of the Chinese Nation", *Fudan Journal of the Humanities and Social Sciences*, Vol. 8, No. 4, 2015, pp. 521–532.

[2] Rosemary Foot and Amy King, "China's World View in the Xi Jinping Era: Where Do Japan, Russia and the USA Fit?", *The British Journal of Politics and International Relations*, Vol. 23, No. 2, 2021, pp. 210–227.

[3] Maria Adele Carrai, "Chinese Political Nostalgia and Xi Jinping's Dream of Great Rejuvenation", *International Journal of Asian Studies*, Vol. 18, No. 1, 2020, pp. 7–25.

将中国的影响力拓展至更广阔的范围 [①]。

此外，中华民族伟大复兴还意味着经济发展与民生福祉。有部分海外学者认为，中华民族伟大复兴是一种经济意义上的考量。比如，布朗认为，习近平提出的实现中华民族伟大复兴的战略目标更加注重提高民众福祉，并且在国际上追求智慧与文化意义上的存在，而非拓展地缘意义上的战略空间 [②]。哈佛大学教授马丁·怀特（Martin K. Whyte）提出，"中国梦"的核心意思是中国应该延续过去几十年经济发展所取得的成就，使中国最终可以达到一个动态的目标。该目标的最低限度是全面建成小康社会，最高限度是赶上美国、日本和发达的欧洲国家，成为世界上最富裕的国家之一 [③]。

（三）关于中国推动构建人类命运共同体

习近平着眼于中国人民和世界人民的共同利益，深入思考"建设一个什么样的世界、如何建设这个世界"等关乎人类前途命运的重大课题，高瞻远瞩地提出构建人类命运共同体的重要理念。推动构建人类命运共同体是新时代对外工作的总目标。人类命运共同体已被多次写入联合国及其他多边机制文件中，受到国际社会的广泛认可。不少海外学者认为，人类命运共同体的概念源于中国古代文化，是中国关于构建世界秩序的理想。

一些学者认为，人类命运共同体根源于中国的传统价值观，与

---

① Gordon Barrass and Nigel Inkster, "Xi Jinping: The Strategist behind the Dream", *Survival*, Vol. 60, No. 1, 2018, pp. 41–68.

② Kerry Brown, "Context: The Xi Jinping Consolidation at the 19th Party Congress", in Kerry Brown(ed.), *China's 19th Party Congress: Start of a New Era*, London: World Scientific Publishing Europe, 2018, p. 4.

③ Martin K.Whyte, "China's Economic Development History and Xi Jinping's China Dream: An Overview with Personal Reflections", *Chinese Sociological Review*, Vol. 53, No. 2, 2021, pp. 115–134.

古代中国"天下为公""天下大同"的思想相联系。很多学者探讨了人类命运共同体的思想来源。黎安友认为，人类命运共同体的知识和文化源于中国传统文化。他引用中国当代学者阎学通、秋风和赵汀阳的观点分别分析了道德现实主义、儒家的普世性和未来的天下观。他认为，"兼容的普世主义"同人类命运共同体相似①。芬兰国防大学高级研究员马蒂·普拉宁（Matti Puranen）分析了古代中国的"天下体系"，认为人类命运共同体的理念受到了天下体系的启发②。法国国际问题专家高大伟（David Gosset）注意到，人类命运共同体理念与《礼记·大同》篇以及近代孙中山、李大钊、康有为的大同思想一脉相承，认为它是21世纪中国对传统的大同社会思想的新表述③。

另一些学者认为，人类命运共同体是中国关于世界秩序的概念，它顺应了当今世界经济全球化和社会信息化的深入发展的趋势。意大利共产党国际部主任弗朗切斯科·瓦莱里奥·德拉克罗齐（Francesco Valerio della Croce）认为，推动构建人类命运共同体旨在实现全球包容、发展与和平的崭新方案，标志着一种新的世界精神，即多边主义、共同发展等理念走向世界④。日本东京大学教授川岛真（Shin Kawashima）认为，习近平将"新型国际关系"视为外交哲学。这种新型关系以"双赢合作"和"正确的义利观"为基础，描述了以利益为中介的国际互动，并通过这些互动形成"朋友圈"，最

---

① Andrew J.Nathan and Boshu Zhang , "'A Shared Future for Mankind': Rhetoric and Reality in Chinese Foreign Policy under Xi Jinping", *Journal of Contemporary China*, Vol. 26, No. 133, 2021, pp. 57–71.

② Matti Puranen, "'All under Heaven as One Family': Tianxiaist Ideology and the Emerging Chinese Great Power Identity", *Journal of China and International Relations*, Vol. 7, No. 1, 2019, pp. 44–61.

③ David Gosset, "From Chinese 'Renaissance' to Community of Shared Destiny", *China Daily*, 2018/6/6.

④ 弗朗切斯科·瓦莱里奥·德拉克罗齐、卢卡·凡齐尼:《人类命运共同体与中国经验》，载《马克思主义与现实》2020年第4期。

终形成"人类命运共同体"。中国已将"一带一路"倡议定位为构建新型国际关系的平台①。美国国家亚洲研究局政治与安全事务高级研究员纳德吉·罗兰德（Nadege Rolland）认为，中国将人类命运共同体提升为中国对改善世界秩序的愿景②。

　　也有一些学者对人类命运共同体的理解存在一定的片面性。例如，黎安友认为："人类命运共同体理念的每个组成部分都在试图同美国的外交政策做对比。比如，'主权平等'指中国不会像美国那样侵略和制裁别的国家；'国际关系民主化'意味着中国不会作为自我定义的世界秩序维护者而凌驾于其他国家之上；'对话和协商'、'共同安全'、'双赢合作'与美国肆意利用其军事和经济实力胁迫别的国家形成鲜明对比。"③事实上，人类命运共同体着眼于全人类的整体利益，为全球治理转型带来新思路，将其仅仅局限于与美国外交政策针锋相对是片面的。人类命运共同体理念的提出响应了国际社会关于公正合理秩序的呼吁，受到国际社会的广泛欢迎。还有学者认为，人类命运共同体在含义上还具有一定的模糊性，比如，"中国如何处理与其他国家的政治不信任问题？中国将会用什么样的力度来推动构建人类命运共同体？"④人类命运共同体是一个目标，同时也是一个过程，它的实现需要国际社会的共同努力和广泛参与。对于海外学者对这一理念的不当解读，需要在进一步的国际传播中予以

---

① Shin Kawashima, "Xi Jinping's Diplomatic Philosophy and Vision for International Order: Continuity and Change from the Hu Jintao Era", *Asia-Pacific Review*, Vol. 26, No. 1, 2019, pp. 121–145.

② Nadege Rolland, "China's Vision for a New World Order", https://www.nbr.org/publication/chinas–vision–for–a–new–world–order/.

③ Andrew J. Nathan and Boshu Zhang, "'A Shared Future for Mankind': Rhetoric and Reality in Chinese Foreign Policy under Xi Jinping", *Journal of Contemporary China*, Vol. 26, No. 133, 2021, pp. 57–71.

④ Denghua Zhang, "The Concept of 'Community of Common Destiny' in China's Diplomacy: Meaning, Motives and Implications", *Asia & the Pacific Policy Studies*, Vol. 5, No. 2, pp. 196–207.

澄清和回应。

（四）关于中国促进"一带一路"国际合作

共建"一带一路"是习近平深刻思考人类前途命运以及中国与世界发展大势，推动中国与世界合作共赢、共同发展提出的倡议。"一带一路"倡议为全球治理体系改革提供了中国方案，成为推动构建人类命运共同体的生动实践，受到国际社会的普遍欢迎。

在很多海外学者看来，"一带一路"倡议自提出以来已经取得了显著成效，是中国外交战略转向更加奋发有为的标志。一方面，"一带一路"倡议对推动发展中国家基础设施建设具有重要意义。美国外交关系协会在 2020 年 3 月发布的一项报告中指出，"一带一路"倡议是中国全球战略的标志性工程，也是有史以来规模最大的全球基础设施建设工程。在其提出之后的短短几年时间里，中国对发展中国家基础设施项目的贷款远远超过了所有主要多边开发银行相应贷款的总和，中国在世界各地资助和建设了大量的基础设施，既满足了许多发展中国家的需求，也填补了美国及其盟友和多边开发银行留下的空白[1]。另一方面，"一带一路"倡议发起的升级版全球化正在逐渐弥补西方版全球化的不足。捷克科学院全球化研究中心主任胡北思（Marek Hrubec）认为，"一带一路"倡议的综合性项目对全球发展和世界改革都作出了重要贡献，其积极影响在未来可能会更多地表现出来。"一带一路"倡议非常符合世界各国试图寻求新替代方案的全球趋势[2]。

---

[1] Jennifer Hillman and David Sacks, "China's Belt and Road Implications for the United States", http://www.cfr.org/report/chinas-belt-and-road-implications-for-the-united-states/.

[2] Marek Hrubec, "From China's Reform to the World's Reform", *International Critical Thought*, Vol. 10, No. 2, 2020, pp. 282-295.

当前，海外学者高度关注"一带一路"倡议的落实情况，研究视角从最初的以规范研究为主逐渐转向以实证研究为主。相关研究可大致分为以下三类：第一，经济视角。这类研究认为"一带一路"倡议的主要目的是通过解决中国国内工业产能过剩问题或中国西部的经济发展来带动中国整体经济增长。比如，美国宾夕法尼亚州州立大学国际事务学院教授弗林特·莱弗里特（Flynt Leverett）等表示，"一带一路"倡议已成为中国的外交政策倡议，也是中国调整其宏伟战略以应对严峻的国际经济、环境和战略挑战的主要渠道[1]。第二，话语策略。这类研究将"一带一路"倡议与马歇尔计划进行对比，认为"一带一路"倡议是中国中心秩序的话语建构。英国兰卡斯特大学高级讲师、瑞典国际事务研究所研究员阿斯特丽德·诺丁（Astrid Nordin）等认为，中国试图在修辞上将这一倡议定位为亚洲乃至新世界的领航者[2]。第三，全球方案。这类研究认为"一带一路"倡议的实施标志着中国把经济外交提升到了中国外交的核心地位，代表了中国倡导构建以中国为主导的工程和制度网络，以使中国在与美国及其主导的世界秩序的竞争中处于优势地位。英国华威大学学者彼得·费迪南（Peter Ferdinand）认为，习近平提出"一带一路"倡议不仅是基于他对当前全球形势的理解，也是其关于发展的中国方案[3]。

随着"一带一路"倡议在全球落地，这一倡议也受到了一些欧美学者的质疑。有学者提出，某些项目导致一些国家出现债务困境，

---

[1] Flynt Leverett and Wu Bingbing, "The New Silk Road and China's Evolving Grand Strategy", *China Journal*, Vol. 77, No. 23, 2017, pp. 110–132.

[2] Astrid H. M. Nordin and Mikael Weissmann, "Will Trump Make China Great Again? The Belt and Road Initiative and International Order", *International Affairs*, Vol. 94, No. 2, 2018, pp. 231–249.

[3] Peter Ferdinand, "Westward ho– the China Dream and 'One Belt, One Road': Chinese Foreign Policy under Xi Jinping", *International Affairs*, Vol. 92, No. 4, 2016, pp. 941–957.

令其对中国的经济依存度增加。此外，实施的项目缺乏透明化管理，有可能滋生腐败或导致生态环境恶化等问题①。事实上，与"一带一路"倡议相关的项目涉及全球 100 多个国家，在实施过程中遇到一些问题是难以避免的。这些欧美学者提出质疑并非基于这些项目本身，而是因为某些项目在特定区域内与欧美国家形成了战略竞争关系。正如印度学者维贾伊·沙胡杰（Vijay Sakhuja）所言，尽管"一带一路"倡议起初受到了许多国家的欢迎，但是自 2017 年以来，它受到了四方安全对话成员国澳大利亚、印度、日本和美国的挑战，这些国家与中国存在利益交叉和争端分歧②。

（五）关于中国积极发展全球伙伴关系

习近平指出，要在坚持不结盟原则的前提下广交朋友，形成遍布全球的伙伴关系网络。中国积极发展全球伙伴关系，扩大同各国的利益交汇点，推进大国协调和合作，构建总体稳定、均衡发展的大国关系框架，按照亲诚惠容理念和与邻为善、与邻为伴周边外交方针深化同周边国家关系，秉持正确义利观和真实亲诚理念加强同发展中国家团结合作。许多海外学者对中国构建新型大国关系、加强同周边邻国以及其他发展中国家之间的团结合作给予了积极的评价。

一些海外学者聚焦新型大国关系，特别是围绕中美双边关系开展研究。布朗将新型大国关系视为习近平提出的众多外交政策概念中最重要的一个概念。他指出，这一概念的核心是相互尊重和坚持

① Gül Berna zcan, "Chinese Business in Central Asia: How Crony Capitalism is Eroding Justice", https://www.fpri.org/article/2021/03/chinese-business-in-central-asia-how-crony-capitalism-is-eroding-justice/.

② Vijay Sakhuja, "Is 'Democratic Quad' a Viable Construct?", https://www.vifindia.org/2018/july/02/is-democratic-quad-a-viable-construct.

平等的理念^①。对中美关系持乐观态度的学者认为，中美两国具有构建新型大国关系的基础和客观需求。比如，美国哈佛大学教授约瑟夫·奈（Joseph S. Nye）指出，美中之间的冲突不是必然的，两国有时间和机会来构建新型大国关系^②。美国前国家安全顾问斯蒂芬·哈德利（Stephen Hadley）表示，美中具备实现新型大国关系的基础。首先，美中关系中不存在导致两国走向对抗的传统因素。其次，美中两国在经济、金融和贸易上日益相互依赖。随着中国日益成为全球大国，美中之间的利益汇合点会越来越多。原先两国有分歧与争执的问题也可能会变为合作的动力^③。美国布鲁金斯学会约翰·桑顿中国中心原主任李成分析了美国对新型大国关系概念产生怀疑的原因。他认为，美国从来没有接受别国提出的地缘政治框架的传统。美国担心承认这一概念不仅意味着美国将在美中关系中失去主动地位，而且还意味着美国承认了自身的衰落^④。

还有一些学者认为，中国的外交政策是分优先等级的，中国对周边国家外交事务的优先性原本不及对美国、俄罗斯和欧洲等大国的外交事务。但是，如果中美战略竞争持续开展，那么中国会更加重视周边外交。加拿大学者斯蒂芬·史密斯（Stephen Smith）认为，中国自 2012 年以来就增强了对发展周边关系的责任意识，因此对自身国家角色的理解和界定发生了很大的变化。中国不再仅仅

---

① Kerry Brown, "China's Foreign Policy Since 2012: A Question of Communication and Clarity", *China Quarterly of International Strategic Studies*, Vol. 3, No. 3, 2020, pp. 325–339.

② Joseph S. Nye, "A New Great Power Relationship?", http://www.chinausfocus.com/foreign-policy/a-new-great-power-relationship/.

③ Stephen J. Hadley, "US-China: A New Model of Great Power Relations", http://www.atlanticcouncil.org/blogs/new-atlanticist/us-china-a-new-model-of-great-power-relations/.

④ Cheng Li and Lucy Xu, "Chinese Seeks a 'New Type of Major Country Relationship' with the United States", https://www.chinausfocus.com/foreign-policy/chinese-enthusiasm-and-american-cynicism-over-the-new-type-of-great-power-relations.

满足于参与秩序建设，而是为影响区域秩序和构建新型区域关系付诸积极努力①。川岛真认为，中国将"正确义利观"作为关键的外交理念，推动将"一带一路"倡议纳入构建以合作共赢为基础的新型国际关系的努力。如果没有这种哲学基础，中国的邻国可能会认为，中国不断提高综合实力和国际影响力只是为了获得自身的经济利益②。

此外，一些海外学者还注意到中国强调与发展中国家实现"共同发展"。加拿大卡尔顿大学教授斯蒂芬·史密斯（Stephen N. Smith）认为，中国越来越多地以友好的发展主义立场制定经济外交政策，由此将负责任地推动发展中国家的发展③。据美国国家经济研究局统计，中国在海外的贷款于2018年就达到了1.6万亿美元，其中大部分流向了发展中国家，远远超过了国际货币基金组织和世界银行所占的份额④。牛津大学教授罗斯玛丽·福特（Rosemary Foot）等认为，习近平在讲话中多次强调了"共同发展"的理念，这意味着中国的经济增长和发展不会以牺牲发展中国家的利益为代价。对发展中国家进行投资，尤其是资助发展中国家的基础设施建设，是中国兑现发展承诺的主要体现⑤。

---

① Stephen N. Smith, "Harmonizing the Periphery: China's Neighborhood Strategy under Xi Jinping", *The Pacific Review*, Vol. 34, No. 1, 2019, pp. 56–84.

② Shin Kawashima, "Xi Jinping's Diplomatic Philosophy and Vision for International Order: Continuity and Change from the Hu Jintao Era", *Asia-Pacific Review*, Vol. 26, No. 1, 2019, pp. 121–145.

③ Stephen N. Smith, "China's 'Major Country Diplomacy': Legitimation and Foreign Policy Change", *Foreign Policy Analysis*, Vol. 17, No. 2, 2021.

④ Sebastian Horn, Carmen M. Reinhart and Christoph Trebesch, "China's Overseas Lending", https://www.nber.org/papers/w26050.

⑤ Rosemary Foot and Amy King, "China's World View in the Xi Jinping Era: Where Do Japan, Russia and the USA Fit?", *The British Journal of Politics and International Relations*, Vol. 23, No. 2, 2021, pp. 210–227.

（六）关于中国参与全球治理体系改革和建设

习近平指出，公平正义的全球治理是实现各国共同发展的必要条件。我们要继续做全球治理变革进程的参与者、推动者、引领者，推动国际秩序朝着更加公正合理的方向发展，继续提升新兴市场国家和发展中国家的代表性和发言权[①]。许多海外学者认为，中国自从获得二十国集团成员资格之后，便开始以"塑造者""创始成员"和"核心参与者"的身份参与全球治理，特别是全球经济治理，在全球治理体系改革和建设中发挥着越来越重要的作用。

还有一些海外学者认为，中国参与全球治理体系改革具备理论条件和现实需求。有学者立足中国的国际关系理论，提出中国有可能为世界提供一种更好的国际秩序。美国国家亚洲研究局政治与安全事务高级研究员纳迪·罗兰德（Nadege Rolland）认为，古代中国关于世界秩序的概念符合道德和自然的层级观念，并造福于所有人。现代中国具备经济影响力以及先进的技术和道德文明，同样可以成为全球领导者。在罗兰德看来，中国领导的世界秩序将与美国领导的自由主义国际秩序截然不同，前者会更优于后者，因为前者将基于一种合作的、集体的和有层级的人性观，而不是原子化的、自私的和冲突的人性观。中国不是通过武力，而是通过榜样的力量行使领导权，从而化解国家间平等与层级之间的矛盾[②]。也有学者从国际形势的变化出发，分析中国参与全球治理的必然性，认为2008年的金融危机极大地改变了中国的国际身份，也改变了中国对国际政治格局的看法，促使中国开始积极探索全球经济治理[③]。爱尔兰科克大

[①] 习近平：《论坚持推动构建人类命运共同体》，中央文献出版社2018年版，第389页。

[②] Nadege Rolland, "China's Vision for a New World Order", https://www.nbr.org/publication/chinas-vision-for-a-new-world-order/.

[③] Yi Edward Yang, "China's Strategic Narratives in Global Governance Reform under Xi Jinping", *Journal of Contemporary China*, Vol. 30, No. 128, pp. 299-313.

学政治管理系国际公共政治与外交研究项目主任尼尔·达根（Niall Duggan）认为，在特朗普执政时期，美国孤立主义的发展和欧洲民粹主义的崛起，促使支持全球化的中国在全球经济治理中扮演了领导者的角色[①]。此外，由于中国在海外的投资日益增加，中国为了保证海外经济利益的安全而不得不以更加积极主动的态度参与全球治理[②]。

还有许多海外学者认为，中国作为世界第二大经济体，必须依靠全球体系才能进一步推动自身发展。中国需要同世界其他国家合作以应对共同的挑战，比如气候变化、恐怖主义、核扩散、传染病、全球金融危机等威胁。事实上，中国在全球治理体系中已经发挥了积极作用。布朗指出，2017 年，中国就已成为应对气候变化的最重要的捍卫者、自由贸易协定最有力的支持者，以及防核扩散行动的坚定伙伴[③]。中国还是全球气候治理的坚定捍卫者，特别是在美国退出《巴黎协定》后，中国重申了对气候变化带来全球挑战的认识以及多边合作的必要性。在网络治理领域，中国积极推动中国式互联网主权规范，并得到了许多国家的支持和效仿[④]。在人权治理领域，2018 年 3 月，联合国人权委员会通过了一项中国提出的决议，即呼吁国际社会通过“互利合作”解决人权问题，并强调“国家和地区的特殊性以及各种历史因素，在决定一个国家应该达到什么样的人权标准时，要考虑文化和宗教背景”。美国布鲁斯金学会高级研究员

① Niall Duggan, "China—the Champion of the Developing World: A Study of China's New Development Model and Its Role in Changing Global Economic Governance", *Politics & Policy*, Vol. 48, No. 5, 2020, pp. 1–23.

② Zeng Jinghan, "Chinese Views of Global Economic Governance", *Third World Quarterly*, Vol. 40, No. 3, 2019, pp. 578–594.

③ Kerry Brown, "China's Foreign Policy Since 2012: A Question of Communication and Clarity", *China Quarterly of International Strategic Studies*, Vol. 3, No. 3, 2020, pp. 325–339.

④ Yi Edward Yang, "China's Strategic Narratives in Global Governance Reform under Xi Jinping", *Journal of Contemporary China*, Vol. 30, No. 128, pp. 299–313.

特德·皮科内（Ted Piccone）指出，北京成功地为联合国人权原则创造了更多可回旋的空间 ①。

三、关于习近平外交思想的重要影响

哈佛大学教授江忆恩（Alastair Iain Johnston）曾指出，当中国致力于重获大国地位的时候，它是会使美国主导的自由秩序失灵，还是抛弃或者取代现有的美国主导的国际秩序？这是在讨论中国兴起时最核心的问题 ②。江忆恩的提问代表了很多海外学者的心声，即日益崛起的中国将会以什么方式处理国际关系？会对现存国际秩序造成什么影响？海外学者试图通过研究习近平外交思想及其指导的中国外交实践做出判断。一般来说，对崛起大国的疑虑会集中表现为"修昔底德陷阱"和"金德尔伯格陷阱"。部分海外学者在看待中国兴起时仍然难以跳脱这一窠臼，但与此同时，也有一些学者能够基于中国的外交政策和外交实践作出较为客观的评价。

（一）修昔底德陷阱之辩

2017 年，美国国际政治问题研究专家、哈佛大学肯尼迪政府学院教授格雷厄姆·艾利森（Graham Allison）撰写了《注定一战：中美能避免修昔底德陷阱吗？》一书。他在书中用"修昔底德陷阱"来形容崛起大国与守成大国之间的关系，认为他们将不可避免地

---

① Ted Piccone, "China's Long Game on Human Rights at the United Nations", https://www. brookings. edu/research/chinas-long-game-on-human-rights-at-the-united-nations/.

② Alastair Iain Johnston, "China in a World of Orders: Rethinking Compliance and Challenges in Beijing's International Relations", *International Security*, Vol. 44, No. 2, 2019, pp. 9-60.

走向战争。美国芝加哥大学国际政治教授约翰·米尔斯海默（John Mearsheimer）在《外交》（*Foreign Affairs*）杂志上撰文批评了美国对中国的"接触"政策。在他看来，大国不管"民主"与否，都别无选择，在根本上只能是零和游戏。所以，他认为一个富裕的中国肯定会建立强大的军队，并利用这支军队在亚洲谋求霸权，甚至将力量投射到世界其他地区。一旦中国这样做，美国将别无选择，只能遏制中国的力量，从而引发危险的安全竞争[①]。美国宾夕法尼亚大学教授林蔚（Arthur Waldron）也认为，如果中国保持目前的政治和经济结构，那么美中之间的摩擦和矛盾就是难以避免的[②]。类似论调在欧美学术界有一定的代表性，他们的基本认识就是：随着中国国际影响力的上升和美国影响力的下降，中国极有可能对现存国际秩序构成挑战。

然而，并不是所有的海外学者都认同上述观点。一些学者认为，虽然中国致力于改革现有的国际秩序，但中国作为现有国际秩序的受益者的角色没有发生本质变化，中华民族伟大复兴并不意味着中国要推翻现存秩序。美国宾夕法尼亚大学教授艾弗里·戈德斯坦（Avery Goldstein）认为，在 2017 年的瑞士达沃斯论坛上，习近平发出了要改革国际秩序的宣言。中国既没有满足于现存的国际秩序，也不是要做一个抛弃现有的国际秩序的破坏者，而是作为一个改革者，试图改变全球秩序以继续服务于中华民族伟大复兴的战略目标[③]。美国詹姆斯麦迪逊大学副教授杨毅（Yi Edward Yang）也认为中国对当前秩序的意图是双重的：一方面致力于提高自身作为规则

[①] John J. Mearsheimer, "The Inevitable Rivalry America, China, and the Tragedy of Great-Power Politics", *Foreign Affairs*, Vol. 100, No. 6, 2021, pp. 48–58.

[②] Arthur Waldron, "Reflections on China's Need for a 'Chinese World Order'", *Orbis*, Vol. 63, No. 1, 2019, pp. 3–10.

[③] Avery Goldstein, "China's Grand Strategy under Xi Jinping International Security: Reassurance, Reform, and Resistance", *International Security*, Vol. 45, No. 1, 2020, pp. 164–201.

制定者的地位；另一方面领导并推动针对全球治理领域内某些过时且不符合自身利益的机制进行改革。中国领导人认识到，现有国际秩序的规则和制度网络已经（并将在可预见的未来）为其崛起提供了一个稳定而有益的平台，因此中国没有强烈的动力去挑战现有体系①。

（二）金德尔伯格陷阱之辩

查尔斯·P. 金德尔伯格（Charles P. Kindleberger）是美国著名的国际关系学家，他认为，1929 年全球经济危机起源于美国取代英国成为全球最强大的国家，但是又未能像英国一样承担起提供全球公共产品的责任。受该发现的启发，约瑟夫·奈于 2017 年发表了题为《金德尔伯格陷阱》一文。他在这篇文章中提出，崛起的中国有可能"示弱"，而不是"示强"，即不愿承担美国无力负担的全球公共产品的供给，就像大约一个世纪前崛起的美国一样，无法在需要的时候提供全球公共产品。所以，他认为，真正威胁到全球稳定的并不是中国在提供全球公共产品方面的超强能力，而是它所提供的全球公共产品不足②。

更多的海外学者则充分认可中国在全球公共产品供给中发挥的积极作用。美国约翰·霍普金斯大学中国问题专家傅瑞珍（Carla Freeman）对"金德尔伯格陷阱"提出了质疑，她认为习近平关于中国对全球公共产品的承诺反映了中国外交政策的真正转变。她还指出，中国有兴趣、有能力获得国内外政治支持来大幅增加其全球公共产品供给，甚至成为某些领域的主导供给力量。习近平从担任

① Yi Edward Yang, "China's Strategic Narratives in Global Governance Reform under Xi Jinping", *Journal of Contemporary China*, Vol. 30, No. 128, pp. 299–313.

② Joseph S. Nye, "The Kindleberger Trap", https://www.chinausfocus.com/foreign-policy/the-kindleberger-trap.

中国领导人开始，就试图让中国在世界事务中发挥更大的作用，他可能会继续推动中国作为全球公共产品供给的稳定来源①。史密斯也认为，准儒家道德标准的构建预示着中国近期仍然认同自己是全球公共产品的提供者，只要不超过其作为发展中国家所应当承担的责任②。尤其是在新冠疫情大流行时，与部分国家的"缺位"不同，中国积极向全球提供公共卫生产品也得到国际社会的肯定。

总之，在很多海外学者看来，尽管中国的外交战略表现出积极有为的特点，但中国并没有从根本上瓦解美国主导的国际秩序，而是现有国际秩序的维护者。与此形成鲜明对比的是，美国正在不断放弃自己应承担的国际责任和义务，大行单边主义，它的表现才真正对现行国际秩序构成了威胁。

四、结语

毫不夸张地说，中国外交是海外当代中国问题研究者关注度最高的领域，同时也是研究视角最多、观点争鸣最激烈的领域。因此，当习近平外交思想提出后，海外学者便立刻给予高度关注并展开了积极研究。不少学者认可这样的观点：习近平外交思想是在应对国内外环境的巨大变化及中国为履行大国责任做准备的情况下提出的；中国的外交战略从"韬光养晦"转向了"积极有为"，"大国外交"更加自信；中国致力于改革而不是破坏或抛弃现存国际秩序，中国在全球公共产品供给中扮演了积极的角色。但也有部分学者存

---

① Carla P. Freeman, "Reading Kindleberger in Beijing: Xi Jinping's China as A Provider of Global Public Goods", *The British Journal of Politics and International Relations*, Vol. 23, No. 2, 2021, pp. 297–318.

② Stephen N. Smith, "Harmonizing the Periphery: China's Neighborhood Strategy under Xi Jinping", *The Pacific Review*, Vol. 34, No. 1, 2019, pp. 56–84.

在"修昔底德陷阱"和"金德尔伯格陷阱"疑虑。

随着习近平外交思想对外传播的加强，海外学界在一定程度上增强了对中国外交理论和实践的理解。但同时，我们也要注意到，外交政策领域的学术研究与各国现实利益具有直接相关性，因此，海外相关研究很容易出现站在本国立场将中国视为对立面的倾向。对于这一点，布朗说得非常直白："一些国家始终担心，中国最终成为'富强国家'的雄心可能会诱使其过度扩张和冒险。因此中国在南海、东海，甚至在非洲、拉美等广大地域的行动都受到了密切的关注。误解的空间是巨大的。中国作为全球新的行动者，以及其在政治、自身身份和历史方面的独特属性，只会加剧这些挑战。"①毫无疑问，中国的崛起打破了国际社会现有的利益格局，随着中国的进一步发展，国际力量对比将进一步发生变化，中国所面临的误解也可能随之增加。

因此，进一步加强习近平外交思想的对外传播，不断提升中国在国际上的话语权对于实现中华民族伟大复兴的中国梦、推动构建人类命运共同体至关重要。当前，我们应该做好以下三个方面的工作：第一，增强习近平外交思想对外阐释和传播的针对性。客观来说，海外学者对我国外交理论和实践既有认同，也有误解和批评。贾力楠将海外中国研究者的立场分为四类：即真诚的认同者、善意的批评者、片面的误读者和顽固的诋毁者②。在习近平外交思想对外阐释和传播中，要格外重视善意的批评者和片面的误读者，针对他们的问题进行积极的回应。第二，增强外交叙事的包容性。有学者指出，由于历史记忆的构建会对国家的认同和外交政策产生重要的

---

① Kerry Brown, "China's Foreign Policy Since 2012: A Question of Communication and Clarity", *China Quarterly of International Strategic Studies*, Vol. 3, No. 3, 2020, pp. 325–339.
② 贾力楠：《海外中国学认知中的习近平新时代中国特色社会主义思想——基于欧美学术界认同者的研究述评》，载《当代世界与社会主义》2021年第2期。

影响，所以如果中国要在全球发挥更大的作用，就必须考虑其他国家的历史叙事方式及他们对未来的渴望①。从这个角度来说，中国对外叙事的方式应该尽可能地体现包容性，以吸纳国际社会更多的认同者。第三，增强对外传播主体的多元性。在对外传播中，应吸引普通留学生、海外华人和企业等主体共同参与到对外叙事中，适当降低外交叙事的意识形态因素，增强人文性和通俗性。

（作者单位：中央党史和文献研究院第三研究部）

---

① Maria Adele Carrai, "Chinese Political Nostalgia and Xi Jinping's Dream of Great Rejuvenation", *International Journal of Asian Studies*, Vol. 18, No. 1, 2020, pp. 7–25.

海外学者关于共同富裕的理论热点述评

张潇爽

2021 年 8 月,习近平在中央财经委员会第十次会议上发表重要讲话提出:"共同富裕是社会主义的本质要求,是中国式现代化的重要特征。"10 月,《求是》杂志以《扎实推进共同富裕》为题发表了这篇重要讲话。习近平在讲话中强调:"现在已经到了扎实推动共同富裕的历史阶段",并指明了促进共同富裕需要把握的原则①。

正如敏锐的海外观察者所言,随着经济体量与政治影响力的提升,中国的重大政治经济决策同时也是世界性议题——"中国打喷嚏,世界就感冒"②,中国领导人关于共同富裕的重要论述迅速在世界范围引起广泛反响。共同富裕频繁出现在世界新闻媒体的头条,亦屡次成为海外研究机构研讨的主题:共同富裕是什么样的概念? 它被赋予了何种内涵? 中国将如何在这一框架下调整财富分配机制? 这会如何改变中国,又将在世界范围内产生何种影响? 本文追踪了英文世界围绕共同富裕议题展开的相关讨论,发现以下关键点值得关注:其一,研究者正在将具有历史内涵的共同富裕作为一个新的

① 习近平:《扎实推进共同富裕》,载《求是》2021 年第 20 期。
② Pamela N. Danziger, "China Speaks against Income Inequality, Sending Chills throughout The Luxury Market", https://www.forbes.com/.

中国概念加以考量；其二，新自由主义者提出的不同意见，进一步显露其对中国的认知偏差；其三，实现共同富裕被视作中国对日益恶化的全球不平等问题作出的重要回应，而这被世界左翼力量认为是社会主义运动在实践中的进展。

一、关于"共同富裕"概念的探讨

马克思在《1857—1858 年经济学手稿》中写道，在未来的社会主义制度中，"社会生产力的发展将如此迅速……生产将以所有人的富裕为目的"[①]。邓小平在 1992 年的南方谈话中提出："社会主义的本质，是解放生产力，发展生产力，消灭剥削，消除两极分化，最终达到共同富裕。"[②] 共同富裕是马克思主义经典作家对社会主义社会的构想，是中国传统大同思想[③] 的科学表述，亦是中国理论界讨论的重要议题，而海外学界对此的深入探讨却长期付之阙如。随着共同富裕在中国受到越来越多的重视，海外学界对此给予了极大关注，研究者从历史内涵、时代意义及可能路径对这一概念展开了多维度的讨论。

（一）历史内涵

近期以来，"共同富裕"作为中国表述进入国际学术界的视野，海外学者更多的是在中国的发展历程中考察这一概念的生成与发展。

---

① 《马克思恩格斯全集》第 46 卷下册，人民出版社 1980 年版，第 222 页。
② 《邓小平文选》第三卷，人民出版社 1993 年版，第 373 页。
③ 《礼运·大同篇》："使老有所终，壮有所用，幼有所长，鳏寡孤独废疾者皆有所养……是谓大同。"

例如，香港大学中国传媒研究计划研究员班志远（David Bandurski）借助中国官方文献追溯了中国提出共同富裕的时间线，进而分析共同富裕概念在中国共产党话语史中的演变：共同富裕一词首次是作为新中国成立四周年的纪念口号出现在 1953 年 9 月 25 日的《人民日报》上，其后《人民日报》于 12 月 12 日刊发《社会主义的路是共同富裕的路》一文，论称资本主义是"少数人致富的路"，会使绝大多数人穷困潦倒，只有社会主义道路才能实现共同富裕。四天后，中共中央通过《关于发展农业生产合作社的决议》，正式提出共同富裕概念。在班志远看来，20 世纪 50 年代中国所阐述的共同富裕概念在 20 世纪 70 年代后期已被重新定义。他指出，中共十一届三中全会以后，中国官方媒体的报道中高频出现的重点词更多是"让一部分人先富起来"这一短语的近似表述，而不再是集体产权制度。班志远进而认为，邓小平将共同富裕进一步阐释为"先富带动后富"，激发了中国社会的生机和活力，带领中国进入了前所未有的增长时期，并在大部分地区创造了大量财富。关于"共同富裕概念是否会被重新定义"以及"'先富起来'这一表述会在多大程度上作出调整"迄今仍是一个容易引起海外学者关注的话题①。

与此不同，新加坡东亚研究所所长郝福满（Bert Hofman）则从另一理路提出解读。他认为，对历年中国官方文件和中国领导人讲话文本的梳理发现，"'共同富裕'并非凭空而来"，而是中共十八届三中全会以来为解决中国社会"不断加剧的收入不平等问题"而制定的改革计划②。在《中国的共同富裕之路》一文中，郝福满指出，2013 年中共十八届三中全会通过的《中共中央关于全面深化改革若

---

① David Bandurski, "A History of Common Prosperity", https://chinamediaproject.org/2021/08/27/a-history-of-common-prosperity/.

② Bert Hofman, "Common Prosperity did not Fall from the Sky", https://merics.org/en/short-analysis/common-prosperity-did-not-fall-sky.

干重大问题的决定》提出："完善以税收、社会保障、转移支付为主要手段的收入再分配调控机制，增强税收调控作用……，调节过高收入，重新界定和清理隐性收入，取缔非法收入，增加低收入群体收入，提高中等收入群体在全社会的比重。"这一政策与改革开放之初的政策取向是一致的。1986年邓小平实施沿海发展战略时指出："我们的政策是让一部分人、一部分地区先富起来，以带动和帮助落后的地区，先进地区帮助落后地区是一个义务。"[1]或许大多数人都遗忘了这一阐述的后半部分，但中国共产党却不会忘记其初心。

（二）时代意义

就目前而言，班志远对"共同富裕"概念史的简单爬梳已成为许多海外研究者进一步展开相关讨论的知识背景，这使得作为经典概念的共同富裕更多被作为一项新的、开放性的中国宣言来考量。美国布鲁金斯学会约翰·桑顿中国中心主任何瑞恩（Ryan Hass）在其分析报告中指出，共同富裕是中国共产党的历史概念，同时也被赋予了时代内涵[2]。从时代意义上说，"逐步地实现对于整个农业的社会主义的改造，即实行合作化，在农村中消灭富农经济制度和个体经济制度，使全体农村人民共同富裕起来"[3]开启了中国的农业集体化之路；"一部分地区、一部分人可以先富起来，带动和帮助其他地区、其他的人，逐步达到共同富裕"[4]带来了改革开放的生机与活力；

---

[1] Bert Hofman, "China's Common Prosperity Drive", *EAI Commentary*, No. 33, 2021/09/03.

[2] Ryan Hass, "Assessing China's 'Common Prosperity' Campaign", https://www.brookings.edu/blog/order-from-chaos/2021/09/09/assessing-chinas-common-prosperity-campaign/.

[3] 《毛泽东文集》第六卷，人民出版社1999年版，第437页。以往文献认为，1953年12月16日，中央在《关于发展农业生产合作社的决议》中正式提出"共同富裕"概念。

[4] 参见邓小平1985年10月23日会见美国时代公司组织的美国高级企业家代表团时的表述。《邓小平年谱（1975—1997）》下卷，中央文献出版社2004年版，第1091页。

"共同富裕是全体人民共同富裕，是人民群众物质生活和精神生活都富裕，不是少数人的富裕，也不是整齐划一的平均主义"[①]体现了中国进入新发展阶段的政策目标。

正是在这一意义上，共同富裕作为中国的政策议程，日益成为国际研究机构关注的重点议题。在美国战略与国际问题研究中心召集的圆桌会议上，摩根大通全球研究主席张愉珍（Joyce Chang）、麦克拉迪公司中国事务主任何立强（John L. Holden）、斯坦福大学国际研究所研究员罗斯高（Scott Rozelle）等人探讨了中国"扎实推进共同富裕"的原因以及可能产生的影响，他们关注的问题包括：中国朝着这个方向前进的主要驱动力是什么？"共同富裕"能否降低不平等并为长期包容性增长打下基础？[②]牛津分析公司的多期专家简报则均以"共同富裕"为主题，这些报告分析认为，"解决中国的不平等问题将是一个缓慢而复杂的过程"，目前尚不能知晓共同富裕政策的具体措施，但中共十九届六中全会和二十大无疑会更加坚定地致力于解决不平等问题[③]。在海外研究者的视野中，中国通过走中国特色社会主义道路而成为经济强国，但这一进程也导致了社会不均衡与收入不平等，这给中国带来许多新的挑战[④]。"除了减少贫困，很少有国家领导人明确地将收入分配也作为国家目标"[⑤]，但中国作出了负

[①] 习近平：《扎实推进共同富裕》，载《求是》2021年第20期。

[②] CSIS PRESENTS, "Common Prosperity: The Path to Common Poverty in China?", https://www.csis.org/events/common-prosperity-path-common-poverty-china.

[③] Oxford Analytica, "Tackling Inequality in China Will be Slow and Complex", https://doi.org/10.1108/OXAN-DB264533.

[④] Kevin Yao, "Explainer: What is China's 'Common Prosperity' Drive and Why Does It Matter?", https://www.reuters.com/world/china/what-is-chinas-common-prosperity-drive-why-does-it-matter-2021-09-02/.

[⑤] Martin Ravallion & Shaohua Chen, "Fleshing Out the Olive? On Income Polarization in China", *NBER Working Paper*, No. 29383, 2021/10.

责任的选择①，中国领导人重提"共同富裕"的目的是让中国社会更加公平②。"中国过去几十年在大幅度减少贫困方面的成就是辉煌的，在下一经济发展阶段，中国更加关注共同富裕是令人敬佩的"③。

综合来看，海外研究者们分析认为，中国领导者当下提出的共同富裕至少致力于回答三个时代命题：其一，规训"资本的无序扩张和投机"："中国共产党对不受约束的市场机制越来越警惕"，尤其是企业家片面追求利润带来的"过高的房地产价格""不断上涨的教育成本""不正当的行业垄断"甚至"涉嫌侵犯国家安全"④。其二，"让橄榄更丰满"：回应人民对不平等的普遍焦虑，缓解发展不均衡问题，调节财富两极分化趋势而扩大中等收入群体的规模，以满足人民日益增长的改善生活的需求⑤。其三，在改革过程中强调党的领导："共同富裕"是中国共产党应对国际国内环境中的新矛盾、新挑战，"巩固执政基础的另一种意识形态"⑥。一个基本的共识是："中国改革创造了高增长、高就业和高收入，使得数亿中国人成功摆脱贫困，这是具有全球意义的非凡成就。然而不断加剧的收入不平等一直引发争议，成为亟须解决的问题。随着'小康社会'的实现，中国

---

① 郑永年认为："对这个世界上的大部分国家来说，共同富裕的问题还不能也没有提上它们的议事日程，大部分国家所面临的问题还是贫困，如何脱离贫困才是它们的大问题。中国现在把这个问题提到议事日程上来了，就是因为中国已经完成了前一个使命，即反贫困。"参见郑永年 2021 年 6 月在浙江大学"共同富裕研究高峰论坛"上的发言。

② Karishma Vaswani, "Changing China: How Xi's 'Common Prosperity' May Impact the World", https://www.bbc.com/news/business-58784315.

③ 米歇尔·沃克:《共同富裕需要保持资金在实体经济中流动》, https://view.inews. qq.com/a/20210908A01MEF00, 2021 年 9 月 8 日。

④ Merics, "Xi's Call for Common Prosperity Signals a New Period of State Regulation and Interventionism", *Mercator Institute for China Studies*, 2021/09/09.

⑤ Martin Ravallion & Shaohua Chen, "Fleshing Out the Olive? On Income Polarization in China", *NBER Working Paper*, No. 29383, 2021/10.

⑥ Joe CB Leung, "Common Prosperity: A Conundrum for China", https://www. asiaglobalonline.hku.hk/common-prosperity-conundrum-china.

的整体性目标正在改变。"①郝福满援引习近平在 2021 年 1 月省部级主要领导干部学习贯彻党的十九届五中全会精神专题研讨班的讲话来探讨转变后的新目标："实现共同富裕不仅是经济问题，而且是关系党的执政基础的重大政治问题……绝不能允许贫富差距越来越大、穷者愈穷富者愈富，绝不能在富的人和穷的人之间出现一道不可逾越的鸿沟。"何瑞恩表示，随着中国经济从高速增长进入稳定发展，中国领导层正在将工作重点转向改善民众生活质量，并将其作为实现治理能力现代化的突破口②。

（三）可能路径

共同富裕在世界范围内引发关注，尽管海外研究者已逐步明晰了共同富裕的历史内涵和时代意义，但对实现这一目标的可能路径尚莫衷一是。在这些观察者眼中，种种迹象表明中国正在寻找方法重构党、社会与市场之间的关系，但又不希望这样的调整破坏高质量增长的活力。如何在高质量的发展中调节收入差距、共享经济红利从而实现"共同富裕"？这一问题的答案需要在其进一步的行动路径而非理论预设中来继续寻找③。

在英文世界中，不乏研究者将共同富裕理念与中国国内近期的调节政策联系在一起。如前印度驻丹麦大使约格什·古普塔（Yogesh Gupta）撰文表示，"共同富裕"的新概念意味着中国社会

---

① Bert Hofman, "China's Common Prosperity Drive", *EAI Commentary*, No. 33, 2021/09/03.

② 转引自 Alexander Smith & Robbie Hu, "China Created More Billionaires Than the U.S.", *NBC News*, https://www.nbcnews.com/news/world/china-created-more-billionaires-u-s-now-it-cracking-down-n1278438.

③ Ryan Hass, "Assessing China's 'Common Prosperity' Campaign", https://www.brookings.edu/blog/order-from-chaos/2021/09/09/assessing-chinas-common-prosperity-campaign/.

各阶层的收入分配须更加平等，从而引发国家发展模式的重大转变。中国共产党正"以明确的规则、有效的法律和更大的政策透明度来指导和监督中国的企业"，试图缩小收入差距和转向更高质量的发展[1]。路透社高级记者姚凯文（Kevin Yao）在《解读：中国提出"共同富裕"的驱动力及其重要性》一文中分析指出，中国正在"承诺利用税收和其他收入再分配杠杆扩大中等收入人口比例并增加贫困人口收入"，"鼓励高收入企业和个人通过'第三次分配'，即慈善和捐赠为社会作出更多贡献"，与此同时，"讨论已久的改革，如实施财产税和遗产税以解决贫富差距问题，也获得新的动力"。除此之外，推动实现共同富裕的政策还包括"遏制逃税、缩短高科技企业员工的工作时间、禁止营利性的学科辅导以及限制未成年人玩电子游戏时间"[2]。许多研究者认为，过去一年中国政府采取的大部分调节政策或都属于共同富裕的概念范畴[3]。

　　另一些研究者则结合现有研究成果，对实现共同富裕的可能路径展开了分析。郝福满提到，如果政府试图纠正一些不平等现象，一般而言有两种选择：第一种选择是对市场结果进行更高程度的再分配。这是欧洲国家采取的路线。这些国家居民的市场收入即初次分配的基尼系数或多或少高于中国，再分配后的基尼系数则低于中国，但是它们的增长速度比中国低得多，因此这种欧洲模式往往同时也会带来"福利陷阱"。若中国考虑通过税收和转移支付进行再分配，则须考虑其是否会影响对工人和企业家的激励，因为这是中国

① Yogesh Gupta, "Reducing Income Gap in China", *The Tribune*, 2021/09/10.

② Kevin Yao, "Explainer: What is China's 'Common Prosperity' Drive and Why Does It Matter?", https://www.reuters.com/world/china/what-is-chinas-common-prosperity-drive-why-does-it-matter-2021-09-02/.

③ Ryan Hass, "Assessing China's 'Common Prosperity' Campaign", https://www.brookings.edu/blog/order-from-chaos/2021/09/09/assessing-chinas-common-prosperity-campaign/.

未来几十年增长的动力。第二种选择则是运用政策工具，确保市场结果变得更加平等。这相对于欧洲模式更温和，但亦能调节结果不平等，基本上是韩国、中国台湾地区和日本近几年选择的方式。就中国而言，除对垄断企业进行更严格的市场监管外，至少还可通过投资教育、改革户籍制度、增加农民的土地权利等政策来实现更平等的市场结果。郝福满认为，无论中国的政策走向如何，重要的是其行动路径必须得到科学分析的支持①。

美国博古睿研究院的博古睿（Nicolas Berggruen）和内森·加德尔斯（Nathan Gardels）则认为，中国应在中国特色的社会主义市场经济这一框架下促进共同富裕。他们撰文指出："为了实现共同富裕和'2035年基本实现社会主义现代化'的目标，中国启动了'三次分配'，在这一过程中，以'全民基本资本'（Universal Basic Capital）为手段的预分配（Pre-distribution）应是一个值得考虑的概念。"② 他们表示，预分配指向一切市场导向的经济体中导致不平等的机制，即相对于只有以劳动收入为生计来源的人，资本资产持有者的收入在国民收入中的占比越来越高。中国不需要沿袭西方福利国家的传统模式，即在创造出财富之后，对最成功的企业家的所谓"过高"收入征收重税，然后将税款再分配给低收入人群，而是可以从源头做起，即要求所有初创企业将30%的股份交给"共同富裕基金"，让所有家庭从财富创造过程中获得收益。这两位研究者认为，与西方资本主义国家相比，坚持社会主义市场经济体制的中国有更大的政策空间来践行这条新的道路。"三次分配"政策将使全体中国人民朝着共同富裕目标扎实迈进，而"全民基本资本"或许正是通往共同富裕的一条新的路径。

---

① Bert Hofman, "China's Common Prosperity Drive", *EAI Commentary*, No. 33, 2021/09/03.
② Nicolas Berggruen & Nathan Gardels, "How Universal Basic Capital Can Help China Achieve Its 'Common Prosperity' Goals", *South China Morning Post*, 2021/09/09.

二、新自由主义视界中的共同富裕

对于中国提出的共同富裕议程，海外研究者给予了前所未有的关注，并就其理论与实践展开审慎探讨。然而，正如剑桥大学政治学与国际问题研究员马丁·雅克（Martin Jacques）所说，西方的新自由主义者对中国这一做法尚有些迷茫——"他们还不清楚应借此作些什么文章"，"很多观点是基于一种本能的反对，出于意识形态而认为这是'负面的'"[①]。分析当下海外研究者对共同富裕的解读，有助于我们了解新自由主义观念下的西方世界对中国的认知偏差。

（一）"立场先行"的反对

华尔街金融家、开放社会研究所主席乔治·索罗斯（George Soros）对"共同富裕"首先表达了本能的反对。索罗斯2021年9月即在《华尔街日报》撰文呼吁贝莱德集团（Black Rock）等美国投资机构不可再投资中国市场，其理由是："中国近期提出的'共同富裕'计划，旨在通过将富人的财富分配给普通民众来减少不平等，这对外国投资者来说不是好兆头"。索罗斯论称，如今美国和中国已卷入两种治理体系的根本对立之中，投资中国市场即为"危及美国和其他民主国家的国家安全利益"[②]。

审思海外近期有关共同富裕的讨论，我们发现，新自由主义叙事仍对西方主流思想场域产生着重要影响，对中国的理性分析仍是

[①] Martin Jacques, "To Understand China's Success, First Understand Civilization", http://www.ecns.cn/cns-wire/2021-10-03/detail-iharrrye2791327.shtml.

[②] George Soros, "Black Rock's China Blunder", *The Wall Street Journal*, 2021/09/07.

稀缺的，非理性的言论还比较多见。例如，有"索罗斯"式市场原教旨主义者提出："中国控制市场的企图是史无前例的"，"中国试图在14亿人口中更平均地重新分配财富来重组中国社会"[①]；"共同富裕目标或会加速中国经济再平衡，使得中国经济转向消费驱动型增长，以减少对出口和投资的依赖，但政策可能会损害由私营部门推动的增长"[②]。显然，这些观点是对中国相关政策的严重误解。

立场、方法深刻影响着海外研究者的世界观。正如委内瑞拉前国家安全顾问、左翼学者塞尔吉奥·罗德里格斯·盖尔费斯坦（Sergio Rodriguez Gelfenstein）在《走向共同富裕》一文中所言："西方分析人士很快就对这些措施作出反应，他们对这些措施可能对资本所有者造成的影响表示担忧，尽管他们也承认，实现更公平的财富分配对更多家庭有益。"事实上，"这些观点暴露出他们已无法理解中国的经济模式，而再次陷入了西方仅在个人—市场的思维模式下考虑其有效性的迷思。"[③]

（二）"自作聪明"的批评

理论上，新自由主义者所捍卫的自发秩序被建构为经济社会良性发展的理想模式，而实践中，在一个不平等的社会结构中，自由化、市场化往往是"劫贫济富"的。事实上，一方面，"没有监管的

---

① Alexander Smith & Robbie Hu, "China Created More Billionaires Than the U. S.", *NBC News*, https://www.nbcnews.com/news/world/china-created-more-billionaires-u-s-now-it-cracking-down-n1278438.

② Kevin Yao, "Explainer: What is China's 'Common Prosperity' Drive and Why Does It Matter?", https://www.reuters.com/world/china/what-is-chinas-common-prosperity-drive-why-does-it-matter-2021-09-02/.

③ Sergio Rodriguez Gelfenstein, "Towards Common Prosperity", *Internationalist 360*, 2021/09/14.

自由市场天然地有利于富人和幸运者"①，新自由主义本质上始终"是一种呈指数级扩张的金融动力学，它寻求将世界上最赚钱、租金收益最高的资源集中在金融管理者手中，而这些管理者正是美国及其海外经济体中的寡头代理人"②。新自由主义所指向的是一条富者愈富、贫者愈贫的少数人繁荣之路③。另一方面，在可观察到的时间序列中，2008 年以来，金融危机、债务危机、后疫情危机接踵而至，保持高质量、同时也是更平等的发展——促进"全体人民共同富裕""人民群众物质生活和精神生活都富裕"——亦成为新自由主义流行 40 年后西方社会的深切需要④。而新自由主义的拥趸选择性地忽视上述两点，故其对所谓"社会主义的乌托邦""干预主义的国家"与"杀富济贫的政治运动"的猛烈抨击，更多的是一场自作聪明的行为艺术⑤。

事实上，新自由主义者对"共同富裕"的反对首先即面临对其本身的反对。英国学者罗思义（John Ross）指出，"显然，索罗斯认为财富应该集中在富人身上"，而这从社会福利的角度来看令人反感，在经济上是低效的，并将不可避免地引发社会动荡——美国近

---

① Savannah Wallace, "Prosperity for the Few: The Perils of Neoliberalism in Unequal Societies", https://medium.com/discourse/prosperity-for-the-few-the-perils-of-neoliberalism-in-unequal-societies-3b690c87b918.

② Michael Hudson, "The Vocabulary of Neoliberal Diplomacy in Today's New Cold War-Analysis", https://www.eurasiareview.com/14092021-the-vocabulary-of-neoliberal-diplomacy-in-todays-new-cold-war-analysis/.

③ Joseph Biden, "Trickle-down Economics has Never Worked", https://thehill.com/policy/finance/550848-biden-trickle-down-economics-has-never-worked.

④ Stephanie Kelton, "Inequality and Collapsing Capitalism", https://renegadeinc.com/mmt-letters-from-america/.

⑤ Michael Hudson, "The Vocabulary of Neoliberal Diplomacy in Today's New Cold War-Analysis", https://www.eurasiareview.com/14092021-the-vocabulary-of-neoliberal-diplomacy-in-todays-new-cold-war-analysis/.

期的动荡不稳就是明证[1]。美国密苏里大学经济学教授迈克尔·哈德森（Michael Hudson）表示，中国遵循社会主义政策，希望将其经济盈余留在国内以造福本国公民而非美国金融投资者，索罗斯等人不过是对中国没有遵循美国正在遵循的新自由主义政策感到愤怒。毕竟这对其来说是一场"文明的冲突"[2]。他认为，新自由主义向来把所有旨在确保共同富裕的公共行动描述为干预产权的行为，而其"大众媒体、学术界、智库游说机构、政策基金会和非政府组织则用一套新自由主义的说辞，为资本外逃、洗钱、逃税、放松管制和私有化制造借口"[3]。

有研究指出，"立场先行"的反对和"自作聪明"的批评体现了他们的认知偏差："将当今中国的每一项发展议程都塞进威权国家的自然行为这一黑匣子中，是世界各地政治评论员和不同肤色的专家的日常消遣。这种诡辩被当作一种学术分析，但实际上对理解中国正在发生的事情及其原因没有多大帮助。"[4] 那么，事实是什么呢？有研究者认为，事实在于，20世纪80年代以来为新自由主义者所重塑的现代世界，已经产生了日益恶化、濒于失控的贫富差距，"今天中国正在紧锣密鼓地改正其自身的缺点，也正在应对随着全球化浪潮扑面而来的新自由主义浪潮。中国开始强调共同富裕、第三次分配、乡村振兴、全民脱贫，从根源上解决问题，避免被市场力量淹

[1] John Ross, "Why Common prosperity is Good for China's economy", https://www.globaltimes.cn/page/202110/1236918.shtml.

[2] Stephanie Kelton, "Inequality and Collapsing Capitalism", https://renegadeinc.com/mmt-letters-from-america/.

[3] Michael Hudson, "The Vocabulary of Neoliberal Diplomacy in Today's New Cold War-Analysis", https://www.eurasiareview.com/14092021-the-vocabulary-of-neoliberal-diplomacy-in-todays-new-cold-war-analysis/.

[4] Crawford School of Public Policy, College of Asia and the Pacific, The Australian National University, "What to Make of China's Drive towards 'Common Prosperity'", https://www.eastasiaforum.org/2021/09/20/what-to-make-of-chinas-drive-towards-common-prosperity/.

没。但美国仍然沉溺于新自由主义理念的主导地位，让资本的权力凌驾于政治的权力之上，以市场自由的名义，使美国99%的财富被约1%的人所占有，步入历史上贫富悬殊最严重的时期"[①]。

三、作为中国方案的共同富裕

考察作为中国概念的"共同富裕"在全球范围激起的反响及其在不同观念光谱中引发的棱镜效应，我们或应重思"话语即权力"这一经典命题。一方面，新自由主义者在其叙事框架中极力反对共同富裕，另一方面，共同富裕却被视作"中国在与西方争夺全球叙事话语权"中采取的重要行动。实际上，话语的权力并不等同于话语的宰制，在严肃的学术探讨中，实现共同富裕越来越多地被海外研究者视作中国以负责任的态度为解决不平等问题提供的"中国方案"。

（一）全球不平等

许多海外研究者认为，不断扩大的收入不平等已是"我们这个时代决定性的挑战"[②]。正如法国经济学家加布·扎克曼（Gabriel Zucman）指出的，在财富分析中排前1%的群体的财富份额从1980年的28%增加到今天的33%，而排后75%的群体的份额徘徊在10%左右。由于金融全球化使衡量顶层的财富变得越来越困难，当

---

① 笔锋：《中国挑战美国新自由主义》，载《亚洲周刊》2021年第36期。

② Stephanie Kelton, "Inequality and Collapsing Capitalism", https://renegadeinc.com/mmt–letters–from–america/.

下的研究可能低估了不平等的加剧程度[①]。事实上，大流行病带来的经济冲击和政策调整进一步加剧了全球贫富分化，发达经济体的贫富差距达到数十年来最高水平，新兴市场和发展中国家的不平等态势更加错综复杂，但新自由主义构想的"涓滴效应"却完全失灵[②]。

在有的海外研究者看来，不平等和崩溃的资本主义意味着拥抱社会主义的想法正蓄势待发[③]，"共同富裕"正是时代的呼唤。正如法国学者托马斯·皮凯蒂（Thomas Piketty）在《资本与意识形态》一书中提出的，"不平等并非经济或技术变革的结果，而是植根于政治和意识形态之中"[④]。美国纽约州立大学教授斯蒂芬妮·凯尔顿（Stephanie Kelton）认为，作为反对"大政府"和推动放松监管的哲学催化剂，新自由主义给世界带来一段放松管制的时期，它使得私人债务飙升，社会安全网遭到破坏，政府攻击工人和工会。"国家本应作为社会大众的保护者而存在，却走向不干预的个人主义。治理被认为不是国家的责任而是个人的责任，政府成了损害经济效率的机构"，"这是一个结构性问题，资本主义的新自由主义变体已不符合任何人的长期利益，甚至包括资本家自己"[⑤]。

凯尔顿表示："人类社会之愿景本是广泛的、共同的富裕，经济应为每一个人而非少数几个金字塔尖的人服务"，政策制定者的目标应展示一种平衡的经济，实现为人们普遍分享的繁荣与兴盛，而非

---

① Gabriel Zucman, "Global Wealth Inequality", *Annual Review of Economics*, Vol. 11, 2019, pp. 109–138.

② Ibid.

③ Stephanie Kelton, "Inequality and Collapsing Capitalism", https://renegadeinc.com/mmt-letters-from-america/.

④ Thomas Piketty, *Capital and Ideology*, Belknap Press of Harvard University Press, 2020, pp. 3–10.

⑤ Stephanie Kelton, "Inequality and Collapsing Capitalism", https://renegadeinc.com/mmt-letters-from-america/.

追求表面平衡的预算，却让收入和财富都流向最顶层^①。

（二）中国新方案

如上所述，20 世纪 80 年代以来，新自由主义的盛行造成了财富不平等问题持续蔓延，而正如雅克所言，尽管美国国内存在着很强烈的呼声，但美国政府未采取任何行动以消除严重的不平等问题，欧洲亦然。如今中国正积极推进实现共同富裕，西方国家显然没有同样的责任感^②。作为中国概念的共同富裕由此被海外左翼力量视作一项负责任的中国方案。

首先，在探讨共同富裕概念的同时，左翼学者也在比较视野下解构着"美国叙事"。如在哈德森的论述中，"'自由贸易'就是用武力维持和扩展以美国为中心的'自由市场'"；"'民主'已是亲美政权的标签"，其实质不过是"以'法治'保证'财产权'的等级制度——既然债权人的债权位于法律金字塔的顶端，民主国家往往最终演变为寡头政治"；而"使用国家权力来监管垄断或对食利者收入征税"，"通过抵制美国对其自然资源、基础设施和最有利可图的垄断企业的金融收购来保护本国人民的利益，却遭受谴责"。哈德森通过分析经济史指出，西方文明筑基于罗马寡头政治时期形成的法治体系和产权制度，两极分化的西方经济为避免其失败，向来只能靠新掠夺和新征服来缓解压力。但中国"坚持对经济的调控——引导它促进整体繁荣而非为外国投资者或寡头集团谋取利益"。在过去的20 年里，"正是社会主义中国的发展带动着世界经济的发展并维持着

① Stephanie Kelton, "Inequality and Collapsing Capitalism", https://renegadeinc.com/mmt-letters-from-america/.
② Martin Jacques, "To Understand China's Success, First Understand Civilization", http://www.ecns.cn/cns-wire/2021-10-03/detail-iharrrye2791327.shtml.

西方的繁荣",现在中国却被谴责为一种威胁,只因中国要走社会主义道路,而非支持新自由主义的食利者[①]。

其次,在海外研究者看来,被视作中国式现代化的重要特征的共同富裕是当下的,亦是历史的,是中国直面复杂现实问题的一次政策转变,也是发展社会主义的一个新阶段,或为世界贡献一个可行模式,抑或成为新自由主义经济失败后的替代方案。共同富裕是当下的,就如美国约翰·霍普金斯大学教授洪源远(Yuen Yuen Ang)的分析所指出的,"在中国,发展的定义正在发生变化","在过去几十年里,这种模式是简单明了的:将增长速度置于所有其他事务之上",但现在中国领导者想"结束'镀金时代',走向中国版本的进步时代,实现更公平、更少腐败的增长"[②]。即便在新自由主义者眼中,中国的"目标也是要解决制度性问题,如过度债务和不平等,实现更加平衡的增长"[③]。共同富裕也是历史的,回顾1949年以来中华人民共和国的历史,可以看出中国为追求现代化而探索建立社会主义制度,这经历了复杂的过程[④]。就现代中国而言,"毛泽东定下了具有中国'特点'的社会主义的基调",而在先进技术还是被西方和其他一些资本主义国家所把持的20世纪70年代,"邓小平根据现实形势调整了政策,引入生产力以解决贫困和发展问题"[⑤]。如今,习近平

[①] Michael Hudson, "The Vocabulary of Neoliberal Diplomacy in Today's New Cold War-Analysis", https://www.eurasiareview.com/14092021-the-vocabulary-of-neoliberal-diplomacy-in-todays-new-cold-war-analysis/.

[②] 转引自 Paul Mozur, "The End of a 'Gilded Age':China is Bringing Business to Heel", https://cn.nytimes.com/business/20211008/china-businesses/dual/。

[③] Crawford School of Public Policy, College of Asia and the Pacific, The Australian National University, "What to Make of China's Drive Towards 'Common Prosperity'", https://www.eastasiaforum.org/2021/09/20/what-to-make-of-chinas-drive-towards-common-prosperity/.

[④] Kenneth Hammond, "Beyond the Sprouts of Capitalism: Toward an Understanding of China's Historical Political Economy and Its Relationship to Contemporary China", *Monthly Review*, 2021/03.

[⑤] Sergio Rodriguez Gelfenstein, "Towards Common Prosperity", *Internationalist 360*, 2021/09/14.

将致力于"化解社会主义市场经济中业已出现的问题"，推动社会主义"走向更加平衡和谐的发展"，即"走共同富裕之路"①。

在左翼研究者的审视中，共同富裕承载着中国共产党执政的初心，并日益成为世界上一个具有可行性的新发展方案。美国弗吉尼亚理工大学政治学助理教授比克鲁姆·吉尔（Bikrum Gill）认为，从1949年到现在，中国已推翻了帝国主义的规则，这更多是通过农村土地集体所有制基础上的土地改革而实现的；改革开放以来，中国共产党虽然引入了市场，但并未放弃上述道路，相反，1979年后向市场转型的过程始终建构在这一基础之上②。中国共产党从未改变其社会主义信念，"共同富裕将是中国国家和社会治理的重要部分，中国正在承诺构建一个更加公平的社会，一个更大、更富有的中产阶级，以及会带来回报而不仅仅是索取的企业"③。

（作者单位：国际关系学院国家安全学院）

---

① Sergio Rodriguez Gelfenstein, "Towards Common Prosperity", *Internationalist 360*, 2021/09/14.

② Charles Mckelvy, "Knowledge, Ideology, and Socialism in Our Times", *Monthly Review*, 2021/09.

③ Karishma Vaswani, "How Xi's 'Common Prosperity' May Impact the World", https://www.bbc.com/news/business-58784315.

海外人士关于人类命运共同体理念的认知图景

张秀萍　　张光哲

习近平提出的人类命运共同体理念引起了国外人士的热烈讨论，成为海外各界观察中国、了解中国、解读中国的理论视窗。目前，海外学者对人类命运共同体的认知是怎么样的？重点关注的是什么？形成了哪些主要观点？具有什么特点？跟踪这些问题对我们了解人类命运共同体理念的海外认知现状，进一步推动构建人类命运共同体，具有重要意义。

一、关于人类命运共同体理念的提出依据

（一）理论依据

围绕人类命运共同体理念提出的理论依据，海外人士主要从中华优秀传统文化、马克思的思想、中国共产党历届领导人的思想、国际法等方面进行了讨论。

一些海外人士通过回溯中华优秀传统文化，探讨了人类命运共

同体理念的传统文化基因，认为这一理念根植于中华优秀传统文化，尤其强调人类命运共同体理念对传统天下观的继承和发展。英国著名学者马丁·阿尔布劳（Martin Albrow）指出，中华传统文化是人类命运共同体理念的思想源泉①。美国《世界邮报》主编内森·加德尔斯（Nathan Gardels）认为，习近平以"命运共同体"为基础的全球关系"新时代"构想，源于中国古代的天下观或协和万邦的理念②。德国拜罗伊特大学拉乌尔·本斯科克（Raoul Bunskoek）等指出，天下观为人类命运共同体理念的形成提供了思想基础③。

另一些海外人士则认为，人类命运共同体理念主要来源于马克思的思想。意大利《二十一世纪马克思》杂志主编安德烈·卡托内（Andrea Catone）认为，人类命运共同体理念符合无产阶级国际主义和马克思主义描绘的人类未来，是马克思的国际主义思想在 21 世纪的当代体现④。比利时鲁汶大学蓝露洁（Lutgard Lams）指出，构建人类命运共同体的基础是马克思的历史唯物主义⑤。

还有一些海外人士立足中国共产党的传统外交思想，探寻人类命运共同体的理论之"源"和思想之"脉"，认为人类命运共同体理念承袭了老一辈领导人的外交思想。美国印太司令部总部中国问题研究专家利扎·托宾（Liza Tobin）表示，人类命运共同体理念是对

① 马丁·阿尔布劳：《论"人类命运共同体"》，金伟、元美艳译，载《国外理论动态》2019 年第 9 期。

② Nathan Gardels, "Opinion: Trump's 'America First' Meets China's 'Community of Common Destiny'", https://www.washingtonpost.com/news/theworldpost/wp/2018/02/09/america–first/.

③ Raoul Bunskoek and Chih–yu Shih, "'Community of Common Destiny'as Post–Western Regionalism: Rethinking China's Belt and Road Initiative from a Confucian Perspective", *Uluslararası İlişkiler Dergisi*, Vol.18, No.70, 2021, pp.85–101.

④ 安德烈·卡托内：《人类命运共同体与马克思国际主义》，载《世界社会主义研究》2018 年第 12 期。

⑤ Lutgard Lams, "Examining Strategic Narratives in Chinese Official Discourse under Xi Jinping", *Journal of Chinese Political Science*, Vol. 23, No. 3, 2018, pp. 387–411.

过去中国共产党领导人思想的继承和发展，例如，周恩来提出的和平共处五项原则、江泽民主张的新安全观和胡锦涛提出的命运共同体理念[①]。

也有海外人士认为，人类命运共同体理念借鉴了国际法在其悠久历史中所形成的传统与规则。德国政党民权运动团结工会主席、席勒研究所创始人黑尔佳·策普－拉鲁什（Helga Zepp-LaRouche）指出，习近平提出的关于如何构建人类命运共同体的思想借鉴了国际法的诸多理念——从1648年的《威斯特伐利亚和约》，到1864—1949年的《日内瓦公约》和1955年万隆会议的和平共处五项原则，再到今天的国际合作原则[②]。

（二）实践依据

一些海外人士从实践角度出发思考人类命运共同体理念提出的依据，形成了如下两种主要观点。

一种观点认为，构建人类命运共同体是中国实现中华民族伟大复兴和增强自身国际影响力的需要。加拿大卡尔顿大学政治学系斯蒂芬·史密斯（Stephen N. Smith）指出，人类命运共同体理念的提出是实现民族复兴的外部需要，承担着实现中华民族伟大复兴的重要责任[③]。澳大利亚国立大学张登华（Denghua Zhang）指出，构建人类命运共同体是为了给中国经济发展和中华民族伟大复兴提供

[①] Liza Tobin, "Xi's Vision for Transforming Global Governance: A Strategic Challenge for Washington and Its Allies", *Texas National Security Review*, Vol. 2, No. 1, 2018, pp. 154–166.

[②] Helga Zepp-LaRouche, "America First, or a Common Destiny for the Future of Mankind?", https://archive.schillerinstitute.com/strategic/2017/01/27-hzl-common_future/cf.html.

[③] Stephen N. Smith, "Harmonizing the Periphery: China's Neighborhood Strategy under Xi Jinping", *The Pacific Review*, Vol. 34, No. 1, 2021, pp. 56–84.

有利的国际环境^①。新加坡南洋理工大学拉惹勒南国际研究学院安吉拉·波（Angela Poh）等指出，现任中国领导人越来越重视扩大中国的国际影响力，推动中国从地区大国转变为全球大国。为此，中国采取更加积极的方式推动全球治理，利用日益增长的经济实力扩大其地缘政治影响力，不断加大构建人类命运共同体的力度^②。

另一种观点则认为，人类命运共同体理念是在客观把握世界发展大势的基础上提出的。有海外人士认为，构建人类命运共同体是世界各国联系日益紧密的现实要求。卡托内表示，世界各国的相互联系程度日益加深，为此，习近平提出了人类命运共同体理念。这一理念与特朗普的"美国优先"政策不同，它关注的不仅仅是本国的命运，更是全人类的共同命运^③。埃塞俄比亚亚的斯亚贝巴大学教授科斯坦蒂诺斯指出，全球日益加深的经济、法律和政治一体化开始对国家主权构成挑战，这就需要人们对跨国公民权利和国家间的关系进行重新思考定位，而中国提出构建人类命运共同体理念顺应了这一国际形势^④。也有一些海外人士着眼当前人类社会面临的全球性问题，认为构建人类命运共同体是解决这些全球性难题的重要回应。俄罗斯符拉迪沃斯托克国立经济与服务大学 A. A. 图什科夫（A. A. Tushkov）和 D. A. 福缅科（D. A. Fomenko）提出，人类命运共同体理念源于应对人类全球性问题的需要，它主张通过相互合作、相

---

① Denghua Zhang, "The Concept of 'Community of Common Destiny' in China's Diplomacy: Meaning, Motives and Implications", *Asia & the Pacific Policy Studies*, Vol. 5, No. 2, 2018, pp. 196–207.

② Angela Poh and Mingjiang Li, "A China in Transition: The Rhetoric and Substance of Chinese Foreign Policy under Xi Jinping", *Asian Security*, Vol. 13, No. 2, 2017, pp. 84–97.

③ Andrea Catone, "L' Anti-Trump: il pensiero di Xi Jinping sul socialismo con caratteristiche cinesi per una nuova era", https://www.marx21books.com/lanti-trump-il-pensiero-di-xi-jinping-sul-socialismo-con-caratteristiche-cinesi-per-una-nuova-era/.

④ 《"构建人类命运共同体"契合非洲发展需要》，载《人民日报》2017 年 2 月 22 日。

互支持、积极互利，在公共生活的各个领域实现平衡①。英国共产党总书记罗伯特·格里菲思（Robert Griffiths）指出，当前人类在工业、交通、能源、建筑和土地使用、全球变暖等方面都面临着巨大的挑战，这是中国提出人类命运共同体理念的主要原因②。还有海外人士在深刻剖析传统国际秩序霸权本质的基础上，提出构建人类命运共同体是为了实现国际秩序的变革、推动世界各国的共同发展。美国全美亚洲研究所的研究报告指出，中国一再抨击"不公平和不合理"的国际秩序，称这种秩序已经过时，无法满足新兴国家发展的需要，无法解决当今世界的问题。因此，中国提出了要构建人类命运共同体③。法国汉学家皮埃尔·皮卡尔（Pierre Picquart）认为，以往的国际关系建立在霸权的基础上，中国希望翻开国际关系的新篇章，通过构建人类命运共同体实现中国与世界的双赢④。

二、关于人类命运共同体的基本内涵

人类命运共同体是站在全人类立场上关照人类共同利益而提出的重要理念，海外人士根据不同的切入视角，至少形成了以下四种主要观点。

其一，人类命运共同体是关于未来世界的美好愿景。法国前总

---

① A. A. Tushkov and D. A. Fomenko, "Explication of Xi Jinping's Concept of the 'Community of Common Destiny for Mankind' as a Philosophy of Eurasian Development", *Международный научно-исследовательский журнал*, Vol. 3, No. 105, 2021, pp. 123–127.

②《人类命运共同体伟大构想给世界带来希望》，载《光明日报》2019 年 3 月 2 日。

③ Nadège Rolland, "A 'China Model'? Beijing's Promotion of Alternative Global Norms and Standards", https://www.csis.org/analysis/china-model-beijings-promotion-alternative-global-norms-and-standards.

④ "Interview: French Scholar Praises China's Efforts towards World Development, Peace", http://www.china.org.cn/world/Off_the_Wire/2015-09/25/content_36675107.htm.

理多米尼克·德维尔潘（Dominique de Villepin）指出，人类命运共同体的重要内涵就是全世界范围内的和平与发展[1]。德国墨卡托中国研究中心研究员雅各布·马德尔（Jacob Mardell）表示，人类命运共同体描述了一个相互合作的世界[2]。卡内基全球政策中心莫里斯·格林伯格荣誉主任韩磊（Paul Haenle）认为，构建人类命运共同体是为了让所有人都能感受到安全和繁荣[3]。

其二，人类命运共同体理念是全球治理的思想智慧。欧洲议会研究中心的研究报告称，人类命运共同体理念展示出中国的全球治理智慧，是中国推出的全球治理新方案的一部分[4]。上海合作组织秘书长拉希德·阿利莫夫（Rashid Alimov）指出，人类命运共同体理念是超越民族国家和意识形态的全球观，是全球治理的共商、共建、共享原则的核心理念[5]。

其三，人类命运共同体是国际关系的新型模式。有学者指出，人类命运共同体是一种新型的国际关系模式。这一模式不同于西方冷战思维的零和模式，是一种以全球视野为基础的合作共赢新模式[6]。美国芝加哥大学保尔森基金会研究员尼尔·托马斯（Neil

---

[1]《中国越来越有大国风范——访法国前总理多米尼克·德维尔潘》，载《光明日报》2017年11月17日。

[2] Jacob Mardell, "The 'Community of Common Destiny' in Xi Jinping's New Era", https://thediplomat.com/2017/10/the-community-of-common-destiny-in-xi-jinpings-new-era/.

[3] Paul Haenle, "China Flexes Diplomatic Muscles to Match Growing Economic Size", https://carnegieendowment.org/2014/12/24/china-flexes-diplomatic-muscles-to-match-growing-economic-size-pub-57645.

[4] Gisela Grieger, "China's Arctic Policy：How China Aligns Rights and Interests", https://www.europarl.europa.eu/RegData/etudes/BRIE/2018/620231/EPRS_BRI(2018)620231_EN.pdf.

[5]《国内外专家学者热议人类命运共同体》，中国日报网，http://china.chinadaily.com.cn/2017-11/30/content_35133598.htm。

[6] Lutgard Lams, "Examining Strategic Narratives in Chinese Official Discourse under Xi Jinping", *Journal of Chinese Political Science*, Vol. 23, No. 3, 2018, pp. 387-411.

Thomas）提出，人类命运共同体本质上是一个国际体系，这个体系的目标是要推动实现经济上更深层次的一体化，通过政治对话缓和冲突、维护安全①。美国协力管理咨询有限公司创始人克里斯·德文希尔－埃利斯（Chris Devonshire-Ellis）指出，人类命运共同体表达了旨在建立一个以促进和改善全球治理国际关系为目标的"新框架"②。

其四，推动构建人类命运共同体是中国奉行的外交政策。巴基斯坦国立科技大学中国研究中心主任哈桑·贾韦德（Hassan Javed）认为，习近平倡导的人类命运共同体理念是互利共赢外交模式的典范③。印度常驻联合国代表赛义德·阿克巴鲁丁（Syed Akbaruddin）指出，在2017年中国共产党第十九次全国代表大会上，构建人类命运共同体被确立为中国外交的核心理念和基本方针，"一带一路"倡议则成为落实这一方针的重要举措④。美国查普曼大学传播学院贾文山（Wenshan Jia）表示，人类命运共同体是中国标志性的外交政策，已在全球范围内受到广泛关注⑤。

然而，也有一些海外人士对人类命运共同体理念存在一定程度的误解。例如，美籍华裔律师章家敦（Gordon G. Chang）认为，当中国谈到命运共同或每个民族都会有的共同梦想时，其实是在唤起

① Neil Thomas, "New and Old: Foreign Policy under Xi Jinping", *East Asia Forum*, Vol. 10, No. 4, 2018, pp. 15–19.
② Chris Devonshire-Ellis, "Understanding the Significance of China's Sixth Plenary Session", https://www.china-briefing.com/news/understanding-the-significance-of-chinas-sixth-plenary-session/.
③《时刻把人民福祉放在心上》，载《人民日报》2018年1月2日。
④ Syed Akbaruddin, "Beijing Likes to Talk about 'Community of Shared Future of Mankind'. What Exactly does It Mean?", https://timesofindia.indiatimes.com/blogs/toi-edit-page/beijing-likes-to-talk-about-community-of-shared-future-of-mankind-what-exactly-does-it-mean/.
⑤ Wenshan Jia, "Shared Future for Mankind Highlights Interactional Dynamics", https://news.cgtn.com/news/3d3d674e786b444e33457a6333566d54/index.html.

中国的帝国历史，并暗示其应该统治所有领域①。美国兰德公司高级分析师蒂莫西·希思（Timothy R. Heath）等指出，人类命运共同体理念旨在构建一个东亚秩序。在这个秩序中，中国将作为超级大国，领导邻国管理安全事务②。美国战略与国际问题研究中心的报告称，人类命运共同体理念的核心是以中国标准和中国智慧为基础构建全球秩序③。美国大西洋理事会（The Atlantic Council of the United States）借用冷战时代所谓的"长电报"，发表了一份以"更长电报"为题的匿名报告。报告称，虽然中国经常使用"人类命运共同体"一词，但这一概念的定义一直在被刻意模糊④。这些误解与西方长期以来秉持二元对立的零和思维思考问题的习惯有关。

三、关于人类命运共同体的价值意蕴

人类命运共同体理念的提出对整个人类社会的发展具有重要意义。一些海外人士不仅从理论维度诠释人类命运共同体理念是对西方零和博弈思维的一种超越，还从实践向度分析了它在破解全球问题、推动国际合作、重塑全球秩序、促进世界繁荣中的重要作用。

有海外人士分析了人类命运共同体理念对西方理念的超越。英国国际战略研究所新加坡办公室高级研究员亚历山大·尼尔

---

① Gordon G. Chang, "Trump's 'Beautiful Vision' vs. China's Imperial Dream", https://iac.gatech.edu/news/item/600841/trump-beautiful-vision-vs-china-imperial-dream.

② Timothy Heath and Andrew S. Erickson, "Is China Pursuing Counter-intervention?", *The Washington Quarterly*, Vol. 38, No. 3, 2015, pp. 143-156.

③ Daniel Tobin, "How Xi Jinping's 'New Era' should have Ended U.S.Debate on Beijing's Ambitions", https://www.csis.org/analysis/how-xi-jinpings-new-era-should-have-ended-us-debate-beijings-ambitions.

④ Anonymous, "The Longer Telegram: Toward A New American China Strategy", https://www.atlanticcouncil.org/wp-content/uploads/2021/01/The-Longer-Telegram-Toward-A-New-American-China-Strategy.pdf.

（Alexander Neill）指出："习近平主席提出要共同构建人类命运共同体，提到各国作为平等的国家要相互尊重，共同探讨问题，这就抛弃了冷战的传统思维。"[1]格鲁吉亚主流媒体《每日新闻网》主编阿夫坦季尔·奥提纳什维利（Aftanjir Otinashvili）表示，人类命运共同体理念建立在共赢的基础上，摒弃了旧有的零和博弈的思维，为人类实现共同发展和繁荣指明了全新的道路[2]。英国学者马丁·雅克（Martin Jacques）认为，构建人类命运共同体理念摒弃丛林法则，不搞强权独霸，超越零和博弈，开辟了一条合作共赢、共建共享的文明发展新道路[3]。

还有海外人士诠释了构建人类命运共同体理念对解决全球性问题的重要价值。巴西共产党副主席沃特·索伦蒂诺（Walter Sorrentino）表示，各种形式的保护主义抬头，让很多民众感到绝望，而中国坚定不移地走社会主义道路并提出人类命运共同体这一伟大构想，给世界带来了希望[4]。苏丹国际问题专家阿卜杜勒-拉齐克·齐亚达（Abdul-Lazik Ziada）指出，中国在推动国际社会共同应对全球挑战方面发挥着重要作用，倡导构建人类命运共同体正是中国展现其大国担当的又一体现，这一理念对解决世界面临的诸多问题具有重要意义[5]。

关于构建人类命运共同体在推动国际合作中的重要意义，意大利国家研究委员会国际法律研究所法比奥·马尔切利（Fabio Marcelli）指出，中国在维护国际和平与安全、解决气候变化和环境

① 《新时代中国经济带来全球新机遇》，载《经济日报》2017年11月21日。
② 《为大国领导人的人民情怀和天下担当喝彩——国际社会热议习近平主席新年贺词》，载《光明日报》2018年1月2日。
③ 《开放不止步，世界迎来更多利好——国际社会热议中国特色社会主义进入新时代（下）》，载《人民日报》2017年11月4日。
④ 《人类命运共同体伟大构想给世界带来希望》，载《光明日报》2019年3月2日。
⑤ 翁奇羽、孙振、徐国康：《大国外交：国际社会齐点赞（奋斗新时代）》，载《人民日报》（海外版）2018年3月11日。

问题、推动世界经济可持续发展等方面的看法很有建设性，为各领域国际合作的全方位发展铺平了道路①。世界经济论坛创始人兼执行主席克劳斯·施瓦布（Klaus Schwab）指出，习近平构建人类命运共同体的理念为推动经济全球化和实现各国之间的相互合作指明了方向②。

构建人类命运共同体对重塑世界秩序的意义也得到了特别的关注。欧洲知名智库欧洲亚洲研究所（European Institute for Asia Studies）的研究报告指出，构建人类命运共同体意味着塑造具有中国特色的全球化新秩序，这很可能与二战后美国主导的全球化格局截然不同③。美国得克萨斯大学政治学教授布拉德利·A.塞耶（Bradley A. Thayer）等认为，人类命运共同体理念有利于推动开启一个不受西方意识形态或民主法治等政治原则束缚的全球新秩序。这一理念的确立标志着中国"失声"的终结④。

着眼于构建人类命运共同体对促进世界繁荣的积极作用，俄罗斯科学院远东研究所高级研究员、俄中关系研究预测中心副主任亚历山大·伊萨耶夫（Александр исаев）表示，随着时间的推移，中国领导人提出的构建人类命运共同体理念在实践中不断丰富和发展，这给全世界的共同发展和繁荣创造了有利条件⑤。俄中友好、和

---

① Fabio Marcelli, "A Shared Future of Mankind: A New Concept and Its Paramount Pedagogical Importance", The 2019 International Conference on Pedagogy, *Communication and Sociology*, May 25–26, 2019.

② "Six Years On, Xi's 'Shared Future' Idea still Resonates with the World", https://news.cgtn.com/news/3d3d414f3545544e34457a6333566d54/index.html.

③ Grzegorz Stec, "China's Belt and Road Initiative is neither a Strategy, nor a Vision. It is a Process", https://www.eias.org/wp-content/uploads/2016/03/EU_Asia_at_a_Glance_Stec_BRI_2018-1.pdf.

④ Bradley A. Thayer and Lichao Han, "Avoiding What China Has in Store for the World", https://thehill.com/opinion/national-security/477242-avoiding-what-china-has-in-store-for-the-world.

⑤ 亚历山大·伊萨耶夫：《构建人类命运共同体是大势所趋》，载《人民日报》2018年1月3日。

平与发展委员会专家理事会俄方主席尤里·塔夫罗夫斯基（Yury Tavrovsky）也持相似观点，认为中国提出了构建人类命运共同体等理念，为人类发展作出了巨大贡献①。韩国世宗研究所中国研究中心主任李泰桓（Lee Tai Hwan）指出，中国领导人提出的构建人类命运共同体理念与"一带一路"倡议相得益彰，期待中国通过推动国际合作，为更多国家带来发展机遇②。

　　总体来看，现有的成果主要是从政治、安全、经济等角度来探讨构建人类命运共同体的意义，而从文化、生态、网络等角度展开的探讨还相对较少。此外，现有的研究主要集中于从宏观层面分析构建人类命运共同体的意义，很少有人从微观角度探讨构建人类命运共同体带来的影响。

四、关于人类命运共同体的实践路径

　　如何推动构建人类命运共同体，这是非常重要的议题。对此，海外人士围绕"谁来构建""如何构建"等问题进行了深入探讨。

（一）谁来构建

　　关于"谁来构建"的问题涉及人类命运共同体的建设主体"为谁"。对此，海外人士普遍认同构建人类命运共同体是一项重大工程，需要凝聚全世界人民的力量共同推进。奥地利对华友好及文化

---

① 《访中俄友好、和平与发展委员会专家理事会俄方主席塔夫罗夫斯基》，光明网，https://m.gmw.cn/2021-02/12/content_1302107239.htm?source=sohu。
② 《引领中国新时代 助力世界共发展——国际社会热议中国选举产生新一届国家领导人》，载《光明日报》2018年3月20日。

关系促进协会常务副主席卡明斯基（Kaminski）提出，世界各国人民应该秉持"天下一家"的理念，张开怀抱，彼此理解，求同存异，共同为构建人类命运共同体而努力[①]。美国查普曼大学传播学院贾文山（Wenshan Jia）表示，人类命运共同体是由中国发起的，但它是所有人的共同愿景，需要各国政府、跨国组织和全球社会的支持和参与[②]。美国库恩基金会主席、中国问题专家罗伯特·劳伦斯·库恩（Robert Lawrence Kuhn）认为，人类命运共同体理念正当其时，构建人类命运共同体是"全世界共同的伟大愿景"，"要把这一愿景变成现实，需要世界各地充满善意的人们共同努力"[③]。南非外交部副总司长、南非金砖大使、环印度洋联盟联络员和兼职教授阿尼尔·苏克拉尔（Anil Sooklal）指出，多边外交是构建人类命运共同体的重要支柱[④]。

（二）如何构建

关于"如何构建"的问题涉及人类命运共同体建设路径"为何"。一些海外人士结合"一带一路"倡议来思考构建人类命运共同体的实践路径。美国全美亚洲研究所的报告指出，"一带一路"倡议的最终目标不仅是加强欧亚大陆基础设施互联互通，更是"协力迈向命运共同体、拥抱一个新未来"[⑤]。"文明对话"世界公众论坛创始

[①]《全球治理期待中国智慧——访奥中友协常务副主席卡明斯基》，载《光明日报》2017年12月4日。

[②] Wenshan Jia, "Shared Future for Mankind Highlights Interactional Dynamics", https://news.cgtn.com/news/3d3d674e786b444e33457a6333566d54/index.html.

[③]《书写构建人类命运共同体新篇章（命运与共）》，载《人民日报》2022年1月17日。

[④] Anil Sooklal, "China's Shared Future for Mankind", https://www.iol.co.za/business-report/brics/chinas-shared-future-for-mankind-99816b12-06df-4eff-9021-d640267f2d30.

[⑤] Nadège Rolland, "A Concise Guide to the Belt and Road Initiative", http://www.iberchina.org/files/2019/bri_concise_guide.pdf.

主席、罗蒙诺索夫莫斯科国立大学公共政策系主任弗拉基米尔·亚库宁（Vladimir Yakunin）指出，"一带一路"倡议主张尊重多元文化和政治差异，其全球使命是通过打造"综合发展带"，将不同的国家联系在一起，推动人类命运共同体理念的具体实施①。日本前首相鸠山由纪夫（Yukio Hatoyama）认为，以共商、共建、共享为原则的"一带一路"是构建人类命运共同体的重要路径，其更为深刻的着眼点是通过促进区域经济发展，增进国家之间的交流，进而防范纷争于未然②。德国智库席勒研究所非洲问题专家塞巴斯蒂安·佩里莫尼（Sébastien Périmony）认为，"一带一路"建设是构建人类命运共同体的重要路径，撼动了保护主义、民粹主义等极端保守思想的根基，缓和了地区和民族冲突，为世界经济发展、人类进步及地区和平奠定了坚实的基础③。

　　有些海外人士则立足于政治、安全、经济、文化或生态的某个领域，谋划人类命运共同体的构建。在政治层面，尼尔表示，如果想要所有人共同构建一个人类命运的共同体，各国应该作为平等的国家相互尊重，共同去探讨问题，要抛弃冷战的传统思维，加强合作或者说是加强联盟④。加蓬民主党总书记埃里克·杜杜·布恩冈加（Eric Dodo Bounguendza）指出，应该把命运共同体融合到我们的政党理念中，建设命运共同体应该从政党合作开始，政党有推动人类进步的责任和义务⑤。在安全层面，韩国延世大学政治外交学教授文正仁（Moon Chung-in）认为，中国提出的亚洲安全观，超越"同

---

① Vladimir Yakunin, "The Future of World Order: Building a Community of Common Destiny", *China Quarterly of International Strategic Studies*, Vol. 3, No. 2, 2017, pp. 159–173.

②《一带一路，为亚太繁荣注入强劲动力》，载《人民日报》2017年11月8日。

③《应势而为，共担时代责任》，载《人民日报》2018年1月26日。

④《中外专家热议十九大报告 人类命运共同体成广泛共识》，央广网，http://news.cnr.cn/dj/20171119/t20171119_524031616.shtml。

⑤《社会主义的活力再一次被证明》，载《光明日报》2017年12月2日。

盟"概念，对域内所有国家一视同仁，打造安全共同体，构建亚洲命运共同体，这是亚洲国家共同的期望①。在经济层面，尼日尔争取民主和社会主义党副总书记卡拉·安库劳（Kalla Ankourao）指出，人类命运共同体是中国的战略远见。要想实现这一美好愿景，我们必须实现普惠包容性发展，不让任何国家在贫困和悲惨中生活，要让发展成果惠及世界各国②。美国前商务部部长卡洛斯·古铁雷斯（Carlos Gutierrez）指出，通过合作实现有意义的贸易和投资自由化，推动经济增长，是构建亚太命运共同体的重要方面③。在文化层面，英国资深英中关系专家阿利斯泰尔·米基（Alistair Michie）表示，改变各国之间的沟通方式，是成功构建人类命运共同体的关键④。老挝老中友谊协会秘书长西昆·本伟莱（Siquon Benwaile）认为，实施亚洲经典著作互译计划和亚洲影视交流合作计划是很好的举措。将中国的经典著作翻译成老挝文，有助于老挝民众了解中国、欣赏中国文化，有助于两国携手合作，共建亚洲命运共同体、人类命运共同体⑤。在生态层面，巴西中国问题研究中心主任罗尼·林斯（Ronnie Lins）指出，习近平主席发表的题为《共同构建人与自然生命共同体》的讲话十分重要。针对气候变化问题，要坚持多边主义和共同但有区别的责任原则。希望国际社会能尽快采取行动，共同参与，推进构建公平合理、合作共赢的全球环境治理体系⑥。

---

① 《为亚洲安全和发展撑起一片蓝天》，载《人民日报》2016年4月29日。
② 《嘉宾观点：各国政党携手实现人类命运共同体美好愿景》，载《光明日报》2017年12月5日。
③ Carlos Gutierrez, "Achieving Trade Cooperation in the Asia–Pacific Region", *Boao Forum For Asia Annual Conference*, March 26–29, 2015.
④ Morag Hobbs and Zhuoyan He, "We Need a Change of Mindset to Create a Community of Common Destiny", http://en.people.cn/n3/2019/0515/c90000-9578510.html.
⑤ 《加强文明交流互鉴 共创世界美好未来》，载《光明日报》2019年5月16日。
⑥ 《展示决心增强信心 多国人士高度评价习近平主席在领导人气候峰会上的重要讲话》，人民网，http://world.people.com.cn/n1/2021/0426/c1002-32088474.html。

此外，构建各个层面、各个维度的命运共同体也是海外人士探讨构建人类命运共同体的重要视角。意大利威尼斯卡福斯卡里大学比阿特丽斯·加莱利（Beatrice Gallelli）等认为，亚洲国家是构建人类命运共同体的必要参与者，构建亚洲命运共同体是构建人类命运共同体的前提[1]。丹麦哥本哈根大学政治学系助理教授卡米拉·T. N. 索伦森（Camilla T. N. Srensen）提出，推动构建中国—东盟命运共同体是中国为推动区域经济、政治和安全一体化做出的重要努力[2]。俄罗斯科学院世界经济与国际关系研究所中国政治与经济部门主任谢尔盖·卢科宁（Sergey Lukonin）指出，中国倡议世界各国团结起来共同抗击疫情，共同改善全球卫生治理，共同构建人类卫生健康共同体，这对于解决全球性问题非常重要[3]。国际电信联盟副秘书长马尔科姆·约翰逊（Malcolm Johnson）表示，国际电信联盟是构建网络空间命运共同体的理想平台。为了帮助所有人实现互联网连接，国际电信联盟需要进一步加大同中国的合作力度[4]。

目前来看，海外人士意识到了构建人类命运共同体是一项事关全人类的伟大事业，尝试着从主体维度和实践维度探讨推动人类命运共同体的构建，这在一定程度上展现了他们对构建人类命运共同体的认可和期盼。但就目前的认知现状来看，关于"谁来构建"这一问题，虽然海外人士达成了一定的共识，但是对如何调动各方主体的积极性，如何划分不同国家在人类命运共同体构建过程中的具体职责等问题，尚缺乏深入讨论。在"如何构建"这一问题上，不少海外人士还局限于宏观层面上的理论省思和方向指引，微观和操

---

[1] Beatrice Gallelli and Patrick Heinrich, *"China's New Silk Road. An Emerging World Order"*, London: Routledge Press, 2018: 26.

[2] Camilla T. N. Srensen, "The Significance of Xi Jinping's 'Chinese Dream' for Chinese Foreign Policy: From 'Tao Guang Yang Hui' to 'Fen Fa You Wei'", *Journal of China and International Relations*, Vol. 3, No. 1, 2015, pp. 53–73.

[3]《携手推进全球抗疫合作》，载《人民日报》2021 年 5 月 25 日。

[4]《携手共建网络空间命运共同体》，载《人民日报》（海外版）2019 年 10 月 21 日。

作层面的现实思考还相对较少。此外，海外人士对人类命运共同体与各层次命运共同体之间关系的阐释还不够直接和深入，在实践路径构建的认识中还存在阐释逻辑上的"断层"。

五、结语

从现有的成果来看，海外人士围绕与人类命运共同体相关的一般性论题，如提出依据、基本内涵、重大意义、实践路径等进行了思考，构成了海外关于人类命运共同体认知的"存量"。但是，这些认知"存量"还存在一些问题，必须予以重视。一是站位不够高。一些海外人士总是戴着"有色眼镜"来审视人类命运共同体，没有站在人类历史发展和人类文明演进的高度对人类命运共同体理念进行考察，更没有在历史逻辑、理论逻辑与实践逻辑的统一中科学地把握中国共产党人的天下情怀和使命担当，某些观点较为狭隘和偏激。二是纵向介入不深。人类命运共同体理念是一个立足理论和实践提出的深刻命题，需要我们专注于命题本身，进行层层剖析，才能得其要领、悟其实质、知其精髓。然而，目前海外关于该命题的认知深度尚不充分，亟须进一步深化。比如，人类命运共同体理念的提出依据到底有哪些？这些依据之间的内在逻辑关系是什么？再比如，人类命运共同体理念的内涵和外延有哪些？是一个实然的存在，还是一个应然的存在？还比如，人类命运共同体理念的超越主要体现在哪里？人类命运共同体对人类文明发展的重要意义究竟是什么？等等。三是广度拓展不足。人类命运共同体是一个涵盖全方位、囊括各领域、包含多层次的重要论题，应对其进行综合、系统的考察。目前，海外人士关于构建人类命运共同体的基本特征、主要成就、机遇挑战等方面的认识不够，对人类命运共同体与资本主义和社会主义的关系等问题的探讨也鲜有涉及。这些问题是推动构建人类命运共同体必须思考的重要问题，不下功夫搞清楚这些问题，就很难凝聚全世界的力量推动构建人类命运共同体。

针对海外人士关于人类命运共同体理念的认知，我们要采取正确的态度和方法。一是要靶向回击人类命运共同体理念的国际错误认知。要坚持以问题为导向，通过开展深入的学理研究和实践考察，进一步厘清海外关于人类命运共同体认知存在的问题，形成"问题清单"。针对现存问题，层层剖析错误认知产生的原因。针对部分海外人士对人类命运共同体理念的刻意歪曲和抹黑，我们要永葆斗争精神，敢于"亮剑"、勇于"出击"，让谣言止于真相。二是要重点突出人类命运共同体理念的文化建构。人类命运共同体理念是一种超越资本主义异化文明的新文明观，是人类发展新文明标识突出的新概念、新范畴。因此，我们要善于运用文化建构的方式，用文明交流超越文明隔阂、用文明互鉴超越文明隔膜，不断推动多元文明之间的对话和沟通，增加人类命运共同体的国际认知和认同。三是要积极推进人类命运共同体理念的实践转化。人类命运共同体理念只有不断转变为改变世界的物质力量，才能被更多人信服和认可，也才能在国际舞台上产生更多、更大的吸引力。因此，我们要积极推动人类命运共同体理念向实践层面的转化，不断激活储藏在人类命运共同体中的巨大潜能，使之形成改变全世界、造福全人类的现实效能，进而增强人类命运共同体的国际影响力、吸引力和感召力。

（作者单位：山东大学马克思主义学院，中国人民大学马克思主义学院）

党的二十大

英文世界关于中共二十大的若干认知

赵启威

一、关于中共二十大的重大意义

在中共二十大召开前后，国际社会对本次大会给予了高度关注。许多英文文献反映，中共二十大的召开不仅对中国自身发展具有重大意义，也将对世界产生积极贡献。

美国记者兼"无冷战"国际运动创始成员丹尼·海洪（Danny Haiphong）认为，中国共产党对社会主义现代化的追求不仅仅是为发展而发展，而是与人民的福祉有着内在的联系[1]。英国国际战略研究所（IISS）的报告认为，中共二十大致力于找到一条解决经济增长速度放缓和经济发展不平衡的方法[2]。英国地缘战略委员会专家查

---

[1] Danny Haiphong, "The Importance of the 20th CPC National Congress to the World", *CGTN*, October 18, 2022.

[2] George Magnus，"China's Economic Challenges and the 20th National Congress of the Chinese Communist Party", https://www.iiss.org/blogs/survival-blog/2022/10/chinas-economic-challenges-and-the-20th-national-congress-of-the-chinese-communist-party.

尔斯·帕顿（Charles Parton）的分析发现，中国的首要任务不再是简单的国内生产总值的增长，而是提高人民生活质量。他认为，中国政策将强调共同富裕、减少不平等，并更加重视改善农村生活和农业生产①。巴基斯坦总理夏巴兹·谢里夫（Shahbaz Sharif）指出，中共二十大的成果有利于进一步加强巴中双边友谊，将双方的信任和合作提升到新巅峰。巴基斯坦正义运动党主席伊姆兰·汗（Imran Khan）提到，中共二十大传递出实现和平、发展和多维度进步、建立人类命运共同体的重要信息。印度《星期日卫报》指出，尽管中国人口超过了发达国家的总人口，但是中国承诺不像美国那样寻求霸权，而是积极践行真正的多边主义，尊重各方利益②。英国海外发展研究院（ODI）对中共二十大的分析报告认为，从全球治理方面来看，中国倡导建立一个更公平、更公正的全球治理体系，让发展中国家和新兴经济体在全球事务中拥有更大的发言权③。

二、关于过去十年来中国取得的重大成就

在中共二十大召开前后，许多海外媒体或智库专家对过去十年中国取得的重大成就进行了多方面的分析，其中涉及政治、经济、社会、生态等各个方面。

法新社的报道从六个方面对中国过去十年取得的成就进行了梳理：第一，极端贫困的消除。中国共产党以"为人民服务"为行

---

① Charles Parton, "The CCP's 20th Party Congress: What to Look Out For", *Council on Geostrategy Report*, October 10, 2022.

② B. R. Deepak, "Decoding Xi's Work Report to the 20th Party Congress", *Sunday Guardian*, October 22, 2022.

③ Yunnan Chen, "In a Hostile External Environment, China is Subtly Reshaping Its Approach to Development and Global Governance", *ODI Report*, October 26, 2022.

动准则，而消除极端贫困现象成为践行这一准则的重要标志。近十年来，中国人民的生活条件大幅度提升，这主要得益于中国政府在 2013 年至 2021 年间的大量投入。第二，财富的激增。2013 年到 2020 年中国城市家庭平均可支配收入增长了 66%，同期农村家庭收入增长了 82%。第三，航天领域的发展。中国在航天领域已经缩小了同欧美国家的差距：2020 年中国的探月航天器带回了珍贵的月球样本，北斗系统与美国 GPS 不相上下。第四，反腐败取得了显著成效。十年间至少有 150 万人因腐败问题而受到了惩处。此外，中国共产党在社会中广泛倡导"节俭"文化，这有助于遏制奢靡之风。第五，环境的改善。十年间，中国为环保事业付出了巨大努力并取得了积极成效。例如，中国政府于 2016 年签署了《巴黎协定》，并于 2020 年承诺将力争在 2060 年前实现碳中和。经过不懈努力，2015 年至 2021 年间，中国的空气细颗粒物浓度下降了 34.8%。此外，中国的垃圾分类计划也取得了积极进展。第六，中国的交通运输能力大幅增长。中国高速铁路网长度的不断翻倍以及民用机场的快速建设促进了旅游业的发展，也刺激了经济发展，并为欠发达的西部地区注入了新动能[①]。

此外，国际社会还普遍关注过去十年间中国在数字经济领域的飞速发展。荷兰国际集团大中华区首席经济师彭蔼娆（Iris Pang）指出，中国的数字经济在过去数年间迅猛发展。数字经济首先从中国的社交媒体和搜索引擎中发展起来，很快扩展到网上购物、移动支付和金融技术等领域，随后进一步扩大到地图、打车应用和送货服务，然后又扩展到网络游戏和自媒体。2021 年，中国整体数字经济的价值为 45.5 万亿元人民币，仅次于美国，排名第二。十年内，数

---

① "Poverty, Climate, Space: China's Progress in 10 Years under Xi", https://amp.france24. com/en/live-news/20221014-poverty-climate-space-china-s-progress-in-10-years-under-xi.

字经济产业所产生的价值对 GDP 的贡献翻了一番，达到近 40%。她指出，值得注意的是，数字经济产业将持续受益于中共二十大关于技术进步的战略规划①。

三、关于中国式现代化

中共二十大明确指出，中国共产党团结带领全国各族人民全面建成社会主义现代化强国、实现第二个百年奋斗目标，以中国式现代化全面推进中华民族伟大复兴是新时代新征程上中国共产党的中心任务。英文文献对中国式现代化给予了广泛关注。

在中央广播电视总台举办的"中国式现代化与世界"主题论坛上，多位国际知名学者对中国式现代化进行了解读。美中合作基金会执行主席约翰·米勒-怀特（John Milligan-Whyte）指出，中国的现代化是中国特色的现代化，是社会主义的现代化。中国的成功对全世界来说是一种鼓舞，中国式现代化是 21 世纪的现代化范式，不仅给发展中国家提供了选择，也为发达国家提供了参考。南非约翰内斯堡大学非洲—中国问题研究中心高级研究员科菲·夸库（Koffi Kouakou）认为，中国式现代化是人口规模巨大的现代化。中国的脱贫模式对非洲有巨大的启发作用，非洲国家从中国学到的最重要经验是，现代化要以人民为中心，不能是一纸空谈、只让富人受益。英国伦敦国王学院中国研究所主任克里·布朗（Kerry Brown）强调，中国的现代化不仅发展速度快，发展质量也有目共睹，比如对可持续发展的强调就体现了中国对环境的重视，他认为

---

① Iris Pang, "China's Digital Economy: Divided but Growing", https://think.ing.com/amp/article/china-digital-economy-divided-but-growing/.

中国式现代化为丰富更多现代化模式作出了重要贡献[①]。美国哥伦比亚大学教授杰弗里·萨克斯（Jeffrey Sachs）认为，中国式现代化是立足于对《联合国宪章》的坚定维护，立足于建立和平的外部环境，应为此喝彩[②]。埃塞俄比亚亚的斯亚贝巴大学研究员贝哈努·阿伯拉（Birhanu Abera）也阐明了自己对中国式现代化的认识：第一，中国有超过14亿人口，领导这个拥有庞大人口的国家推进现代化建设需要有远见卓识；第二，中国式现代化与全体人民共同富裕息息相关；第三，物质文明代表经济福利的进步，而精神文明代表中国公民自身的现代化；第四，明智地使用自然资源将有助于以现代化的、可持续的方式发展经济；第五，和平与发展需要全世界携手并进，中国的外交政策不是以取得霸权地位为目的，而是为维护世界和平付出了巨大努力[③]。

四、关于中国的经济发展

中共二十大报告对中国经济高质量发展作出了重要的战略部署。相关英文文献认为，中国在经济发展上采取的战略具有促进商业化、引领创业创新、摆脱对外技术依赖、维护经济发展安全等积极作用。

美国《纽约时报》发文指出，在美国对中国全面实施新技术出口管制措施的背景下，中共二十大强调自力更生，并提出要赢得一场"关键核心技术"的斗争。对比五年前中共十九大提出的要建

---

① "China's Modernization and the World", *CGTN*, October 30, 2022.

② "Expert: It is Dangerous for U. S. to Raise Tension with China", *CGTN*, October 29, 2022.

③ Birhanu Abera, "The 20th National Congress of CPC and the Chinese Path to Modernization", https://waltainfo.com/the-20th-national-congress-of-cpc-and-the-chinese-path-to-modernization/.

立"以市场为导向"的技术创新体系，这一次中共把重点放在"国家战略需求"上，这表明中国政府将在未来的创新举措中发挥主导作用①。中国香港《南华早报》指出，虽然近期有人认为中国对高质量发展和共同富裕的强调可能会改变近几十年来优先发展经济的决策导向，并对当前中国经济增速放缓表示忧虑，但是中国作为世界第二大经济体，无论面对国内外何种不利因素，仍将继续重视国内生产总值的增长②。香港协力管理咨询公司旗下《中国简报》（*China Briefing*）上的一篇文章指出，中国已成为140多个国家和地区的最大贸易伙伴，并且是世界第一大外国直接投资目的地，这反映了对外贸易和吸引投资对中国的重要性。此外，外国投资和商业将成为国家高质量发展的重要内容。中国将努力通过扩大国内循环吸引全球资源，加强国内和国际市场的联通，提高贸易投资合作的质量和水平③。德国墨卡托中国研究中心（MERICS）的分析报告指出，中共二十大关于科技创新的相关表述表明，中国希望加强技术自主，并阐明了教育、科技和人才将如何为中国发展成为社会主义现代化强国提供战略驱动。中国发展需要高技能工人，包括外国人才，以提升其劳动力水平。与中共十九大报告相比，"科技"一词被提及的频率更高④。

---

① Paul Mozur and John Liu, "On Tech, Xi Points to Self-reliance and State-led Initiatives", *The New York Times,* October 16, 2022.

② Frank Tang, "China's No.1 Priority is Still GDP Growth, Senior Economic Official Asserts, Amid Focus on 'Common Prosperity'", *South China Morning Post*, November 6, 2022.

③ Arendse Huld, "20th Party Congress Report: What It Means for Business, the Economy, and Social Development", *China Briefing*, October 31, 2022.

④ "Key Takeaways from Xi's Report to the Party Congress", https://merics.org/en/merics-briefs/key-takeaways-xis-report-party-congress.

五、关于中国的对外政策

中共二十大报告强调中国不断对外开放的决心以及开放的中国为全球发展作出的突出贡献。一些英文文献聚焦中国对外政策的相关内容，对中共二十大后中国同世界其他国家的关系进行了探讨。

美国战略与国际问题研究中心（CSIS）发布的分析报告认为，中共二十大报告虽然主要集中在中国国内问题上，但也表达了中国如何看待世界和中国在其中的地位的观点。二十大报告提出要"促进大国协调和良性互动，推动构建和平共处、总体稳定、均衡发展的大国关系格局"。将"和平共处"放在对主要国家关系的描述中，可能反映了中国政府对危机或冲突风险不断增加的担忧。该分析报告认为，中共二十大将国家安全提到前所未有的高度，专门阐述了国家安全问题，将国家安全表述为"民族复兴的根基"，这表明中国政府想要通过加强国家安全应对日益恶化的外部环境。二十大报告中"安全"一词出现了 91 次，远高于中共十九大报告中的 50 余次[1]。美国布鲁金斯学会的分析报告认为，美国和中国之间的关系将为全球经济增长的环境带来重要影响。对于大多数发展中国家来说，中国或美国是其最大的贸易伙伴，能否进入这两个国家的巨大市场将成为他们能否实现繁荣发展的关键性因素。贸易双方任何一方的扭曲性贸易行为，如扭曲贸易的补贴、倾销，或者强调关税或非关税壁垒的保护主义措施，都会减少发展机会。同样，大国对世界贸易组织规则的蔑视，尤其会对中小经济体造成困难。在金融领域，

---

[1] Bonny Lin et al., "China's 20th Party Congress Report: Doubling Down in the Face of External Threats", https://www.csis.org/analysis/chinas-20th-party-congress-report-doubling-down-face-external-threats.

美国和中国会为全球经济创造低通货膨胀环境发挥重要作用[①]。

《外交学者》总编辑、前美中政策基金会研究助理香农·蒂耶兹（Shannon Tiezzi）提出，中共二十大报告在总结过去十年成就时将"共建'一带一路'"概括为一个"深受欢迎的国际公共产品和国际合作平台"。同时，在阐述中国外交政策时，中共二十大报告还提到了全球发展倡议和全球安全倡议，这是继"一带一路"倡议之后中国提出的新的重大倡议[②]。

六、结语

通过文献梳理可以发现，英文世界对中共二十大的重大意义、中国式现代化、中国经济发展、中国对外开放政策给予了积极的、正面的评价。但我们也注意到，有些西方媒体或智库在报道或评价中共二十大时仍然存在一定的偏见或忧虑。比如，质疑中国经济发展质量，猜测中国会收缩"一带一路"建设项目，怀疑中国科技政策的激励力度，误读中国的地缘政治形势，担忧中国与美国的紧张关系。造成这些偏见或忧虑的原因在很大程度上是他们对中国缺乏深入的了解，这进一步凸显了我们客观真实地向世界讲好中国故事、讲好中国共产党故事、讲好新时代故事的迫切性和重要性。

（作者单位：英国伦敦大学金史密斯学院）

---

① David Dollar, "Global China-Economics and Development", Brookings Institution Working Paper, Forthcoming.

② Shannon Tiezzi, "Xi's Work Report to the 20th Party Congress: 5 Takeaways", *The Diplomat,* October 18, 2022.

俄罗斯社会各界关于中共二十大的若干认知

一、中共二十大为全面建设社会主义现代化国家擘画新图景

俄罗斯社会各界人士认为，中共二十大在中国迈上全面建设社会主义现代化国家新征程、向第二个百年奋斗目标进军的关键时刻召开，是决定中国未来五年及之后国家建设主要目标和政治进程的重大事件，为全面建设社会主义现代化国家擘画新图景。

（一）开启了续写中国特色社会主义的新篇章

俄罗斯联邦共产党中央委员会主席根·久加诺夫（Г. Зюганов）对中共二十大的胜利召开表示祝贺并指出："中共二十大将成为制定中国共产党纲领性方针的重要里程碑，为社会主义鸿图大业作出新

的建设性决定。"① 莫斯科国立大学亚非国家研究所所长、俄罗斯国际
事务委员会成员阿·马斯洛夫（A. Маслов）在国际事务委员会圆桌
会议上发言表示，中共二十大是关乎中国未来发展的重要会议，因
为中国共产党高举中国特色社会主义旗帜，努力在各方面谱写社会
主义现代化国家建设的崭新篇章 ②。圣彼得堡国立大学教授雅·列克
休金娜（Я. Лексютина）在瓦尔代国际俱乐部辩论会上表示，中共
二十大是决定中国未来政治进程的重要事件，大会的报告总结了过
去五年的建设成就，提出了党的建设路线图。最值得关注的是，报
告划定了中国未来五年的战略基准、优先事项和国家发展目标。可
以看出，中国将着眼技术自给自足和关键性技术突破，释放国家发
展新活力 ③。

（二）开创了百年大党自我革命的新模式

俄罗斯国立高等经济大学东方学院院长安·卡尔涅耶夫（A.
Карнеев）指出，中共二十大报告的一大亮点在于深刻总结了中国共
产党自我革命的战略意义，深刻把握跳出历史周期率的历史主动性，
并对新时代新征程下中国共产党的自我革命作出新部署、提出新要
求。在他看来，报告强调中国共产党不害怕在"自我净化"之路上
前行，因为这是获得民众支持的必要条件 ④。列克休金娜指出，报告

① Геннадий Зюганов направил приветствие делегатам XX съезда Компартии Китая, https://www.rline.tv/news/2022-10-13-gennadiy-zyuganov-napravil-privetstvie-delegatam-khkh-sezda-kompartii-kitaya-/?ysclid=l9xo2xs4ck960571013.

② Итоги XX съезда КПК и перспективы российско-китайских отношений: круглый стол РСМД, https://russiancouncil.ru/news/itogi-khkh-sezda-kpk-i-perspektivy-rossiysko-kitayskikh-otnosheniy-kruglyy-stol-rsmd/.

③ Съезд КПК: Китай и Россия, https://expert.ru/2022/10/19/syezd-kpk-kitay-i-rossiya/?ysclid=l9w4czr6qz361990812.

④ Эксперт прокомментировал значение доклада 20-го съезда КПК, https://ria.ru/20221018/kitay-1824765205.html?ysclid=lai32lz2qf486132797.

展示了中国对自我改革、自我净化和国家战略调整政策的最新认识，这主要体现在坚持从严治党，完善制度规范体系，坚定不移地消除党、国家和军队内部存在的严重隐患等方面[①]。俄中友好、和平与发展委员会专家理事会主席尤·塔夫罗夫斯基（Ю. Тавровский）发表评论文章认为："习近平提出了一个伟大的目标，即中华民族伟大复兴的中国梦，并自信地带领中国朝着这个目标前进。从中共二十大报告中可以看出，在实施该计划时，中国共产党发起了一场新的全面'自我革命'。"[②]

（三）开辟了中国式现代化的新境界

俄罗斯高等经济学院世界经济与国际事务学院教授谢·齐普拉科夫（С. Цыплаков）指出，中共二十大报告的经济部分着重探讨的是中国经济发展的长期前景。其中，"'高质量发展'的概念要求中国经济的体量不仅要大，而且要全且强，还要加快打造在航天、交通、网络和数字领域的'高质量强国'"[③]。列克休金娜表示，中国共产党优先解决国内发展问题，坚持"人民至上"的原则，不断满足人民需求，确保社会稳定。截至 2021 年，中国已经消除绝对贫困，创建了世界上最大的教育、社会保障和医疗体系。这是中国式现代化最具体最充分的体现[④]。塔夫罗夫斯基对"中国式现代化"的新提法给予了充分肯定。他指出："100 年来，中国共产党的旗帜没有褪

① Съезд КПК: Китай и Россия, https://expert.ru/2022/10/19/syezd-kpk-kitay-i-rossiya/?ys clid=l9w4czr6qz361990812.

② Китайская 《самореволюция》: Победа Си Цзиньпина и 《загогулина》Ху Цзиньтао, https://www.mk.ru/politics/2022/10/24/kitayskaya-samorevolyuciya-pobeda-si-czinpina-i-zagogulina-khu-czintao.html?ysclid=lai4t5stzk620267539.

③ В Китае прошел съезд партии. Как его итоги повлияют на акции и экономику, https://quote.rbc.ru/news/article/6352bcff9a7947fce14be36f?ysclid=l9m6jtbyg3302532583.

④ Съезд КПК: Китай и Россия, https://expert.ru/2022/10/19/syezd-kpk-kitay-i-rossiya/?ys clid=l9w4czr6qz361990812.

色，共产党人不忘初心。国家领导人习近平的智慧和中国共产党集体的才华，使习近平新时代中国特色社会主义思想大放异彩。中共二十大提出了'中国式现代化'的新表述，并将以此为指导打造国家经济快速、高效发展的宏大引擎。"①

二、中共二十大为俄中关系深化发展注入新助力

俄罗斯社会各界密切关注中共二十大，并以此为基础，回顾了中国国家建设成就的示范效应，展望未来两国关系的发展方向以及两国共同推动全球治理的合作前景。

（一）为俄罗斯国家发展提供了新借鉴

马斯洛夫指出，中共二十大报告总结了中国在过去十年间发生的巨大变化。在中国共产党的领导下，中国在经济、科学技术、教育体系、医疗健康、电子服务和基础设施等领域取得了突出成就，"许多国家以中国为榜样"。在他看来，取得这些成就最主要的原因在于中国共产党制定了科学、高效的路线方针政策，瞄准现代技术及其在实践中的快速应用，并且以社会为导向，高度关注民生。他还强调，由于中国面临严峻的外部挑战，大会报告再次强调加快构建以国内大循环为主体、国内国际双循环相互促进的新发展格局，这也为俄罗斯"向东看"提供了范本②。久加诺夫指出，中国共产党

① Китайская《самореволюция》: Победа Си Цзиньпина и《загогулина》Ху Цзиньтао, https://izborsk-club.ru/23483.

② 20-й съезд КПК имеет важное значение для развития Китая и мира, https://www.sb.by/articles/20-y-sezd-kpk-imeet-vazhnoe-znachenie-dlya-razvitiya-kitaya-i-mira.html?ysclid=l9mfl18q0wg337745349.

成立一个多世纪以来，走过了一条光荣的创造之路。它按照最初的目标，履行社会重组使命，将群众团结在自己周围，带领人民在正确的价值观指导下为民族伟大复兴而奋斗。中国共产党创造的"将为广大人民谋福利和经济社会进步有机结合起来"的生动范例，为俄罗斯提供了全新的标杆[①]。塔夫罗夫斯基认为，在抗击新冠疫情这样突如其来的"黑天鹅"事件中，中国共产党不但没有被压倒，反而展现出了卓越的动员力、纪律性和执行力[②]。

（二）为俄中深化合作提供了新机遇

俄罗斯联邦外交部发言人玛·扎哈罗娃（M. Захарова）在记者会上表示，中共二十大旨在预先确定未来五年中国共产党和中国国家的建设方向。俄罗斯密切关注大会进展，有意加强与中国的全面合作。她指出："令人欣喜的是，友好的中国在国家建设和社会经济发展方面取得了重大成就，中国在国际事务中的影响正在稳步增长。俄方愿一如既往地继续加强同中国在政治、经济、人文等领域的全面合作。"[③] 俄罗斯亚洲工业家与企业家联合会主席维·曼克维奇（B. Манкевич）表示，中共二十大的召开是 2022 年世界主要政治事件之一，其成果对俄罗斯和其他国家都具有重要意义，因为大会通过的决策将影响中国对外政策的路线[④]。塔夫罗夫斯基在接受《共青团

---

① XX съезд КПК станет событием планетарного масштаба, https://msk.kprf.ru/2022/10/15/225799/?ysclid=l9xnjldzss514114387.

② Китайская《самореволюция》: Победа Си Цзиньпина и《загогулина》Ху Цзиньтао, https://www.mk.ru/politics/2022/10/24/kitayskaya-samorevolyuciya-pobeda-si-czinpina-i-zagogulina-khu-czintao.html?ysclid=lai4t5stzk620267539.

③ Россия следит за XX съездом КПК и намерена укреплять сотрудничество с КНР, https://tass.ru/politika/16109237?ysclid=l9w4jk5vq4580003760.

④ В Москве обсудили итоги XX съезда КПК, https://raspp.ru/press_center/v-moskve-obsudili-itogi-xx-sezda-kpk/?ysclid=l9xhbr13d598427555.

真理报》采访时表示，对于俄罗斯来说，中共二十大的决策将具有非常重要的意义。中国这个战略伙伴的稳定和实力，比以往任何时候都对俄罗斯更有利。俄罗斯需要一个强大的中国，中国也需要一个强大的俄罗斯。中共二十大的胜利召开为俄中两国拓宽合作窗口创造了新机遇①。

（三）为俄中共同推动全球治理指明了新方向

马斯洛夫指出，在俄中两国共同利益和国际秩序共识的基础上，中国未来的对外政策将为俄中两国共同参与全球治理提供借鉴参考②。久加诺夫认为，目前俄中关系处于近几十年来的最高水平，俄中官方层面将其描述为"新时代全面战略协作伙伴关系"。"俄中两国在现阶段的合作特点是双方资源的高度互补、坚实的法律框架、在世界重大问题上的共识以及民众对两国友好进程的积极态度。"③他进一步援引习近平关于"一花独放不是春，百花齐放春满园"的表述，强调按照这一理念，俄中需要继续积极携手开展活动，以维护和促进对公正世界秩序的看法。届时，世界各国人民将看到人类生命中的春暖花开。俄罗斯科学院中国与当代亚洲研究所中国问题专家亚·卢金（А. Лугин）在国际事务委员会圆桌会议上对未来俄中关系进行了展望。他指出，中共二十大"表明中国共产党将继续以习近平总书记为核心，深化俄中睦邻友好合作关系，将俄中合作推

① Си Цзиньпин собирает силы: чего ждать от XX съезда в Китае, https://www.mk.ru/politics/2022/10/17/si-czinpin-sobiraet-sily-chego-zhdat-ot-xx-sezda-v-kitae.html.
② Итоги XX съезда КПК и перспективы российско-китайских отношений: круглый стол РСМД, https://russiancouncil.ru/news/itogi-khkh-sezda-kpk-i-perspektivy-rossiysko-kitayskikh-otnosheniy-kruglyy-stol-rsmd/?ysclid=l9s6yebrzo597479336.
③ XX съезд КПК станет событием планетарного масштаба, https://msk.kprf.ru/2022/10/15/225799/?ysclid=l9xnjldzss514114387.

向新高度"①。此外，卢金还认为，中国积极的外交政策和与西方关系的变化可能意味着俄罗斯与中国在全球治理合作方面将会迈出更重要的一步。

三、中共二十大为国际社会和全球经济的发展树立新典范

俄罗斯专家学者认为，中共二十大报告不仅展现了中国共产党作为百年大党立志复兴的大志向、引领时代的大担当、不负人民的大情怀，也蕴含着中国政府兼济天下的大格局、普惠包容的大思想、创新驱动的大智慧。

（一）为全世界社会主义者指明了新方向

久加诺夫指出，中国共产党的胜利彰显了马克思主义的强大生命力。在过去的 100 年时间里，中国共产党已成为地球上最大的具有全球影响力的政治组织。在世界范围内，社会主义和资本主义意识形态与社会制度的历史演进和竞争出现了有利于社会主义的重要转折。中共二十大的胜利召开本身对于全世界社会主义者就是极大的鼓舞②。

（二）为全球经济发展注入了新动力

俄罗斯国立高等经济学院东方和非洲研究所副教授瓦·莫罗佐

---

① Итоги ХХ съезда КПК и перспективы российско-китайских отношений: круглый стол РСМД, https://russiancouncil.ru/news/itogi-khkh-sezda-kpk-i-perspektivy-rossiysko-kitayskikh-otnosheniy-kruglyy-stol-rsmd/.

② ХХ съезд КПК станет событием планетарного масштаба, https://msk.kprf.ru/2022/10/15/225799/?ysclid=l9xnjldzss514114387.

娃（В. Морозова）在接受专访时表示，"今天的中国是整个国际关系体系中最重要的参与者之一，在全球治理的过程中不断贡献中国价值"①。她认为，中国致力于建立一个政治互信、经济融合、文化包容的利益共同体、命运共同体和责任共同体，愿同包括欧亚大陆在内的世界各国，构建一个互惠互利的利益、命运和责任共同体。大会报告体现出的普惠包容精神无疑为世界经济发展注入了新动力。俄罗斯《专家》杂志特邀记者阿·多尔任科夫（А. Долженков）认为，中共二十大报告展现出中国面对世界的开放精神。中国发展战略的重要方向之一是建立面向全球的自由贸易区网络，包括 21 个专注于创新发展的自由贸易试验区和海南自由贸易港。中国政府强调，"一带一路"倡议将成为国际合作的平台，中国已经是 140 多个国家和地区的主要贸易伙伴，货物贸易总额居世界第一。此外，中国在吸引外国投资和对外投资流动方面仍然是领导者。在中共二十大开启的新征程上，中国势必成为全球经济发展的新引擎②。

（三）向世界展示了中国的新担当

俄罗斯地缘政治问题科学院院士、中国问题专家弗·帕夫连科（В. Павленко）称赞中国特色社会主义"为解决当前积累的许多矛盾奠定了最重要基础"。他指出，"从这个意义上讲，中共二十大的成果不仅具有国内意义，而且具有国际意义，象征着全人类期待已久的'清风'吹向世界"③。"人类命运共同体"既反映了当代国际关系

① 俄罗斯学者看中共二十大：中国在全球治理过程中贡献中国价值观，https://www.chinanews.com.cn/gj/2022/10-21/9877542.shtml。
② путь в тысячу ли: поступательное движение вперед，https://expert.ru/expert/2022/46/put-v-tysyachu-li-postupatelnoye-dvizheniye-vpered/?ysclid=laian6do5r613778514。
③ От октября к марту. XX съезд КПК и глобальные перспективы，https://regnum.ru/news/polit/3731987.htmll。

现实，又将人类共同价值和中华优秀传统文化弘扬光大，反映了全人类的普遍愿望和共同心声，是中国引领时代潮流和人类文明进步方向的鲜明旗帜，充分体现了新时代中国的大国担当精神。

从俄文文献梳理的整体情况来看，中共二十大为中国社会主义现代化建设擘画的宏伟蓝图在俄罗斯社会赢得了普遍赞誉。但与此同时，我们注意到，也有个别俄罗斯学者和媒体在观察和评议中共二十大时仅侧重强调或一味夸大中国存在的问题，这暴露出他们对中国的国情了解不足或研究方法不当。我们坚信，在以习近平同志为核心的党中央坚强领导下，以中国式现代化全面推进中华民族伟大复兴，必将谱写出新时代中国特色社会主义的绚丽篇章。

（作者单位：中国人民解放军军事科学院，中央党史和文献研究院第五研究部）

日本社会各界关于中共二十大的若干认知

赵庆

一、中共二十大擘画新征程路线图

中共二十大是在中国迈上全面建设社会主义现代化国家新征程、向第二个百年奋斗目标进军的关键时刻召开的一次十分重要的大会。日本主流媒体和知名学者积极评价大会至关重要、影响深远。《朝日新闻》指出，中共二十大为中国未来发展指明方向，也将对世界产生深远影响①。《日本华侨报》在关于大会的专题评论中表示，中共二十大是事关中国共产党和中国国家事业继往开来、事关中国特色社会主义前途命运、事关中华民族伟大复兴的大事。中共二十大不仅影响当下，也影响未来。身处百年未有之大变局中的中国，面临的挑战是历史性的，需要解决的问题和达成的目标同样是历史性

---

① 「中国共産党大会が開幕 重要問題への大方針、習氏が政治報告」、『朝日新聞』、https://www.asahi.com/articles/ASQBJ3GYJQBHUHBI02Y.html?iref=pc_extlink、2022年10月16日。

的①。日本"继承和发展村山谈话会"理事长藤田高景表示，中共二十大举世瞩目，因为中国取得了人类历史上了不起的发展成就。大会谋划了未来五年乃至更长时期中国共产党和中国国家事业发展的目标任务和大政方针，具有重大意义和深远影响②。

整体而言，日本各界认为，当前中国已具有举足轻重的国际影响力，期待中国积极承担更多的国际责任和义务。日本山口大学名誉教授纐缬厚认为，中共二十大是全球瞩目的大事，全世界都对中国继续在世界和平与发展中发挥重要作用充满期待③。日本横滨国立大学名誉教授村田忠禧认为，在当前美国国力衰退的背景下，国际社会期待中国在今后扮演更加重要的角色④。此外，《日本华侨报》发表题为《中共二十大将肩负起世界强国的使命》的文章，强调过去十年间，中国经济快速发展，科技实力和社会生产力不断提高，中国的国际地位与影响力大幅提升。无论是在参与"一带一路"倡议的国家中，还是在亚太地区，中国都是更加自信、更加积极的国际参与者，在世界舞台上展示着自己的强大和自信。在百年变局与世纪疫情交织的背景下，中国的发展以及中国在国际舞台上发挥的作用显得尤为重要，中国正肩负起自己的使命⑤。

① 《中共二十大将引领中国进入新时代》，载《日本华侨报》，http://www.jnocnews.co.jp/news/show.aspx?id=108521，2022 年 10 月 3 日。
② 「中日専門家が『新たな道のりにおける中国と世界』円卓会議で討論」、NHK、http://www.yomiuri.co.jp/、2022 年 11 月 4 日。
③ 「中国共産党大会が開幕 重要問題への大方針、習氏が政治報告」、『朝日新聞』、https://www.asahi.com/articles/ASQBJ3GYJQBHUHBI02Y.html?iref=pc_extlink、2022 年 10 月 16 日。
④ 「日本の学者が見る中国のこの 10 年間：『中国式近代化』から『一帯一路』構想へ」、『読売新聞』、http://www.yomiuri.co.jp/world/20221034-OYT1T57338/l、2022 年 10 月 10 日。
⑤ 《中共二十大将肩负起世界强国的使命》，载《日本华侨报》，http://www.jnocnews.co.jp/news/show.aspx?id=108522，2022 年 10 月 3 日。

二、中国正在通往共同富裕的道路上砥砺前行，让发展成果更多更公平地惠及世界人民

继中国 2021 年全面建成小康社会后，"共同富裕"成为海外媒体报道的高频词。部分日本媒体和专家学者认为，中共二十大将为"中国共产党如何带领中国人民实现共同富裕"给出明确的答案。《朝日新闻》评论表示，中国在过去数十年中逐步走向繁荣，并以社会主义现代化强国为目标取得卓越进步，全世界都关注中共将如何带领中国人民实现共同富裕。中国正将着力点放在缩小贫富差距、促进社会公平上，努力推进教育改革并完善社会保障制度[1]。

日本前首相鸠山由纪夫表示，中国共产党对中国的发展作出了巨大贡献，其中最重要的贡献是让 14 亿中国人民过上了小康生活，成功地消除了绝对贫困，"这是非常了不起的功绩"[2]。

日本庆应义塾大学名誉教授大西广认为，中国共产党能够根据中国的国情和不同时代特点与时俱进，不断制定符合时代发展要求的政策和规划。在中国步入经济中高速增长"新常态"的十年间，中国政府正着力解决在经济高速增长时遗留下的问题，因此经济政策从鼓励"先富"逐渐转向寻求实现"共同富裕"是必然的[3]。日本国际大学客座教授西园寺一晃表示，在中国这样一个人口众多、基

---

[1] 「中国共産党大会が開幕 重要問題への大方針、習氏が政治報告」、『朝日新聞』、https://www.asahi.com/articles/ASQBJ3GYJQBHUHBI02Y.html?iref=pc_extlink、2022 年 10 月 16 日。

[2] 「鳩山由紀夫元首相が『中国式現代化』を称賛」、『Record China』、https://www.msn.com/ja-jp/news/world、2022 年 10 月 27 日。

[3] 「『共に豊かに』の道へ」、NHK、http://www.yomiuri.co.jp/20da/plgd/202210/t20221014_700306503.html、2022 年 10 月 14 日。

础薄弱的国家，经过这么短的时间就解决了绝对贫困问题，这在人类历史上是一个壮举和奇迹。未来中国发展将面临更大挑战，任务也将更加艰巨，大会报告显示了中国共产党将继续带领中国人民涉险滩、攻难关的气概和决心①。

在过去十年里，"共同富裕"的理念不仅带动着中国国内的发展，在国际社会的发展实践中也发挥着重要作用。不少日本学者认为，实现"共同富裕"是普遍性的世界难题，中国正在"一带一路"倡议下帮助发展中国家实现发展和进步，这是促进全球"共同富裕"的重要实践。纐缬厚指出，国际社会应以中国为榜样，以建立一个繁荣富裕的世界为发展目标。中国提出的"一带一路"倡议是致力于促进全球共同发展繁荣的中国方案②。大西广也表示，中国不仅将"实现共同富裕"作为当前推动国内发展的奋斗目标，而且在国际上积极践行"共同富裕"的理念。中国提出的"一带一路"倡议正推动发展中国家进步，是实现"世界版共同富裕"的重要实践。与某些想要通过军事力量掌控世界的国家不同，中国倡导以经济发展为中心为全球作出贡献，这样的理念很有必要向世界进一步推广③。日本资深媒体人木村知义发表文章表示，中国这十年可谓是"进化"与"深化"的十年。中国不仅在经济领域，同时在引导理念和政策的创新上不断阔步向前，步履不停地走在"进化"与"深化"的道路上，令我们感受到了新世界秩序的胎动。与此同时，中国在倡导人类命运共同体理念和"一带一路"倡议中所表现出来的活力，同中国过

---

① 「日本人学者、第20回党大会の理念と方針を前向きに評価」、『Record China』、https://recordchina.co.jp/newsinfo?id=902950、2022 年 10 月 18 日。

② 《"新征程的中国与世界"日本专场圆桌会成功举行》，载《东方新报》，http://www.livejapan.cn/static/content/news/news_jp/2022-11-02/1037335033645907968.html，2022 年 11 月 2 日。

③ 「『共に豊かに』の道へ」、NHK、http://www.yomiuri.co.jp/20da/plgd/202210/t20221014_700306503.html、2022 年 10 月 14 日。

去十年间的发展进程完全吻合 ①。

三、聚焦"中国式现代化"和"高质量发展"，期待中国同世界分享更多发展红利

大会报告中关于"中国式现代化"的表述成为吸引世界目光的关键词。日本共同社表示，中国式现代化为人类实现现代化提供了新的选择 ②。日本执政联盟的公明党党首山口那津男高度评价中国过去十年来取得的巨大发展成就。他表示，一直以来，中国都在用长远眼光制定未来的发展目标并为之不断努力，相信中国式现代化建设将不断增进中国人民的福祉 ③。除此之外，还有部分日本媒体和学者认为，中国式现代化与西方现代化存在"本质区别"。日本广播协会报道，报告提出的推进中国式现代化是一种独特的发展模式，明确了中国的发展目标与西方不同。更进一步说，中国式现代化是坚持中国共产党领导、建设"社会主义现代化强国"的独特发展模式 ④。《日本经济新闻》刊文称，报告强调"中国式现代化"，表明中国不会选择过去西方国家依靠战争、殖民、掠夺等为发展中国家带来不幸的现代化道路 ⑤。日本共同社客座评论员冈田充在接受采访时

①「中日専門家が『新たな道のりにおける中国と世界』円卓会議で討論」、NHK、http://www.yomiuri.co.jp/、2022 年 11 月 4 日。
②「中国主席、対外開放を強調」、共同社、https://news.yahoo.co.jp/articles/24dabb6293bb5aa6903e8dd735a7ff4bff7dff76、2022 年 11 月 6 日。
③「公明・山口代表『公明党と中国共産党の長い間の交流と信頼関係をさらに深められるように、共々に協力しあっていきたい』」、『Share News』、https://sn-jp.com/archives/100366、2022 年 11 月 1 日。
④「習主席 独自の発展モデル「中国式現代化」推進強調 共産党大会」、NHK、https://www3.nhk.or.jp/news/html/20221017/k10013861891000.html、2022 年 10 月 17 日。
⑤「習近平氏、世界分断にらみ『強国』急ぐ 中国共産党大会」、『日本経済新聞』、https://www.nikkei.com/article/DGXZQOGM149PH0U2A011C2000000/、2022 年 10 月 17 日。

表示，"中国式现代化"基于多元价值观的多极秩序，中国正朝着全面建成社会主义现代化强国的第二个百年奋斗目标前进[①]。村田忠禧表示，中国宣布全面建成小康社会，并一直在推进"中国式现代化"。他强调，在世界和中国即将发生重大变化之际，中国畅谈未来5年的广阔前景，同时明确2049年建成社会主义现代化强国的目标。而相比之下，美国在世界范围内施加干涉，并因国内矛盾而削弱自身实力。相信中国所扮演的角色会比以往任何时候都更加重要[②]。

　　与此同时，报告中提到的"高质量发展"也是备受日方关注的热词之一。十年来，中国的国内生产总值从54万亿元增长到114万亿元，经济总量占世界经济的比重达18.5%，稳居世界第二位，制造业规模稳居世界第一。特别是在全球仍然面临新冠疫情的情况下，中国在2021年疫情防控、经济总量发展等方面均交出了令人赞赏的成绩单。中国经济为何能率先走出疫情阴影？未来中国如何实现高质量发展？如何更好共享《区域全面经济伙伴关系协定》（RCEP）机遇？这些问题引发了日本各界的热烈讨论。日本日中经济协会董事、研究部部长高见泽学表示，中国通过推动经济快速发展、加快城镇化进程以及提升科技研发能力，实现了高质量发展，并全面建成小康社会。经济持续稳定增长是建设中国特色社会主义现代化国家的必要条件之一[③]。《日本经济新闻》指出，中共二十大报告在支持扩大消费的同时，强调以创新为第一动力，实现高质量发展。报告再次强调了中国正在构建"以国内大循环为主体，国内国际双循环

---

① 「『中国式现代化』は多様な価値観に基づく多極秩序」，『読売新聞』，https://japanese.cri.cn/2022/10/21/ARTIp2zS05TK4rhl8MsexehS221021.shtml，2022年10月21日。

② 「『中国式现代化』から『一带一路』まで——新思想が実を結んだ10年」，『読売新聞』，http://www.yomiuri.co.jp/tjk/20da/plgd/202210/t20221012_800309223.html，2022年10月10日。

③ 「今後の中国と中日関係、円卓会議で専門家が討論」，『中国国際広播電台日本放送』，https://japanese.cri.cn/2022/11/03/ARTIdnwfbZF2DXbjIVIV7xZh221103.shtml、2022年11月3日。

相互促进的新发展格局",并且提出推进这一构想的具体思路①。日本丸红(中国)有限公司经济调查总监铃木贵元发表文章认为,从报告对重大经济问题的认识来看,小康社会实现后,以农民为主的低收入群体的生活水平将得到进一步改善。未来的社会主义现代化建设是中国共产党和中国人民共同解决这些问题的过程,也是经济社会从高增长向高质量软着陆的过程②。木村知义表示,报告提出对经济、技术、文化、生态系统、人才培养等领域的一体化发展方案,以"高质量发展"为目标。这些都体现了中国特色社会主义的本质要求,可以说是中国式现代化的精髓。大会报告详细地呈现出中国共产党推动中国走向新发展阶段的思想和政策③。

四、中共二十大开启中日合作发展新篇章

当前,世界之变、时代之变、历史之变正以前所未有的方式展开,人类社会面临前所未有的挑战,世界又一次站在历史的十字路口。在这种背景下,人类命运共同体理念越来越为日本社会各界所接受。《日本经济新闻》刊文称,报告提到中国旗帜鲜明反对一切霸权主义和强权政治,毫不动摇反对任何单边主义、保护主义④。鸠山由纪夫表示,习近平提出的构建人类命运共同体理念非常契合时代、

---

① 「習近平氏『内需拡大と構造改革』強調 経済成長後押し」、『日本経済新聞』、https://www.nikkei.com/article/DGXZQOGM160XN0W2A011C2000000/、2022 年 10 月 16 日。

② 「世界と改革開放の中で対話・交流を広げていってもらいたい」、NHK、http://www.peoplechina.com.cn/tjk/20da/plgd/202210/t20221018_800310575.html、2022 年 10 月 18 日。

③ 《中国共産党第 20 回大会における習近平総書記の「政治報告」を読んで》、http://news.cctv.com/2022/10/18/ARTI9e6XiRe4LijkiJeMz6eo211113s.html。

④ 「習近平氏『覇権・強権主義に反対』米国と長期対立視野」、『日本経済新聞』、https://www.nikkei.com/article/DGXZQOGM160VM0W2A011C2000000/、2022 年 10 月 16 日。

非常必要。他认为，树立命运与共的共同体意识对于世界避免割裂、应对挑战以及亚洲维护和平、共同发展是非常重要的①。日本前首相福田康夫表示，习近平倡导的人类命运共同体理念想传达的信息是任何一个国家都不可能孤立存在，要同其他国家一道发展②。西园寺一晃十分赞赏人类命运共同体理念，他表示，世界大国不仅要自己发展，还要为整个国际社会的安定和繁荣以及人类整体的生存和发展作贡献。习近平在报告中再次强调"促进世界和平与发展，推动构建人类命运共同体"，展现了大国应有的责任和担当③。日本"纪录中国"（Record China）株式会社总编辑八牧浩行在"纪录中国"网站发表文章表示，中国已成长为世界经济和军事强国，作为国际秩序稳定与和平的推动者，肩负着重大责任④。此外，他在日本"新征程的中国与世界"专场圆桌会议上强调指出，中共二十大重申独立自主和平的外交政策，强调走合作路线，永远不称霸、永远不搞扩张，并提出支持和帮助发展中国家的发展。期待中国继续秉持推动构建人类命运共同体理念，对世界作出更大贡献。他表示，日本应当更加积极主动地加强与中国的联系，促进亚洲地区的和平与稳定⑤。

部分日本政界和知华友华人士从世界格局与中日关系的发展大

---

① 「鳩山由紀夫元首相が『中国式現代化』を称賛」、『Record China』、https://www.msn.com/ja-jp/news/world、2022 年 10 月 27 日。

② 「『一強』基盤固めた習近平主席、難題解決へ大胆施策も『台湾』は平和の統一目指す」、『Record China』、https://www.recordchina.co.jp/b903173-s136-c100-d1136.html、2022 年 11 月 2 日。

③ 《日本学者：中国倡导以经济发展为中心的全球贡献值得推广》，https://www.chinanews.com.cn/gj/2022/10-21-9877825.shtml。

④ 「『一強』基盤固めた習近平主席、難題解決へ大胆施策も『台湾』は平和の統一目指す」、『Record China』、https://www.recordchina.co.jp/b903173-s136-c100-d1136.html、2022 年 11 月 2 日。

⑤ 《"新征程的中国与世界"日本专场圆桌会成功举行》，载《东方新报》，http://www.livejapan.cn/static/content/news/news_jp/2022-11-02/1037335033645907968.html，2022 年 11 月 2 日。

局出发，结合 2022 年对两国关系的特殊意义，探讨中共二十大对中日关系的影响。日本自民党总裁、首相岸田文雄表示，愿同习近平总书记向两国民众和国际社会指明日中关系发展方向，大力推动构建建设性、稳定的日中关系①。山口那津男表示，双方应积极主动为维护日中良好关系而努力，积极开展对话交流，不断加强互信，维护并发展友好、稳定和建设性的关系。此外，双方还应共同努力，维护世界的和平与稳定②。日本自由民主党干事长茂木敏充表示，日中两国肩负着维护地区及世界和平与繁荣的重要责任，日本自民党愿同中国共产党加强交流，推动构建稳定、建设性的日中关系。纐缬厚强调，扩大与中国的合作符合日本的利益，日本应该把与中国的合作政策放在优先位置③。公益社团法人日本中国友好协会会长丹羽宇一郎表示，期待中国在中共二十大精神和习近平新时代中国特色社会主义思想的引领下，实现更大发展，为东亚的繁荣稳定发挥更大作用，推动日中友好关系取得进一步发展④。高见泽学表示，希望分别作为世界第二大和第三大经济体的中国和日本继续携手并进，为国际社会的安全与和平作出贡献⑤。日本知名国际政治学者、青山

---

① 「『全過程にわたる人民民主』は重要な問題提起」、『中国国际广播电台日本放送』、https://japanese.cri.cn/2022/10/22/ARTI4GCAjTz2smwsyAeEhtaQ221022.shtml、2022 年 10 月 22 日。

② 「公明・山口代表『公明党と中国共産党の長い間の交流と信頼関係をさらに深められるように、共々に協力しあっていきたい』」、『Share News』、https://sn-jp.com/archives/100366、2022 年 11 月 1 日。

③ 《"新征程的中国与世界"日本专场圆桌会成功举行》，载《东方新报》，http://www.livejapan.cn/static/content/news/news_jp/2022-11-02/1037335033645907968.html，2022 年 11 月 2 日。

④ 「中国共産党大会が閉幕 新たな中央委員を選出、党規約の改正も可決」、『朝日新聞』、https://www.asahi.com/articles/ASQBQ33TDQBPUHBI03M.html、2022 年 10 月 22 日。

⑤ 「今後の中国と中日関係、円卓会議で専門家が討論」、『中国国际广播电台日本放送』、https://japanese.cri.cn/2022/11/03/ARTIdnwfbZF2DXbjIVIV7xZh221103.shtml、2022 年 11 月 3 日。

学院大学名誉教授羽场久美子表示，希望日中两国人民不断通过人文和经贸往来加深友谊，携手构筑美好未来，期待中国为亚洲与世界的和平发展发挥更大作用。相信日中两国的合作将为世界发展作出更大贡献①。

综上所述，日本社会各界对中共二十大表现出的积极态度和立场观点，对于引导日本涉华舆论走向可能发挥举足轻重的作用。当然，在看到诸多正面报道的同时，我们也注意到部分日本媒体仍在老调重弹"中国威胁论""新殖民主义""闭关锁国论"等错误言论。过去三年间，受新冠疫情的影响，中日人员交往大为减少，加之国际或地区局势动荡不安，大国竞争和地缘对抗不断升温，这些因素都不可避免地对日本社会各界的对华认知和日本政府的政策取向产生了影响。如今，中日关系不仅对两国而言是重要的双边关系，对亚洲乃至整个世界也具有重要影响。虽然中日两国关系的发展历程并非一帆风顺，曾经几度跌入低谷，但是也在经历一次次考验、战胜一次次困难中愈发强韧。对日本社会各界关于中共二十大的最新报道和解读观点进行跟踪与分析，有助于深入了解日方对当代中国的认知情况，这是加快构建新时代中国对外话语体系，向日本讲好中国故事、传播好中国声音的重要前提。

（作者单位：中国外文局当代中国与世界研究院）

①《"新征程的中国与世界"日本专场圆桌会成功举行》，载《东方新报》，http://www.livejapan.cn/static/content/news/news_jp/2022-11-02/1037335033645907968.html，2022年11月2日。

非洲社会各界关于中共二十大的若干认知

王婷　李洪峰

一、非洲社会各界热议中国取得发展成就的原因

中共二十大通过的报告在国际社会引起广泛关注，非洲社会各界也纷纷参与讨论。非洲各国媒体、智库和学者对中共二十大关于中国过去五年的工作和新时代十年的伟大变革的总结表示高度认可。回顾中国不断前进的发展步伐，非洲社会各界从以下五个方面围绕中国发展的内在动因进行了解读和思考。

（一）坚持和加强党的全面领导是中国取得瞩目成就的关键

非洲社会各界高度认同中国新时代十年的伟大变革。大会后，摩洛哥国王穆罕默德六世向习近平发来贺电指出："您领导中国在各领域取得重大成就，巩固并提升了中国在国际和地区事务中的地位和影响。"[1] 尼日利亚《国民报》认为，习近平作为全党核心，坚持

---

[1] "HM the King Congratulates Chinese President Xi Jinping on His Re-election as General Secretary of China's Communist Party", *Agence Marocaine De Presse*, October 26, 2022.

以"为人民服务"的价值观及"艰苦奋斗""敢于斗争"的自我革新理念，指引中国共产党不断前行和发展，带领中国实现跨越式的经济发展和社会进步，其速度、规模及影响都是全球独一无二的①。埃塞俄比亚执政党繁荣党副主席、总书记阿登·法拉赫（Adem Farah）对中共二十大的召开表示祝贺并强调："中共十八大以来，以习近平同志为核心的中共中央团结带领中国各族人民取得了举世瞩目的发展成就，繁荣党对此深感钦佩。中国成功找到了适合本国国情的发展道路，为全体发展中国家树立了光辉榜样。"②乌干达学者阿瓦·赛曼达（Allawi Semanda）认为，"以人民为中心"的执政理念体现了全过程人民民主，这是中国式现代化的本质要求。他举例道："从中共二十大报告表述中可以看到，习近平从未使用过'我'作为汇报主体，而是始终强调'我们'，这代表着中国共产党的民主性和包容性，即在国家决策和治理方面遵循倾听、协商、多方合作的民主原则。"③

非洲社会各界高度认可中国共产党的领导能力及其对世界的贡献。安哥拉交通部部长里卡多·维加斯·德阿布鲁（Ricardo Viegas de Abreu）指出，中国共产党的出色领导是中国取得今日成就的关键所在。中国共产党带领中国人民探索出中国式现代化的发展路径，不仅符合中国的实际国情和发展理念，也为人类实现现代化提供了新的选择④。乌干达《新愿景报》记者尼尔森·基瓦（Nelson Kiva）在接受采访时表示，中国交通基础设施建设取得重大成就，建成全

---

① "What Drives CPC to Success?", *The Nation*, October 21, 2022.

② "ብልጽግና ፓርቲ 20ኛው የቻይና ኮሚኒስት ፓርቲ ብሔራዊ ጉባዔ የተሳካ", *ፋና ብሮድካስቲንግ ኮርፖሬት*, October 17, 2022.

③ Allawi Semanda, "People at the Centre of Xi Jinping's CPC's National Congress Report", https://www.newvision.co.ug/category/news/people-at-the-centre-of-xi-jinpings-cpcs-nati-145640.

④ "Partido Comunista é a chave do sucesso da China, diz ministro angolano", *Português*, October 16, 2022.

球最大的高速铁路网、高速公路网、世界级港口群等，这些发展成就都证明了中国共产党强大的领导能力①。肯尼亚非洲政策研究所所长彼得·卡格万加（Peter Kagwanja）指出，中国共产党强有力的领导及其以人民为中心的执政理念，不仅让中国发生了翻天覆地的变化，同时也以发展中国家的成长轨迹促进其他国家的互动式发展②。

（二）坚持中国特色社会主义道路是中国成功之路

非洲媒体和学者认为，在长期探索和实践基础上，中国共产党坚持中国特色社会主义道路的发展方向，成功推进和拓展了中国式现代化道路，其具体内涵体现在以下三个方面：

首先，中国共产党领导的社会主义现代化，既有各国现代化的共同特征，更有基于自己国情的中国特色。博茨瓦纳《每日新闻》报道称，中国式现代化是基于中国国情探索出的一条独特道路，中国式现代化为其他发展中国家提供了实现现代化的新选择③。南非约翰内斯堡大学中非研究中心主任孟大为（David Monyae）认为，中国式现代化新道路是人类发展史上的伟大创造。中国探索出适合本国发展的现代化道路，中国式现代化也为世界提供了更加公平的发展道路④。

其次，中国式现代化是全体人民共同富裕的现代化。卢旺达记者让·德拉克鲁瓦·塔巴罗（Jean de la Croix Tabaro）认为，中国实现全体人民共同富裕的发展目标以及脱贫攻坚的实践经验为包括非

---

① "African Journalists' Perspectives on CPC National Congress", *People's Daily Online*, October 20, 2022.

② Peter Kagwanja, "Greater Role Expected for China in Africa under BRI", https://www.herald.co.zw/greater-role-expected-for-china-in-africa-under-bri/.

③ "China Role Model for Community Building", *Botswana Daily News*, October 18, 2022.

④ David Monyae, "World Insights: Chinese Modernization Carries Global Significance", October 21, 2022.

洲在内的发展中国家带来了发展希望①。尼日利亚《领导者报》认为，中国共产党重视人民利益，努力推动社会全面发展，在经济发展、环境保护、科技进步、提供就业、改善人民生活方面全面推动脱贫攻坚工作并取得巨大成效。中国对全球减贫贡献率超过70%，中国脱贫的成功是全人类的成功，彰显了中国共产党领导和中国特色社会主义制度的政治优势②。

最后，中国式现代化是走和平发展道路的现代化。津巴布韦《先驱报》指出，中国已经成为世界和平发展的开拓者和守护者，成为推动全球治理体系朝着更加公正、合理的方向发展的建设者③。尼日利亚中国研究中心主任查尔斯·奥努纳伊朱（Charles Okechukwu Onunaiju）表示，中国主张建立相互尊重、公平正义、合作共赢的新型国际关系，走对话优先于对抗、多边优先于单边的和平发展新道路。在当前全球发展面临严峻挑战的时刻，非中关系已成为国际关系的典范，非中加强合作对世界具有重要的时代意义④。

（三）坚持以人民为中心是中国一以贯之的发展思想

非洲媒体和学者聚焦中国共产党以人民为中心的发展思想。肯尼亚《星报》记者布莱恩·奥蒂诺（Bryan Otieno）认为，坚持以人民为中心的发展思想，是中国共产党践行全过程人民民主的具体举措。中国共产党坚持以人为本的发展方针，维护了中国人民的根

① Jean de la Croix Tabaro, "Communist Party of China Completes First Centenary Goal, Raises the Bar Higher", https://www.ktpress.rw/2022/10/communist-party-of-china-completes-first-centenary-goal-raises-the-bar-higher/.
② "Ainihin Ma'anar Farfado Da Kasar Sin A Sabon Zamani", *Hausa Leadership*, October 20, 2022.
③ "China Thinks Global Despite Domestic Focus", *The Herald*, October 18, 2022.
④ Charles Okechukwu Onunaiju, "Building a Better World", https://www.chinadailyhk.com/article/295246.

本利益，中国是真正实现人民当家作主的国家。通过脱贫攻坚等系列举措，不断满足中国人民群众对美好生活的向往，真正实现共同富裕目标[1]。刚果（金）学者安托万·罗杰·龙刚（Antoine Roger Lokongo）指出，中国坚持绿水青山就是金山银山的科学论断，全面加强生态文明建设，通过推动绿色经济发展，真正保障了人民群众的获得感、幸福感，让人民群众感受到了经济发展带来的实实在在的环境效益[2]。塞内加尔《太阳报》评论道："中国的民主是真正的民主。在实践中，中国人民为促进国家发展付出了艰辛努力，同时人民也共享了发展的成果。"[3]

（四）坚持深化改革开放是中国强国之路

非洲社会各界认为，在复杂而多变的世界格局下，中国坚持走改革开放的道路，实现经济高质量发展，日益成为世界经济增长的稳定之锚和动力之源。加纳记者马里克·苏曼娜（Malik Sullemana）认为，中国通过贯彻新发展理念，努力推动高质量发展，积极培育创新、协调、绿色、开放、共享发展理念，在经济领域取得了令人瞩目的成就[4]。肯尼亚内罗毕大学外交与国际关系学院教授阿代尔·卡

---

[1] "Kenya Watches as China Elects New Leadership amid 'Slowing' Economy", *Star*, October 17, 2022.

[2] Antoine Roger Lokongo, "Tenue du 20ème Congrès National du Parti Communiste Chinois-Quelles sont les réponses à escompter par rapport à la nouvelle situation mondiale?", https://laprosperite.online/index.php/politique/21-a-chaud/13099-tenue-du-20eme-congres-national-du-parti-communiste-chinois-quelles-sont-les-reponses-a-escompter-par-rapport-a-la-nouvelle-situation-mondiale-par-le-dr-prof-antoine-roger-lokongo.

[3] "Commentaire : La démocratie chinoise est une véritable démocratie", *Le Soleil*, October 16, 2022.

[4] Malik Sullemana, "Jinping: 100 Million Rural Chinese Lifted from Poverty within 10 Years", https://www.ghanaiantimes.com.gh/jinping-100-million-rural-chinese-lifted-from-poverty-within-10-years/.

文斯（Adhere Cavince）指出，近十年来，立足实现高质量发展是中国随着时代的变化而作出的决策，带来的结果是中国在国际社会的巨大经济贡献。2021 年中国经济总量占世界经济的比重达 18.5%，比 2012 年提高 7.2 个百分点，稳居世界第二位。2013—2021 年，中国对世界经济增长的平均贡献率超过 30%，居世界第一位。中国对非洲经济增长的贡献率超过 20%[①]。南非《独立传媒》报道称，新时代的中国坚持构建新发展格局，实施互利共赢的开放政策，为世界经济共同发展注入新力量。中国积极推动"一带一路"高质量发展，相继成立亚洲基础设施投资银行、新开发银行、丝路基金等，坚持高质量实施《区域全面经济伙伴关系协定》，中国的数字丝绸之路为全球发展创造了新机遇[②]。

还有部分解读主要聚焦对外开放和多边主义的关系，认为中国推进高水平对外开放，一方面深入参与全球产业分工与合作，维护多元稳定的国际经济格局和经贸关系，另一方面高举多边主义旗帜，以更加积极的姿态投身全球治理体系改革。津巴布韦新闻部部长莫妮卡·穆茨万古瓦（Monica Mutsvangwa）赞赏中国对多边主义以及全球和平与稳定发展的贡献，指出中国通过"一带一路"倡议，积极参与全球产业分工与合作，促进全球经济治理体系改革，促使全球经济朝着更加稳定、包容、开放的方向发展，这将为发展中国家提供更多投资发展的机会[③]。刚果（金）学者龙刚指出，中国积极参与全球治理体系改革，在抗疫合作、环境保护、气候变化等

[①] Adhere Cavince, "China's Party Congress should Anchor Global Development", https://nation.africa/kenya/blogs-opinion/blogs/china-s-party-congress-should-anchor-global-development--3986460.

[②] "China's Digital Silk Road Creates New Opportunities for Global Development", *Pretoria News,* October 20, 2022.

[③] "Zimbabwe Lauds China's Contribution to Multilateralism, Global Peace, Stability", *Capital News,* October 18, 2022.

议题上发挥积极作用。中国提出人类命运共同体重要理念，为世界未来的多边主义合作指明了道路①。尼日利亚阿布贾大学政治与国际关系学院院长谢里夫·加里·易卜拉欣（Sherrif Ghali Ibrahim）强调，中国在国际舞台上言出必行，通过多边合作机制积极参与全球事务治理，将全球化进程推向更公平、更具包容性的发展变革之路。例如中国提出构建"互利共赢、合作发展"的中非命运共同体，借助中非合作论坛开展"一带一路"倡议对接多边发展议程，对非洲发展具有重要意义。他总结道："中国是公共产品的提供者，是国际秩序的捍卫者，是全球发展的贡献者，是世界和平的缔造者。"②

（五）坚持发扬斗争精神是中国共产党不断铸就的宝贵精神品质

部分报道尤为关注中共二十大报告中谈到的反腐败斗争。塞拉利昂记者协会主席艾哈迈德·萨希德·纳斯雷拉（Ahmed Sahid Nasralla）表示："我最欣赏的部分是习近平在中共二十大上强调反腐败斗争精神的讲话。他强调中国共产党要不断增强党组织的政治功能，从严治党并加强廉政建设，打赢反腐败攻坚战。这说明中国共产党敢于审视发展过程中存在的问题，这是中国共产党永葆生机的

---

① Antoine Roger Lokongo, "Tenue du 20ème Congrès National du Parti Communiste Chinois: quelles sont les réponses à escompter par rapport à la nouvelle situation mondiale?", https://laprosperite.online/index.php/politique/21-a-chaud/13099-tenue-du-20eme-congres-national-du-parti-communiste-chinois-quelles-sont-les-reponses-a-escompter-par-rapport-a-la-nouvelle-situation-mondiale-par-le-dr-prof-antoine-roger-lokongo#google_vignette.

② Sherrif Ghali Ibrahim, "Zim, China are Sister Nations", https://www.herald.co.zw/zim-china-are-sister-nations/.

原因之一。"① 索马里《国家新闻报》报道，中国打击腐败的系列举动体现了中国共产党敢于自我革命的斗争精神，是其改善国内政治生态治理和促进经济繁荣发展的关键因素②。

二、中共二十大对非洲发展的借鉴意义

多个非洲政党表示中国共产党的执政理念值得非洲学习和借鉴。南非共产党第一副总书记索利·马派拉（Solly Mapaila）指出："国家机关的执行力更多与执政党的领导力息息相关，而执政党领导力是国家发展的核心问题。中国国家机关的执行力超过了世界大多数国家和地区。非洲领导人应该从中国共产党的制度运行力、战略决策力、社会动员力、统筹协调力中学习执政经验。"③ 中非共和国团结一心运动全国执行书记、国民议会议长森普利斯·萨兰吉（Simplice Sarandji）表示，中国共产党自成立以来始终为中国的发展而不懈奋斗，希望能够学习并借鉴中国发展的务实经验。此外，喀麦隆人民民主联盟主席、总统保罗·比亚（Paul Biya），莫桑比克解放阵线党主席、总统菲利佩·雅辛托·纽西（Filipe Jacinto Nyusi），肯尼亚执政党联合民主联盟领袖约翰斯通·穆萨马（Johnstone Muthama）等多国政要在对中共二十大的召开表达衷心祝愿时，也对本国学习中国治国理政经验、加强政党交流表达了殷切期盼。

不少非洲学者和媒体都表示，中国的前进道路是一条基于本

---

① "SLAJ President Encourages China to Continue Support to Local Media", *AVY News*, October 27, 2022.

② "What Areas of Experiences that Somalia can Learn from China?", *Somali National News Agency*, October 26, 2022.

③ "South Africa Praises China's Efforts in Development and World Peace", *Capital News*, October 18, 2022.

国国情、适时改革、不断创新的发展之路。对于非洲国家而言，应根据各国国情因地制宜找准发展模式，走出适合非洲人自己的发展道路。

首先，道路自信建立在文化自信的基础之上，非洲人民需要加强对非洲文化的认同感。南非大学姆贝基非洲领导力研究院高级研究员谭哲理（Paul Tembe）在其著作《南非人眼中的习近平新时代中国特色社会主义思想》中指出，爱国主义教育是中国共产党激励中国人民树立文化自信的重要一步，这也成为建设中国特色社会主义的精神内涵之一。中国对人民群众民族自豪感和文化自信心的培育，值得非洲各国学习借鉴①。南非学者布莱恩·索库图（Brian Sokutu）也指出，中国近十年来最重要的变化之一，就是中国人民文化自信的大幅提升。未来非洲应在《2063年议程》框架下逐步加强非洲文化认同，从价值观及发展理念上形塑非洲人民的文化自信②。喀麦隆《论坛报》指出，促进中国传统文化发展是确保提高中国特色社会主义文化影响力的重要一步。非洲是一个拥有悠久文明史的大陆，中非又有着相似的历史渊源和文化价值观，如何发挥自身的文化优势以凝聚非洲人集体的精神内涵，中国有太多值得非洲学习借鉴的地方③。

其次，中国的脱贫经验可供非洲国家借鉴。肯尼亚资深媒体人卡文斯·阿德希尔（Cavens Adhill）认为，在非洲人眼中，中国近1亿人在短短十年内成功脱贫，这是人类历史上里程碑式的成就，为

---

① "China's Digital Silk Road Creates New Opportunities for Global Development", *Pretoria News*, October 20, 2022.

② Brian Sokutu, "There is So Much to Learn from China", https://www.citizen.co.za/news/opinion/there-is-so-much-to-learn-from-china/.

③ "Paix, sécurité, gouvernance, développement: les nouvelles ambitions de la Chine", *Cameroon Tribune,* October 18, 2022.

非洲国家提供了可借鉴的样本①。索马里《国家通讯社》指出："我们要从中国发展实际中学习处理包括饥饿、疾病和社会冲突等发展挑战的成功经验。"未来索马里可以通过系列交流活动向中国学习其在消除贫困等方面取得的成功经验，旨在缓解索马里因严重干旱造成的人道主义危机②。

三、中共二十大与中非关系的未来

非洲学者认为，依托中非合作论坛和"一带一路"倡议，非中双方将共建更加紧密的非中命运共同体。马达加斯加学者迪迪·拉钦巴扎菲（Didi Ratsimbazafy）认为，中共二十大报告中强调了中国"新发展格局、高质量发展"的经济发展导向及"更高水平"的对外开放政策，未来马中将借助非中合作的优势，逐步落实已签署的"一带一路"倡议备忘录，继续在中非合作论坛机制下深化经贸往来③。《非中评论》期刊创始人杰拉尔德·姆班达（Gerald Mbanda）认为，非洲国家期盼着中共二十大后推出一系列加强对外开放的举措。中国是非洲的第一大贸易伙伴，未来"一带一路"倡议与非洲联盟《2063年议程》以及非洲各国的国家发展战略的更深层次的对接和融合，将为拉动当前疲软的非洲经济增长注入强劲动力④。

另一种解读指出，非中在全球安全倡议和全球发展倡议下将迎

---

① "肯尼亚媒体人：中国成就世界瞩目，非中合作未来可期"，《央视新闻》，2022年10月21日。

② "What Areas of Experiences that Somalia can Learn from China?", *Somali National News Agency*, October 26, 2022.

③ Didi Ratsimbazafy, "20e congrès du Parti Communiste Chinois: Le passage vers le socialisme moderne scruté à la loupe", https://midi–madagasikara.mg/2022/10/21/pcc/.

④ Gerald Mbanda, "Why the 20th CPC Congress has Implications for Africa", https://africachinareview.com/why–the–20th–cpc–congress–has–implications–for–africa/.

来更大合作空间。津巴布韦《先驱报》指出，中共二十大召开之际，正是中国和非洲寻求安全治理和促进人类社会和平发展的新举措之时。中国提出的全球发展倡议和全球安全倡议，让非洲国家看到以发展为导向的合作机会，将助力非洲消除社会动荡和安全威胁，加强国家维稳能力建设，为可持续、包容性和高质量的全球和平安全发展创造有利的环境①。尼日利亚《领导者报》指出，非洲国家期待中国在全球稳定和繁荣中发挥更突出的作用。新冠疫情蔓延全球，大多数非洲国家经济遭受严重影响，非洲国家期待中共二十大强调的发展议题的落实，希望未来同中国在经济、安全、绿色、人文、教育等多领域加强发展合作②。肯尼亚学者朱迪斯·姆瓦伊（Judith Mwai）认为，中共二十大表明中国未来可能会根据"重塑以正义原则为基础的中国国际秩序观"的主张，支持非洲参与全球治理议题的讨论与决策，这对激发非洲国家的能动性、重振集体发展的自信心十分重要③。

还有非洲媒体和学者强调，未来非中将朝着绿色发展领域持续大跨步。尼日利亚《领导者报》发表题为《中国在支持气候变化适应方面发挥引领作用》的报道，指出中国在中共二十大报告中重点提及绿色发展，未来其将在碳排放、气候变化方面发挥积极作用，帮助非洲国家加强应对和适应气候变化的能力建设④。肯尼亚记者埃里克·比贡（Eric Biegon）认为，中国承诺将鼓励更多的中资企业赴非开展投资，特别是扩大对绿色制造业、绿色农业、绿色经济等

---

① "Greater Role Expected for China in Africa under BRI", *The Herald*, October 19, 2022.

② Fa'iza, "Jarin Ketare Da Aka Zuba Kai Tsaye A Kasar Sin Ya Haura Yuan Triliyan 1 Daga Janairu Zuwa Satumba", *Hausa Leadership*, October 27, 2022.

③ Judith Mwai, "What's at Stake for Africa in China's 20th Party Congress?", https://thediplomat.com/2022/10/whats-at-stake-for-africa-in-chinas-20th-party-congress/.

④ "Sin Ta Yi Rawar Gani Wajen Tallafawa Ayyukan Daidaita Sauyin Yanayi", *Hausa Leadership*, October 21, 2022.

领域的关注①。南非约翰内斯堡大学孔子学院外方院长戴维·蒙亚埃（David Monyae）指出，发展空间技术及相应的能力建设是中国与非洲未来开展绿色合作的关键领域。非洲期待中国运用空间技术管理和治理水资源、海洋资源、环境及气候变化，为非洲带来巨大的经济和社会效益②。布隆迪《复兴报》指出，中共二十大报告中强调中国将继续呼吁全球开展绿色经济合作。未来中国将继续遵守世界贸易组织的多边贸易规定，积极承担大国责任，开展同非洲大陆在内的多个国家间的绿色发展合作③。

四、结语

通过对非洲新闻报道、评论文章和学术研究文献的梳理可知，总体看来，非洲社会各界对中共二十大的认知较为积极，渴望学习中国共产党的执政理念、借鉴中国领袖的领导力等发展经验，并对中国共产党国内国际角色抱有积极期待。同时他们也对中共二十大报告里提及的、与非洲发展议题相契合的重点领域，例如经济发展、中非合作等高度重视。不过需要指出的是，非洲社会各界对马克思主义中国化时代化的理解和思考存在不足，特别是在气候变化全球治理议题上，部分非洲媒体或智库对中国推进碳达峰碳中和所采取的积极稳妥方式尚不能完全理解，甚至存在误解。未来，中国学界应同非洲社会各界进一步开展多维度、深层次、宽领域的交流与合

---

① "World eyes on China as CPC National Congress sets agenda for next half decade", *Global Times*, October 20, 2022.

② "China forging ahead as innovation powerhouse", *China Daily*, October 18, 2022.

③ "L'engagement de la Chine envers le monde dans le plan directeur du PCC renforce la confiance mondiale", *Le Renouveau*, October 21, 2022.

作，逐步化解非洲各界因信息欠缺或理解不够而产生的消极误解，从而为推动构建更加紧密的中非命运共同体营造良好的舆论氛围。

（作者单位：北京外国语大学非洲学院，非洲研究中心）

阿拉伯社会各界关于中共二十大的若干认知

吕可丁

一、关于中共二十大的重大意义

阿拉伯社会各界主要从历史、理论和现实三个维度出发，探讨中共二十大的重大意义。

（一）在中国共产党和中国历史上具有里程碑意义

阿拉伯各界认为，中共二十大是中国迈上全面建设社会主义现代化国家新征程的历史界标，具有极其重要的历史地位。黎巴嫩国际政治学者沙希尔·阿尔沙希尔在黎巴嫩主流媒体广场电视台（Al-Mayadeen）官网发文称，中共二十大的重要意义就在于这是中国共产党实现建党一百年奋斗目标、向第二个百年奋斗目标进军的历史关键时刻召开的大会，在实现建党一百年和脱贫攻坚的历史性任务之后，大会正式提出了下一个阶段的奋斗目标，即全面建设社会主义现代化国家的宏伟蓝图。他认为，中共二十大的召开，将开启当代中国发展史上新的关键时期。中国政府正在发挥执行力、规划力强的优势，为全面建设社会主义现代化国家作出精准战略部署，持续缩短同西方发达国家的差距[①]。

（二）实现了全球现代化理论的创新

大会报告擘画了以中国式现代化全面推进中华民族伟大复兴的战略蓝图，并指出"中国式现代化为人类实现现代化提供了新的选择"。阿拉伯各界认为，这是对现代化理论的创新，令科学社会主义再次焕发蓬勃生机。叙利亚记者阿卜杜曼阿姆·阿里·伊萨在叙利亚主流媒体《祖国报》发文表示，大会的重要性体现在它是铸就社会主义新辉煌的重要篇章。他提及美国学者弗朗西斯·福山在《历史的终结与最后的人》一书中的论断，认为在 20 世纪 90 年代，苏联解体、东欧剧变导致社会主义遭遇重大挫折，唱衰社会主义中国的言论甚嚣尘上。以福山为代表的西方学者断言西式民主将成为人类社会的最终形态。然而，中国在过去数十年取得的成功经验证明，适合中国国情的社会主义道路正是中国成功的根本动因[②]。约旦作家萨米尔·艾哈迈德指出，"中国式现代化"是重大理论创新，将引领中国发展迈上新台阶[③]。阿联酋记者阿卜杜拉·巴尔齐兹在《海湾报》发文指出，中国的现代化模式走的是和平发展的道路。他列举了西方老牌资本主义国家崛起的例子，认为"国强必霸"的判断遵循的是西方哲学和历史经验。而与西方国家不同的是，中国的现代化模式"聚焦在国家内部的发展"，"中国首创性地向世界提供了一种建立在和平发展基础上的现代化模式，它不同于西方模式，不建立在

---

① شاهر الشاهر، الصين..دروس في الإدارة وفن الحكم، لبنان: جريدة الميادين
② عبد المنعم علي عيسى، الصيني في المؤتمر العشرين: معركة ((النموذج)) لاتزال مفتوحة، سوريا: جريدة الوطن
③《国际社会眼中的中共二十大》，https://baijiahao.baidu.com/s?id=1747831679459389676&wfr=spider&for=pc。

殖民扩张、掠夺、战争、划分势力范围等传统西方大国崛起的实践路径之上"①。

（三）对全面建设社会主义现代化国家具有重要的指导意义

大会对全面建设社会主义现代化国家两步走战略安排进行了展望，全面部署了今后五年甚至更长时期的发展规划，在确立战略目标的同时形成了有效的实施方略。阿联酋智库未来中心研究员阿麦勒·阿卜杜拉·海达碧认为，中共二十大提出一系列新思路、新战略、新举措，对于确定中国在全面建设社会主义现代化国家的新阶段采取什么样的执政方针、什么样的理论和政策，都具有重要指导意义②。埃及学者、中国问题专家艾哈迈德·萨拉姆在埃及最古老的出版社新月社官网撰文表示，中共二十大是中国最重要的会议，"每五年举行一次的中国共产党全国代表大会是中国共产党最重要、规模最大的政治盛会，它对中国政府今后采取的内外政策具有重要指导意义。由于中国在国际舞台发挥越来越重要的作用，世界各国的决策者可以借助大会了解这个世界新兴大国的未来政策取向"③。

二、关于大会确定的中国对外政策

当今世界正经历百年未有之大变局，面对纷繁复杂的国际环境，中国将采取怎样的外交战略，尤其是如何处理同美国之间的关系，成为阿拉伯各界关注的重点议题。

① عبد الاله بلقيز، *النموذج الصيني في بناء الأولويات*، الإمارات: جريدة ((الخليج))

② د.أمل عبدالله الهدابي، *مؤتمر الحزب الشيوعي الـ20 واستراتيجية الصين المستقبلية*، الإمارات:جريدة البيان

③ أحمد سلام، *المؤتمر الوطني الـ20 الذي تنتظره الصين والعالم*، مصر:دار الهلال

（一）中国在重大外交政策上保持了一致性与连续性

大会报告对中国特色大国外交进行了系统总结和精练概括，重申了维护世界和平、促进共同发展的外交政策宗旨。在许多阿拉伯学者眼中，这彰显了中国在重大外交政策上的一致性与连贯性，为世界和平发展注入了稳定因素。埃及学者、翻译家艾哈迈德·赛义德认为："中国与众多国家都在强调支持多边主义而非单边主义，力求构建公正和平的国际新秩序，要合作不要冲突，分享利益而不是互相剥削，共享成果而不是互相消耗，中国始终在努力创造一个有利于和平发展与合作共赢的国际环境，以期实现世界的安全、稳定与和平，从而增进全世界的福祉与繁荣。"[1] 突尼斯学者贾麦义·卡西米发文介绍了自己对于大会报告"推动构建人类命运共同体"部分的理解。他认为，当前国际形势面临前所未有的挑战，中国做出"推动构建人类命运共同体"的庄严承诺，提出全球发展倡议、全球安全倡议，并呼吁世界"弘扬和平、发展、公平、正义、民主、自由的全人类共同价值"，促进各国人民的相互理解，共同应对全球性挑战，反映了中国外交维护世界和平、促进共同发展的一贯宗旨，也显示了中国未来外交政策的可能趋势[2]。

（二）中国正在理性应对中美关系变化带来的一系列挑战

近年来，美国固守冷战思维，对华遏制不断升级，甚至外溢至阿拉伯等地区。面对不断升级的地缘政治竞争态势，阿拉伯各界分

---

① 《为什么世界都在聚焦北京？——中国共产党第二十次全国代表大会随想》，http://news.sohu.com/a/594638710_115479。

② الجمعي قاسي، الصين.. معايير سياسية ونماذج اقتصادية بات من الصعب تجاوزها شي جين بينغ:سنعمل مع الشعوب من جميع الدول على تعزيز القيم الإنسانية المشتركة، جريدة العرب

析中美关系未来发展趋势，并对中国在中美关系处理中保持的战略定力和理性决策表示赞赏。阿联酋学者阿麦勒·阿卜杜拉·海达碧指出："就在大会召开的前几天，美国刚刚发布了最新版的《国家安全战略》。该战略将中国视为美国最重要的地缘政治威胁。""习近平在大会上所作的将近 100 分钟时长的报告中，并没有提及这些内容，而是将重点集中在未来中国的发展规划上"①。她认为，尽管中国的发展始终伴随着来自外部的风险挑战，甚至面对潜在的军事和安全威胁，尽管当前世界各方力量正在发生剧变，不确定性增加，但是中国对国际局势保持了清醒的认知，并在此基础上保持了战略定力，坚定地制定并执行未来发展纲领，避免陷入人为制造的矛盾冲突，这正是一个不断崛起的大国展现出的过人之处。同时，她援引报告中提及的反对外部势力干涉、不放弃使用武力的权利，以及中国坚决反对一切形式的霸权主义、强权政治和冷战思维等相关表述，对中国在原则问题上坚决维护国家利益的行为表示赞赏。黎巴嫩国际政治学者沙希尔·阿尔沙希尔也强调了中国对于国家主权和安全的维护。他重点提及了报告中"绝不承诺放弃使用武力"的表述，认为这并不代表中国希望诉诸武力解决台湾问题，争取和平统一仍然是符合中国现实利益、符合两岸人民利益的最佳方式。这一表述表明了中国对实现国家统一、反对外来干涉和反对"台独"分裂的坚定决心②。

三、关于借鉴中国发展经验

实现经济社会的现代化发展，是阿拉伯各国的长期诉求。刚刚

---

① د.أمل عبد الله الهدابي، مؤتمر الحزب الشيوعي الـ20 واستراتيجية الصين المستقبلية، الإمارات: جريدة البنان

② شاهر الشاهر، الصين..دروس في الإدارة وفن الحكم، لبنان: جريدة الميادين

闭幕的阿盟首脑峰会发表声明强调，"阿拉伯世界应加强共同行动并实现现代化"①。阿拉伯国家与中国同属发展中国家，双方有着相似的历史遭遇与发展任务，更有友好交往的历史与现实。此外，阿拉伯国家曾经历过照搬西方发展模式遭遇失败的惨痛教训。这些因素都促使阿拉伯国家对中国式现代化表示赞赏，将之视为对社会发展模式的一大贡献，期待借鉴中国的宝贵经验。

大会报告提出，坚持把国家和民族发展放在自己力量的基点上，坚持把中国发展进步的命运牢牢掌握在自己手中。对此，许多阿拉伯人士认为，中国经验中极其重要的一点就是自力更生，从自身实际出发。阿联酋记者阿卜杜拉·巴尔齐兹高度称赞中国在过去十年间取得的经济发展成果，认为"中国成功的秘诀"同自力更生、充分发挥国家自身优势是分不开的②。

也有学者结合本国国情，围绕如何借鉴中国经验这一主题展开更为具体的讨论。埃及公共危机管理研究专家阿迪勒·艾哈迈德·迪卜和国际政治学者阿穆鲁·绍基对中共二十大进行了热烈讨论，后者将自己的一封回信发表在埃及主流报纸《今日埃及人》上，引起了普遍关注。在这封信中，阿穆鲁写道，在中国发展模式的启发下，埃及应凭借优越的地理位置和悠久的历史文化，助推国家发展和进步。在谨慎对待外部潜在威胁的同时，也要把握住潜在的发展机遇。他认为，埃及需要一定时间学习、变通并应用中国经验。这些经验包括重视基础设施建设、纠正官僚主义风气、重视人才培养、加强法治建设、打造具有吸引力的外商投资环境等。他在文章的最后强调，学习和借鉴中国经验，必须建立在与埃及国情结合的

① 《阿盟峰会：共同行动应对新挑战》，https://baijiahao.baidu.com/s?id=174845762739929
1239&wfr=spider&for=pc。

② عبد الاله بلقيز، النموذج الصيني في بناء الأولويات، الإمارات: جريدة الخليج

基础之上，建立在开放、包容的心态之上 ①。

　　总体而言，阿拉伯社会各界对中共二十大的解读和评论采取了较为客观理性的态度。他们对大会的重要意义作出了积极评价，肯定中国未来对外政策的方向及其对阿拉伯国家的积极影响，同时也表达出学习借鉴中国发展经验的愿望。但需要指出的是，受西方媒体导向、国家利益、个人立场等诸多因素的影响，少数阿拉伯媒体和分析人士仍存在一定的误解。这些误解在一定程度上反映了西方舆论对阿拉伯国家的强势影响，也表明阿拉伯国家对中国政策的既有认知仍存在一定的片面性，这进一步凸显了我们在新征程上讲好中国故事、加强对外话语体系建设、提升国际话语权的重要性和紧迫性。

（作者单位：中央党史和文献研究院第六研究部）

---

① عمرو الشوبكي، حول النموذج الصيني، مصر: جريدة المصري اليوم

中国式现代化

日本学界关于中国式现代化的若干认知

成龙　张乐

日本是中国的近邻，又是马克思主义传入中国的重要源头。中国共产党自成立之日起就为实现中国式现代化而不懈奋斗，引起日本学界的高度关注。中国式现代化取得了怎样的辉煌成就？中国式现代化何以成功？中国式现代化有什么突出特点？中国式现代化能够提供怎样的经验启迪？这些问题近年来成为日本学界研究中国问题时探讨的主要问题，形成了大量的观点和看法。本文力图对日本学界的相关研究进行系统的梳理，以便为新时代全面推进中国式现代化提供参考借鉴。

一、关于中国式现代化的辉煌成就

日本学界高度肯定中国式现代化取得的巨大成就，他们主要从经济增长、社会发展、国际交往等几个维度进行了探讨。

（一）中国式现代化创造了经济快速发展奇迹

日本学界普遍认为，经济持续高速增长是中国式现代化的标志性业绩。东京大学东洋文化研究所教授园田茂人认为，中国式现代化加快了市场经济的成长，创造出经济发展的新时代，为各经济主体带来了经济活动的自由空间[①]。日本 INFORM 咨询公司总裁和中清指出，尽管遭受到新冠疫情的冲击，但是中国的现代化进程在"和平主义"的指引下继续推进，市场进一步扩大。他坦言："日本应该面向亚洲和中国，果敢地走向中国的时代。"[②] 东京都日中友好协会顾问八牧浩行指出："改革开放 40 年来，中国的外贸总额增长了 198倍，人均可支配收入增加了 152 倍。进入新时代的 10 年来，中国消除了绝对贫困，并发展为一个经济实力接近美国的经济大国。"[③] 野村资本市场研究所首席研究员关志雄比较了中国、美国和日本等国家的国内生产总值、进出口贸易量、外汇储备、汽车、钢铁产量等主要经济指标，作出 2026 年中国的国内生产总值规模将超过美国、成为世界第一的预测。他指出，在当今世界经济颓靡的态势下，"中国的增长率仍大大超过主要国家，对世界经济的影响力也不断增大，'中国第一'的时代正在稳步到来"[④]。早稻田大学名誉教授天儿慧认为，在世界大部分主要国家依然深陷于经济负增长的混沌状态之时，中国的经济增长却显得异常突出，表现出很强的发展韧性[⑤]。《读卖新闻》在中日建交 50 周年之际撰文指出："日中两国经济联系密切，中

---

① 毛里和子编:『中国ポスト改革開放 30 年を考える』、早稻田大学现代中国研究所2010 年版、第 81 頁。

② 日本科学技術振興機構:『新型コロナウイルス感染症後の中国経済・日中経済関係の展望』、科学技術振興機構 2021 年版、第 12 頁。

③ 八牧浩行:「一強・基盤固めた習近平主席、難題解決へ大胆施策も」、https://www.recordchina.co.jp/b903173-s136-c100-d1136.html。

④ 関志雄:「中国『新常態』の経済」、日本経済新聞出版社 2015 年版、第 237 頁。

⑤ 毛里和子编:『中国ポスト改革開放 30 年を考える』、第 131 頁。

国连续 15 年成为日本的第一大贸易伙伴国，而日本则是仅次于美国的中国的第二大贸易伙伴国。如果世界第二大经济体中国和世界第三大经济体日本能够合作，并支持发展中国家的基础设施建设，不仅会给日中两国带来繁荣，也会推动亚太地区的繁荣。"[①]

（二）中国式现代化创造了社会平稳有序发展的示范

日本学者充分肯定了中国式现代化促进中国社会全面进步的作用，认为中国式现代化深刻地改变了中国社会的发展方式，给中国人民带来了实实在在的利益。天儿慧认为，在现代化发展的过程中，中国既保持了经济的活性化，又克服了社会流动可能产生的消极因素，从而保持社会平稳有序发展[②]。爱知县立大学外国语学部准教授铃木隆强调，在中国共产党的领导下，中国在城市化、信息化等方面取得了相当大的成就[③]。横滨国立大学名誉教授、中国现代史专家村田忠禧指出，在过去的十年里，中国在实践新思想的过程中坚持"以人民为中心"的宗旨，开展了党员思想教育、反腐败斗争，深化供给侧结构性改革，打赢脱贫攻坚战，抗击新冠疫情等，为社会平稳发展创造了重要条件[④]。东京大学名誉教授中兼和津次认为，中国式现代化带来了人均国民收入水平的普遍提高、物质生活的充裕以及贫困人口的减少[⑤]。日本共同社编辑部前社论专家冈田充指出："在过去的 10 年里，中国的人均国内生产总值翻了一番，从 3.98 万元

① 「日中国交 50 年 友好誓った原点に立ち返れ」、https://www.yomiuri.co.jp/editorial/20220928-OYT1T50312/。
② 天児慧:『中国政治の社会態制』、岩波書店 2018 年版、第 181 頁。
③ 国分良成・小島華津子編:『現代中国政治外交の原点』、慶応義塾大学出版会 2013 年版、第 5 頁。
④ 村田忠禧:「『中国式現代化』から『一帯一路』まで——新思想が実を結んだ 10 年」、http://www.peoplechina.com.cn/tjk/20da/plgd/202210/t20221012_800309223.html。
⑤ 毛里和子編:『中国ポスト改革開放 30 年を考える』、第 119 頁。

人民币增加到 8.1 万元人民币。"① 丸红中国有限公司经济调查总监铃木贵元指出："过去 10 年，面对世界贸易的下滑颓势和新冠疫情的影响，中国调整发展模式，2013—2021 年实现了年均 6.6% 的经济增长率。"② 日本国际东亚研究中心顾问市村真一指出："在现代化发展的过程中，中国的国民教育水平和人民生活水平不断提高。"③ 日本综合地球环境学研究所教授洼田顺平认为，面对现代化进程中出现的环境问题，中国政府以积极解决环境问题的姿态推进生态文明建设，进行了一系列改革，如修改环境保护法、建立环境问题责任制、促进信息公开，以及加强居民、非政府组织等对污染企业的监督等④。中国已经逐步探索出经济增长与环境保护双赢的"政策统合"模式，推行市场机制或灵活运用经济刺激的环境对策。"在刺激经济的同时还注重保护环境这一点上，中国比日本更为进步。"⑤

（三）中国式现代化深刻影响了世界现代化的发展进程

中国式现代化不仅重构了中华民族和中国人民的生产方式和生存方式，也深刻地影响了世界现代化的发展进程。中兼和津次指出："如今，人们谈论世界经济已经不能撇开中国。如果国际政治中的影响力是经济实力和军事实力的正函数，那么，中国现在的国际政治影响力已经完全超乎了'发展中国家'的范畴。"⑥ 天儿慧坦言："中

① 岡田充:「『中国式現代化』は多様な価値観に基づく多極秩序」、https://www.recordchina.co.jp/b903150-s12-c100-d0165.html。
② 鈴木貴元:「世界と改革開放の中で対話・交流を広げていってもらいたい」、http://www.peoplechina.com.cn/tjk/20da/plgd/202210/t20221018_800310575.html。
③ 市村真一:「中国の経済発展と国づくり」、『中国経済研究』（2004 年 2 巻 2 号）載せる。
④ 日本人間文化研究機構:「当代中国地区研究」、http://www.china-waseda.jp/。
⑤ 同上。
⑥ 毛里和子編:『中国ポスト改革開放 30 年を考える』、第 119 頁。

国作为一个'负责任的大国'的影响力，以及人们对它的期待都在不断提高。"① 关志雄认识到，中国的崛起也给日中关系带来了巨大变化。对于日本而言，中国从援助对象国变成了对等伙伴国，而且中国不仅作为生产工厂，其作为市场的重要性也越发显著。此外，中国在世界贸易中所占的份额不断扩大，几乎所有的国家和地区在进出口两方面对中国的依赖度都有所上升。尤其是对于日本、韩国、马来西亚、越南等大多数亚洲国家和地区来说，中国已成为其最大的贸易伙伴。今后，中国的经济增长率即使下降，也会大幅超出世界平均水平。因此，各国、各地区对中国的依赖度仍会继续上升②。东京大学教授川岛真认为："在国际秩序和力量平衡都处在过渡期的局势下，中国在其中占据了优势，不久将跃居国际政治舞台的中心。"③ 早稻田大学教授青山瑠妙认为，中国积极加入国际组织和区域组织，这让其坚持的国际主义和多边主义深刻影响着亚洲的和平与稳定④。冈田充则引用了日本外务省 2022 年 5 月公布的一项调查结果：在"东南亚国家联盟（东盟）国家对未来重要伙伴国的看法"这项调查中，中国以 48% 的支持率跃居第一。冈田充还注意到，中国的国内生产总值在全球经济中所占的份额从 1988 年的 2% 增长到 2021 年的 18%。他进一步强调，中国国际影响力的增强是来源于经济而不是军事⑤。由此观之，中国式现代化是走和平发展道路的现代化。

---

① 毛里和子编:『中国ポスト改革開放 30 年を考える』，第 133 页。
② 関志雄:『中国「新常態」の経済』，第 181 页。
③ 川岛真・遠藤貢・高原明生・松田康博编:『中国の外交戦略と世界秩序——理念・政策・現地の視線』，昭和堂 2020 年版、第 75 页。
④ 梅森直子・平川幸子・三牧聖子编:『歴史の中のアジア地域統合』，勁草書房 2012 年版、第 65 页。
⑤ 岡田充:「『中国式現代化』は多様な価値観に基づく多極秩序」，https://www.recordchina.co.jp/b903150-s12-c100-d0165.html。

二、关于中国式现代化的成功因素

中国式现代化何以可能取得成功？日本学者从资源、国际环境、政治等多角度进行解读，提出了"大国规模说""外源促动说""政治稳定说""后发优势说""传统因袭说"等观点。

（一）大国规模说

习近平总书记在党的二十大报告中强调："中国式现代化是人口规模巨大的现代化。"[①] 日本学者较早认识到中国式现代化的规模优势，他们从中国的自然资源基础以及社会人口资源条件出发，坦言中国的大国规模优势是中国式现代化取得成功的重要因素。中兼和津次认为，支撑中国式现代化的是大体量的劳动力资源在质和量上的优势。"中国是可提供大量劳动力的人口大国，而且由于基础教育的普及，劳动力的素质比较高。"[②] 这为产业分工的协作化、产业门类的齐全化，以及生产和经营的规模化创造了条件。庆应义塾大学名誉教授国分良成认为，除了人口和国土面积，厚重的历史文化也让中国在现代化发展进程中具备压倒性优势[③]。东京大学教授高原明生从中国的比较优势角度分析指出："在国家运行方式以及发展战略方面的中国特色，多数都源自中国的国土面积和人口规模，以及其作为一个巨大市场的潜力，而上述条件并不是其他国家能够模仿的。"[④]

---

① 习近平：《高举中国特色社会主义伟大旗帜　为全面建设社会主义现代化国家而团结奋斗——在中国共产党第二十次全国代表大会上的报告》，人民出版社 2022 年版，第 22 页。

② 毛里和子编：『中国ポスト改革开放 30 年を考える』、第 110 頁。

③ 国分良成编：『グローバル化時代の中国』、日本国際問題研究所 2002 年版、第 1 頁。

④ 毛里和子编：『中国ポスト改革开放 30 年を考える』、第 197 頁。

东京大学教授高桥满指出，中国地大物博、幅员辽阔，丰富的自然资源是支撑中国经济增长的一大要素，是中国大体量经济规模形成的基础[①]。天儿慧则认为，不仅要看到中国人口资源、地理空间、经济体量等方面的巨大规模，还要认识到其思想文化成果的丰富，唯此才能全面理解中国社会的超大规模性对其现代化发展的影响[②]。

当然，在肯定规模优势的同时，也有日本学者认为大国规模有其劣势。大东文化大学教授小岛丽逸指出，在大规模经济增长的同时，也容易出现经济结构性失衡、社会转型难度大、城乡发展不均衡、贫富差距难以控制在合理的范围内等问题[③]。的确，"人口多，底子薄"是中国现代化起飞时的难点，但随着中国共产党对现代化发展规律的认识不断深化，中国式现代化道路在日渐成熟中逐渐将劣势转化为优势。特别是党的十八大以来，党领导人民进一步加强顶层设计，构建新发展格局，全面推进乡村振兴，促进协调发展，经济结构得到了不断优化，经济增长质量有了明显的提高，城乡发展差距逐渐缩小，建成了世界上规模最大的教育体系、社会保障体系、医疗卫生体系。因此，所谓"大国劣势"的说法是不成立的。

（二）外源促动说

日本学者认为，推进中国式现代化的外部环境具有稳定性，从而保证了中国的现代化建设在一个不受外部干扰和冲击的环境下进行。中兼和津次认为，中国的现代化进程比较顺利的最大原因是其取得了良好的经济成效，而决定其经济成效的原因之一是良好的环

① 野村浩一・高橋満・辻康吾：『もっと知りたい（中国政治・経済篇）』，弘文堂1991年版，第169—170頁。
② 天児慧：『習近平の中国をよむ』，筑摩書房2013年版、第176頁。
③ 小島麗逸：「中国の経済的繁栄と構造的矛盾」、『中国経済研究』（2006年4巻1号）載せる。

境条件，即良好的国际经济环境①。"假如世界政治经济环境非常恶劣，那么无论中国领导人如何推进改革开放政策，中国的经济也难以取得发展。……假如全球化浪潮没有席卷到中国，没有从海外带来大量的新信息、新技术和市场，中国也没有融入到全球经济之中，那么中国本身的发展潜力也将会大打折扣。"②东京大学教授小原雅博则认为："除了不可缺少的和平国际环境这个外部条件外，中国的经济建设和发展还需要自身强大的军事力量作为保障。"③日本当代中国研究学者小岛朋之曾明言："中国积极开展多边外交，努力维护同发达国家之间的关系，大力加强同发展中国家之间的团结合作，为中国的现代化建设创造了有利的国际环境。"④

此外，还有日本学者认为，中国的发展环境蕴藏着一种"不安"的外源因素，即外部因素的不稳定性和不确定性促使中国政府积极作为，从而助力现代化建设有序开展。早稻田大学名誉教授毛里和子就认为，中国经济高速增长的最大因素是国际环境、国际经济发展和"外部压力"⑤。中部大学教授三船惠美认为，这种"外压"的影响是中国在现代化发展过程中，不断推进政治体制改革和社会体制改革的外源性促动力⑥。日本地域研究中心的内藤宽子和新领域研究中心的山口真美也指出："在保护主义抬头、世界经济低迷、全球市场萎缩的外部环境下，中国政府充分发挥国内市场的巨大优势，加快构建以国内大循环为主体、国内国际双循环相互促进的新发展格

① 毛里和子编：『中国ポスト改革开放30年を考える』，第113页。
② 同上书、第120页。
③ 小原雅博：『チャイナ・ジレンマ——習近平時代の中国といかに向き合うか』，株式会社ディスカヴァー・トゥエンティワン2012年版、第199页。
④ 小岛朋之：『崛起する中国——日本はどう中国と向き合うのか？』，芦書房2005年版、第142页。
⑤ 毛里和子编：『中国ポスト改革开放30年を考える』，第17页。
⑥ 三船惠美：「グローバリゼーションと中国の制度化」，『国际政治』（2003年132号）载せる。

局来应对国际经济形势的变化。这是中国政府加强国际竞争和合作新优势的战略选择。"①

（三）政治稳定说

日本学者认为，中国共产党不仅创造了经济发展的奇迹，还维护了政治局面的稳定和谐，从而为现代化的发展提供了前提条件。中兼和津次认为，改革开放以来，"随着中国政治的稳定和海外投资的活跃，中国的经济增长力逐渐恢复，这反过来又促进了政治的稳定，形成了更高的增长力……政治的'稳定'又为经济发展提供了条件，两者之间形成了一种良性循环"②。此外，随着中国的制度化水平的不断提高，促进稳定的要素也在相应增加，这为现代化建设提供了有力支撑。天儿慧认为："中国将政治稳定视为保证经济发展的重要前提，有效抑止了任何可能危及政治稳定的因素。"③立教大学法学部教授野村浩一指出，中国"实现快速工业化——建设富强中国的目标，首先是立足于统一和政治稳定的基础之上"④。和中清也坦言："中国政治稳定，而日本持续混乱。无论是从政治形势还是从经济形势来看，中国已经渐渐地走在了日本的前面。这已经是不可否认的事实。"⑤

显然，日本学界把政治稳定视为中国持续快速发展的重要原因是很有道理的。中国共产党的历代领导人都把稳定作为压倒一切的

---

① 内藤寛子・山口真美：「2020 年の中国」、『アジア動向年報』（2021 年 2021 卷 1 号）载せる。
② 毛里和子編：『中国ポスト改革开放 30 年を考える』、第 121 頁。
③ 同上书，第 130 頁。
④ 野村浩一・高橋満・辻康吾：『もっと知りたい（中国政治・経済篇）』、第 5—6 頁。
⑤ 和中清：《日本的反省：只有中国才能拯救日本经济》，房恩、范丽艳译，东方出版社 2013 年版，第 153 页。

政治任务。党的二十大报告再次指出，中国式现代化的艰巨性和复杂性前所未有，因而要"坚持稳中求进、循序渐进、持续推进"。但也有日本学者提出，比起保护国家不受外界的威胁，中国共产党更担心来自国内的威胁，认为中国共产党政权的维持和国家秩序的稳定紧密相连①。这种观点显然不理解中国政党制度的现实运行逻辑，更看不到中国共产党领导的多党合作和政治协商制度的优势。中国既不是"一党专政"，也不是西方国家所谓"多党制"，而是中国共产党领导的多党合作和政治协商制度，各党派之间坚持长期共存、互相监督、肝胆相照、荣辱与共。

（四）后发优势说

日本学界敏锐地认识到了中国式现代化所蕴含的"后发优势"。亚细亚大学教授游川和郎认为，中国在推进现代化建设的过程中，利用海外资金和技术加速融入了世界经济一体化进程。"这让中国的生产力得到了飞跃性发展。在贸易方面，中国从以发达国家为中心的出口，转向逐渐谋求向发展中国家开拓市场，并逐步引导外资向内陆地区的产业转移。"②天儿慧认为，在选择了改革开放的政策后，中国积极融入国际经济。"在资金和先进技术以及人才都极其匮乏的情况下，中国积极引进外资和发达国家的人才，借助海外华人的力量，并将其与中国拥有的大规模劳动力等比较优势相结合，一举建起了独具优势的制造业基地。"③日本东北大学教授阿南友亮认为，在现代化发展过程中，中国成功地利用了先发国家的优势资源。这些国家

---

① 日本国際問題研究所：『習近平政権が直面する諸課題』、日本国際問題研究所 2021 年版、第 8 頁。
② 遊川和郎：「『対外開放』はどこに向かうのか」、『中国経済経営研究』（2019 年 3 巻 1 号）載せる。
③ 毛里和子編：『中国ポスト改革開放 30 年を考える』、第 130 頁。

的企业将关注重心日益转向中国，加大了对中国的投资和进口力度，成为中国经济发展的原动力①。一桥大学名誉教授南亮进认为："中国在引进外资的同时，充分发挥外资作为引进先进技术、管理经验等载体的作用，加速了本国技术水平的提升。"②由此可见，中国在引进国外资金和技术的同时，也实现了其内在转化。这种后发优势在于从现代化程度比较成熟的国家借鉴先进技术和管理经验，使本国经济活动快速地进入规范化、程序化和稳定化的发展轨道。

但近年来，随着我国经济增速放缓，一些日本学者和媒体开始鼓吹中国"发展极限论"，认为中国的出口低迷、工业生产下降等将限制投资主导型经济。另外，人口红利的终结也会让中国的经济发展达到极限。实际上，此类观点与事实不符。尽管在全球经济衰退的背景下，中国也同样面临各种风险挑战，但中国经济韧性强、潜力足、回旋余地广、长期向好的基本面没有改变。正如日本银行北九州支行行长福本智之在分析中国经济发展的各项数据之后指出的："今后如果没有大的冲击，经济改革也比较顺利的话，即使中国经济缓慢减速，也依然可以维持较高的增长率。"③

（五）传统因袭说

日本学者还从中国传统文化入手，分析了中国式现代化的内在运行机制、现代化发展所产生的社会效应，认为中国在现代化发展过程中汲取了传统文化的智慧，从而造就了中国式现代化的延续

---

① 国分良成·小岛華津子编：『現代中国政治外交の原点』，第 271 頁。
② 南亮進：「中国高度成長の要因と帰結」，『中国経済研究』（2004 年 2 巻 1 号）載せる。
③ 福本智之：「中国経済の『新常態』への移行に向けた展望と課題」，『中国経済研究』（2016 年 13 巻 1 号）載せる。

性和传承性。小原雅博指出："作为一个有着深厚传统的国家，中国 5000 多年的历史中形成的民族意识和价值观潜藏在其社会基础中，这对中国的现代化建设持续地发挥着独特作用。"① 天儿慧认为，中国领导人尤其是习近平善于从中国历史传统中汲取治国理政的智慧，始终"在中国传统思想的语境中看待秩序、治理和国际关系"②。川岛真认为，自中共十八大以来，习近平用"正确义利观"等一系列根植于中国文化的语言来解释具有中国特色的对外政策，让世界更加了解中国。"这是以'合作共赢'为主旨的新型国际关系理念的体现，而'一带一路'倡议的推进则真正实践了这一重要的外交理念。"③ 庆应义塾大学法学部教授高桥伸夫认为，"一方面，国际规则和规范正在深刻地影响着中国，另一方面，中国的传统文化呈现出强劲的惯性"④。东京女子大学教授森山昭郎认为，中国在现代化进程中十分重视传统的影响，对本民族的传统、历史、文化等的延续使其现代化发展保持着高度的民族主体性⑤。日本学界敏锐地观察到了中国式现代化与中国传统文化之间的关系，这是难能可贵的。需要指明的是，我们对中国传统文化的继承绝非不加分析的"因袭"，也并非复归儒家传统，而是坚持"取其精华、去其糟粕、批判继承、古为今用"。

---

① 小原雅博：『チャイナ・ジレンマ——習近平時代の中国といかに向き合うか』，第 38 頁。

② 青山瑠妙・天児慧：『超大国・中国のゆくえ 外交と国際秩序』，東京大学出版会 2015 年版、第 191 頁。

③ 川島真・遠藤貢・高原明生・松田康博編：『中国の外交戦略と世界秩序——理念・政策・現地の視線』，第 1—2 頁。

④ 高橋伸夫：『現代中国政治研究ハンドブック』，慶応義塾大学出版会 2015 年版、第 6 頁。

⑤ 衛藤瀋吉編：『現代中国政治の構造』，日本国際問題研究所 1989 年版、第 329 頁。

三、关于中国式现代化的鲜明特色

作为现代化程度较高的国家，日本的现代化起步早于中国。在相当长的一段时间里，日本学界也惯于从西方中心主义的视角来解读中国式现代化。不过，随着中国式现代化的不断推进和拓展，日本学者逐渐认识到，与其他国家相比，中国式现代化既有发展规律上的共性，也有领导主体、成长方式、实践面向、发展过程等层面上的鲜明特色。

（一）领导主体具有自觉性

没有中国共产党就不可能有中国式现代化。日本学界认为，中国式现代化的成功在于中国共产党对关涉现代化发展的根本问题保持着高度的自觉。东京外国语大学综合国际学研究院教授筱田英朗指出，自冷战结束以来，资本主义世界一直将马克思主义视为不会带来经济发展的意识形态。对此，习近平总书记用"中国共产党为什么能，中国特色社会主义为什么好，归根到底是马克思主义行，是中国化时代化的马克思主义行"回击了这一认知误区和偏见。"中国共产党将'中华优秀传统文化'与'马克思主义'这两个西方所忽视的'伟大事物'结合起来，取得了伟大成就。"[1]

明治学院大学国际和平研究所研究员石田隆至表示，尽管新冠疫情和国际形势的变化带来了许多严重的挑战，但中国共产党没有采取断绝与外部世界的关系或通过霸权主义征服他人等简单化的解

---

[1] 篠田英朗:「中国共産党 100 周年とバイデン・ドクトリン…米中『競争』の狭間で日本の取るべき立場は」、https://gendai.media/articles/-/84879?page=2。

决办法，而是采用了系统观念，以复杂的方式处理复杂的情况，这种思想方法的来源正是中共二十大报告中提到的"中国化时代化的马克思主义"[①]。小岛朋之明确指出："当前中国最大的时代课题是一种以现代化为目标的'中国式现代化'，也就是以中国特色为基调的社会主义建设。"[②] 东京都立大学名誉教授冈部达味也指出，中国的现代化发展要实现社会主义这个目标，这是一种积极且健康的基本追求[③]。

但是，也有一些学者鼓吹"脱社会主义论"，认为中国式现代化的本质属性并非社会主义，而是"资本社会主义""新官僚资本主义""威权资本主义""国家资本主义"等。这些论调显然是不能成立的。邓小平曾针对把计划经济等同于社会主义、把市场经济等同于资本主义的论调反复指出："计划经济不等于社会主义，资本主义也有计划；市场经济不等于资本主义，社会主义也有市场。计划和市场都是经济手段。"[④] 中国共产党一再强调，改革是社会主义制度的自我完善和发展，是中国的第二次革命，革命的对象就是一切阻碍生产力发展的因素，包括"官僚主义"，要坚决反对少数人利用手中的权力为自己谋私利。习近平强调指出："中国特色社会主义是社会主义而不是其他什么主义，科学社会主义基本原则不能丢，丢了就不是社会主义。……历史和实践都告诉我们，只有社会主义才能救中国，只有中国特色社会主义才能发展中国，这是历史的结论。"[⑤] "脱社会主义论"将社会主义视为一种僵死的教条，并不懂得

---

① 石田隆至:「党大会報告、『平和的共生の創出』姿勢を高く評価」、http://www.peoplechina.com.cn/tjk/20da/plgd/202210/t20221019_800310799.html。

② 小岛朋之:『中国共産党の選択』、中央公論社1991年版、第19頁。

③ 岡部達味・佐藤経明・毛里和子:『中国社会主義の再検討』、日本国際問題研究所1986年版、第183頁。

④《邓小平文选》第3卷，人民出版社1993年版，第373页。

⑤《习近平谈治国理政》第一卷，外文出版社2018年版，第22页。

社会主义社会发展的辩证法，显然是对中国式现代化的一种曲解。

（二）成长方式具有渐进性

日本学界普遍认为，中国式现代化的成长方式是渐进型的模式，即中国在现代化发展的具体操作步骤上，不是采取突击型和运动型方式，而是采取先易后难、从局部到整体的渐次推进模式。中兼和津次认为："中国是采用典型的渐进主义转型战略的国家，中国经济的快速增长是渐进主义的结果。"[1] 他还认为："中国的经济体制改革在政策设计上具有显著的渐进性，中国的现代化建设和经济体制转型都采用了渐进的、柔性的方法。"[2] 三船惠美认为，中国的现代化发展是不断通过制度化来实现的，这种具有渐进型政策约束的发展方式可以在保持稳定的前提下推动社会发展，能够将复杂利益关系的调整控制在社会可承受的范围内，从而避免剧烈的社会动荡[3]。国分良成则指出，1980年代，中国设立了深圳、珠海、汕头、厦门四个经济特区作为引进外资的窗口以及学习先进经验的试验点，而后逐步开放了沿海城市和沿海开放区域，再进一步扩展到沿边、沿江及内陆省会城市，这种层层推进的模式使其形成了全面开放的格局[4]。天儿慧也认为中国经济的现代化转型具有鲜明的渐进性特点。他以中国经济体制改革的过程为例，认为经济领域的重大突破首先始于农业和农村，在农业和农村取得成功以后，沿着这条道路来促进多

---

① 毛里和子编:『中国ポスト改革開放30年を考える』、第113頁。
② 中兼和津次:「『中国モデル』再考:それは新しい開発・移行モデルなのか?」、『比較経済研究』（2013年50巻1号）載せる。
③ 三船惠美:「グローバリゼーションと中国の制度化」、『国際政治』（2003年132号）載せる。
④ 西村成雄・国分良成:『党と国家:政治体制の軌跡』、岩波書店2009年版、第160頁。

种经济成分的成长，进而带动整个国民经济的发展①。爱知县立大学外国语学部的三宅康之认为，中国的现代化采用渐进式的改革，这使其市场化和国际化的轮廓不断显现②。

　　然而，也有一些日本学者认为中国在推进现代化的过程中采取的是一种激进型的方式。他们认为，在政府的强力推动和政策的强力刺激下，中国的诸多领域呈现出爆发性增长，但同时也导致了工业发展速度过快、货币投放过多，甚至经济秩序混乱等现象，中国经济曾一度繁荣昌盛的局面已经改变了，正面临着严重的"后遗症"③。这种论调显然也是不成立的。在改革的进程中，中国拒绝了西方的所谓"休克疗法"，始终强调"稳定压倒一切"，各方面一直呈稳步迈进的状态，没有出现经济、社会发展大起大落的现象。近年来，我国经济发展进入新常态，迈向高质量发展阶段，增长速度相对放缓，这是完全符合发展规律的。

（三）实践面向具有开放性

　　一个国家的现代化发展不仅取决于其内部成长方式，而且取决于其外部交往的广度和深度。中国式现代化也不例外，它不是封闭的，而是在世界历史中不断展开的过程。天儿慧认为："从经济社会方面来看，中国是以开放的、协调的全球化为特征的。"④"中国共产党深知中国的现代化发展不能仅靠自身的力量完成，而是要积极融入国际社会，通过与其他国家开展合作和交流，在国内国际的深入

① 天児慧:『中華人民共和国史（新版）』、岩波書店 2013 年版、第 135 頁。
② 日本比較政治学会編:『比較のなかの中国政治』、早稲田大学出版部 2004 年版、第 97 頁。
③ 日本科学技術振興機構:『CRCC 研究会講演録』、科学技術振興機構 2015 年版、第 103 頁。
④ 天儿慧:《日本人眼里的中国》，社会科学文献出版社 2006 年版，第 129 页。

互动中实现。"① 东京国际大学教授小林多加士认为，中国式现代化就是走一条国际化的、与资本主义世界体系深度接轨的"开放型社会主义"新发展道路。"对于中国来说，'开放型社会主义'不仅是当前所采取的一种政策，而且是社会主义在现代化发展过程中必然形成的一种新形态。"② 中国在对外开放的过程中推进现代化建设，坚持自力更生，从而避免走上依附型的现代化道路。庆应义塾大学教授大西广指出，中国的"一带一路"倡议正帮助发展中国家发展，是实现世界版"共同富裕"的重要实践③。高原明生认为，共建"一带一路"实现了沿线国家发展政策的协商合作，以及沿线国家贸易和资金的融通。此外，"一带一路"倡议还承载着文化外交功能，使中国与沿线国家人民的关系更加密切④。青山瑠妙也持同样的观点，认为"随着现代化程度的提高和经济实力的扩大，中国开始从传统外交逐步拓展到金融外交，并主导创立亚投行等金融机构，积极推动了亚洲各个国家和地区的经济合作"⑤。

但是，也有日本学者将中国的积极外交行动视为经济成长后的"大国自负"，并将中国维护自身合法利益的行为视为"被害者意识"的驱使⑥。这是对中国国际战略的曲解。自新中国成立以来，中国共产党就坚持独立自主的和平外交政策，既倡导世界和平、反对霸权主义，又积极向世界学习。改革开放以来，中国借鉴了国外一些先进的技术和管理经验、发展市场经济的经验、国家制度建设的经验、

---

① 天児慧：『中華人民共和国史（新版）』，第 229 頁。
② 小林多加士：『中国の文明と革命——現代化の構造』，刀水書房 1985 年版、第 3 頁。
③ 大西広：「『共に豊かに』の道へ」，http://www.peoplechina.com.cn/tjk/20da/plgd/202210/t20221014_800309503.html。
④ 川島真・遠藤貢・高原明生・松田康博編：『中国の外交戦略と世界秩序——理念・政策・現地の視線』，第 17 頁。
⑤ 青山瑠妙：「台頭を目指す中国の対外戦略」，『国際政治』（2016 年 183 号）載せる。
⑥ 阿部純一：「中国がカギを握る東アジアの平和構築」，『アジア研究』（2015 年 60 巻 4 号）載せる。

政党反腐倡廉的经验等。党的十八大以来，习近平总书记始终秉持亲诚惠容理念与周边国家深化合作，推动双多边关系不断走深走实，积极倡导构建人类命运共同体，批驳所谓"零和博弈""国强必霸"的霸权逻辑，积极参与全球治理体系改革和建设，为世界发展提供了中国智慧和中国方案。日本学界所谓中国的"大国自负论"是没有根据的。

（四）发展过程具有规划性

日本学者普遍认为，中国的现代化建设所取得的巨大成就与现代化发展过程的规划性高度相关。具体来说，就是与以资本逻辑为导向的西方现代化模式不同，中国式现代化既遵循现代化发展的一般规律，又具有清晰的发展规划和鲜明的政策导向。关西大学法学部教授小林弘二认为，中国共产党不断探索现代化发展规律，并有意识地吸取西方发达国家的经验[①]。中兼和津次指出："从长远来看，中国经济的成长过程基本符合工业化、现代化的标准模式，但中国的现代化发展又有自己的特点。"[②] 筑波大学教授德田教之认为，中国共产党在现代化的总体设计上具有全面性，是从经济、政治、社会、文化等领域来制定现代化政策的[③]。东日本国际大学客座教授西园寺一晃指出："中国共产党在应对发展中的问题时，没有教条地照搬马列主义，而是将其与中国的具体实际相结合，既讲原则，又善于审时度势。"[④] 明治大学国际日本学部讲师近藤大介指出，中共十九大报

[①] 小林弘二:『ポスト社会主義の中国政治——構造と変容』、東信堂 2002 年版、第 355 頁。

[②] 中兼和津次:『開発経済学と現代中国』、名古屋大学出版会 2012 年版、第 98 頁。

[③] 衛藤瀋吉編:『現代中国政治の構造』、第 120 頁。

[④] 《依靠人民和与时俱进是中国共产党的青春密码——专访东日本国际大学客座教授西园寺一晃》，http://news.cri.cn/20210517/c1cb71de-bf57-65ec-1588-63a35a84ebe9.html。

告强调了两个阶段的发展，而中共二十大报告的重点是如何在未来的五年内向前推进目标。在中共二十大报告中，每个政策都具体化了，更加强调未来发展的重要性以及中国共产党要为实现目标作出哪些努力[1]。

但也有日本学者认为，这种规划或政策设计是"国民统合式"的，不过是将一种政策平移到其他地区，形成"步调一致、口径一致"的"绝对规律"[2]。还有些日本学者则直接否定了中国在现代化发展过程中所具有的规划性，认为中国对政策的制定和规划存在着极大的不透明性和不确定性，并且根据地域或人群的不同，对情况的判断和规则的解释也会出现差异[3]。显然，这是对中国共产党政策规划的严重误解。在改革开放的进程中，中国共产党人始终根据具体实践的需要，坚持问政于民、问需于民、问计于民，所有的政策和规划都是在反复调研讨论的基础上形成，并以文件的形式公之于世的。

四、关于中国式现代化的经验启迪

中国共产党在不懈探索中走出了具有中国特色的现代化道路，这为日本学者所广泛认同。日本学界从现代化领导力量的自身特性、发展模式的影响力和成功经验的可因循性等角度对中国式现代化所提供的经验启迪进行了深入分析。

① 近藤大介：「第 20 回中国共産党大会開幕…！習近平総書記は『1 時間 44 分の大会報告』で何を語ったか」、https://gendai.media/articles/−/101147?imp=0。
② 日本国際問題研究所：『習近平政権が直面する諸課題』、第 43 頁。
③ 亜細亜大学アジア研究所：『習近平政権第 1 期総括』、亜細亜大学アジア研究所 2019 年版、第 272 頁。

（一）中国式现代化的领导力量饱含生命力

中国共产党何以能够成功地推进中国式现代化？一些日本学者试图从中国共产党自身具有的独特政治优势中得出答案。铃木隆指出，中国共产党在中国特色社会主义的旗帜下，大胆破除旧条框的束缚，不断推进理论创新，有效地发挥了高度的政治适应力和革新力[①]。西园寺一晃认为，作为中国式现代化的领导力量，"中国共产党成功的原因在于其能够严于律己，坚决站在人民的立场上，不怕牺牲，艰苦奋斗，因此得到了人民的支持"[②]。中央大学名誉教授姬田光义指出："自近代以来，没有一个政治力量能够将中国带向如此光明的未来，中国共产党从根本上改变了中国的面貌，改变了中国人的命运。"[③]铃木隆还坦言："迄今为止，很少有一个政党的执政能像中国共产党这样成功。中国共产党的历届领导集体不仅能够保持政治大局的稳定，而且善于根据时代的变化作出积极的政策调整。"[④]天儿慧强调，习近平的治国理政目标明确，"两个一百年"的奋斗目标前后承继。这对于中国在经济、科技等领域跻身于创新型国家，以及实现美丽中国和提高中华文化的国际影响力具有决定性作用[⑤]。日本学者高度肯定中国共产党在中国式现代化实践进程中所彰显的理论创造力、民族引领力、政治执行力，认为这是中国式现代化在理论和实践上取得成功的关键。

---

① 国分良成・小岛華津子編：『現代中国政治外交の原点』，第6页。

②《日本学者谈中共百年成就其伟大》，http://www.jnocnews.co.jp/news/show.aspx?id=105868。

③ 西园寺一晃：《相信中国共产党能顺应时代变化不断发展》，https://www.chinanews.com.cn/gn/2021/03-23/9438432.shtml。

④ 国分良成・小岛華津子編：『現代中国政治外交の原点』，第5页。

⑤ 天儿慧：『中国政治の社会態制』，第247—248页。

（二）中国式现代化的发展模式富有影响力

中国式现代化成功地开创了不同于西方国家现代化的发展模式，并且为其他发展中国家走向现代化提供了全新的选择。一些日本学者认为，中国式现代化模式的推进深刻地影响了世界，为其他国家的发展带来了机遇。九州大学教授益尾知佐子认为："现代化的发展始于 18 世纪欧洲的工业革命，经过美国、日本，再到包括中国在内的东亚国家的经济发展，直到在本世纪扩展到印度和东非等国家。如今，伴随着欧美和日本的相对衰退，尤其是中国等国家的崛起，世界向着多极化方向发展、谋求公正合理的国际秩序成为可能。"[1] 小原雅博指出："中国经济发展成为亚洲乃至世界经济增长的引擎是一个不争的事实，不断扩大的中国市场为日本提供了机遇。"[2] 和中清指出，如果日本企业能更早、更清晰地认识到中国市场崛起所带来的机遇，更快、更好地乘上中国经济发展的快车，那么日本经济也许会避开"失去的 20 年"。未来中国经济必将成为日本经济发展的巨大牵引力。"令世界惊叹的中国是日本重生的关键。"[3] 日本贸易振兴机构理事平野克己认为，中国从低收入国家成长为世界第一制造大国，其强大的生产能力为世界各国提供了大量的基本消费品，这本身就是实现全人类富裕的国际发展理念的体现[4]。天儿慧指出，中国已经成为具备强大实力的大国。进入 21 世纪以来，其凭借强大的经济力量、军事力量和外交力量，以不可阻挡之势成为世界舞台的主

---

① 益尾知佐子：「中国と国際関係論」，『国際政治』（2015 年 180 号）載せる。
② 小原雅博：『チャイナ・ジレンマ——習近平時代の中国といかに向き合うか』，第 197 頁。
③ 和中清：《日本的反省：只有中国才能拯救日本经济》，房恩、范丽艳译，东方出版社 2013 年版，第 151 页。
④ 川島真・遠藤貢・高原明生・松田康博編：『中国の外交戦略と世界秩序——理念・政策・現地の視線』，第 100 頁。

角^①。横滨国立大学经济学部教授木崎翠指出，随着现代化和市场化的发展，中国经济在世界商品市场上具备了强大的竞争力^②。拓殖大学国际开发学部教授茅原郁生指出，中国国防现代化的未来指向是维护世界和平，推动世界多极化发展，而并非打造一个军事霸权大国^③。显然，日本学界从不同角度认识到了中国式现代化为世界发展作出的贡献。

（三）中国式现代化的成功经验充满创造力

　　许多日本学者认识到了中国式现代化的成功经验所具有的普遍意义，并寄希望于通过对中国式现代化鲜活经验的发掘，为当前日本的发展困境寻求出路。中央大学教授服部健治指出，对于日本经济来说，中国市场的价值是中国经济的规模和发展，中国的国内生产总值在 2014 年是日本的两倍。在 2025 年前后，中国很可能会超过美国。在这样的预测下，日本要根据中国经济发展情势来制定本国活性化的经济政策，因为"中国的发展就是日本的发展，日本的发展就是中国的发展"^④。川岛真认为，中国的崛起对世界秩序来说具有划时代意义，中国正扮演着东亚乃至世界新秩序塑造者的角色。中国是世界第二大经济体和东亚第一大国，日本应与中国携手为维护国际秩序发挥作用^⑤。内藤宽子和山口真美指出："在新冠疫情突然来袭后，中国企业在本国经济政策的引导下有序复工复产……使 2021 年初低迷的经济极速复苏，因疫情危机而导致负增长的经济

---

① 天児慧:『中華人民共和国史（新版）』、第 220 頁。
② 国分良成編:『グローバル化時代の中国』、第 111 頁。
③ 同上书、第 77 頁。
④ 服部健治:「中国経営を展望する」、『中国経済研究』（2014 年 11 巻 1 号）載せる。
⑤ 川島真:『21 世紀の「中華」——習近平中国と東アジア』、中央公論新社 2016 年版、第 10 頁。

到年底就恢复了正常。"① 名古屋大学教授平川均坦言，中国在面对新冠疫情、地区冲突等困难时采取了一系列行之有效的对策，将危机转变为契机，为其他国家走出危机阴影提供了经验②。大桥英夫指出，在外部环境愈加严峻的情况下，中国努力从投资和出口主导型经济模式向内需主导型经济模式转变，坚持扩大内需战略，增强发展的内生动力，推动产业结构转型，化解过剩产能，加大宏观调控力度，确保经济平稳运行③。由此可见，日本学界对中国的发展经验和未来发展趋势的分析具有一定的启示意义。

（作者单位：浙江大学马克思主义学院、浙江大学中国特色社会主义研究中心、浙江省中国特色社会主义理论体系研究中心浙江大学研究基地，浙江大学马克思主义学院）

---

① 内藤寛子・山口真美：「2020 年の中国」、『アジア動向年報』（2021 年 2021 卷 1 号）载せる。
② パネル討論：「国際金融危機の中の中国経済」、『中国経済研究』（2021 年 6 卷 2 号）载せる。
③ 同上。

拉美学界关于中国式现代化的若干认知

楼宇

习近平总书记在党的二十大报告中明确指出："从现在起，中国共产党的中心任务就是团结带领全国各族人民全面建成社会主义现代化强国、实现第二个百年奋斗目标，以中国式现代化全面推进中华民族伟大复兴。"[①] 现代化是一场涵盖经济、政治、社会、文化、思想等诸多领域的深刻变革，是发展中国家面临的共同课题。拉丁美洲是发展中国家最集中的地区之一，位于该地区的国家在推进现代化的进程中均遭遇了严峻的挑战和挫折。因此，中国对现代化的探索经验以及取得的成就吸引了拉美学界的普遍关注。本文旨在梳理和分析拉美学者关于中国式现代化的研究成果和主要观点，为我们进一步了解中国式现代化的丰富内涵及其在人类发展史上的贡献提供一个拉美视角。

[①] 习近平：《高举中国特色社会主义伟大旗帜　为全面建设社会主义现代化国家而团结奋斗——在中国共产党第二十次全国代表大会上的报告》，人民出版社 2022 年版，第 21 页。

一、中国式现代化的斐然成就：发展中国家现代化的奇迹

拉美学界一般认为，中国对现代化道路的探寻虽然始于鸦片战争后，但直至中国共产党诞生，中国才真正开启了迈向现代化的漫漫征程。作为世界上最大的发展中国家，中国现代化发展所面临的复杂性和艰巨性都是前所未有的。100多年来，中国式现代化经历了多次改革与调整，最终取得了辉煌成就，创造了发展中国家现代化的奇迹。

（一）经济建设领域的巨大成就

对经济发展与变革的研究是现代化研究的重要内容。对此，拉美学界一致肯定了中国在经济建设领域取得的举世瞩目的成绩。巴西学者弗拉基米尔·波马尔（Wladimir Pomar）指出，经过几十年的发展，中国已经崛起，被不少学者称为"近250年来世界上最伟大的经济变革"[1]。拉美著名左翼学者、阿根廷布宜诺斯艾利斯大学前副校长阿蒂利奥·博隆（Atilio Boron）认为，中国在经济领域开启了一系列试验与革新，摒弃教条主义，对内改革对外开放，一跃成为世界经济大国。"中国的改革成果有目共睹，令人惊叹，是全球经济史上最伟大的一场革命。"[2]

---

[1] Wladimir Pomar, "China, 70 anos de socialismo", https://www.resistencia.cc/china-70-anos-de-socialismo/.

[2] Atilio Boron, "La continuidad de un proceso histórico para bien no solo de la China sino de la humanidad", en Marcelo F. Rodríguez, *La apertura del futuro con la historia como espejo: Un Siglo del Partido Comunista de China*, Buenos Aires: Bitácora Ediciones, 2021, pp. 36–37.

　　一些拉美学者从历史角度探寻中国经济现代化的发展历程。墨西哥维拉克鲁斯大学教授胡安·费尔南多·罗梅罗（Juan Fernando Romero）认为，每个国家开启现代化之路的历史起点不尽相同，采取的形式也各有特色。中国式现代化是一个革命的过程，萌发于1911年，真正开始于1949年。中国政府在1960年代首次提出实现四个现代化目标的"两步走"设想，1978年之后把工作重心转移到经济建设上来，实行改革开放，改变了新中国成立初期经济和社会发展严重落后的状况，取得了现代化建设的丰硕成果。他分析指出，中国式现代化遵循的是一种"4+4"模式，即"四个现代化"加上"四项基本原则"，其过程具有渐进式和积累式特征，从农村地区的改革到城市化和工业化的发展，从家庭联产承包责任制到全面改革开放，无不体现出务实性和科学性[①]。曾担任阿根廷中小企业家协会执委会委员的阿根廷经济学家埃米利奥·卡茨（Emilio Katz）在《中国知道该往何处去》一文中，回顾了中华人民共和国成立70多年来经济改革的历程，指出从新中国成立初期采用计划经济体制到后来找到更加适合中国发展的社会主义市场经济体制，尝试了多种改革，也遇到了诸多复杂的状况，但中国成功应对国内外各种挑战，实现了经济腾飞。他认为，"中国的改革是循序渐进的，且敢于尝试，着眼于突破阻碍现代化精神的教条主义束缚"[②]。

　　从拉美学者的研究成果来看，"中国速度"也是其关注焦点。罗梅罗强调，中国现代化的发展速度与西方国家是截然不同的。中国仅用30多年时间就在诸多方面实现了西欧和美国花费了近200年才实现的经济与社会发展。他表示："不妨以一种化繁为简的方式去

① Juan Fernando Romero, "La modernización de China:Bajo la misma pauta histórica que Occidente?", *en Orientando*, núm. 4, 2012, pp. 83–114.

② Emilio Katz, "China sabe hacia dónde va", en Marcelo F. Rodríguez, *La apertura del futuro con la historia como espejo: Un Siglo del Partido Comunista de China*, 2021, p. 60.

诠释中国的发展，即将中国喻作一座突然喷发的积蓄了巨大能量的火山，而且，这座火山在世界上是独一无二的。"① 阿根廷弗洛雷亚尔·格里尼文化合作中心中国与拉美研究组组长马里亚诺·恰法迪尼（Mariano Ciafardini）也对中国经济的快速发展赞叹不已。他指出，随着改革开放的不断推进，"中国国内生产总值快速增长，世界上从未有国家能在如此短的时间内实现如此迅速的发展。中国迅速走出 1997—1998 年亚洲金融危机，并较为顺利地抵御住了此后的几次危机，包括 2008 年国际金融危机以及当前金融资本主义日渐式微和新冠疫情带来的全球卫生与经济危机"②。

（二）全体人民共同富裕的阶段性胜利

拉美学者普遍认为，中国式现代化不是单一的经济现代化，而是在发展经济的同时积极推进社会、科技、教育等多个领域的现代化建设，致力于全面提高人民的生活水平。阿根廷学者马塞洛·法比安·罗德里格斯（Marcelo Fabián Rodríguez）认为，中国的工业化、城市化和现代化进程对于整个人类历史具有重要意义。从最初的土地改革、妇女解放和扫除文盲等运动，到近些年来不断完善的教育、医疗、住房、养老等社会保障制度，亿万中国人民的生活水平发生了巨大的变化③。波马尔在《中国：实践社会主义的 70 年》一文中指出，自 1949 年中华人民共和国成立那天起，中国共产党就

① Juan Fernando Romero: "La modernización de China:Bajo la misma pauta histórica que Occidente?", en *Orientando*, núm. 4, 2012, p. 87.
② Mariano Ciafardini, "China y el sujeto histórico-revolucionario hoy", en Marcelo F. Rodríguez, *La apertura del futuro con la historia como espejo: Un Siglo del Partido Comunista de China*, p. 46.
③ Marcelo F. Rodríguez, *La apertura del futuro con la historia como espejo: Un Siglo del Partido Comunista de China*, p. 90.

开启了一场涵盖经济、社会和政治等多领域的伟大变革，力图改变饱受封建主义和帝国主义摧残的旧中国的落后面貌，提高 56 个民族的人民的生活水平。如今，中国不仅在基础设施建设、教育、科技、卫生等多个领域突飞猛进，而且使数百万人摆脱了贫困 [1]。

许多拉美学者注意到，中国作为人口大国，其现代化之路从一开始就困难重重，但中国仅用了几十年的时间就实现了从"解决温饱问题"到"过上小康生活"的跨越式发展。阿根廷学术期刊《马克思主义研究》编委会主任维克托·科特（Víctor Kot）指出，在中华人民共和国成立之初，美国前国务卿迪安·艾奇逊（Dean Acheson）曾断言："中国人口众多，因此，中国永远不可能战胜饥荒。"但是仅仅过了几十年，中国就用事实有力地驳斥了艾奇逊的观点，不仅解决了人民的温饱问题，还全面建成了小康社会。"这是中国共产党和中国人民取得的伟大成就，是一场切切实实的胜利，具有超越时代的象征意义。" [2] 古巴哈瓦那大学国际经济研究中心研究员胡里奥·阿·迪亚斯·巴斯盖斯（Julio Aracelio Díaz Vázquez）指出，中国幅员辽阔，人口规模大，拥有大量的农村人口，存在区域发展不平衡等问题，但这些困难未能阻挡中国现代化的发展，中国在近几十年"经历了一场具有历史意义的经济和社会觉醒" [3]。

拉美国家普遍面临严峻的贫困问题，因此中国的减贫方案和脱贫实践成为拉美学者重点关注的领域之一。联合国拉丁美洲和加勒比经济委员会的多位专家指出，中国通过积极推进多领域、多元化、多层次的工业化进程，鼓励开展自主科技研发、促进绿色能源和数

[1] Wladimir Pomar, "China, 70 anos de socialismo", https://www.resistencia.cc/china-70-anos-de-socialismo/.

[2] Víctor Kot, "1921-2021. 100 a os del Partido Comunista de China", en Marcelo F. Rodríguez, *La apertura del futuro con la historia como espejo: Un Siglo del Partido Comunista de China*, p. 18.

[3] Julio A. Díaz Vázquez, "Notas acerca de la modernización económica en China", *en Papeles del Este*, núm. 11, 2006, p. 8.

字化等创新领域的发展，推动中国的人均收入在近 40 年来不断增长。中国在国家层面设计了一个全面系统的减贫战略，并以卓越的领导力有效推进，从而实现了人类历史上最大规模和最快速度的脱贫进程。此外，中国政府在推进减贫和扶贫政策时，充分考虑到了不同地区的特点，采用了适应当地实际情况的具体政策，针对儿童、残疾人和少数民族等不同群体都出台了相应的方案。中国的减贫规模，可谓史无前例[1]。墨西哥维拉克鲁斯大学中国研究中心主任阿尼瓦尔·卡洛斯·索特雷（Aníbal Carlos Zottele）认为中国的减贫事业具有国际意义。他指出："中国如期实现脱贫目标意味着全球 1/5 人口彻底摆脱贫困，中国不仅消除了国内的贫困，还以国际主义精神坚守大国担当，积极帮助其他发展中国家减贫。中国脱贫事业的经验在国际上影响巨大，以至于与减贫脱贫有关的国际指标也随之调整。"[2]

博隆认为，中国走的是持续发展之路，有别于其他国家的发展经验。"中国是一个历史上饱受饥荒之苦的国家，每逢饥荒，就有大量贫困人口连最基本的卫生条件都无法保障。但中国共产党却改变了这个国家的贫困局面，只用了短短几年，上述情况就成为一段过往岁月的痛苦记忆，如今的中国一跃成为有效战胜贫困的全球典范。"[3]阿根廷国际问题专家、前阿根廷解放党主席塞尔希奥·奥尔蒂斯（Sergio Ortiz）认为，中国近年来取得的最重要的成就之一就是脱贫。他强调："中国在 2015 年正式颁布了《关于打赢脱贫攻坚战的

---

[1] "CEPAL y expertos elogian reducción de pobreza en China", http://spanish.xinhuanet.com/2019-10/18/c_138480508.htm.

[2] 阿尼瓦尔·卡洛斯·索特雷：《"一带一路" 倡议具有世界意义》，载《光明日报》2022 年 10 月 15 日。

[3] Atilio Boron, "La continuidad de un proceso histórico para bien no solo de la China sino de la humanidad", en Marcelo F. Rodríguez, *La apertura del futuro con la historia como espejo: Un Siglo del Partido Comunista de China*, p. 37.

决定》之后，仅用短短几年就实现了这一目标，中国全面消除了绝对贫困。"奥尔蒂斯从比较视野出发，认为中国脱贫经验值得世界上其他国家认真学习。他指出："阿根廷常自视为富裕国家，但阿根廷国家统计局报告显示，我们的贫困率高达 36.5%。国际货币基金组织发布的最新一期《世界经济展望》预测，全球经济面临严峻挑战，经济衰退日益严重，贫困问题加剧。因此，从国际层面而言，中国的经济和社会发展尤显重要。"[1]

不少拉美学者认为，在脱贫攻坚取得重大历史性成就后，中国正朝着全体人民共同富裕的现代化迈进。拉美著名国际关系专家、委内瑞拉国立中央大学教授塞尔希奥·罗德里格斯·格尔芬施泰因（Sergio Rodríguez Gelfenstein）指出，长期以来，中国出台了一系列政策以缩小贫富差距。中共二十大召开后，中国政府将制定更加具体的促进全体人民共同富裕的行动计划，扩大中等收入群体，大力推动城乡一体化，多渠道增加城乡居民收入，形成自下而上的高质量发展模式，创造一个更加平等的社会[2]。阿根廷国家科学技术研究委员会研究员胡安·塞巴斯蒂安·舒尔茨（Juan Sebastián Schulz）分析了新发展理念与共同富裕及"双循环"新发展格局之间的联系，指出对中国这样一个发展不均衡的人口大国而言，习近平经济思想具有重要的指导意义，推进共同富裕旨在全面改善人民福祉，促进社会公平，进一步解决中国面临的区域差距、城乡差距和收入差距等问题[3]。

---

[1] Sergio Ortiz, "China, un país más socialista y a favor de un mundo multipolar", https://plsergio.wixsite.com/lasemanapolitica/post/china-un-pa%C3%ADs-m%C3%A1s-socialista-y-a-favor-de-un-mundo-multipolar.

[2] Sergio Rodríguez Gelfenstein, "Hurgando en los documentos del XX Congreso del Partido Comunista de China", https://rebelion.org/hurgando-en-los-documentos-del-xx-congreso-del-partido-comunista-de-china/.

[3] Juan Sebastián Schulz, "El nuevo concepto de desarrollo de Xi Jinping", en *Cuadernos de China*, núm. 12, 2021, pp. 1-66.

二、中国式现代化成功的重要因素：中国共产党领导的 "以人民为中心" 的现代化

拉美国家开启现代化探索的时间与中国接近，也始于 19 世纪中叶。100 多年来，拉美国家的现代化进程在经历了初级产品出口模式、进口替代工业化模式和外向发展模式三个发展阶段后仍然面临巨大的发展困境[①]。面对同为 "后发型" 现代化国家的中国取得的优异成绩，拉美学者试图探究中国奇迹背后的深层原因。

（一）坚持中国共产党的领导

拉美学界普遍认为，中国式现代化是一场社会主义性质的现代化，主要形成于中国共产党的持续探索，其成功离不开中国共产党的领导。博隆指出，中国已经成为 120 多个国家和地区的最大贸易伙伴，"这是美国在其霸权最为鼎盛的时期也未能企及的地位"。"综观全球的政治组织，没有哪个组织能像中国共产党这样，仅仅用了一个世纪就让中国这样一个泱泱大国发生了如此深刻的变化。" "那个创建于 1921 年、党员人数仅 50 余人的小党不断萌发生长，最终结出了世界经济史上最为壮观的硕果，而且中国取得的伟大功绩不仅限于此。"[②] 哥伦比亚共产党总书记、哥伦比亚国立大学教授海梅·凯塞多·图里亚戈（Jaime Caycedo Turriago）也表示："在艰苦

---

① 苏振兴：《拉美国家现代化进程及其启示》，知识产权出版社 2012 年版，第 2 页。
② Atilio Boron, "La continuidad de un proceso histórico para bien no solo de la China sino de la humanidad", en Marcelo F. Rodríguez, *La apertura del futuro con la historia como espejo: Un Siglo del Partido Comunista de China*, pp. 37–39.

卓绝的环境下，中国共产党通过其科学的、智慧的领导，推动中国革命取得了成功，这是世界上影响最为深远的社会革命之一"。在过去的40多年里，中国实现了史无前例的飞跃，成为世界的典范。中国的成就源于社会主义建设，"在于中国明确地规划了属于自己的社会主义道路，并用这种中国特色社会主义制度来解决历史上资本主义遗留下来的重大问题和深刻矛盾"①。

罗梅罗认为，中国式现代化的成功"主要得益于中国共产党和全国人民代表大会作出的一系列政治决定"，这些决定不仅推动了中国经济快速增长，还有效促进了社会发展和区域协调发展。他重点分析了中国共产党推出的"五年规划"。他指出，新中国成立之初，中国共产党借鉴苏联经验采取了这一措施，但当时比较僵化，效果并不理想。此后，中国共产党及时调整政策，不是机械地去制订发展计划，而是从实际出发、用科学理性的态度去制订经济和社会发展规划。因此，中国经济得以稳步发展离不开中国共产党的科学规划和有效管理。在全球化和信息化时代，经济发展不仅需要效率，还需要稳定的社会环境、有效的社会协调、政府公信力以及强大的政治凝聚力等，中国通过发展社会主义市场经济实现了这一目标②。格尔芬施泰因也指出，中国之所以能不断取得发展成就，很重要的一点是中国共产党保证了中国的政治稳定以及政策的连贯性和延续性。他还从哲学层面出发，指出西方的时间观投射到国家治理领域往往是"有限的""短期的"，而中国的时间观则是"无限的""长期的"，因此中国共产党可以在很长的时间段里去设计规划各种项目，

① 海梅·凯塞多·图里亚戈：《中国共产党开辟了一条适合中国的道路》，载姜辉主编：《共同见证百年大党：百位国外共产党人的述说》，当代中国出版社2021年版，第848页。

② Juan Fernando Romero, "La modernización de China: Bajo la misma pauta histórica que Occidente?", *en Orientando*, núm. 4, 2012, pp. 102–114.

持续推进经济与社会变革①。秘鲁共产党（红色祖国）党主席阿尔贝托·莫雷诺·罗哈斯（Alberto Moreno Rojas）也注意到了这种中西方的时间观差异。他指出，"中国共产党人擅长以长远的眼光看待发展，把当前局势和未来视作一个相互关联的整体去研判规划。相较而言，西方资产阶级文化则更注重短期计划。"②

　　在拉美学界，也有一些带有意识形态偏见的学者别有用心地将中国的现代化发展曲解为资本主义发展模式，试图将中国的成功归于"西方模式的成功"。面对此类曲解事实、恶意抹黑中国的言论，许多拉美学者都予以有力驳斥，强调中国式现代化的成功是由中国共产党领导的社会主义现代化的成功。古巴国际政治研究中心研究员苏娜米斯·法维洛·康塞普西翁（Sunamis Fabelo Concepción）指出，这类宣传和传播的实质是以美国为首的西方国家遏华战略的重要一环。在此背景下产生的叙事策略，旨在将复杂的问题简单化、抽象化，通过舆论攻击和抹黑中国的国际形象，将中国和古巴等社会主义政治制度模式妖魔化③。巴西学者加布里埃尔·马丁内斯（Gabriel Martinez）指出，国际上一些关注中国发展进程的人在解释中国取得的不可否认的成就时采取了以偏概全的策略，如在解释"中国奇迹"时故意回避中国共产党的作用及贡献，认为中国的发展无非是与新加坡或韩国模式一样的"发展主义"，或是"文明国家"产生的结果，即强调中华民族的"文明优势"。马丁内斯认为，中国共产党的领导和马克思主义中国化是"中国崛起"的决定因素。中国共产党能够将马克思主义与中国具体实际相结合，避免了重蹈

---

① Sergio Rodríguez Gelfenstein, *China en el siglo XXI: El despertar de un gigante*, Caracas: Monte vila Editores, 2019, pp. 85–91.

② 阿尔贝托·莫雷诺·罗哈斯：《百年征程 百年荣光——中国共产党为社会主义奋斗的光荣之路》，载《世界社会主义研究》2021 年第 7 期。

③ Sunamis Fabelo Concepción, "De la infodemia y otros demonios", *en Política Internacional*, núm. 7, 2020, pp. 79–85.

逐渐偏离马克思主义的苏联共产党的覆辙。中国共产党领导中国人民在社会主义建设上获得的成功，向世界展示了马克思主义的生命力和科学性[1]。格尔芬施泰因明确指出，"中国式现代化与西方现代化模式有着本质区别"。这主要体现在以下几方面：中国式现代化是以人民为中心，西方模式则以资本为中心；中国共产党追求的目标是共同富裕，而非西方社会那种贫富两极分化；中国式现代化强调物质文明与精神文明相协调的现代化，而非西方那种一味追求高消费、贪图物质享乐的社会风气；在国际层面，中国式现代化倡导和平发展，完全不同于西方通过发动战争掠夺他国资源的行径；中国共产党制定了清晰的短期、中期和长期目标，强调保护生态环境，并试图更好地解决发展与改善人民生活条件之间的关系，使之协调发展。为了实现上述目标，中国共产党基于自主探索的经验，创建了一个强调整体性、制度性和组织性的模式[2]。

（二）以人民为中心的现代化

许多拉美学者指出，中国式现代化深刻体现了中国共产党"以人民为中心""人民至上"的宗旨。罗德里格斯认为："中国共产党始终将人民群众的利益放在首位，正因如此，中国共产党人才不断努力，进行理论创新，独立自主探索发展道路。"[3]罗哈斯指出，中国的战略优势在于拥有一个坚强有力的中国共产党，它深深扎根于人民，

[1] Gabriel Martinez, "O trabalho ideológico na nova era do socialismo chinês", https://www.resistencia.cc/o-trabalho-ideologico-na-nova-era-do-socialismo-na-china/.

[2] Sergio Rodríguez Gelfenstein, "Hurgando en los documentos del XX Congreso del Partido Comunista de China", https://rebelion.org/hurgando-en-los-documentos-del-xx-congreso-del-partido-comunista-de-china/.

[3] Marcelo F. Rodríguez, *La apertura del futuro con la historia como espejo: Un Siglo del Partido Comunista de China*, p. 91.

始终坚持全心全意为人民服务的根本宗旨①。图里亚戈强调：我们认识到中国体制所表现出的优越性，认识到另一种模式是可行的，认识到人类的问题可以通过政治途径和政府行动来解决——政府行动的目的就是让"社会的"优先于"个人的"②。

拉美学者普遍认为，中国式现代化"以人民为中心"的特点体现在多个领域。科特指出，中国共产党近些年提出的一系列政策都体现了以人民为中心、为人民谋福利。例如，全面深化改革，继续推进改革开放；构建和谐社会；提出创新、协调、绿色、开放、共享的新发展理念；尊重自然，倡导节能环保，为人民创造良好生产生活环境并为全球生态安全作出贡献等③。玻利维亚学者穆鲁奇·波马（Muruchi Poma）认为，西方国家在发展过程中对全球生态造成了严重破坏，而中国虽然在发展过程中也对环境造成了影响，但中国共产党很快就调整了政策，积极治理环境，强调人与自然和谐共生的可持续发展道路。他认为，只有一个强调人民至上的政府才会毫不犹豫地投入上百亿资金用于沙漠治理，只有中国政府才会做保护环境这样成本高昂且暂时看不到回报的项目④。阿根廷解放党主席伊莉娜·桑特斯特万（Irina Santesteban）指出，中国要建设的现代化是人与自然和谐共生的现代化。"中国政府一直强调，保护环境才能让国家强大，让社会稳定，让人民的生活更加丰富多彩。"中国用实际行动证明，保护环境和发展生产力并不冲突，保护环境就是

---

① Alberto Moreno Rojas, "XX Congreso Nacional del Partido Comunista de China: un Congreso trascendente", *en Nueva Hegemonía*, núm. 14, 2022, p. 70.

② 海梅·凯塞多·图里亚戈：《中国共产党开辟了一条适合中国的道路》，载姜辉主编：《共同见证百年大党：百位国外共产党人的述说》，第 848 页。

③ Víctor Kot, "Saludo del Partido Comunista de la Argentina al presidente de la República Popular China", en Marcelo F. Rodríguez, *La apertura del futuro con la historia como espejo: Un Siglo del Partido Comunista de China*, p. 117.

④ Muruchi Poma, "El 'buen vivir chino' y los intentos del occidente", https://iela.ufsc.br/el-buen-vivir-chino-y-los-intentos-del-occidente/.

保护生产力，改善环境就是发展生产力。工业发展与环境保护并非完全对立、不可兼顾①。波马尔指出，中国曾经因发展工业付出了沉重的环境代价，但现在的中国已经成为全球最积极的环境保护倡导者之一，中国从化石燃料转向可再生能源的发展速度惊人，在太阳能和风能的使用上处于世界领先地位，退耕还林还草工程也成果丰硕②。

　　还有一些学者认为，"以人民为中心"的中国式现代化也体现在人民享有各项权利上。罗德里格斯指出，在资本主义社会，所有的社会关系都是商业化的，倡导个人主义、剥削和社会达尔文主义，而中国追求的是另一种社会和经济模式，强调医疗、教育、文化等不是可交易的商品，而是属于人民的权利③。博隆指出，真正的民主和资本主义是一组对立关系。资本主义追求的是财富及其产生的特权，真正的民主追求的则是平等和公正。博隆强调，中国民主的特点是一切权力属于人民，且拥有广泛的参与度。"中国的政治体制形式，符合拥有数千年历史的华夏民族的历史发展特点，也符合中国建设社会主义的革命进程，能有效保障每一位中国人享有基本人权，能确保中国抗击贫困，在卫生、教育、住房、文化等领域投入大量资源，以增进中国人民的物质和精神福祉。"④

---

① 伊莉娜·桑特斯特万：《不懈奋斗一百年铸就世界新灯塔——写于中国共产党百年华诞之际》，载姜辉主编：《共同见证百年大党：百位国外共产党人的述说》，第783—784页。

② Wladimir Pomar, "China, 70 anos de socialismo", https://www.resistencia.cc/china-70-anos-de-socialismo/.

③ Marcelo F. Rodríguez, *La apertura del futuro con la historia como espejo: Un Siglo del Partido Comunista de China*, p. 93.

④ 阿蒂利奥·博隆：《美国的民主是一个谎言：兼论美国民主和中国民主的差异》，载《世界社会主义研究》2022年第1期。

三、中国式现代化的世界意义：走和平发展道路的现代化

随着中国国际地位的提升，中国式现代化开始在全球拥有广泛的影响力。拉美学者普遍认为，中华民族是一个爱好和平的民族。中国在历史上从未恃强凌弱、侵略他国，如今更是世界和平的坚定维护者和积极倡导者。而中国的现代化进程不仅让中国获得了持续稳定的发展，也为拉美地区的广大发展中国家带来了更多的发展机遇。

许多拉美学者充分肯定了中国在推进现代化进程中增强了对世界的影响力。资深外交官、阿根廷国际问题专家迭戈·盖拉尔（Diego Guelar）得益于工作经历，近距离观察了拉美国家、欧美国家和中国在近30年来发生的深刻变化。他得出了这样的结论："毫无疑问，作为发展中国家的'领头羊'，中国将引领21世纪。正如19世纪是属于英国的世纪、20世纪是属于美国的世纪一样，21世纪是属于中国的世纪。"[1]盖拉尔的观点代表了拉美学界的普遍看法。智利经济学家、联合国拉丁美洲和加勒比经济委员会国际贸易与一体化司前司长奥斯瓦尔多·罗萨莱斯（Osvaldo Rosales）认为，"中国经济的迅猛发展正在重塑未来几十年的全球格局。这一现象，连同技术革新和气候变化，将决定21世纪的世界"[2]。联合国拉丁美洲和加勒比经济委员会前执行秘书阿莉西亚·巴尔塞纳（Alicia Bárcena）指出，进入21世纪以来，"我们逐渐形成了这样一个共识，即在面

[1] Diego Guelar, "La Franja y la Ruta: América Latina frente al tren de la historia", en Guo Cunhai y Carolina Mera, *La Franja y la Ruta y América Latina: Nuevas oportunidades y nuevos desafíos*, Beijing: China Intercontinental Press, 2019, p. 5.

[2] Osvaldo Rosales, *El sue o chino*, Buenos Aires: Siglo XXI Editores, 2020, p. 13.

对国际事务中每个重要议题时都需要评估中国的影响，如世界经济的发展和国际贸易的增长、颠覆性技术的革新、气候变化、维护多边主义等，都越来越依赖于中国所采取的政策"①。阿根廷地缘政治研究所所长鲁文·达里奥·古塞蒂（Rubén Darío Guzzetti）指出："21世纪初，全球经济的重心已经从西方转移到东方。这种转变的核心力量就是中华人民共和国。中国正在引领一场真正的革命，这场革命不仅惠及中国人民，大大提高了人民的生活质量，还在国际层面产生积极影响。中国提出了一系列基于合作、团结和互利的强调人类共同利益的倡议，旨在造福全人类，而非少数特权阶层。"②

　　近些年来，中国积极参与全球治理，提出了诸多有利于全球发展的新理念和新主张，还提出共建"一带一路"倡议，为全球合作搭建公共平台，积极探索多边合作和共同发展的新路径。"一带一路"倡议得到了拉美国家的积极响应。截至 2022 年 12 月，拉美与加勒比地区共计 21 个国家已同中国签署共建"一带一路"合作文件③。"一带一路"倡议已经成为加强中拉合作、推动构建中拉命运共同体的重要纽带。哥斯达黎加学者、拉丁美洲社会科学院国际合作与研究部主任塞尔希奥·里维罗·索托（Sergio Rivero Soto）回顾了20 多年来拉中关系的发展历程，指出中国在国际舞台上的崛起带来了发达国家与发展中国家关系的新变化，南北关系得以重塑。拉中关系在进入 21 世纪后不断向纵深发展。他认为："中国的经济活力推动了拉美地区的发展，并在某种程度上缓解了 2008 年全球经济危机和当下新冠疫情带给拉美的重创。"拉中关系进一步密切，从经济层

---

① Alicia Bárcena, "El encuentro de la CEPAL con China", en Osvaldo Rosales, *El sue o chino*, Buenos Aires: Siglo XXI Editores, 2020, p. 9.
② Rubén Darío Guzzetti, "Mas allá de lo que se mira y se escucha, pero no se ve ni se atiende", *en Cuadernos Marxistas*, núm. 25, 2022, p. 18.
③《已同中国签订共建"一带一路"合作文件的国家一览》，https://www.yidaiyilu.gov.cn/xwzx/roll/77298.htm。

面拓展到社会、政治、文化等多个领域。习近平主席提出的人类命运共同体理念的核心是共享发展与繁荣，"可视为中国新时代的哲学与政治基础，而'一带一路'就是实现人类命运共同体的'工具'"。他还强调，"一带一路"提供了一种不同于以往的国际合作框架，摒弃零和博弈思维，秉持自愿、平等、开放、包容等原则。多年以来，美国保护主义对拉美国家的经济增长及国家发展构成了严重威胁。而中国推行的合作计划为拉美国家提供了具有可行性的选择①。卡茨认为，"一带一路"倡议是"在世界范围内具有重要意义的倡议，将给全球经济带来一场变革"，有利于促进各国的文化交流，增强各国人民之间的友谊，有助于"在世界各地加速发展生产力，公平的分配制度也将为人们在当地安居乐业奠定基础"②。索特雷在其专著《走近"一带一路"》中梳理了中国与拉美在"一带一路"框架下的合作机制、取得的成就及面临的挑战。他指出，"一带一路"倡议秉持的合作共赢、共同发展与多边主义等理念符合时代潮流，积极推动了包括拉美在内的发展中国家的发展，惠及多国人民。从某种意义而言，"一带一路"倡议是中国共产党坚持"人民至上"这一思想在国际层面的投射③。

　　近一年来，中国提出的全球发展倡议和全球安全倡议也得到了拉美学界的关注。古塞蒂在乌克兰危机背景下，重新审视战争、和平、发展及地缘政治格局之间的关系，指出中国提出的全球发展倡议和全球安全倡议，与此前中国倡导的人类命运共同体理念以及全

---

① Sergio Rivero Soto, "Dos décadas de relaciones sino-latinoamericanas: Perspectivas, dimensiones y niveles", en Josette Altmann Borbón y Francisco Rojas Aravena, *América Latina: Hay voluntad política para construir un futuro diferente?*, San José: UPEACE Press, 2022, pp. 111-130.

② Emilio Katz, "China sabe hacia dónde va", en Marcelo F. Rodríguez, *La apertura del futuro con la historia como espejo: Un Siglo del Partido Comunista de China*, p. 65.

③ Aníbal Carlos Zottele, *Aproximaciones a la Franja y la Ruta*, Veracruz: Centro de Estudios China-Veracruz, 2020.

人类共同价值等一脉相承，都体现了中国共产党的对外政策以及中国作为大国的国际责任感。"世界如何才能在和平中发展？就此而言，所有期待的目光都集中在中国身上。为了发展，我们需要和平。为了巩固和平，我们需要发展。而且，我们需要像中国这样的新兴力量继续和平发展，并为各国紧密交织互联的世界持续注入更多的和平与发展的力量，与美国等西方资本主义国家抗衡，帮助广大发展中国家摆脱困境，共建一个同享和平、共谋发展、远离战争的世界。"①

　　还有一些拉美学者对中西方现代化模式进行了对比研究，从这个角度解读中国式现代化的世界意义。阿根廷知名中国问题专家、国会大学研究员古斯塔沃·伍（Gustavo Ng）对中共二十大报告中提到的中国式现代化进行了解读。他指出，西方人读到中国要"迈上全面建设社会主义现代化国家新征程"时，或许会陷入困惑："一个多世纪以来，我们西方一直在探寻如何摆脱现代化带来的种种弊端。如今，在许多方面都处于领先地位的中国，为何要寻求现代化？难道中国在这方面还很落后吗？"换言之，当西方社会已深陷现代化的多重困境并开始探讨后现代时，中国却将现代化置于未来的语境，将之视为奋斗的方向，这的确引人深思。他认为中国式现代化是一场涉及 14 亿人口的、旨在实现全中国人民共同富裕的现代化，而非西方语境中的现代化②。

四、结语

　　拉美学界对中国式现代化的认知经历了一个不断深化的过程，

---

① 鲁文·达里奥·古塞蒂:《和平与发展：俄乌冲突背景下对时代主题的思考》，载《世界社会主义研究》2022 年第 10 期。

② Gustavo Ng, "2022, el año en que China se propuso ser moderna", https://bitcoraenba. blogspot.com/2022/12/2022-el-ano-en-que-china-se-propuso-ser.html.

其研究从聚焦经济建设逐渐拓展到对社会、政治、生态环境等多领域的中国式现代化的关注。大部分拉美学者认为，中国式现代化不同于西方发达国家的资本主义现代化，是一种具有中国特色的社会主义现代化。中国式现代化为发展中国家实现现代化提供了新的借鉴，贡献了基于本国实际、自主探索现代化的发展经验。中国的现代化进程表明，中国在复杂的国际形势下，不仅能继续发展国内经济，保障和提升本国人民生活水平，还能积极参与国际合作，给深陷多重危机的世界注入确定性和稳定性，为广大发展中国家增添希望和信心。正如卡茨所言："世界上那些欠发达国家和地区的人民生活条件滞后，他们所属的经济社会体系在当前的发展阶段已无力解决那些严重困扰人类的问题。他们正用满怀希冀的目光注视着中国的发展之路。毋庸置疑，社会主义制度和资本主义制度分别为人类的未来绘制了截然相反的前景。"[1]

（作者单位：中国社会科学院拉丁美洲研究所）

---

[1] Emilio Katz, "China sabe hacia dónde va", en Marcelo F. Rodríguez, *La apertura del futuro con la historia como espejo: Un Siglo del Partido Comunista de China*, p. 66.

英文文献关于中国式现代化的若干认知

王峰　廖松涛

　　新中国成立以来，中国共产党领导中国人民以中国式现代化探索国家富强、人民富裕之路，用几十年的时间走完了发达国家几百年的现代化历程，使中华民族迎来了从站起来、富起来到强起来的伟大飞跃。中共二十大报告指出："在新中国成立特别是改革开放以来长期探索和实践基础上，经过十八大以来在理论和实践上的创新突破，我们党成功推进和拓展了中国式现代化。"① 国际社会关于中国社会主义现代化建设理论和实践的研究由来已久，研判中国社会主义现代化建设的途径和前景一直是国际社会所关注的重要议题。文献梳理表明，国际社会关于中国式现代化的讨论，主要集中于什么是中国式现代化、中国式现代化为什么能成功、中国式现代化如何影响世界等问题。国际社会关于中国式现代化的探讨，为国际社会认识中国式现代化创造了有利条件，也为我们对外讲好中国式现代化的故事提供了重要参考。

---

① 习近平:《高举中国特色社会主义伟大旗帜　为全面建设社会主义现代化国家而团结奋斗——在中国共产党第二十次全国代表大会上的报告》，人民出版社 2022 年版，第 22 页。

一、关于中国式现代化的鲜明特质

现代化是世界各国实现自身发展的重要途径。中共二十大报告指出："中国式现代化，是中国共产党领导的社会主义现代化，既有各国现代化的共同特征，更有基于自己国情的中国特色。"[①]英文文献关于中国式现代化的认知，更多是从中国特色的角度来进行分析的。

（一）中国共产党领导与中国式现代化

中国共产党是中国式现代化事业的创造者、推动者、实践者，是实现中国式现代化的坚强领导核心。只有坚持党的领导，才能确保中国式现代化沿着社会主义正确方向前进。

一种观点认为，中国共产党对中国式现代化的领导，主要体现为将党的领导意志转化为国家发展的行动纲领。《经济学人》（*The Economist*）杂志刊文称，中国的计划经济时代已经结束，但是中国共产党仍然决定着中国经济社会的发展方向。"目前的五年规划更加灵活，不再是具体的规定，更像是中国共产党发出的国家发展宣言。五年规划具有重要的影响力，地方官员、企业、银行，都会以此调整其发展战略。"[②]美国对外关系委员会编辑林赛·梅兹兰（Lindsay Maizland）等认为，中国共产党在领导中国人民走向现代化的过程中，通过采取旨在遏制腐败和减少贫困的政策，取得了显著成效，

[①] 习近平：《高举中国特色社会主义伟大旗帜　为全面建设社会主义现代化国家而团结奋斗——在中国共产党第二十次全国代表大会上的报告》，人民出版社2022年版，第22页。

[②] "What is China's Five-Year Plan?", https://www.economist.com/the-economist-explains/2021/03/04/what-is-chinas-five-year-plan.

受到了人民的普遍支持。"今天，中国共产党已经利用全球化和经济发展的成果，使数以千万计的人摆脱了贫困。同时，中国共产党也已将自己重新定位为变革的推动者，引导国家走向富裕之路，并激发民族自豪感。"①

另一种观点认为，为更好地领导中国实现现代化，中国共产党不断加强党的建设，提高党的执政能力和领导水平，以增强党领导中国式现代化的能力。美国国会研究服务处专家苏珊·劳伦斯（Susan V. Lawrence）和李玛丽（Mari Y. Lee）联合撰文称："中国政治体制的一个显著特征，是中国共产党的领导体现在国家的各项工作中，从中央一直延伸到乡村。根据党章，党以总揽全局、协调各方为己任，在党的各级组织中发挥领导核心作用。""党对国家的领导，主要表现为政治领导、思想领导和组织领导。""在中央层面，中国共产党是通过每个国家机构中的党的领导小组来进行领导的，国家机构中的部门负责人兼任本部门的党组书记。按照要求，他们须向上级党组织汇报工作和接受领导。"②

（二）共同富裕与中国式现代化

中国共产党把促进全体人民共同富裕，实现人民对美好生活的向往作为现代化建设的出发点和落脚点。

一种观点认为，共同富裕是中国共产党矢志不渝的奋斗目标，中国式现代化的纲领和蓝图反映了中国共产党追求公平、缩小差距的价值目标。英国渣打银行大中华及北亚区首席经济学家丁爽认

---

① Lindsay Maizland and Eleanor Albert, "The Chinese Communist Party", https://www.cfr.org/backgrounder/chinese-communist-party.

② Susan V. Lawrence and Mari Y. Lee, "China's Political System in Charts: A Snapshot before the 20th Party Congress", https://www.sgp.fas.org/crs/row/R46977.pdf.

为："中国是社会主义国家，本质是追求共同富裕。""中国现在更倾向于公平，正在努力缩小贫富差距，但公平并不意味着吃大锅饭的平均主义。"[①] 美国华盛顿大学政治学和国际事务教授布鲁斯·迪克森（Bruce Dickson）等认为，共同富裕政策具有重要的理论和现实意义：第一，公平、平等是马克思主义意识形态的核心内容和中国共产党作出的庄严承诺，实现共同富裕的关键是扩大中等收入群体，形成"橄榄形状"的财富分布；第二，共同富裕重点解决行业垄断问题，中国政府已经采取了一些得到人民支持的限制行业垄断的措施；第三，尽管中国经济遭受了新冠疫情的影响，但是中国政府推动实现共同富裕的计划并没有停止。中国已经将浙江省设为共同富裕先行示范区，其经验将会为全国实现共同富裕提供借鉴[②]。

另一种观点认为，以共同富裕为目标的中国式现代化，是一种与西方现代化有着显著区别的发展方案。英国伦敦政治经济学院国际关系教授威廉·卡拉汉（William A. Callahan）认为："从毛泽东1956年《增强党的团结，继承党的传统》的演讲和两千年前的《礼记》中'大同'篇可以看出，中国共产党的意识形态不是从共产主义转变到民族主义，而是将社会主义与中华文明相结合，形成了社会主义与中华文明所共有的价值观。"这种融入中国传统平等观念的社会主义意识形态，描绘了一种与西方相区别的社会发展蓝图[③]。新闻亚洲区首席主持人卡瑞斯玛·瓦斯瓦尼（Karishma Vaswani）认为，共同富裕的核心是让中国社会更加公平，避免出现西方国家的

[①] Cissy Zhou, "China's Coming Era of 'Common Prosperity' – and What It Means for the Rich", *South China Morning Post*, 23 August 2021.

[②] Bruce Dickson et al., "Common Prosperity: What Next for China?", https://chathamhouse. soutron.net/Portal/Public/en–GB/DownloadImageFile.ashx?objectId=5520&owner Type=0&ownerId=191642.

[③] William A. Callahan, "History, Tradition and the China Dream: Socialist Modernization in the World of Great Harmony", *Journal of Contemporary China*, Vol. 24, No. 96, 2015, pp. 983-1001.

两极分化问题。共同富裕并不意味着复制欧洲的社会福利模式，而是一个实现中国共产党价值目标的新模式，即建设一个更加公平的社会，培育一个更大、更富有的中等收入群体①。美国亚洲协会社会政策研究所高级研究员吴国光认为，共同富裕的目标是一个全面的、以再分配为中心的政策，是中国从消除绝对贫困转向避免中等收入陷阱的发展目标。同时，中国希望把共同富裕打造成具有全球影响力的"中国方案"，为资本主义世界无法解决的平等问题提供答案②。

（三）国家发展战略与中国式现代化

中国式现代化是社会主义制度条件下的现代化，社会主义制度决定了中国式现代化的基本性质和未来走向。

一种观点认为，中国政府通过制定宏观调控政策，规范和引导市场主体的行为，保证经济社会发展的性质和方向。美国著名风险投资公司 Epoch 全球投资管理总经理凯文·赫布纳（Kevin Hebner）和执行主席威廉·普里斯特（William W. Priest）联合撰文称，中国政府重视发挥自上而下的产业政策，引导经济社会发展方向。例如，中国政府加强数字技术在市场竞争、创新发展等方面的监管力度，既创造了更多符合消费者需要的服务和产品，又推动了中国经济健康有序发展，避免出现重大风险隐患③。国际投资公司太盟集团（PAG）首席执行官单伟建（Weijian Shan）认为，中国将大量财政预

---

① Karishma Vaswani, "Changing China: How Xi's 'Common Prosperity' May Impact the World", https://www.bbc.com/news/business-58784315.

② Guoguang Wu, "China's Common Prosperity Program: Causes, Challenges, and Implications", https://asiasociety.org/sites/default/files/2022-03/ASPI_ChinaCommonProsp_report_fin.pdf.

③ Kevin Hebner and William W. Priest, "China's 'Common Prosperity': What Does It Mean for Investors?", https://www.eipny.com/wp-content/uploads/2021/12/Chinas-Common-Prosperity-What-Does-it-Mean-for-Investors_FINAL.pdf.

算投资到基础设施建设方面。"在过去的 15 年里，中国建成了世界上最长的高速铁路系统，是世界上其他国家高速铁路建设里程总和的两倍。中国的高铁可以在大约 4 个小时内覆盖波士顿和芝加哥之间的距离，而美国铁路公司最快需要 22 个小时。中国能够在基础设施上投入如此之多，原因之一是中国将大量财政预算投资在民生而不是其他方面。"①

另一种观点认为，以国家发展战略为主导的发展模式，使中国式现代化呈现出鲜明的比较优势。美国市场战略分析专家汉德尔·琼斯（Handel Jones）在《当人工智能统治世界》一书中指出："中国独特的经济发展规划使其在人工智能应用方面远远超过了西方，如在医疗保健、虚拟现实和自动驾驶汽车等领域。""中国以其更长远的目标和将这些目标变成现实的能力，比起完全由市场力量驱动的制度具有明显的比较优势。""美国根本没有指导其发展核心人工智能技术的总体计划。"②世界银行在 2022 年《中国国别气候与发展报告》中指出："中国制定的发展政策和规划方案，包括'十四五'规划在内，都强调了经济增长、环境治理和社会公平等目标。正是在这样的大背景下，中国作出了雄心勃勃的长期气候发展承诺，即在 2030 年前实现碳达峰和在 2060 年前实现碳中和。"③《华盛顿邮报》专栏作家迈克尔·麦克福尔（Michael McFaul）认为，中国在大规模投资基础设施、缩小收入差距以及重视社会发展规划等方面具有的制度优势，使其呈现出一种与美国完全不同的模式。相比之下，美国政治极化问题突出，这使美国在基础设施建设和解决

---

① Adi Ignatius, "Americans Don't Know How Capitalist China Is", *Harvard Business Review*, May–June 2021, pp. 61–63.

② Dagny Dukach, "Understanding the Rise of Tech in China", *Harvard Business Review*, September–October 2022, pp. 150–151.

③ World Bank Group, "Country Climate and Development Report", https://openknowledge. worldbank.org/handle/10986/38136.

收入不平等问题上毫无成就 ①。

（四）全球治理与中国式现代化

中国式现代化是面向世界的开放型现代化。作为经济全球化的积极参与者和坚定支持者，中国积极参与全球治理，推动国际秩序和全球治理体系朝着更加公正合理的方向发展。

一种观点认为，中国积极推动全球治理体系改革和建设，为世界发展营造了和平稳定的国际环境。德国墨卡托中国研究所前研究员雅各布·马德尔（Jacob Mardell）认为，在习近平的领导下，"中国在国际事务中正发挥着比以往更加积极的作用"，"构建人类命运共同体是在培育一种新型国际关系，这是中国特色社会主义进入新时代后中国外交政策发展的主要目标"②。法国国际关系研究所亚洲研究中心中国研究部主任马克·朱利安（Marc Julienne）等认为，在维护国际社会和平与安全方面，中国提出的主权平等、和平发展等国际关系理念是中国作为一个正在崛起的大国和安理会常任理事国对世界发展作出的重要贡献。中国以《联合国宪章》为宗旨，倡导主权平等、不干涉别国内政、和平解决矛盾等原则，积极推动联合国及联合国安理会的发展与改革 ③。

另一种观点认为，中国积极推动全球治理体系改革和建设，为中国现代化建设创造了有利的国际环境。美国亚洲协会主席、亚洲

---

① Michael McFaul，"China is Winning the Ideological Battle with the U. S. Image without a Caption"，*The Washington Post*，23 July 2019.

② Jacob Mardell，"The 'Community of Common Destiny' in Xi Jinping's New Era"，https://thediplomat.com/2017/10/the-community-of-common-destiny-in-xi-jinpings-new-era.

③ François Godement et al.，"The United Nations of China: a Vision of the World Order"，https://ecfr.eu/wp-content/uploads/the_united_nations_of_china_a_vision_of_the_world_order.pdf.

社会政策研究所所长陆克文（Kevin Rudd）认为，那些将新时代概念当作舆论宣传的认识已经被中国经济社会发展事实证明是错误的。中国新时代的发展政策呈现出鲜明的特点：一是马克思主义意识形态成为当代中国政治和国内外政策的重要驱动力；二是中国共产党以更加强有力的举措破除了中国前进道路上的体制机制障碍，致力于在本世纪中叶将中国建设成为卓越的地区和全球大国[1]。美国大西洋理事会斯考克罗夫特战略与安全中心（Atlantic Council Scowcroft Center for Strategy and Security）2021 年的研究报告指出，在 1980 年，世界上只有阿尔巴尼亚一个国家认可中国的影响力。然而 40 年之后，中国的影响力持续增强，已经成为撒哈拉以南非洲和大部分东南亚地区的主导力量，且这一趋势在全球范围内不断扩大[2]。

二、关于中国式现代化为什么能

中国共产党领导中国人民走出了一条不同于西方国家的发展道路，创造了世所罕见的"经济快速发展和社会长期稳定"两大奇迹。中国式现代化为什么"能"，成为国际社会关注中国的主要问题。

（一）拥有广泛的政治认同

中国共产党坚持一切为了人民、一切依靠人民，从群众中来、

---

[1] Kevin Rudd, "Xi Jinping, the Rise of Ideological Man，and the Acceleration of Radical Change in China", https://asiasociety.org/policy-institute/xi-jinping-rise-ideological-man-and-acceleration-radical-change-china.

[2] Jonathan D. Moyer et al., "China-US Competition: Measuring Global Influence", https://www.atlanticcouncil.org/wp-content/uploads/2021/06/China-US-Competition-Report-2021.pdf.

到群众中去，充分调动广大人民的积极性、主动性、创造性，形成了建设社会主义现代化国家的磅礴伟力。

一种观点认为，中国共产党把不断满足人民群众对美好生活的向往作为现代化建设的目标，得到了人民群众的高度政治认同，形成了实现现代化建设目标的强大动力。英国伦敦国王学院中国研究所主任克里·布朗（Kerry Brown）认为，中国共产党善于发挥人民群众的力量来推动实现现代化。"中国人民作为经济发展的劳动者、消费者和潜在的创新者，是中国实现现代化的最大资源，中国共产党认识到让群众过上美好生活是至关重要的。"[①] 美国中国问题专家扎克·戴奇瓦德（Zak Dychtwald）在《中国的新创新优势》一文中指出："自1990年至2019年，美国的人均GDP增长了大约2.7倍，这听起来令人印象深刻，但是中国的人均GDP增长了32倍，整整一个数量级的增加。……1990年，中国的农村人口每100户有一台冰箱，今天已变为每100户96台。1990年，中国只有550万辆汽车；今天，中国有2.7亿辆汽车，其中340万辆是电动汽车，占全球电动汽车总量的47%。"这些翻天覆地的变化使人们认识到，"生活在中国就是生活在一个比地球上任何其他地方发展更快、变化更大的国家"[②]。

另一种观点认为，中国共产党领导人民取得了现代化建设的巨大成就，从根本上改变了中国人民的前途命运，进一步增强了中国人民对中国式现代化的政治认同。英国牛津大学现代中国历史与政治学教授拉纳·米特（Rana Mitter）和美国麻省理工学院斯隆管理学院高级讲师埃尔斯贝思·约翰逊（Elsbeth Johnson）在《西方对

① Kerry Brown, "Context: The Xi Jinping Consolidation at the 19th Party Congress", in Kerry Brown(ed.), *China's 19th Party Congress: Start of a New Era*, London: World Scientific Publishing（Europe）, 2018, pp. 1–7.
② Zak Dychtwald, "China's New Innovation Advantage", *Harvard Business Review*, May–June 2021, pp. 55–60.

中国的误解》一文中指出："哈佛大学肯尼迪政府学院阿什中心 2020 年 7 月的民意调查数据显示，中国民众对中国政府的满意度为 95%。我们在中国当地的调研也证实了这一点，我们遇到的大多数普通人并不认为他们的个人权利受到了国家的限制，而是认为国家给他们提供了丰富的发展机会。许多中国人不相信西方民主是经济成功的必要条件，他们相信中国政府的组织和运行形式是科学和有效的。"①《华盛顿邮报》专栏作家迈克尔·麦克福尔认为："在不到一代人的时间里，中国共产党将他们的国家从一个贫穷的农业社会转变为一个工业化的中等收入国家。没有哪个国家能够在如此短的时间内实现如此快速的经济增长。中国经济增长奇迹使中国人民对中国共产党的执政产生了高度的政治认同。"②

（二）符合中国的实际情况

实践表明，实现现代化的过程需要依据国情、历史的不同而有所区别，成功的现代化道路是以符合其基本国情为前提条件的。中国式现代化是马克思主义基本原理同中国具体实际相结合、同中华优秀传统文化相结合的重大成果，是符合中国国情的现代化。

一种观点认为，中国人民在中国共产党的领导下之所以能够取得举世瞩目的发展成就，是因为中国式现代化道路是基于中国实际探索出来的。米特和约翰逊认为，中国共产党的高级领导干部很多是经过县、市、省、中央逐层锻炼后才被委以重任的，他们的实际领导能力是其被选拔任用的首要因素，这就避免了西方国家选拔领

① Rana Mitter and Elsbeth Johnson, "What the West Gets Wrong about China", *Harvard Business Review*, May–June 2021, pp. 42–48.

② Michael McFaul, "China is Winning the Ideological Battle with the U. S. Image without a Caption", *The Washington Post*, 23 July 2019.

导人的武断和任人唯亲，有助于社会的稳定发展。"经过 70 多年的发展，许多中国人认为他们的政治制度实际上比西方的政治制度更加合理和有效。"① 世界银行 2022 年《中国国别气候与发展报告》高度肯定了中国在推动气候行动转化为经济机遇过程中的独特优势。报告指出："作为全球制造业中心，中国具有充分利用绿色科技的独特优势。中国在低碳能源供应和低碳交通领域已经走在世界前列，风电和太阳能发电装机容量分别占全球的 1/3 和 1/4。目前，中国拥有超过 400 万个可再生能源领域就业岗位，占全球总数的一半以上。在国内高储蓄的推动下，中国也正在成为绿色金融的全球领先者，拥有世界最大的绿色债券和绿色信贷市场。"②

另一种观点认为，正因为中国式现代化基于中国的发展实际，所以呈现出鲜明的中国特色。加拿大政治学家亚历山大·奇普曼·科蒂（Alexander Chipman Koty）在《如何理解中国的共同富裕》一文中指出，中国共产党通过共同富裕政策，不断改善人民生活，使所有群体都能够平等享受经济发展的红利。例如，中国政府正在实施乡村振兴战略，以改善农村地区的条件，鼓励产业向欠发达地区转移，解决因经济飞速发展而带来的经济、环境和社会问题，特别是医疗卫生和住房等群众急切关心的问题③。加拿大皇后大学中国问题研究教授詹姆斯·米勒（James Miller）认为，中国的生态文明建设理念很好地诠释了中国古代"天人合一""和谐""顺其自然"等价值理念，这些传统理念让中国的生态战略独树一帜，并深深影

---

① Rana Mitter and Elsbeth Johnson, "What the West Gets Wrong about China", *Harvard Business Review*, May–June 2021, pp. 42–48.

② World Bank Group, "Country Climate and Development Report", https://openknowledge.worldbank.org/handle/10986/38136.

③ Alexander Chipman Koty, "How to Understand China's Common Prosperity Policy", https://www.china-briefing.com/news/china-common-prosperity-what-does-it-mean-for-foreign-investors/.

响着当前的政策制定和环境管理策略 ①。

(三) 具有强大的创新能力

创新是引领发展的第一动力，是建设现代化的战略支撑。中国式现代化致力于提升国家创新体系整体效能，以高质量发展实现中国式现代化行稳致远。

一种观点认为，中国稳定的社会环境和发展政策，形成了支持全面创新的基础。香港科技大学社会科学系名誉教授埃里克·巴克（Erik Baark）和新加坡国立大学东亚研究所高级研究员钱继伟共同撰文表示，中国在"十四五"规划中突出了新型举国体制，设想建立一种全国机制以协调大学、研究机构和企业之间的研发活动，包括将经济和人力资源集中在少数研究单位和企业。20 世纪 60 年代，中国曾整合全国科技和经济资源发展原子弹及卫星等技术，并取得巨大成就。现在，人们对这种举国体制仍然感到自豪 ②。意大利中国问题学者加布里埃尔·阿尔贝托（Gabriele Alberto）认为，"企业改革创新是中国式现代化道路的重要驱动力"，"一方面是国家主导的产业和其他发展导向型政策，另一方面是以准默认方式运作的市场机制，两者之间复杂而不断演变的相互作用构成了中国独特经济模式的本质" ③。

---

① Tuckerme, "China's Green Religion: Daoism and the Quest for a Sustainable Future by James Miller（Review）", *Journal of Chinese Religions*, Vol. 46, No. 2, 2018, pp. 210-212.

② Erik Baark and Jiwei Qian, "China's Whole-of-Nation Push for Technological Innovation", https://www.thinkchina.sg/chinas-whole-nation-push-technological-innovation.

③ Gabriele Alberto, "Enterprise Reforms and Innovation as Key Drivers of The Socialism With Chinese Characteristics", *World Review of Political Economy*, Vol. 12, No. 4, 2021, pp. 558-569.

　　另一种观点认为，中国庞大的消费市场和巨大的城市化潜力激发了其强大的创新能力。戴奇瓦德认为，中国创新发展的速度和规模是其他国家和地区无法比拟的。"那些希望掌握全球发展趋势的公司应该把最好和最聪明的人送到中国，让他们接触中国的新变化，在那里提升对未来预测的能力。我曾与各种公司的代表团谈过，从德国汽车制造商到美国零售商。他们告诉我，访问中国的部分任务是学习中国的数字系统，并将这些经验带回国内。我们要以中国的发展速度更新我们的知识，正如有人所说，'如果你在过去六个月里没有去过中国，你就没有去过今天的中国'。"① 赫布纳和普里斯特撰文表示，自 20 世纪 50 年代以来，美国一直是世界上无可争议的技术创新领导者，这反映在顶尖的研究型大学、来自风险投资行业的融资、数字技术的水平以及有利的监管环境四个方面。然而，当前中国在前三个因素上的竞争力越来越强，第四个因素正在完善之中。"中国不仅重点推动电动汽车、电力设备、电池存储、核聚变、太阳能和风能、先进的生物燃料等产业发展，而且在绿色技术方面取得了令人瞩目的成绩，实现零排放目标所需的许多技术处于世界领先地位。"②

三、关于中国式现代化如何影响世界

　　中国式现代化从根本上改变了中国人民的前途命运，为实现中华民族伟大复兴提供了正确道路，同时深刻影响了世界历史的发展

---

① Zak Dychtwald, "China's New Innovation Advantage", *Harvard Business Review*, May–June 2021, pp. 55–60.

② Kevin Hebner and William W.Priest, "China's 'Common Prosperity': What Does It Mean for Investors?", https://www.eipny.com/white-papers/chinas-common-prosperity-what-does-it-mean-for-investors/.

进程，为世界发展提供了新力量、注入了新理念。

（一）为推动建立国际新秩序注入"中国力量"

中国共产党以中国式现代化全面推进中华民族伟大复兴，积极参与全球治理体系改革，为维护世界和平发展发挥了重要作用。

一种观点认为，中国为推动人与自然和谐共生作出了新贡献，越来越深刻地影响到全球生态治理的方向。陆克文认为："中国政府宣布将在 2060 年之前实现碳中和，表明中国不仅愿意参与应对全球气候变化治理，而且希望在全球气候治理中发挥领导作用。"随着中国经济的快速发展，"中国将成为世界上最大的经济体，中国在经济、环境和气候方面所做的努力将深刻地影响未来世界发展的方向"[1]。《自然》（*Nature*）杂志高级记者斯里提·马拉帕蒂（Smriti Mallapaty）认为，随着日益增强的综合国力和全球影响力，中国已成为世界生态保护行动中不可缺少的重要力量。当前全球物种与生态系统正处于前所未有的危机之中，中国国内生态保护战略所取得的巨大进展给了中国更强大的信心，促使其在全球生态议题的议程设置中发声并发挥领导性的作用；在接任《生物多样性公约》主席国之后，中国将基于自身治理经验促成世界各国同意可量化的生态战略目标，并推动全球环境危机的缓和与改善[2]。

另一种观点认为，中国在世界舞台上发挥着日益重要的作用，与中国开展合作是世界发展大趋势，对中国采取限制措施是不明智的选择。2018 年 1 月，哈佛大学出版社出版的《中国的问题》一书

---

[1] Kevin Rudd, "The Decade of Living Dangerously", *Horizons*, No. 18, Winter 2021, pp. 30–50.

[2] Smriti Mallapaty, "China Takes Centre Stage in Global Biodiversity Push", *Nature*, Vol. 578, 2020, pp. 345–346.

指出："当前中国的问题不仅是中国人民自己的事情，在一定程度上也是美国人民和世界人民的事情。这不仅是因为中国是一个体量庞大、并且正在增长的经济体，更是因为当前全球面临的很多问题，从气候变化到经济增长，到海事安全，都离不开中国的参与。中美两国关系之所以成为 21 世纪最重要的双边关系，并不仅仅在于两国的贸易量，更在于上述所说的现实情况。"[1] 2019 年 7 月，美国学术界、外交政策界的代表联合致特朗普政府《中国不是敌人》的公开信强调，美国对中国采取的限制措施阻止不了中国经济持续发展、中国公司在全球市场占有更大份额以及中国在世界事务中发挥更大作用，美国不可能在不损害自身利益的前提下大幅延缓中国的崛起。中国参与国际体系对于该体系的生存以及应对气候变化等共同问题至关重要。美国应鼓励中国参与新的或修改后的全球机制，对中国采取零和博弈方法只会促使中国要么脱离该体系，要么支持一个与西方利益分裂的全球秩序，那将不利于世界和平与发展[2]。

（二）为推动经济全球化提供了新机遇

作为世界第二大经济体和第一人口大国，中国快速发展的城市化进程和庞大的国内消费市场，成为推动世界经济发展的重要引擎。

一种观点认为，中国式现代化不仅造福了中国人民，也为世界发展提供了合作共赢的机会。科蒂指出，中国的共同富裕政策为外商投资创造了巨大机遇。共同富裕的目标是减少不平等和提高中国人民的生活质量，这会为相关行业带来发展机会。中国未来最大的增长点将出现在医疗卫生行业，除了医疗设备、制药和老年护理等

[1] Jennifer Rudolph and Michael Szonyi, *The China Questions*, Massachusetts: Harvard University Press, 2018, pp. 1-2.

[2] M.Taylor Fravel et al., "China Is Not an Enemy", *The Washington Post*, 2 July 2019.

传统行业外，数字医疗保健和生物技术等新兴领域可能会出现巨大商机。中国政府还致力于建设安全健康的发展环境，将重点投资环境治理、可再生资源开发利用以及绿色技术等领域，这将为积极采用可持续发展理念的企业创造有利的投资机会[1]。澳大利亚墨尔本大学经济系教授郜若素（Ross Garnaut）认为，中国已经成长为一个庞大的经济体，其经济增长的速度和质量会对世界各国人民产生影响，其庞大的经济体量足以对发达国家之间、发达国家与发展中国家之间的交往方式以及世界各地国内政治组织的理念和规范产生影响[2]。

另一种观点认为，中国是经济全球化的重要组成部分，推动全球经济发展必须重视中国的作用。芝加哥商品交易所经济研究总监阿拉苏（K. T. Arasu）认为，中国成为世界经济的重要力量，对全球经济增长产生了深远影响。中国与美国的经济差距不断缩小，"1980年，美国的经济规模几乎是中国经济规模的15倍。2020年，美国的经济规模约为中国经济规模的1.5倍"，"2020年，美国和中国在全球经济总量中共占43%"。同时，中国是全球很多国家的重要贸易伙伴和投资者，如"中国是美国最大的商品供应国，也是美国产品的第三大市场"，"中国在非洲和亚洲资源丰富的国家进行了大量投资"，这些都凸显了中国对全球经济的影响力[3]。

大西洋理事会斯考克罗夫特战略与安全中心高级研究员罗谷（Dexter Tiff Roberts）认为，中国特色社会主义新时代的影响已经超越国界，对世界产生了重要影响，也给美国带来了机遇和挑战。尽

---

[1] Alexander Chipman Koty, "How to Understand China's Common Prosperity Policy", https://www.china-briefing.com/news/china-common-prosperity-what-does-it-mean-for-foreign-investors/.

[2] Ross Garnaut, "40 Years of Chinese Economic Reform and Development and the Challenge of 50", in Ross Garnaut, Ligang Song and Cai Fang(eds.), *China's 40 Years of Reform and Development: 1978-2018*, Australia: ANU Press, 2018, p. 30.

[3] K. T. Arasu, "China and the World Economy", https://www.cmegroup.com/insights/economic-research/2022/china-and-the-world-economy.html.

管美国政府决定对中国企业实施严格的限制，有些人甚至主张与中国经济脱钩，但是美国政府仍然要鼓励与对美国不构成威胁的中国著名商业领袖和企业家进行接触，为他们到访美国提供签证、商务旅行的便利。同时也要资助美国机构或大学开展中国政治和经济的研究，鼓励他们在中国的社会组织中开展与中国基层社会和组织的合作，详细了解和掌握中国的发展情况[1]。

（三）为发展中国家提供了新方案

中国式现代化摒弃了一些国家通过战争、殖民和掠夺等方式实现现代化的老路，开创了通过合作共赢实现共同发展、和平发展的现代化新模式，给世界上那些既希望加快发展、又希望保持自身独立性的国家和民族提供了宝贵经验与全新选择。

一种观点认为，中国走出了一条不同于西方国家的现代化道路，中国式现代化的成功经验为发展中国家提供了实现现代化的新道路。美国哈佛大学教授温奈良（Nara Dillon）认为，中国的减贫工作为世界贫困地区的发展提供了宝贵经验，即中国政府在测算贫困、制定标准、研究世界范围内的减贫方法时下了很大功夫，从中得出的数据在政策制定过程中发挥着重要作用；中国政府的减贫政策是在经济发展方面帮助贫困的家庭，根据情况的变化有针对性地制定解决贫困问题的经济发展项目；中国政府在减贫过程中实施福利计划，把避免极端贫困和增加人力资本作为长期投资、稳定经济增长的福利项目。上述三种经验不仅适用于中国，也适用于当前面临贫困问

---

① Dexter Tiff Roberts, "What Is 'Common Prosperity' and How will It Change China and Its Relationship with the World?", https://www.atlanticcouncil.org/in-depth-research-reports/issue-brief/common-prosperity/.

题的亚洲和非洲 7.84 亿人口 ①。《大西洋月刊》(*The Atlantic*) 特约撰稿人迈克尔·舒曼 (Michael Schuman) 认为，共同富裕这个概念可能很快就会走向海外，将影响世界对民主、人权和自由社会的看法，并与自由主义政治形成竞争。共同富裕更清晰地将中国特色社会主义与美国式的自由资本主义区分开来，使中国成为发展中国家的学习榜样，有助于将中国式现代化推广到世界其他地区 ②。

另一种观点认为，中国在推进构建国际新秩序的过程中，提出并带头落实了全球治理新理念、新主张和新倡议，为推动全球治理体系改革作出了表率。芬兰国防大学高级研究员马蒂·普拉宁 (Matti Puranen) 认为，中国提出的人类命运共同体理念并不是推翻已有的国际秩序，而是对其进行改革和多元化。人类命运共同体理念保留了不断深化的全球化和自由贸易的基本原则，加强了以联合国为核心的安全框架，但同时又强化了国家主权平等的原则。例如，在"一带一路"倡议框架内，所有文明都是平等的，国家之间的伙伴关系也建立在平等的基础上。换句话说，人类命运共同体理念没有霸权中心，它将通过联合国应对共同挑战 ③。巴基斯坦可持续发展政策研究所研究员沙克尔·艾哈迈德·拉马伊 (Shakeel Ahmad Ramay) 认为，中国在全球范围内推动世界向环境友好社会转型的过程中发挥了重要作用，不仅呼吁各国重视和遵循《巴黎气候变化协定》的目标，而且要求本国各级政府必须将可持续发展目标作为制定本地区发展规划的重要内容，执行《巴黎气候变化协定》，为实

---

① Jennifer Rudolph and Michael Szonyi, *The China Questions*, Massachusetts: Harvard University Press, 2018, p. 160.

② Michael Schuman, "China's Big New Idea", https://www.theatlantic.com/international/archive/2021/12/china-getting-worried-about-income-inequality/620993/.

③ Matti Puranen, "Liberal International Order without Liberalism: Chinese Visions of the World Order", in Feron et al. (eds.), *Revisiting Regionalism and the Contemporary World Order: Perspectives from the BRICS and beyond*, Germany：Verlag Barbara Budrich, 2019, pp. 253–274.

现可持续发展目标和生态文明建设作出努力①。

四、结语

从英文文献关于中国式现代化的认知来看，海外各界的研究观点、研究方法、研究内容等为我们全面认识和研究中国式现代化提供了他者视角，为深化中国式现代化理论与实践研究提供了重要参考。同时，我们也清楚地认识到，部分研究者受限于认知立场、方法、视角和资料，未能全面把握中国式现代化的形成逻辑、科学内涵和价值意义，甚至存在一定的偏差与误读，在一定程度上影响着国际社会正确理解和认识中国式现代化。其中存在的问题主要包括以下几点。

一是以西方价值观为立场。世界现代化的理论和概念是在西方现代化的实践中产生和发展而来的。西方国家借助其先行构建和主导的资本主义现代化体系垄断了现代化的定义权和解释权。部分研究者以西方的价值立场、概念以及分析框架诋毁和歪曲中国式现代化的理论和实践。例如，有学者提出，中国提出的人类命运共同体理念反映了中国传统的"天下观"，显示出中国想将自己置于世界中心地位的利益诉求②。

二是以片面资料为依托。中国式现代化是中华优秀传统文化、中国特色社会主义理论与中国特色社会主义实践三者的有机统一，决定了研究中国式现代化必须建立在广泛的资料和理论占有基础之

---

① Shakeel Ahmad Ramay, "President Xi Jinping Vision of Eco-civilization", www.jstor.org/stable/resrep25826.8.

② Didi Kirsten Tatlow, "China's Cosmological Communism: a Challenge to Liberalde Mocracies", https://merics.org/en/report/chinas-cosmological-communism-challenge-liberal-democracies.

上，但国外研究者往往基于片面的资料对中国发展政策和未来趋势进行研判，导致某些观点存在狭隘与偏激。

三是以偏概全。国外研究者长期以"中国崩溃论""中国威胁论"等老套路研究中国的各种问题，对中国式现代化也不例外。例如，有些学者认为，中国正越来越多地寻求向全球输出其政治价值观，积极寻求重塑国际规范和制度①。

不过，尽管部分国外研究者关于中国式现代化的认知存在一些误解和质疑，但是更多的研究者对中国式现代化表现出积极的态度，认为中国式现代化为许多国家提供了一种可资借鉴的新模式，中国为推动全球治理贡献了重要力量，为构建国际新秩序提供了新理念。这与我国实力的日益强大以及在国际秩序中发挥的日益重要的作用是分不开的，同时与中国学术界在提升中国国际话语权方面的努力也是分不开的。我们应该在此基础上，继续不断加强中外文化交流合作，通过开展中外政党、中外学者、中外学生等不同群体之间的文化交流活动，增强国际社会对中国式现代化成功实践、理论内涵和价值意义的理解和认识，消除误解。同时，我们也要注重提升中国式现代化研究的国际话语权，将中国式现代化的实践经验进行提炼概括，形成具有鲜明中国标识又具有全人类共同价值的现代化理论和概念，从而深化国际社会对中国式现代化的理解，为实现中华民族伟大复兴创造有利的国际环境。

（作者单位：北京师范大学马克思主义学院，北京师范大学中共党史党建研究院）

---

① Elizabeth C. Economy, "China's New Revolution: The Reign of Xi Jinping", *Foreign Affairs*, Vol. 97, No. 3, May/June 2018, pp. 60–62, 64–66, 68–74.

中国共产党历史

美国中国共产党研究的发生学初探

吴原元

美国的中国共产党研究，从严格的学术意义上讲，发端于中华人民共和国的成立[①]。1949 年 7 月，美国《远东观察》杂志（Far Eastern Survey）在编者按语中指出："中国共产主义运动是世界革命运动的一部分，也是中国人所独有的一种现象……（它）是一个很少有美国人进行过严谨研究的问题。"[②] 在此之后，美国的中国共产党研究开始兴起。史华慈（Benjamin I. Schwartz）的《中国的共产主义与毛泽东的崛起》（*Chinese Communism and the Rise of Mao*，1952）这部具有里程碑意义的著作出版后，弗朗茨·舒曼（Franz Schurmann）的《共产主义中国的意识形态与组织机构》（*Ideology*

[①] 1921 年中国共产党成立后，以其日愈加重的神秘感而成为美国民间的热门话题；抗日战争的爆发，尤其是太平洋战争的爆发，更是使得中国共产党成为美国社会关注的对象，柯乐博（Oliver Edmund Clubb）、斯诺（Edgar Snow）、白修德（Theodore Harold White）、伊斯雷尔·爱泼斯坦（Israel Epstein）等一批美国外交官和新闻记者相继来华，对中国共产党展开观察与探访，出版了《共产主义在中国——1932 年来自汉口的报告》（1932）、《红星照耀中国》（1937）、《中国的惊雷》（1946）、《中国未完成的革命》（1947）等著述。然而，这些出自新闻记者和外交官之手的著作，多数是基于作者个人的观察与感受而形成的新闻报道，并非严格意义的学术研究。

[②] Robert C. North and John H. Paasche, "China in the World Revolution", *Far Eastern Survey*, Vol. 18, No. 15, 1949, p. 169.

and Organization in Communist China，1966）、鲍大可（Arthur Doak Barnett）的《共产主义中国的干部、官僚机构和政治权力》（*Cadres, Bureaucracy and Political Power in Communist China*，1967）等著作相继涌现。对于美国的中国共产党研究，国内学界已有不少论著，但主要聚焦于美国相关研究概况的梳理与评述 ①。基于此，本文拟从发生学角度，就美国中国共产党研究何以在 20 世纪 50 年代兴起作一探究。

一、学术潮流：治中国学为用兴起

实用主义可谓是美国民族精神和生活方式的理论象征，扎根于美国文化价值观之中。受此影响，肇始于 19 世纪初来华传教士的美国中国研究从一开始就具有强烈的功利主义色彩。传教士裨治文（Elijah C. Bridgman）启程前往中国之际，收到美国公理宗海外传道部咨询委员会的指示信，要求其收集有关中国各方面的情况，并向美国国内汇报。信中说："由于你将要事工的领域幅员辽阔，而且人们对它非常关注，你将比你的同仁更具优势。因此，如果精力和条件允许，我们希望你能尽量多来信，详细描述当地人民的性格、生活状况、礼仪风俗等，尤其是宗教对这些方面的影响。" ②

基于此，裨治文主办的《中国丛报》主要关注四个方面：一是

---

① 有关这方面的研究，参见梁怡、李向前主编：《国外中共党史研究述评》，中共党史出版社 2005 年版；路克利：《哈佛大学的中国共产党研究》，山东大学出版社 2012 年版；马金祥：《美国中共党史研究的历史进程与基本经验》，载《沈阳大学学报》（社会科学版）2015 年第 3 期；赵纪萍：《美国中共党史研究的历史考察》，载《理论学刊》2021 年第 5 期。

② 雷孜智：《千禧年的感召——美国第一位来华新教传教士裨治文传》，尹文涓译，广西师范大学出版社 2008 年版，第 52 页。

有关中国自然经济、地理位置；二是中国的商业发展情况，特别是中外通商贸易情况；三是中国社会发展情况，内容包括中国的政治、经济、军事、文化、历史、法律等；四是中国的宗教发展状况①。美国公使列卫廉（William B. Reed）给国务卿的致函则从侧面道出了传教士的中国研究源于实用主义之目的："传教士和那些与传教事业有关人们的学识，对于我国的利益是非常重要的，没有他们充作翻译人员，公事就无法办理，我在这里尽责办事，若不是他们从旁协助，就一步都迈不开，对于往来文件或条约规定，一个字也不能读、写或了解，有了他们一切困难或障碍都没有了。"②有学者曾就美国早期的中国研究总结道："美国对中国的研究始于19世纪30年代之后新教传教士来华，这些传教士尽管也十分重视语言文化的研究，但其视野已超出人文学科的知识领域，对中国现实政治也十分关注，涉猎甚多。他们不但从事与中国有关的学术研究，甚至还积极参与了中国当时的内政外交政策与实践，成为各方利益的代言者。"③

确如其所言，美国早期的中国研究不同于欧洲的汉学传统，从一开始就特别强调对现实的关照，呈现的是一种反汉学模式和趋向。然而，随着20世纪初欧洲汉学家的相继到来，"欧洲关于远东研究的伟大学术传统"被带到美国④，注重应用语言学、考据学等方法对传统中国展开研究渐成潮流。1928年，哈佛大学联合燕京大学成立哈佛燕京学社，首任社长叶理绥（Serge Elisseeff）明确提出，中国研究应像法国汉学那样主要致力于用严密科学的考证方法研究传统文化。他公开宣称"研究1796年以后的事件是单纯的新闻工作"，并

① Elijah C.Bridgman, "Introduction", *Chinese Repository*, Vol. 1, No. 1, 1832, pp. 1–5.
② 泰勒·丹涅特：《美国人在东亚》，姚曾廙译，商务印书馆1959年版，第472页。
③ 崔玉军：《略论美国中国研究的两条路向——兼论汉学与中国学之间的勾连》，载阎纯德主编：《汉学研究》（第12集），学苑出版社2010年版，第243—244页。
④ Kenneth Scott Latourette, "Far Eastern Studies in the United States: Retrospect and Prospect", *The Far Eastern Quarterly*, Vol. 15, No. 1, 1955, p. 8.

强调"首先需要精通至少两种欧洲语言，然后学习难对付的古汉语，最后才能进行课题研究。"①1929 年，美国学术团体理事会主持召开"关于促进中国研究"的会议，劳费尔（Berthold Laufer）在会上特别提出：我们应倡导并鼓励研究中国的语言和文学，它是理解一个还未被发现的新世界的一把钥匙，是获得新思想的媒介，同时也是将新人文主义向前推进所必需的重要一步②。

1936 年，齐思和在介绍《哈佛亚洲学报》时指出："哈佛则以伊里英夫为柱石，以魏鲁男、加丁诺为后劲。诸氏皆旅法有年，为学笃法国汉学家言，思将法国汉学大师之学说方法，移植于美土。"③

对于"欧洲汉学派"的研究模式，以费正清（John K. Fairbank）为代表的"美国本土汉学派"颇有微辞。费正清曾批评占据主流的"欧洲汉学派"，"汉学家们如果不是语言的奴隶，也已成了语言的仆人"，"历史学家要利用语言而不要被语言所左右"④。1937 年，美国学术团体理事会执行干事莫蒂默·格雷夫斯（Mortimer Graves）在给费正清的信中表示："我们必须阻止的正是那种你称之为令人窒息的英国式研究的学院风气在美国得到更大的立足之地"，"我们要在研究中国、日本、印度、苏联以及阿拉伯世界的过程中创造一种新的观念，或是一种新方法。"⑤然而，"美国本土汉学派"倡导的新研究模式，如费正清所说"分散在各地"，并"大部分由有教会背景的人领导"⑥，并未占据主导地位。

太平洋战争的爆发，为美国中国研究模式的转向提供了助推剂。

---

① 保罗·埃文斯：《费正清看中国》，陈同等译，上海人民出版社 1995 年版，第 63 页。
② Edward C. Carter(ed.), *China and Japan in Our University Curricula*, New York: American Council Institute of Pacific Relations, 1929, p. 4.
③ 齐思和：《哈佛大学亚洲学报》，载《大公报》（上海）1936 年 8 月 14 日。
④ 保罗·埃文斯：《费正清看中国》，陈同等译，上海人民出版社 1995 年版，第 67 页。
⑤ 同上书，第 63—64 页。
⑥ 费正清：《费正清中国回忆录》，闫亚婷、熊文霞译，中信出版社 2013 年版，第 98—99 页。

当美国的中国学家们走出学术象牙塔，通过对中国现实社会的深入接触与观察，深切地感受到了开展现当代中国研究的必要性与紧迫性。费正清的学生史华慈曾回忆道，"作为第一批研究生中的一员，我在约翰（指费正清）从战乱中的中国回来后，在哈佛遇见他，我们马上被他的不可阻遏的紧迫感所感动"；这种紧迫感就是"尽可能多地增加我们对现当代中国的理解"①。太平洋战争前主要致力于中国古代史研究的韦慕庭（Clarence Martin Wilbur），战争期间受美国国务院的征召，担任战略情报中心的情报分析员，并于1943年被派往中国工作。正是这段经历，促使他将研究兴趣转向近现代中国，正如他的学生张朋园所说："这三年的经验，引导其兴趣渐渐转变，成为日后倾力研究国共两党历史的伏线。"②韦慕庭自己亦曾这样说道，"从事战时工作之后，博物馆的工作已不再有吸引力，我对当代的事情越来越感兴趣。"③

此后，随着美苏冷战的加剧以及美国全球称霸战略的推行，中国对美国而言战略地位日益重要，由此中国研究在美国颇受欢迎，"像任何一个美国妇女俱乐部里的项目所显现的那样，有关中国和日本的研究开始走俏。"④为适应美国"建立世界战略"以及解答"目前及未来这个国家在中国及其周围地区将要面临的问题"，以关注现实为特征的区域研究在美国高校蓬勃发展。对于这一趋向，经费正清和金岳霖介绍于1944年赴芝加哥大学教授中国古文字学的陈梦家指出，"近来在美国似乎有一种趋势，将 Sinology 一词限制于中国语

---

① 朱政惠：《美国中国学史研究——海外中国学探索的理论与实践》，上海古籍出版社2004年版，第269页。

② 傅伟勋编：《西方汉学家论中国》，台北正中书局1993年版，第48页。

③ Clarence Martin Wilbur, *China in My Life: A Historian's Own History*, New York: M. E. Sharpe, 1996, p. 78.

④ Meribeth E. Cameron，"Far Eastern Studies in the United States"，*The Far Eastern Quarterly*, Vol. 7, No. 2, 1948, pp. 126–130.

文的研究，而改用他们所称的 Chinese Studies 来包括'国学'一门，其实可翻回来叫'中国学'"，这"正代表近代美国人对治理中国学问的一种态度，即是不再追步欧洲学者不切实际的读中国古书的办法，而变为美国人实利主义的以治中国学为用的目标。此点由美国注重中国近代史的研究，可以表达其意趣"①。

1949 年中华人民共和国的诞生，对美国社会来说犹如一道冲击波，不得不予以前所未有的关注，当代中国研究由此成为美国中国研究的绝对主流。费正清不无自豪地对哈佛东亚研究中心第一个十年（1956—1965 年）总结道："在第一个十年，我们总共花费了 100 万美元，出版了 75 部著作，为日益增长的当代中国研究奠定了基础；在所出版的 75 部中国研究著作中，43 部为现当代中国研究。"②戴德华（George E. Taylor）亦曾就美国的中国研究指出："1960—1970 年这段时间，可以称之为现当代中国研究发展的十年。"③不仅如此，在美国的当代中国研究中，实用主义的研究旨趣更是占据主导。当时的美国中国研究界呈现出一种强烈的社会科学化趋向，杜维明称其为"反汉学的中国研究"④。在彼时的美国学界看来，传统的汉学分析方法无法有效地使历史变成观照现实的工具。基于服务冷战的现实需要，美国学者呼吁在开展中国共产党研究时应引入各种社会科学方法，因为社会科学"具备对中国的社会和政治性质进行系统性思考的能力"，"如果不系统性地运用社会科学理论去分析中国数据，那么这种知识对于理解中国或是论证西方的东亚外交政策

① 陈梦家：《美国的汉学研究》，载《周论》1948 年第 1 卷第 10 期。

② John K. Fairbank, *Ten-Year Report of the Director*, New York: Harvard University East Asian Research Center, 1965, p. 15.

③ George E. Taylor, "Special Report: The Joint Committee on Contemporary China, 1959–1969", *Asian Studies Professional Review*, Vol. 1, No. 1, 1971, pp. 74, 83.

④ 周勤：《本土经验的全球意义——为〈世界汉学〉创刊访杜维明教授》，载《世界汉学》1998 年第 1 期。

将只能提供最肤浅的帮助"①。林德贝克（John M. H. Lindbeck）就曾直率地指出："现在，当前的趋向占据了中心舞台。中国的经济能力、政治体制、社会结构成为国内外关注的中心。来自非学术世界的迫切要求，使得社会科学家显得尤为突出。"②赖德烈（Kenneth Scott Latourette）亦总结道，"无法满足的好奇心、知识的渴望以及未知的吸引力曾是许多人从事远东研究的动机"；然而，"当我们与远东之间的关系变得越来越密切之时"，源自现实社会的迫切需要，明显的实用主义成为远东研究的主要目的所在，"我们对远东研究的这种目的性有着深刻的感受"③。正是受这一学术环境的影响，美国的中国共产党研究开始兴起。

二、来华经历：美国学界开启中国共产党研究的策动源

20世纪30年代后，中美学者往来渐趋活跃，一批包括外交人员在内的年轻学者在太平洋学会、哈佛燕京学社、洛克菲勒基金会等相关组织机构的资助下相继来华进修学习或访学。曾于1932年至1934年来华留学的韦慕庭，在忆及这段留华岁月时即言："在那里，我们和许多未来的中国问题研究者变得熟悉起来——其中包括宾板桥（Woodbridge Bingham）、顾立雅（Herrlee G. Creel）、拉铁摩尔（Owen Lattimore）、卜德（Derk Bodde）、西克曼（Laurence Sickman）、嘉德纳（Charles S. Gardner）、戴德华（George E. Taylor）、毕格（Cyrus H. Peake）以及柯乐博、戴维斯（John Paton Davies）和

① Johnson Chalmers, "Research Notes: The Role of Social Science in China Scholarship", *World Politics*, Vol. 17, No. 2, 1965, pp. 256–257.

② John M. H. Lindbeck, *Understanding China:An Assessment of American Scholarly Resources*, New York: Praeger, 1971, pp. 30–31.

③ Kenneth Scott Latourette, "Far Eastern Studies in the United States: Retrospect and Prospect", *The Far Eastern Quarterly*, Vol. 15, No. 1, 1955, p. 9.

谢伟思（John S. Service）等年青的外交文职官员。"① 太平洋战争爆发后，"几乎在一夜之间，那些一直在美国学术生活边缘顽强挣扎的为数不多的远东专家成了国家的财富"②，他们中许多人响应美国政府的号召，加入政府的情报部门，有的甚至被派驻中国。比如，费正清于 1941 年被征召至美国情报协调局，后被派往中国，担任美国战略情报局官员并兼任美国驻华大使特别助理；1945 年 10 月至 1946 年 7 月，他再度来华，任美国新闻署驻华分署主任③。韦慕庭于 1943 年响应政府征召，与卜德、柯睿格（E. A. Kracke）同在美国战略情报局从事远东情报分析；1945 年至 1946 年，韦慕庭受情报分析署委派，重返中国④。毕乃德（Knight Biggerstaff）于 1944 年受国务院征召，就职于美国国土研究部，1945 年至 1946 年担任美国驻重庆使馆的中文秘书，参与重庆谈判⑤。在华经历给美国学者留下了深刻印象，两次来华留学的毕乃德晚年回忆道："北京的时光真是美好。我们随时向中国学者请教，翻阅各类参考书和档案文献，练习从华文学校学来的口语，游览各种宫殿、庙宇、书店、市场，在城墙上漫步，到西山远足，偶然还去北京之外的地方参观。"⑥ 在中国留学长达六年的卜德则因这段生活将中国称之为"曾经是现在也是我们许多人的初恋"⑦。不仅如此，在华经历还形塑了美国学者对国共两党的认

① 保罗·柯文、默尔·戈德曼主编：《费正清的中国世界：同时代人的回忆》，朱政惠、陈雁、张晓阳译，东方出版中心 2000 年版，第 12 页。

② Meribeth E. Cameron, "Far Eastern Studies in the United States: Retrospect and Prospect", *The Far Eastern Quarterly*, Vol. 7, No. 2, 1948, p. 121.

③ 费正清：《费正清中国回忆录》，阎亚婷、熊文霞译，中信出版社 2017 年版，第 175、187、283、294 页。

④ Clarence Martin Wilbur, *China in My Life: A Historian's Own History*, p. 64.

⑤ 朱月琴：《毕乃德与中国历史研究》，南京大学博士学位论文，2021 年。

⑥ Sherman Cochran and Charles A. Peterson, "Knight Biggerstaff(1906–2001)", *The Journal of Asian Studies*, Vol. 60, No. 3, 2001, p. 934.

⑦ 保罗·柯文、默尔·戈德曼主编：《费正清的中国世界：同时代人的回忆》，朱政惠、陈雁、张晓阳译，东方出版中心 2000 年版，第 10 页。

知。例如，毕乃德曾实地踏访长江沿岸城市，在《扬子江流域行纪》的旅行观察报告中，他对地处长江中上游的芜湖、九江、汉口、重庆等城市的印象是肮脏、恶臭、满是乞丐、糟糕的贸易、军阀的混战、抢劫、走私鸦片、征收厘金等，认为这皆是因为国民党政府的无能与腐败；与之相反，他对中国共产党人有着非常高的评价，称他们是"中国最有希望的迹象之一，这些年轻人有着为了理想而放弃自己生命的勇气"①。基于在华观察，费正清也对国民党政府深感失望。他说："在战时的重庆又待了一年后，我最终确信我们的盟友国民政府正在腐化堕落并逐渐失去权势。"对于中国共产党人，费正清亦留有深刻印象："初次见面，周恩来非凡的领导能力就使我深深叹服"，他坦承"随着离开中国返美的时间不断迫近，发现在日常工作中自己越来越偏向于反对派"②。

　　尤为值得注意的是，部分美国学者还曾亲赴中国共产党的控制区进行实地探访。例如，富有传奇色彩的拉铁摩尔，即曾在 1937 年 6 月以"美亚小组"之名到抗战时期的延安探访四天③；费正清则借赴华北联合大学挑选四名学者前往美国进行为期一年的交流考察之机，于 1946 年 6 月随同其妻到中国共产党控制地区张家口进行了为期一周的实地考察④。还有部分美国学者则目睹中国共产党新政权的建立。比如，受富布赖特计划资助，卜德于 1948 年 8 月到达北京，在此后一年时间里，经历了北京从围城到解放的全过程，亲眼目睹国民党政权垮台前的种种腐败以及共产党重建新秩序的努力和

———————

① 朱月琴：《毕乃德与中国历史研究》，南京大学博士学位论文，2021 年。

② 费正清：《费正清中国回忆录》，阎亚婷、熊文霞译，中信出版社 2017 年版，第 240、267、275、282 页。

③ 矶野富士子（整理）：《蒋介石的美国顾问——欧文·拉铁摩尔回忆录》，吴心伯译，复旦大学出版社 1996 年版，第 51 页。

④ 费正清：《费正清中国回忆录》，中信出版社 2017 年版，第 307 页。

措施 ①。毕乃德则在富布赖特奖学金和洛克菲勒基金会的资助下，于
1949 年 3 月 19 日到达南京。在六个月的南京之行期间，毕乃德目睹
了南京的解放过程以及中国共产党对南京的接管 ②。

　　正是这样难得的机缘，使得这些美国学者对中国革命有更深刻
的感悟。拉铁摩尔曾回忆访问延安之印象："当我经过介于西安和延
安之间的共产党控制区时，我的印象是，这些共产党人知道自己在
干什么。他们成功地赢得了农民的信任。" ③ 一个星期的张家口之行，
让费正清亲身感受到"中共的干部永远是真挚地努力于他们同胞的
福利与复兴的"，认识到"中国的共产主义运动绝不是像主流论调所
想象的那样是完全受苏联操纵，这种论调忽略了中国特殊的历史环
境和现实国情。事实上，中国共产主义运动是土生土长的，由中国
人自己根据历史环境和现实情势为解决其自身问题而发起的一场运
动，并不是莫斯科预先计划好的" ④。目睹国民党政府垮台及随之而发
生的整个旧生活方式解体的卜德，在日记中这样记述道："中国共产
党人是真正的共产党"，"共产党显然是想树立这样一个信念，即共
产党是为中国大众谋福利的" ⑤。在他看来，"国民党时代已经过去了。
由于它的贪婪、腐败、玩世不恭、冷漠、愚蠢及脱离老百姓，国民
党已最终失去了曾经拥有过的老百姓的支持。而共产党在这些方面
正好恰恰相反，所以他们就赢得了老百姓的支持"。他认为，说"中

---

① 德克·博迪（即美国汉学家卜德，后同）:《北京日记：革命的一年》，洪菁耘、陆天
　华译，东方出版中心 2001 年版，内容提要。

② Knight Biggerstaff, *Nanking Letter*, New York: Cornell University China-Japan Program,
　1979.

③ 矶野富士子（整理）:《蒋介石的美国顾问——欧文·拉铁摩尔回忆录》，吴心伯译，
　复旦大学出版社 1996 年版，第 56—57 页。

④ 费正清:《美人所见：中国时局真相》，李嘉译，上海现实出版社编印 1946 年版，第
　17—18、21 页。

⑤ 德克·博迪:《北京日记：革命的一年》，洪菁耘、陆天华译，东方出版中心 2001 年
　版，第 101 页。

国的革命是莫斯科一手制造的，是外国控制的一个明证，这种说法是很危险的"①。毕乃德基于中国共产党接管南京之观察，认为中国共产党除了提供新的领导之外，"还提供了一种新的文化模式，这种模式激发了人们对他们的广泛信任。更重要的是，他们的意识形态和纲领充满活力，鼓励人们为这项事业献身。中国共产主义运动最具革命性的方面是表达了对普通民众的信任，将参与政府的人群扩大到普通民众"②。在他看来，"从国民党政权向共产主义政权的过渡正在快速而顺利的进行着"，"他们的事业很可能会成功"③。

　　然而，彼时美国国内对于中国共产党领导的共产主义革命及其新政权之认识，正如卜德所说，"最广泛流传的看法就要算莫斯科应该对在中国最近发生的事情负有直接的责任；另一个更奥妙的看法是认为中国共产党将不惜一切代价搞好与莫斯科的关系，因此东欧发生的一切也必然要在中国重演"④。这些流行观点忽视了包括中国自身的历史、地理、经济、文化在内的中国革命的内在因素，拒绝承认中国革命是近代中国社会、政治和经济革命所不可分割的部分，错误地将中国革命与整个历史背景割裂开来，认为中国共产党的崛起并非靠其本身创造性的品质，而纯粹靠的是对手的错误和缺点或是外来的帮助与指导。在那些有着来华经历，并曾目睹中国共产党领导的革命及政权建设的美国学者看来，美国社会所流行的这些观点不仅是错误的，而且是有害的。卜德即警醒道，"虽然我们美国人有充分的理由反对共产主义"，但"应该意识到为什么共产主义（更确切地说，是中国式的共产主义）能够在中国受到欢迎，也是有一

① 德克·博迪：《北京日记：革命的一年》，洪菁耘、陆天华译，东方出版中心 2001 年版，第 235—236 页。
② Knight Biggerstaff, *Nanking Letter*, pp. 80–81.
③ Ibid., pp. 55, 46, 57.
④ 德克·博迪：《北京日记：革命的一年》，洪菁耘、陆天华译，东方出版中心 2001 年版，第 238 页。

定的原因的。这些原因主要来自内部，而不是外部。我们还应该意识到，无视这些原因，并试图用武力来反对中国的共产主义，只会是徒劳"①。费正清也认为，"如果以纯粹教条主义的反共来支配我们的对华政策，我们将不可避免招致灾难，我们必须充分考虑到中国自身的社会变革进程"②。

　　正是基于这样的认识，这些具有在华经历的学者积极影响美国的对华政策，关注并围绕中国共产党展开探讨。例如，富路德（L. Carrington Goodrich）在给美国助理国务卿的信中写道："美国应该承认中国共产党人，并利用美国外交官、工商业者和传教士向中国人民宣传我们的大相径庭的生活方式。"③费正清则在1948年至1952年间同其三个研究生发起翻译中国共产主义运动文献资料的课题，旨在通过翔实的原始历史文献回应"新成立的中华人民共和国是否是莫斯科的傀儡？近代中国真正的民族主义抱负能否与苏联轨道相吻合？莫斯科对中国新统治者的影响力如何？"等美国当时所关注的问题④。拉铁摩尔于1949年出版《亚洲的形势》，试图基于中国的民族主义传统和国际政治普遍原则就中国共产党及其所领导的新中国发展趋向进行预测。在他看来，"中国在今后几十年内既不会是苏联的傀儡，也不会是苏联的弱敌"⑤。

① 德克·博迪：《北京日记：革命的一年》，洪菁耘、陆天华译，东方出版中心2001年版，第241页。

② John King Fairbank, *The United States and China*, Cambridge: Harvard University Press, 1948, p. 310.

③ 唐耐心：《艰难的抉择：美国在承认新中国问题上的争论1949—1950》，朱立人、刘永涛译，复旦大学出版社2000年版，第187页。

④ Conrad Brandt, Benjamin Schwartz and John K. Fairbank(eds.), *A Documentary History of Chinese Communist*, Cambridge: Harvard University Press, 1952, pp. 11–13.

⑤ 毛里和子：《论拉铁摩尔》，张静译，载《国外近代史研究》第5辑，中国社会科学出版社1983年版，第58页。

三、冷战需要：评估中国之发展与影响

国共内战爆发后，随着中国共产党在军事上取得日渐明显的优势，美国开始对中国共产党及其在全国范围内建立新政权的可能性和统治方式展开了密集的分析评估。在美国情报机构看来，中国共产党有可能建立全国范围内的政权，但对其稳固性持消极与怀疑的看法。1948年11月，美国中情局在关于中国可能发展趋势的报告中即认为，"他们能否巩固对全中国的政治统治根本不能确定"[1]。

进入1949年，美国国务院情报机构虽直截了当地认为中国共产党取代国民党建立新政权已不可避免，但对于"一个合理而持久的共产党政权在中国的前景"同样持消极观点。即使是中华人民共和国中央政府已宣告成立，美国依然抱有狐疑态度。美国国务卿约翰·福斯特·杜勒斯（John Foster Dulles）认为："孤立他，减少他对外部的影响，防备他，遏制他，威胁他，向他的邻国提供援助，并不停地向他施加外部压力，中国共产党在中国成为瞬息即逝的现象。"美国国务院情报司于1949年对中国共产党建立的新政权进行评估，其结论是：在未来五年之内中国新政权没有被推翻的希望。但内部困难和外部压力将使中共政权大大削弱[2]。

新中国成立后，无论是政权的巩固还是经济的恢复与发展，都取得了令美国不得不正视的瞩目成就。美国中情局在评估报告中写道："自从1949年在北平正式建立以来，共产党政权已经显示了灵活

---

① 《中情局关于中国可能发展趋势的报告》（1948年11月3日），载沈志华、杨奎松主编：《美国对华情报解密档案（1948—1976）》第1册，东方出版中心2009年版，第427页。

② 资中筠：《追根溯源——战后美国对华政策的缘起与发展（1945—1950）》，上海人民出版社2000年版，第223页。

性、技巧性和决心，并朝着目标的实现取得了重大进展。在整个大陆地区，其权威已牢固地树立起来，其控制是卓有成效的。"① 美国所关注的，还有新中国在亚洲的声望和影响的急剧上升。美国中情局在 1954 年的报告中评估道："中共政权将继续巩固其政治地位，增强经济和军事实力，待到 1957 年将成为国际事务中比现在更强大的力量。……中国增长的实力和威望将对西方国家在亚洲的势力以及印度、日本争取亚洲领导地位的抱负提出挑战。"② 1956 年，美国中情局的报告指出："由于其成就和蒸蒸日上的国力，共产党中国在亚洲的威望和影响已经大大地增加了"，并"在自由世界里面已出现强大压力"③。对于未来的发展趋势，美国中情局在 1958 年的评估报告中则不无忧虑地写道："如果中国保持其现行国际政策，我们认为它在亚洲的威望在下个五年将继续提高。"④ 令美国感到忧虑的，不仅是中国的迅速发展及其在亚洲影响力的显著提升，更有中国共产党执政模式所取得的成就对非共产主义世界的巨大吸引力。1957 年，美国中情局在对中国现状及至 1961 年前发展的情报评估中写道："中共对中国大陆如此巨大的面积和人口的有效控制、大规模的全国社会主义转型建设、军事力量和工业产量稳定且具有实质性的增长以及中国不断增强的与其他国家进行贸易和提供经济援助的能力，都给许多亚洲人留下深刻印象"，中国共产党所取得的这些成就"对许多亚洲国家人民和领导人来说具有十分重要的意义，因为他们也在尝试进行意义深远的社会、经济以及政治变革，而中国共产主义模式看来在某些方面提供了解决他们问题的办法，他们很倾向于采纳这些

---

① 《中情局关于至 1960 年前中国能力及行动方针的预测》（1956 年 1 月 5 日），载沈志华、杨奎松主编：《美国对华情报解密档案（1948—1976）》第 1 册，东方出版中心 2009 年版，第 49 页。
② 同上书，第 34 页。
③ 同上书，第 47—49 页。
④ 同上书，第 102 页。

方法"①。

基于中国的快速发展及其影响力日益扩大的事实，出于美国国家利益的考量，美国政府相关决策者迫切地想要了解中国，以"尽最大可能削弱亚洲共产主义政权，特别是中共政权的力量；削弱共产党政权，特别是中共政权的影响力"②。为此，他们呼吁并邀请美国学者就中国共产党及其领导下的新政权展开研究。美国国务院下属的国外区域研究协调委员会（Foreign Area Research Coordination Group）专门成立中国小组委员会，强调"非官方的中国研究能够对相关区域的问题提供独立的评估，并能填补有关共产主义中国研究方面的信息空缺。……因此我们应鼓励、资助非官方学者或与他们合作从事共产主义中国研究，这将为直接完成政府内部的研究项目提供稳固保障"③。在"认识美国的敌人"的名义下，美国学者纷纷响应政府的这一呼吁。戴德华以"共产党中国是我们迫切的问题"为题呼吁道，"由于共产主义的威胁，学者们有责任和义务为理解那些不发达国家的社会发挥其应有的作用。……其中，应重视对共产主义在中国发展过程的研究"，并认为"共产主义社会是非常难以理解的。摆在我们面前的问题，是对我们整个社会知识的挑战，它需要应用我们各种学科知识"④。费正清警示道："我们在中国的灾难不是行动上而是理解上的失败。……研究中国是关系美国的生死存亡的头等大事。"⑤ 在毕乃德看来，"中国成为共产党国家这一事实使研究

① 《中情局关于至 1960 年前中国能力及行动方针的预测》（1956 年 1 月 5 日），载沈志华、杨奎松主编：《美国对华情报解密档案（1948—1976）》第 1 册，东方出版中心 2009 年版，第 73、81—82 页。

② 张扬：《冷战与学术：美国的中国学，1949—1972》，中国社会科学出版社 2019 年版，第 49—50 页。

③ Documents Relating to Government-Academic Liaison, *Bulletin of Concerned Asian Scholars*, Vol. 29, No. 1, 1997, pp. 57–60.

④ George E. Taylor, "Communist China:The Problem before Us", *Asian Survey*, Vol. 1, No. 2, 1961, p. 32, 34.

⑤ 韩铁：《福特基金会与美国的中国学》，中国社会科学出版社 2004 年版，第 122 页。

和理解这个国家变得更重要"①。包华德（Howard L. Boorman）则认为："过去十年，中国成长为亚洲政治军事实力最为强大的国家，共产主义对中国及国际影响的研究，应该是美国社会科学研究的主方向。"②白鲁恂（Lucian W. Pye）、哈珀恩（A. M. Halpern）等亦倡议："当代共产主义中国是政治学所应关注的一个重大问题。"③

另一方面，冷战亦使美国学者的文化中国之想象遭遇巨大冲击，出于对中国文化想象破灭的困惑，他们迫切地想通过研究中国解开迷惑。众所周知，美国学者多认为孔孟之道是中国人的文化和生活方式，并将其视为中国社会最为本质的东西所在。费正清曾概述美国人对于中国文化及中国人的认知："作为一种更广泛的人生哲学，我们通常将林语堂《吾国与吾民》（*My Country and My People*, 1934）中巧妙描述的那些恬静美德与儒家联系在一起——忍耐、平和、包容、中庸之道、保守与知足、崇敬祖先、老人与博学之人，而最重要的是主张一种温和的人本主义——将人而不是神视为宇宙的中心。这一切都无需否认。如果我们将这种儒家的人生观置于其社会和政治背景下，就会发现它尊老抑幼、崇古贬今、重视现有权威而轻视革新，它事实上就已对中国社会稳定不变的问题提供了一种伟大的历史答案。"④

基于对历史中国的这一文化想象，多数美国人想当然地认为中国人不会选择革命之路。1947年4月17日的《纽约时报》社论写道："共产主义在中国不会成功。中华民族多少个世纪以来一直对任何激

① 韩铁：《福特基金会与美国的中国学》，中国社会科学出版社2004年版，第122页。
② Howard L. Boorman, "The Study of Contemporary Chinese Politics", *World Politics*, Vol. 12, No. 4, 1960, p. 585.
③ A. M. Halpern, "Contemporary China as a Problem for Political Science", *World Politics*, Vol. 15, No. 3, 1963, p. 361.
④ John King Fairbank, *The United States and China*, pp. 59-60.

进的社会和经济理论都有一种本能的反感。"① 然而，当历史的车轮驶入 1949 年，摆在美国人面前的事实却是：以马克思主义为指导的中国共产党创建了新中国，这一新生政权不仅深获民众的拥护，而且日益巩固壮大。旅美华人学者许烺光指出："二战之后，最令美国人困惑不解的现象是：中国这样一个崇尚礼教、爱家守业、尊重传统的国家为什么会转向共产主义？"② 正是为了寻找以儒家为主导的传统中国为何以及如何转变为奉马克思主义为正统的新中国，不少美国学人开始转向关注中国共产党及其领导的革命。列文森（Joseph R. Levenson）的《儒教中国及其现代命运》即是其中之一，其核心论题就是共产主义中国与儒教中国之间的关系，作者力图解释马克思主义何以能在中国取得胜利，何以能对现代中国知识分子产生如此大的吸引力？史华慈之所以关注中国的共产主义运动及马克思主义学说，当然与其导师费正清有关系，但更重要的原因是"马克思列宁主义已是中国知识分子生活中占优势的精神力量"，"理解中国的马克思列宁主义特点及其原因"成为"理解现代中国的一个关键问题"③。

四、结语

如前所述，中华人民共和国的诞生，是美国中国共产党研究兴起之最为直接和最为根本的原因所在。21 世纪以来，随着中国的快速发展，包括美国在内的域外世界比以往任何时候都更加关注中国和中国共产党。有研究者依据"Web of Science 核心合集"就 2000

---

① *The New York Times,* April 17, 1947.
② 许烺光：《美国人与中国人》，沈彩艺译，浙江人民出版社 2017 年版，第 31 页。
③ 朱政惠编：《史华慈学谱》，上海辞书出版社 2006 年版，第 4—6 页。

年以来海外中国共产党研究的文献进行统计，结果显示以中国共产党为研究主题的文献达 1223 篇（截至 2020 年 5 月 17 日），其中2015 年后平均每年发表文献都在百篇以上①。

以美国学界为代表的西方学界之所以如此关注中国和中国共产党，当然系因中国飞速而稳定的发展超出了许多人的预期和想象。由中国重新崛起的广度和强度来看，必定有值得关注的历史之源与现实之因。由是，探明中国崛起的根源和奥秘成为西方学者的兴趣和关注所在。正如中国台湾学者朱云汉所说："中国大陆完成了人类历史上前所未有的最大规模的快速工业化；在 30 年内实现了人类历史上最大范围的消除贫困……如果一个体制能够在这些最根本的指标上展现出这样的现实作用和历史结果，它绝对是值得被认真对待和深入研究的，值得去发现这里面最关键的机制或思想。"②更为重要的原因还在于，中国的发展和治理模式为其他国家提供了替代西方发展模式的选择，西方不再独自主导世界。对此，美国精英在深感不适和焦虑的同时，借由西方现代化理论对中国发展展开研究，力图将中国发展纳入西方理论的解释体系之中，从而捍卫西式现代化之路的合理性和普适性，消解中国共产党的发展道路和治理方式所具有的独特性和影响力。

就 21 世纪以来美国学者的中国共产党研究而言，当然不乏一些富有价值的研究成果。例如，近年来有美国学者在研究视角上倡导"将政党（中国共产党）带回来"，主张将中国共产党视为解释当代中国的核心，考察在一党长期执政之情境下中国如何实现持续稳定与发展，如古大牛（Daniel Koss）的《政党的地盘：中国共产党的基层与地方治理》（*Where the Party Rules: The Rank and File of China's*

① 李缓：《基于开源情报的海外中国共产党研究的文献计量学分析》，载《国外社会科学前沿》2021 年第 5 期。
② 玛雅编：《道路自信：中国为什么能》，北京联合出版公司 2013 年版，第 274 页。

Communist State，2018）、托尼·赛奇（Tony Saich）的《从革命者到统治者：百年中国共产党》（*From Rebel to Ruler: One Hundred Years of the Chinese Communist Party*，2021）、狄忠蒲（Bruce Dickson）的《党和人民：21世纪的中国政治》（*The Party and the People: Chinese Politics in the 21st Century*，2021）等。他们在研究中深刻洞察到中国政党体制所具有的灵活性与竞争力，捕捉到新时代以来中国共产党在治国理政体系中的核心地位不断巩固和加强的趋势。例如，狄忠蒲认为："中国共产党的适应性问题是一个很重要的话题。事实上，我的每一本书都在阐释这一问题。……我的观点是中国共产党有足够的生存适应能力。"① 此外，不可忽视的是，还有为数不少的美国学者在其中国共产党研究中，依然带有西方的意识形态偏见和文化殖民主义的倾向，或将"精英理论""公民社会""威权主义"等西式理论生搬硬套到中国共产党研究之中，或以"西式现代化"为标准评价中国共产党及其治理，进而走入否定中国共产党的误区。

关于一些美国学者为什么不能正确理解中国的问题，美国纽约大学教授詹姆斯·派克（James Peck）分析道："中国的惊人转变——经济实力、没有贫民窟的快速城市化、科技实力、庞大人口的教育、令世界大部分地区羡慕的现代基础设施结构，以及使这些发展得以实现的、不断演变的治理模式，当然都是中国共产党领导的结果。这些史无前例的成就需要中国共产党本身的远见、技巧、持久力，需要其不停总结自身经验，科学民调也显示出了民众对共产党领导的支持。"然而，"这些成就在美国几乎都无法被客观或以开放的心态来看待"②。在笔者看来，除了詹姆斯·派克所言外，缺乏

① 岳春颖、王大鹏：《中国共产党有足够的生存适应能力——访美国乔治·华盛顿大学政治学系主任狄忠蒲教授》，载《领导文萃》2016年第20期。
② 詹姆斯·派克：《美国应当如何理解中国共产党？》，左琳译，载《中国报道》2021年第10期。

对中国发展之历史逻辑和内生动力的理解亦是重要原因所在。由于对中国发展实践缺乏在场式观察与体验，同时受"西方中心之理论和话语"的影响与禁锢，美国学者在审视中国发展时多聚焦于私营部门和社会力量的发展，对中国共产党积极主导社会改革缺乏应有关注，"为什么中国共产党能成为解决中国问题的核心？为什么中国没有采用西方的治理体系，而是寻求自己的治理体系？中国共产党为什么以及如何从中华文明的一系列独特历史、革命和核心方面发展出自己的执政模式？"等问题没有进入他们的思考视阈。由于对这些根本性问题缺乏思考与理解，他们在解读时不可避免地出现偏差、误解乃至歪曲，无法理解中国的发展"靠的是中国共产党的坚强领导，靠的是中国人民的团结、勤劳和奋斗，靠的是走出了一条中国特色社会主义道路"①。

与此同时，亦需注意的是，费正清、毕乃德、卜德等人之所以在中美走向对抗之际依然对中国革命抱有相对正确之理解，重要原因在于他们对中国革命的历史逻辑有深入的观察，同时基于来华经历和与中国共产党有着程度不一的情缘，能够以好奇与同情之心看待和理解中国革命。然而，美国新生一代的中国问题专家身处的社会环境迥异于费正清为代表的那一代的中国问题专家。他们缺乏如费正清那样对中国社会的深入观察，同时在价值情感上亦如戴维·兰普顿（David M. Lampton）所说："（他们）正在倡导用一种更加尖锐的口气和手段来应对北京……（他们）并不完全明白两国之间（如果）发生冲突实际上意味着什么。"②基于新世纪以来中美国家力量的变化，当下的美国社会不再将中国视为其有益的合作伙伴，

① 王毅：《美国的世界观、中国观、中美关系观出现了严重偏差》，载《人民日报》2022年5月29日。
② 戴维·兰普顿：《为什么美国新一代的中国问题专家更倾向于对中国强硬》，观察者网，https://www.guancha.cn/DavidLampton/2019_09_08_516977.shtml。

越来越倾向于将中国视之为"竞争对手"，甚至是美国的"最大挑战或威胁"①。在这样的政治生态和社会思潮之下，无论是与中国的情感还是看待中国的视角，美国新生一代中国问题专家都截然不同于前辈学者，他们更多地倾向于以消极甚或敌视的眼光来审视中国共产党。事实上，要正确理解当代中国和中国共产党，还是应如美国前参议员富布赖特（James William Fulbright）所说："要形成有效的国家利益概念，不可或缺的第一步是重新摆正态度——尤其是培养一种友好的好奇心，而不是对与我们陌生的社会和政治形态产生恐惧和敌意。"②

顾颉刚曾言："学术的方面，也因时势的需求而促成思想的转变，于时代的背景关系最切。"③如其所说，美国的中国共产党研究，即与时代环境息息相关。正因如此，我们在探讨其中国共产党研究时，需要将它置于所处的时代环境之中加以考察，并关注具体的历史语境和学术思潮。唯有如此，方能对其中国共产党研究的内在理路和旨趣有更加深刻的认识与理解，并借此更有针对性地回应和批驳域外对中国共产党的误解与歪曲。这应该是提升中国共产党的国际形象、增进国际社会对中国共产党和新时代中国理解与认同的不二之径。

（作者单位：华东师范大学马克思主义学院）

---

① Marc Santora, "Pompeo Calls China's Ruling Party 'Central Threat of Our Times'", *The New York Times*, Jan. 30, 2020.

② 詹姆斯·派克：《美国应当如何理解中国共产党？》，左琳译，载《中国报道》2021年第10期。

③ 顾颉刚、王钟麒编：《现代初中教科书（本国史）》，胡适校订，商务印书馆1923年版，第6页。

欧美学者关于安源工人运动的研究评述

张丹　周利生

在近代中国历史上，工人阶级是最具先进性和革命性的阶级，随着旧中国各种社会压迫成长起来的工人阶级最富有斗争精神。因此，中国工人运动在推动整个中国近代历史进程中具有重要的历史作用。正如美国左翼记者、作家尼姆·威尔斯（Nym Wales，埃德加·斯诺夫人）所言："中国工人运动史，是中国为实现国家主权、统一和民主而长期进行的艰辛探索的组成部分。"[1] 哈佛大学教授裴宜理（Elizabeth J. Perry）亦认为："在 20 世纪中国的政治变革中，工人运动起了重要作用。推翻帝制的辛亥革命、带来新政治文化的五四运动、国民政府的兴衰、共产党的胜利，甚至 1949 年以后政治形势的发展，无不深受中国工人运动的影响。"[2] 在 20 世纪 20 年代中国第一次工人运动高潮期间，以毛泽东、刘少奇、李立三等人为代表的中国共产党人，动员江西安源路矿工人起来投身革命运动。1922 年 9 月，安源工人大罢工取得完全胜利，成为中国工运史上的里程碑事件。安源工人大罢工为中国工人运动树立了一面旗帜，为

---

[1] Nym Wales, *The Chinese Labor Movement*, New York: John Day Company, 1945, p. 3.

[2] 裴宜理:《上海罢工: 中国工人政治研究》, 刘平译, 江苏人民出版社 2012 年版, 第 3 页。

中国革命道路的探索提供了经验。长期以来，有为数不少的研究中国革命的欧美学者关注安源工人运动，并取得了较为丰硕的成果。本文对欧美学者关于安源工人运动爆发的原因、取得胜利的主要因素，以及产生的历史意义等方面的内容进行了梳理，以期对国内学界深入开展安源工人运动史和中国工人运动史研究提供一些有益的参考。

一、安源工人运动爆发的主要原因

安源是江西省萍乡县城东南 6 公里处的一个古老矿区，以采煤业著称。1898 年清政府督办铁路总公司事务大臣盛宣怀在江西创办了萍乡煤矿，因整个矿区是以安源为中心，又称安源煤矿。为解决煤炭的外运问题，盛宣怀奏请清政府于 1899 年开始动工修建株萍铁路。根据法国著名中国学家谢诺（Jean Chesneaux）的界定，现代安源工人包括那些在当时条件下能够从事半现代化工作的安源煤矿工人和株萍铁路工人（简称安源工人）[1]。中国共产党成立前夕，安源约有 1.3 万余名工人，遇大开工时，有 1.7 万余人[2]。1922 年 9 月 14 日至 18 日爆发的闻名全国的安源路矿工人大罢工，"是中国共产党第一次独立领导并取得完全胜利的工人斗争"[3]，成为中国工人运动第一次高潮中最具代表性的两大工人斗争之一（另一个为开滦煤矿工人大罢工），充分显示出组织起来的工人阶级的力量。此后，安源工人

---

[1] Jean Chesneaux, *The Chinese Labor Movement*, 1919–1927, CA: Stanford University Press, 1968, p. 24.

[2] 中共萍乡市委编：《安源路矿工人运动》上册，中共党史出版社 1991 年版，第 114、116 页。

[3] 习近平：《在纪念刘少奇同志诞辰 120 周年座谈会上的讲话》，载《人民日报》2018 年 11 月 24 日。

运动蓬勃发展，如建立了民主集中制的工人代表会议制度，创办了中国共产党最早的工人消费合作社、最早的党校——安源党校、最早具有司法性质的机构——裁判委员会等，有"苏维埃的雏形"①之称。1928 年 6 月，中共中央在致朱德、毛泽东并井冈山前敌委员会的信中就盛赞"安源是无产阶级的大本营"②。

　　与全国同时期的产业工人区相比，为什么安源会爆发一场更具代表性的工人运动？欧美学者主要归纳了四个方面的原因。

　　（一）工人劳动条件恶劣、劳动回报极低。早期的欧美学者普遍认为安源工人无尊严、待遇差、环境恶劣等是导致罢工的直接因素。英国人在武汉创办的《华中邮报》上曾刊登一封来自德国雇员的信件，信中谈到德国人虐待安源工人的野蛮行径，"有个名叫奥森布鲁克的德国人，为了一点小事，就用手杖打工人，接着又猛踢他的腹部，几乎把他踢死"。尽管工人们对此怨声载道，却无人理睬，以致工人们"发誓要不顾一切找机会杀死那个德国人"③。1916 年，美国人斯文森（K. P. Swensen）到萍乡煤矿参观时，对比了萍乡矿工与美国矿工的工资待遇，称"中国工值，仅当美国工值二十分之一"，"较美低贱远矣"④。可见，安源工人除了封建主义和官僚资本主义的压迫，还深受帝国主义的欺压，不仅无尊严、无人权，而且劳而不能有所得。1917 年，美国人艾尔弗雷德·里德（Alfred C. Reed）撰写了名为《中国采煤业》的长篇文章，介绍了安源煤矿工人的作业状况以及人口环境等综合信息："矿上苦力两班倒，工资低……（以致）他们顽固、不可靠，对自己或对国家未来都没有任

---

① 中共萍乡市委编：《安源路矿工人运动》下册，中共党史出版社 1991 年版，第900 页。
② 中央档案馆编：《中共中央文件选集》第四册，中共中央党校出版社 1991 年版，第256 页。
③《德国人在萍乡》，载《华中邮报》1919 年 7 月 1 日。
④ 霆锐：《萍乡煤矿公司经始困难谈》，载《大中华》1916 年第 2 卷第 12 期。

何期望。"① 特别是迫于生计在安源谋生的小矿工，"在那儿实际上是奴隶，整天挨工头的打骂"②。美国《劳工评论月刊》1923 年第 1 期刊发的一篇文章直接指出 1922 年 9 月萍乡发生的安源工人大罢工，"是由低工资和恶劣的工作条件所导致的。大多数工人每天只能挣 20 个铜币，被迫每天工作 10 个小时以上，而且经常挨打挨骂"③。正是因为遭受这些暴行，"激起了采煤社区人民的破坏和暴力抵抗行为"④。

（二）安源地区具有反抗压迫的历史传统。安源地处湘赣交界地带，险峻的环境使该地区容易成为反叛者的藏身之地。19 世纪末 20 世纪初这一带的哥老会、洪帮、青帮等会党众多。江西萍乡矿夫"多属哥老会洪江会"⑤。美国历史学家、汉学家杜赞奇（Prasenjit Duara）指出，这些会党"所组成的竞争性团体加剧了原本就潜伏在流民人群之间的好斗性"⑥。清朝末年，以反清复明为宗旨的哥老会在安源矿区一带特别活跃，如 1892 年萍乡邓海山哥老会起义，以及 1896 年洋矿师来萍乡的勘矿风波。1900 年，义和团运动在北方各省兴起，萍乡哥老会起而响应，引起轩然大波。1906 年，包括农民、工人等群体在湘赣边界举行的萍浏醴起义，就是会党和革命党人联合发动的最大起义。尽管起义最终失败了，但这种反抗，"只有在革命传统之下，他们表达的反清情绪才可以达成一种统一认识"⑦。毋庸

① Alfred C. Reed, "Coal Mining in China", *The Scientific Monthly*, Vol. 5, No. 1, 1917, p. 45.
② 尼姆·威尔斯：《续西行漫记》，陶宜、徐复译，解放军文艺出版社 2002 年版，第 25 页。
③ "Strikes and Lockouts", *Monthly Labor Review*, Vol. 16, No. 1, 1923, p. 202.
④ Jeff Hornibrook, *A Great Undertaking: Mechanization and Social Change in a Late Imperial Chinese Coalmining Community*, New York: SUNY Press, 2015, p. 6.
⑤ 平山周：《中国秘密社会史》，商务印书馆 2017 年版，第 96 页。
⑥ 杜赞奇：《从民族国家拯救历史：民族主义话语与中国现代史研究》，王宪明等译，社会科学文献出版社 2003 年版，第 112 页。
⑦ 贺喜、科大卫：《秘密社会的秘密——清代的天地会与哥老会》，北京师范大学出版社 2022 年版，第 246 页。

讳言，这些运动或起义为安源遗留下了革命党、会党领导群体起来斗争的传统。事实上，萍乡煤矿建矿后，工人的自发斗争此起彼伏，从最初毁坏机器以反抗洋人、痛打华洋监工总管，到反清武装起义，再到驱逐德国工程师，安源工人有文字可考的斗争即达到 7 次之多。基于种种事实，裴宜理也认为安源工人搞革命运动，受到了该地区悠久的反抗传统的影响，包括从 14 世纪中期开始的红巾军起义到 20 世纪初的萍浏醴起义，她称之为"革命预演"[①]。

（三）劳工制度的弊端。萍乡煤矿的用工体制一直采用封建式的"把头"制，公司将任务承包给"把头"，由"把头"跟工人之间形成合同管理[②]，公司就降低了自身的管理风险。澳大利亚国立大学教授蒂姆·赖特（Tim Wright）把安源工人运动爆发的主要原因归结为这种劳工制度的弊端，"逃避管理本来是这个制度的基本优点，但随着矿山规模的扩大和机械化程度的提高，这种逃避开始成为一种负担。"[③] 矿上的监工、把头通常也是帮会的首领，他们肆意妄为，任意打骂、监禁工人，用坐快活凳、尖木马、手铐脚镣等十几种刑罚迫害工人，如跪煤壁、背铁球、戴箴枷、抽马鞭、跪壁块等，或送警拘留加拷打[④]。如此行径激起了工人的群体愤慨，所以，"从 20 世纪 20 年代起，越来越多的工人开始反对这种制度"[⑤]。哥伦比亚大学东亚研究中心的琳达·谢菲尔（Lynda Shaffer）经过研究发现，"有迹

[①] Elizabeth J. Perry, *Anyuan, Mining China's Revolutionary Tradition*, Berkeley：University of California Press, 2012, p. 16.

[②] 所谓的"合同管理"事实上是不对等的劳资关系，"把头"监管了工人的一切，包括工资、人身自由等，工人处处受"把头"的欺负、压榨。

[③] Tim Wrigh, "A Method of Evading Management–Contract Labor in Chinese Coal Mines before 1937", *Comparative Studies in Society and History*, Vol. 23, No. 4，1981, p. 671.

[④] 中共萍乡市委编：《安源路矿工人运动》上册，中共党史出版社 1991 年版，第116 页。

[⑤] Tim Wright，"A Method of Evading Management–Contract Labor in Chinese Coal Mines before 1937", *Comparative Studies in Society and History*, Vol. 23, No. 4, 1981, p. 673.

象表明，管理层也反对（这种）劳动合同制度，因为它常常与传统的秘密社会联系在一起，仍然牢牢地控制着工人的意识"①。

（四）近代安源在工业化进程中的转型失败。事实上，安源一带土法采煤在乾隆年间就已兴盛，因煤而兴的乡绅利益阶层逐渐崛起，文廷式②家族就是主要代表。他们极力反对外来者开矿采煤。早在1896年，德国矿师马克斯、赖伦到萍乡勘探煤源的消息一出，乡绅就群起强烈抵抗，指出洋人来萍有"七大害""十不宜"。1899年在修建株萍铁路时，乡绅们又"或以坟墓，或以祠宇，或以膏腴之地，不肯割裂，遂开祠集议，拟以全力阻挠"③。可见，这种现代化技术的引进，并没有在萍乡赢得青睐，而是加深了社会矛盾。如美国纽约州立大学普拉茨堡分校教授杰夫·霍尼布鲁克（Jeff Hornibrook）所指出的，萍乡这种"迅速而戏剧性的机械化带来了爆炸式经济增长的同时，也导致了严重的社会分裂"。另外，萍乡煤矿的建立和发展经历了由官办到官督商办再到商办的过程，辛亥革命后，封建买办集团在其中扮演了主要角色，他们的封建性和官僚作风与现代化格格不入。美国密歇根大学教授费维恺（Albert Feuwerker）就指出，晚清中国这种鲜明的"政治的软弱和分裂作为经济发展的主要障碍一直继续到进入民国时代"④。再加上"外国工程师和其他人士未能吸收全县的民众到一个致力于现代化进程的共同体中来，从而阻碍了经济和社会的转型，使萍乡爆发了一场共产主义革命而不是工业

---

① Lynda Shaffer, "Anyuan: The Cradle of the Chinese Workers' Revolutionary Movement, 1921–1922", *Columbia University, East Asian Institute*（*Masters Essay*）, 1970, p. 176.

② 文廷式（1856—1904），字芸阁，江西萍乡人。光绪庚寅科榜眼，侍读学士。瑾妃、珍妃的师傅。因组织"强学会"、支持光绪变法，触犯慈禧太后，被贬职回到萍乡。后经营煤炭，组织广泰福商号，成为地方最大的采掘销运煤炭的商家之一。

③ 陈旭麓、顾廷龙、汪熙主编：《盛宣怀档案资料选辑之四——汉冶萍公司（二）》，上海人民出版社 1986 年版，第 183—184 页。

④ 费维恺：《中国早期工业化：盛宣怀（1844—1916）和官督商办企业》，虞和平译，中国社会科学出版社 1990 年版，第 337 页。

革命"①。

不可否认，张之洞、盛宣怀等清末官僚创办萍乡煤矿的出发点是利国利民。以机械化开采的新式煤业满足了近代中国钢铁冶炼的资源需求，加快了中国近代工业化的步伐。而煤矿的开采吸引了来自湖南、湖北、浙江、广东等周边省份破产农民和无业游民前来谋生就业。铁路的开通，又使萍乡的煤"有路则畅运畅销，利源日开，即或附货附客，亦于地方便益日多"②。而以文廷式为代表的萍乡士绅，在维护地方利益的同时，也为萍乡煤矿的开办和稳定发挥了重要作用。而革命者则希望借助工业化实现共产主义的革命目标。如列宁所言，"如果没有资本主义的大工厂，没有高度发达的大工业，那就根本谈不上社会主义，而对于一个农民国家来说就更是如此"③。因此，后期在萍乡煤矿生产出现危机停滞的状况下，工会领导工人"犹忍饥耐饿维持原额"进行生产，"不能不佩服工会之深明大义，顾全产业"④。

二、安源工人运动取得胜利的主要因素

20 世纪 20 年代的安源工人运动为中国工人运动树立了一面旗帜，被西方学者称为"中国的阿斯图里亚斯"⑤。欧美学者认为安源工

---

① Jeff Hornibrook，*A Great Undertaking: Mechanization and Social Change in a Late Imperial Chinese Coalmining Community*, New York：SUNY Press, 2015, p. 6.

② 陈旭麓、顾廷龙、汪熙主编：《盛宣怀档案资料选辑之四——汉冶萍公司（二）》，上海人民出版社 1986 年版，第 28 页。

③《列宁全集》第 41 卷，人民出版社 1986 年版，第 301—302 页。

④ 中共萍乡市委编：《安源路矿工人运动》下册，中共党史出版社 1991 年版，第 1198 页。

⑤ Asturians，一般指西班牙的阿斯图里亚斯自治区。1934 年 10 月，共产党人、社会党人和无政府工团主义者组成的统一战线发动阿斯图里亚斯矿工进行总罢工，并领导革命起义。起义尽管失败，但为西班牙 1936 年建立人民阵线准备了条件。

人运动之所以取得巨大成功，主要有以下因素的推动。

（一）借助地方文化传统进行群众动员。 裴宜理分析了革命者如何借助文化传统和教育的力量动员群众，认为这是促成安源工人运动能够取得胜利的主要原因。在裴宜理看来，中国近代工人阶级的文化知识水平与接受过良好教育的革命者之间存在较大的差距。如何将进步的新观念引入到工人群体中以及采取怎样的方式让普通的工人群体理解、接受并回应他们，是安源工人运动领导者面临的首要挑战。她引入了一个新概念，即"文化置位"（cultural positioning），认为共产党人对安源工人"动员过程的核心就是文化置位，或者说，对一系列符号资源（如宗教、仪式、修辞、服饰、戏剧、艺术等）的战略性运用，这些运用在政治说服中发挥了作用"[1]。例如，李立三在大罢工前夕能顺利与洪帮头目共饮鸡血酒达成共识，就是发挥秘密社会组织的作用，运用带有江湖义气特征的帮派文化传统，说服洪帮头目支持了工人大罢工，因为很多工人甚至俱乐部的成员"当时都是秘密社会的成员"[2]。再如，后来工人俱乐部还利用当地舞龙、舞狮等地方传统文化和习俗扩大革命宣传，增强动员工人群众的影响力。裴宜理评价李立三等"年轻的革命者在既存的权力结构中，借助熟悉的符号修辞赢得广泛支持。通过成功动员，他们获得了一次重大的罢工胜利，由此开启了安源新的工业秩序大门"[3]。

（二）共产主义教育的成功。 许多欧美学者认为，共产党人在安源对无产阶级进行了成功的共产主义教育，对推动工人运动发挥了极为重要的作用。1921 年底至 1922 年初，毛泽东、李立三通过在

[1] Elizabeth J. Perry, *Anyuan, Mining China's Revolutionary Tradition*，p. 4.

[2] Marisela Connelly, "The Ping Liu Li Uprising", in David N. Lorenzen(ed.), *Studies on Asia and Africa from Latin America*, Ciudad de Mexico：Colegio de Mexico, 1990, p. 53.

[3] Elizabeth J. Perry, *Anyuan, Mining China's Revolutionary Tradition*, p. 74.

安源创办平民子弟学校和工人夜校打开了工作局面。美国密歇根州立大学教授韦思谛（Stephen C. Averill）认为，共产党在江西的早期共产主义运动就是"一场最初由地方精英家庭受过教育的年轻子弟推动的革命，这些年轻人又通过学校把激进的政治、社会主张带入了地方"①。最多的时候，共产党人在安源创办了7所工人学校，读书处达16个，在校学生2000多人。威尔斯感叹"这里的工人组织很强大，成立了学校，甚至矿工的孩子都有学上"②。工人俱乐部规定学校的一切教学训导，"处处要站在无产阶级的地位讲话"③。谢菲尔指出：共产党人"利用萍乡的工人教育课堂，宣讲矿工承包商和（汉冶萍）公司是如何剥削他们的"④。1925年，美国牧师沃尔沃斯·汀（Walworth Tyng）从长沙来到萍乡煤矿，他说在安源"一进入俱乐部大楼就看到一幅巨大的卡尔·马克思肖像画……有个能容纳2000人的大会堂，在这里听到的宣介都是反对资本主义的"⑤。工人们在工人学校受到的正规教育，对于形成一种新的无产阶级理念起到了关键作用。同时革命者又创新性地将传统文化和习俗"置位"到革命行动中来。事实上，共产主义教育的实践行动，也是保证后来安源的"小莫斯科"得以成功的核心要素。连国民党也不得不感叹："安源共党之所以有根深蒂固的基础，确实是其过去在安源有充分的'赤色教育'。"⑥

（三）建立工会组织取代地方帮会。历史上，安源的秘密社会、

① Stephen C. Averill, *Revolution in the Highlands: China's Jinggangshan Base Area*, Washington：Rowman & Littlefield Publishers，2006，p. 15.
② Nym Wales，*The Chinese Labor Movement*, p. 40.
③ 中共萍乡市委编：《安源路矿工人运动》上册，中共党史出版社1991年版，第292页。
④ Lynda Shaffer，"Anyuan: The Cradle of the Chinese Workers' Revolutionary Movement, 1921-1922"，*Columbia University, East Asian Institute*（*Masters Essay*），1970, p. 188.
⑤ 转引自裴宜理：《重拾中国革命》，余婉卉译，载《清华大学学报（哲学社会科学版）》2011年第5期。
⑥ 中共萍乡市委编：《安源路矿工人运动》上册，中共党史出版社1991年版，第263页。

地方精英势力几乎把控了整个社会。在共产党人来到安源之前，安源工人因求庇护、受胁迫或寻找认同，大多加入了由监工、地方头目等组织的洪帮、哥老会或同乡会等封建帮会。但是共产党建立的工会组织改变了这一力量对比。1922 年 5 月 1 日，共产党人在安源创办了新的组织——安源路矿工人俱乐部，与安源已存在的各种势力相抗衡，并适时取而代之。当时俱乐部以 "保护工人的利益，减除工人的压迫与痛苦" 为宗旨，吸引了众多工人的加入，特别是大罢工胜利后，会员达到 1.2 万人，将绝大部分的工人组织起来了。如谢菲尔和裴宜理指出的，煤矿工人最初都是被包工头组织起来的，后来在 20 世纪 20 年代早期逐渐被共产党组织的现代劳动工会所取代[1]。谢诺曾评价当时这些工会组织的积极行动说："规模浩大的一波浪潮正袭击中国各地的工厂，工人队伍的组织性会日益增强。"[2] 同时，安源的工会组织又有其特点，"虽然工会的引入是一项新举措，但是工会的组织和运作都受到当地一些历史先例的启发"[3]。例如，俱乐部会员如同当时一些秘密社会成员缴纳入会费一样也要交会费。加入工会虽未使工人立即信仰共产主义，但壮大了共产党的基层组织，使 1922 年 9 月的罢工取得了胜利。时任《纽约时报》北京分社社长的潘公凯（Philip P. Pan）也认可工人革命的成功得益于建立了工会组织。他指出："在中国共产党成立的早期，毛泽东穿越老家湖南省，帮助建立工会，组织罢工，抗议要求保护工人权益。共产党领导的最著名的罢工，是 1922 年在湖南、江西两省边界的安源煤矿"[4]。

（四）共产党人的成功领导。安源工人运动的成功，与毛泽东、

[1] 转引自 Jeff Hornibrook, *A Great Undertaking: Mechanization and Social Change in a Late Imperial Chinese Coalmining Community*, New York：SUNY Press, 2015, p. 4。

[2] Jean Chesneaux, *The Chinese Labor Movement*, 1919–1927, p. 187.

[3] Elizabeth J. Perry, *Anyuan, Mining China's Revolutionary Tradition*，p. 58.

[4] Philip P. Pan, *Out of Mao's Shadow: The Struggle for the Soul of a New China*, New York：Simon & Schuster, 2008, p. 113.

刘少奇、李立三等共产党人的成功领导密不可分。毛泽东是安源工人运动的开辟者和领导者。1921年秋,毛泽东到安源考察工人生活生产状况。同年冬,毛泽东又同李立三等人来安源开展调查研究,之后选择安源作为湖南党组织的重点工作区域。美国弗吉尼亚大学教授布兰特利·沃马克(Brantly Womack)指出,毛泽东领导"安源煤矿大罢工的成功,推动了湖南劳工运动的快速发展"[1]。后来,李立三受湖南党组织的指派常驻安源领导工运工作。他通过文化动员等方式,将新旧内容相互融合,形成了相当具有吸引力的领导模式,且效果显著。1922年9月罢工前夕,刘少奇受组织委派到安源参与领导工人大罢工。刘少奇在苏联接受过正规的共产主义教育,十分注重纪律,他严格规范秩序,防止革命走向暴力,赢得了各界对罢工的支持,这对罢工的胜利至关重要。1923年春,李立三离开安源后,刘少奇实际负责指导工人俱乐部的工作。美国加州大学伯克利分校教授罗德明(Lowell Dittmer)认为,是刘少奇"使安源工人俱乐部成为这个国家最成功、最有名的工会"[2]。安源工人运动取得的胜利,是因为有毛泽东、刘少奇、李立三等共产党人的成功领导。美国斯坦福大学研究员罗伯特·诺斯(Robert C. North)亦谈到,这几位共产党人"在领导安源革命中的作用非凡"[3]。

(五)地方精英的参与。事实上,在安源最先从事采煤业的是地方士绅,他们是当地的重要社会力量。共产党要在此组织和领导工人运动,取得斗争胜利,就像霍尼布鲁克所说的,不能撇开"萍乡

[1] Brantly Womack, *The Foundations of Mao Zedong's Political Thought, 1917–1935*, Hawaii:University of Hawaii Press, 1982, p. 27.

[2] Lowell Dittmer, *Liu Shaoqi and the Chinese Cultural Revolution*, New York: Routledge, 1997, p. 11.

[3] Robert C. North, "The Chinese Communist Elite", *Annals of the American Academy of Political and Social Science*, September 1, 1951, p. 73.

县支撑当地经济长达数世纪的地方精英和世袭领袖"①。萍乡煤矿开采的历史也证明，"与地方精英的谈判往往决定了技术现代化的形式以及对特定生产计划所需的土地和劳动力的社会和政治控制形式"②。事实上，毛泽东等共产党人敏锐地意识到，安源工人运动要获得成功就必须联合地方精英人士，因为"在特定的情况下，士绅们扮演着一个阶层的角色"③。因此，无论是工人学校的创办，还是工人俱乐部的成立，抑或罢工谈判中的协调，共产党都努力让地方精英参与进来，发挥他们的影响力。例如，1922 年，当刘少奇担任安源工人全权代表时，面对面与当局代表和萍乡县精英坐在一起，这里面就有两个人，一个是"商人"，还有一个是"地方士绅"④。即便是 1923年二七惨案后中国工人运动进入艰难的时期，唯独安源的工人运动"巍然独存"，重要的原因就是地方精英对共产党的接纳。裴宜理总结说："共产主义革命者们之所以能够取得令人震惊的成功，很大一部分源自于他们巧妙地运用了精英人士的社会资本。"⑤ 只有有效接触地方精英并得到他们的认可，才能避免共产党试图将煤矿工人组织起来的努力遭遇失败。

三、安源工人运动在中国革命中的历史意义

在欧美学者看来，安源工人运动在中国革命史上具有重大的历

---

① Jeff Hornibrook, *A Great Undertaking: Mechanization and Social Change in a Late Imperial Chinese Coalmining Community*, p. 1.

② Jeff Hornibrook, "Local Elites and Mechanized Mining in China: The Case of the Wen Lineage in Pingxiang County, Jiangxi", *Modern China*, Vol. 27, No. 2, 2001, p. 203.

③ Marisela Connelly, "The Ping Liu Li Uprising", in David N. Lorenzen（ed.）, *Studies on Asia and Africa from Latin America*, Ciudad de Mexico: Colegio de Mexico, 1990, p. 57.

④ Jeff Hornibrook, *A Great Undertaking: Mechanization and Social Change in a Late Imperial Chinese Coalmining Community*, p. 199.

⑤ Elizabeth J. Perry, *Anyuan, Mining China's Revolutionary Tradition*, p. 44.

史意义。裴宜理评价道："了解 1920 年代安源所发生的一切及其之后的变迁，便可以把握中国革命基本走向的一大部分。"[①]

（一）**此次运动为中国早期的共产主义革命提供了典范。**在中国第一次工人运动高潮中，安源工人大罢工取得完全胜利，成为"中国劳动运动中绝无而仅有的事"[②]。1926 年 1 月，全国职工运动讨论会决案指出，安源矿工俱乐部是"矿工之模范"[③]。因此，威尔斯称当时中国工人运动"最活跃的中心是湘赣边界的安源煤矿"[④]，她积极评价说："1922 年突然崛起的工人运动让人震惊"，"这阶段的工人运动取得了许多成绩，如组织工人斗争，建立工会，提高工人阶级政治水平。"[⑤]二七惨案后，安源工人俱乐部在革命低潮中"硕果仅存"。包华德（Howard L. Boorman）清晰地看到，尽管这一时期的"劳工运动整体受到压迫，但共产党领导的安源组织却持续迅猛发展"[⑥]。1925年五卅运动后，中国的工人运动被反动派疯狂镇压，同年 9 月，安源路矿工人俱乐部被强行解散。事实上，在俱乐部被武装封闭前，安源是中国共产党早期通过和平斗争取得革命胜利的光辉典范，这里"着重提供教育、发展组织，使成千上万的工人、农民及其家庭获得尊严的安源经验表明还有另外一种革命传统值得我们去认识"[⑦]。可以说，研究安源"有助于洞察中国革命者从其发展最早期开始的

---

① Elizabeth J. Perry, *Anyuan, Mining China's Revolutionary Tradition*, p. 7.

② 中共萍乡市委编：《安源路矿工人运动》上册，中共党史出版社 1991 年版，第 129 页。

③ 中央档案馆编：《中共中央文件选集》第二册，中共中央党校出版社 1989 年版，第 22 页。

④ Nym Wales，*The Chinese Labor Movement*, p. 40.

⑤ Ibid., p.39.

⑥ Howard L. Boorman, "Liu Shao-ch'i: A Political Profile", *The China Quarterly*, No. 10, 1962, p. 5.

⑦ Elizabeth J. Perry, "Reclaiming the Chinese Revolution", *The Journal of Asian Studies*, Vol. 67, No. 4, 2008, p.1158.

行动方式和吸引力所在"①。历史也充分证明，"安源（工运）经验在此后中国共产主义发展的重心从工人转向农民和军队的过程中，发挥了重要作用"②。

（二）留下底层群众追求尊严的革命遗产。"从前是牛马，现在要做人"是安源工人的斗争口号和目标，欧美学者把这种革命意义概括为对一种人权尊严的追求。澳大利亚中国学专家费约翰（John Fitzgerald）认为，尊严和认同是政治行动的驱动力，对尊严的要求是 20 世纪中国的政治话语核心③。同样，美国学者史蒂夫·史密斯（Steve Smith）突出强调人的尊严在工人阶级斗争与民族主义之中的重要性。他指出："国家认同与（工人）阶级认同之间形成的话语联系，主要是围绕人道待遇的问题。工人拒绝被当作牛马来对待，这是出于一种新的且无比强烈的尊严感。"④裴宜理认为，"从前是牛马，现在要做人"的斗争口号，就是"将罢工要求表达成一种渴求做人尊严的自卫性呼声，这是一种团结策略，既安抚了地方精英，又对于苦难深重的煤矿工人有强大的号召力"⑤。在这种口号的鼓舞下，安源工人斗争取得完全胜利，路矿当局基本答应了工人提出的全部条件。谢诺认为："工人的斗争改变了劳资关系，使管理者逐渐认识到，工人不再是为了保住饭碗接受任何待遇条件的无名群众，他们要寻求更好生活的权利……已经获得的成功足够使工人认识到他们的权利和潜能。"⑥裴宜理指出："从大量的一手资料中可以清晰看出，在北伐战争之前，数千饱受欺压的煤矿工人在安源的生活可以说是一

---

① Elizabeth J. Perry, *Anyuan, Mining China's Revolutionary Tradition*, p. 7.

② Ibid., p. 7.

③ Sechin Y. S. Chien, John Fitzgerald, "The Dignity of Nations: Equality, Competition, and Honor in East Asian Nationalism", *Pacific Affairs*, Vol. 82, No. 1, 2009, pp. 116–118.

④ S. A. Smith, *Like Cattle and Horses: Nationalism and Labor in Shanghai, 1895-1927*, Durham, NC: Duke University Press, 2002, p. 268.

⑤ Elizabeth J. Perry, *Anyuan, Mining China's Revolutionary Tradition*, p. 11.

⑥ Jean Chesneaux, *The Chinese Labor Movement, 1919-1927*, p. 384.

种真正解放……安源的革命传统代表了一种努力，即更少地受阶级斗争暴力的驱动，更多的追求人格尊严。"[1] 她写道："致力于把人的尊严带给底层社会的人们，这或许是中国革命和中国崛起的意义，也是普通中国人在其革命传统中最终找到的意义。"[2] 这也是裴宜理理解的安源工运研究的价值之所在，并可以此寻找中国革命成功的密码。

（三）为中国共产党领导的革命集聚了力量。安源除了是共产党人的早期革命实践地，在二七惨案后，安源工会还是除广东省外"唯一公开存在的革命堡垒"[3]。陈潭秋、毛泽民等一大批共产党人来到安源工作，安源成为中共中央保存实力和培养训练干部的基地。1925年九月惨案后，安源工人分散在湘鄂赣粤各地继续开展革命，或坚持工人斗争，或回到农村从事农民运动，或到广东参加革命军。威尔斯认为，"1925年汉冶萍矿的闭歇，为革命军预备了10万个已受李立三的教导的自由无产者。叶挺领导的最早的红军部队，便大多由这些汉冶萍革命者组成"[4]。虽然没有"10万个"之多的数量，但确实是国民革命军的重要来源。在大革命失败后，安源路矿工人参加了毛泽东领导的湘赣边界秋收起义，并向井冈山进军，参与创建井冈山革命根据地的伟大斗争。美国学者罗伊·霍夫恩兹（Roy Hofheinz）认可安源工人是参加秋收起义的部队和红军构成的重要来源，指出"安源矿警队是秋收起义四支武装力量中最好的军事力量"，"这些安源矿工在秋收起义中发挥了关键性的作用"[5]。1930年9

---

[1] Elizabeth J. Perry, "Reclaiming the Chinese Revolution", *The Journal of Asian Studies*, Vol. 67, No. 4, 2008, p. 1158.

[2] 裴宜理：《中国崛起的意义》，载《社会科学报》2013年5月14日。

[3]《中国煤炭志》编纂委员会编：《中国煤炭志（江西卷）》，煤炭工业出版社1997年版，第471页。

[4] 尼姆·威尔斯：《续西行漫记》，陶宜、徐复译，解放军文艺出版社2002年版，第136页。

[5] Roy Hofheinz, "The Autumn Harvest Insurrection", *The China Quarterly*, No. 32, 1967, pp. 72–74.

月，毛泽东、朱德等率红军部队到安源进行休整，期间数千安源工人报名参军，裴宜理总结说："安源是三位中国最具影响的革命先驱的训练场，是大约五千名工人出身的红军战士的来源地。"[1] 可见，安源为中国共产党早期领导的革命集聚了重要力量。

（四）推动了中国早期革命运动模式的转变。从 1921 年秋毛泽东到安源路矿考察工人状况，到 1930 年 9 月毛泽东、朱德到安源扩军筹款组建更强大的红军队伍，安源工人运动在这十年间，经历了从单纯的工人运动，到与农民运动结合，再到工农武装斗争的模式转变。1925 年冬至 1926 年春，数以千计的安源工人深入湘赣边和湖南全省广大农村发动农民革命。1926 年 5 月，安源工运的领导人之一朱少连曾在第三次全国劳动大会上指出："最近湖南各县之农民运动，其主持与帮助者，完全是战败的安源路矿工人。"[2] 与此同时，安源工人还在株萍铁路沿线农村秘密发动农民组织农会、着手建立党团组织。到 1927 年初，萍乡县农民协会和各区、乡农民协会均成立，县农民协会并举办了农民运动讲习班等。1928 年共青团湖南省委给团中央的报告中写道："安源工人在湖南革命斗争中非常重要，不仅在工人阶级本身说，就是许多地方的农民运动也是安源工人做起来的，远的岳北农民暴动，近的农村斗争，最后发展的醴陵与挨近的萍乡，都是很多安源工人在那里的影响。"[3] 美国明尼苏达大学教授安格斯·麦克唐纳（Angus McDonald）看到，这些被工人组织和领导起来的农民，最终成为"一种完全反帝反封建解放中国的军事力量"[4]。

---

[1] Elizabeth J. Perry, *Anyuan, Mining China's Revolutionary Tradition*, p. 11.

[2] 中共萍乡市委编：《安源路矿工人运动》上册，中共党史出版社 1991 年版，第574 页。

[3] 同上书，第 659 页。

[4] Angus McDonald, "The Hunan Peasant Movement", *Modern China*, Vol. 1, No. 2, The Rural Revolution, Part I, 1975, pp. 180–203.

四、结语

近百年来，欧美学者对安源工人运动的研究跨越了劳工史、社会史和经济史等领域，将安源工人运动这个特定主题嵌入整个中国社会的宏观背景之中，从政治学、经济学和社会学角度解读中国近代工人阶级的历史变迁和中国共产党早期的发展壮大。无论在研究方法和视角的选择上，还是在研究主题的广泛性上都显示了较高水准。但我们依然要看到欧美学者研究的不足：其一，他们难以站在阶级分析的视角来评价中国的工人斗争。他们只看到工资低、环境差、"把头"虐待等引起工人起来抗争的表面因素，而没有看到根源在于无产阶级遭受的三重压迫。其二，欧美学者难以摆脱西方式话语和固有价值观的束缚。其三，欧美学者受安源本土文化认识和文献资料掌握的局限，很难从整体性视角对安源工人阶级甚至整个中国工人阶级的近现代历史演变进程作出比较宏观、确切的解读。因此，对其研究进行甄别与反思是深化安源工运史和中国工运史研究应迈出的重要一步。

（作者单位：江西师范大学马克思主义学院、江西省社会科学院
历史研究所，江西师范大学马克思主义学院）

国外关于中国红军长征的研究：进路与前瞻

韩洪泉

1934 年 10 月至 1936 年 10 月，中国共产党领导中国工农红军成功进行了战略转移，这就是举世闻名的长征。长征对中国革命的进程和走向产生了深远的影响，在百年党史中居于重要的地位。从长征开始至今，几十年来它始终是国外中共党史研究的重要对象。纵观 80 多年来的国外长征研究，既有对长征历史的宏观把握，也有对长征细节的微观考察，又有对从长征到新长征的整体分析，展现了对长征研究的多维视野，也从一个侧面反映出长征这一"地球的红飘带"所承载的独特政治价值、磅礴的精神力量和厚重的文化意蕴。红军的长征发生在中国，长征的精神既属于中国也属于世界。长征是一个需要讲好也一定能讲好的中国故事。

一、整体认知与专题研究

国外对红军长征的关注和报道，自长征期间就已开始。1936 年 8 月，瑞士籍英国传教士薄复礼（Rudolf Alfred Bosshardt）的回忆录《神灵之手》（ *The Restraining Hand: Captivity for Christ in China* ）

由英国伦敦哈德尔—斯托顿公司（Hodder and Stoughton）出版发行，这是西方最早介绍红军长征的著作。同年夏，美国记者埃德加·斯诺（Edgar Snow）进入陕北采访，并于 1937 年 10 月在英国伦敦戈兰茨公司（Gollancz）正式出版《红星照耀中国》（*Red Star Over China*，即《西行漫记》）。这本书成为在世界上传播长征故事的第一个重要里程碑，并在其后几十年的时间里影响了几代人对长征的基本认知。80 多年来，国外关于中国红军长征的研究一直没有停止，呈现出显著的阶段性特征，尤其是近年来在研究的领域和方法上均有所拓展，世界各国民众对中国红军长征的了解和认识也在不断深化。

（一）关于中国红军长征的总体认知

长征是中国共产党领导工农红军进行的一次战略性大转移，历时两年之久，行程数万华里，跨越十几个省。其场景波澜壮阔，过程艰难曲折。国外的报道和研究对长征的总体情况多有全景式描绘，并对其性质、主题、历程等进行了揭橥阐发。

英国学者迪克·威尔逊（Dick Wilson）的《1935 年长征：中国共产主义生存斗争的史诗》（*The Long March, 1935: The Epic of Chinese Communism's Survival*）于 1972 年出版，是迄今所见第一部全面研究长征历史的英文专著。作者从历史性、传奇性、象征性三个方面对红军长征进行了百科全书式的解读与介绍，不断强化长征是"生存的史诗"这一主题。作者认为，长征无疑是极端艰苦的，但"长征的艰苦，锻炼出了人们的纪律性和献身精神，身居领袖地位的毛泽东，遂能将共产主义运动变成前进的动力，14 年以后就取得了全国胜利，把国民党赶下大海"①。

① Dick Wilson, *The Long March, 1935: The Epic of Chinese Communism's Survival*, New York:Viking Press, 1972, p. 72.

美国学者费正清（John King Fairbank）从美中关系的视角对长征历史进行了考察。在其代表作《美国与中国》（*The United States and China*）中，他以简练的语言对长征进行了素描："长征就是这么一回事——在不断遭受阻击的情况下，为时整整两年之久，行程达6600英里的一次撤退。"①

美国作家琼·弗里茨（Jean Fritz）于1988年出版《中国的长征，6000英里险途》（*China's Long March: 6000 Miles of Danger*）一书。在她看来，中国共产党领导的长征"是人类历史上极其激动人心的一幕活剧"。该书出版后，《纽约时报》发表评论文章指出："当此中国及其亿万人民在世界舞台上的表现日益凸显之时，长征的历史是每一个美国人都应该了解并加以思考的。长征是另一时空下，由另一些人在不同的旗帜下完成的类似于我们美国革命的史诗。"②

美国时代生活出版公司曾评选公元1000年到2000年间对全人类最具影响力的100件大事，中国红军长征名列其中。他们如此介绍长征："1934年，毛泽东带领10万名战士逃避着国民党在中国南部的势力，向北方进发。在12个月里，他们越过了18座山脉，越过了24条河流，把这次长达6000英里的艰难跋涉变成了有史以来最长的政治讲习班。当毛泽东到达陕西的时候，他的部队只剩下了8000人，但是对这些活下来的人来说，长征是光荣的象征。毛泽东震撼了亚洲和拉丁美洲，他使数以百万计的人们看到农民推翻了几百年来的帝国主义统治。"③2016年，亨利·弗里曼（Henry Freeman）所著《50件大事里的中国历史》（*The History of China in 50 Events*），从中国12万年前出现早期人类到2008年举办奥运会的历史中选取

---

① 费正清：《美国与中国》，张理京译，世界知识出版社1999年版，第269—270页。
② 李志明：《向美国孩子讲述长征》，载《人民日报》2006年10月17日。
③ 时代生活出版公司编：《人类1000年》，21世纪杂志社译，上海三联书店1999年版，第86页。

了 50 件大事，其中新民主主义革命时期的第一件大事就是长征①。这
两个案例，充分反映出国外学界对中国红军长征的历史过程和历史
地位的基本认知。

（二）关于遵义会议的学术争鸣与具体研究

国外关于长征重要事件的研究中，遵义会议的关注度一直比
较高。美国学者杨炳章（Benjamin Yang）和加拿大学者陈志让
（Jerome Chen）曾以《中国季刊》（China Quarterly）为阵地，围绕
遵义会议的若干史实问题展开"回合式"学术论争②。美国著名作家
和记者哈里森·索尔兹伯里（Harrison E. Salisbury）在其名著《长
征：前所未闻的故事》（The Long March：The Untold Story）中指出：
"这次变动不仅仅发生在指挥层里、在长征方向上，也对整个中国共
产主义革命运动产生了重要影响。很多人后来称此次会议为整个中
国革命中意义最重大的事件。"③如果说长征影响了中国的走向，那么
遵义会议无疑影响了长征的进程，这是国外长征研究者的一致见解。

近年来，国外关于遵义会议的评价更多地关注到其在中国革命
道路探索中的转折意义，并与中共十一届三中全会进行比较分析，
探究其背后的深层因素。在回顾中国共产党百年奋斗历程的一篇文
章中，秘鲁共产党（红色祖国）主席阿尔贝托·莫雷诺·罗哈斯
（Alberto Moreno Rojas）指出，1935 年的遵义会议是一次挽救中国

---

① Henry Freeman, *The History of China in 50 Events,* London: Create Space Independent Publishing, 2016, p. 42.

② Jerome Chen, "Reflections on the Long March", *The China Quarterly,* Vol. 111, 1987, pp. 450–465; Benjamin Yang, "Reflections on the Long March–Reply", *The China Quarterly*, Vol. 111, 1987, pp. 466–468.

③ 哈里森·索尔兹伯里:《长征：前所未闻的故事》，朱晓宇译，北京联合出版公司 2015 年版，第 140 页。

革命的战略转折点，体现了中国共产党独立自主地运用马克思列宁主义基本原理制定自己的路线、方针、政策的能力。1978 年 12 月召开的中共十一届三中全会具有和遵义会议同等的历史重要性。在这两次改变中国共产党命运的重要会议以及其他历史事件中，起主导作用的始终是中国共产党的卓越领导和战略远见。唯有如此，一个政党才能掌握本国现实情况，及时纠正错误并调整路线，团结一心，重新获得主动权，对历史路线进行修正①。

土耳其学者杰姆·克泽尔切克（Cem Kizilcec）认为，中国共产党从幼稚到成熟，经历了艰难曲折的发展历程。在这一历程中，中国共产党付出了艰苦卓绝的努力。作者认为，在长征途中召开的遵义会议，确立了毛泽东对全党的正确领导，结束了错误路线在党内的统治。经过遵义会议的转折，中国共产党和军队的建设有了更健康的发展，中国革命的道路问题、建立抗日民族统一战线的问题得到了逐步解决。随着整风运动完成和中共七大召开，毛泽东思想被确立为党的指导思想，中国共产党的发展达到了一个新的顶峰②。

（三）关于长征中的重要人物和重要群体

中国共产党及其率领的红军将士是长征这一历史事件的主体，也是国外关于中国红军长征研究关注的对象。对长征人物的研究中，关于毛泽东的研究成果无疑是最多的，这同他在长征时期以及之后中国历史上的地位和作用密不可分。此外，国外学界关于周恩来、

① 阿尔贝托·莫雷诺·罗哈斯：《百年征程，百年荣光——中国共产党为社会主义奋斗的光荣之路》，楼宇译，载《共同见证百年大党：百位国外共产党人的述说》，当代中国出版社 2021 年版，第 838 页。
② 杰姆·克泽尔切克：《中国共产党为世界社会主义作出了巨大贡献》，李淑清译，载《共同见证百年大党：百位国外共产党人的述说》，当代中国出版社 2021 年版，第 887 页。

朱德、张闻天、王稼祥等其他重要领导人和红军将领的研究都有所涉及，近年来关于一些重要群体如长征女红军的研究也取得了新的进展。

在关于毛泽东的研究上，埃德加·斯诺的《红星照耀中国》对毛泽东着墨最多，并分别用专章进行了叙述，即第四章《一个共产党员的由来》（毛泽东自述）和第五章《长征》，而这两章可以说是书中最重要也是最精彩的篇章。英国作家韩素音（Han Suyin）的《早晨的洪流——毛泽东与中国革命》①、美国学者 I. G. 埃德蒙兹（I. G. Edmonds）的《毛泽东的长征：人类大无畏精神的史诗》② 等著作，都对毛泽东在长征中的作用给予高度评价。国外学者一般认为，虽然遵义会议后毛泽东并未担任最高领导职务，但其思想和权威已远远超出其职务。如美国学者罗斯·特里尔（Ross Terrill）认为，在遵义会议后"毛泽东的胜利是进入了政治局。他处理军务，是位于周恩来之后的第二号人物"。在他看来，毛泽东不仅为中国共产党提出了"北进"的战略，而且将党"从宗派主义的牢笼中解放出来，将他们塑造成压根就不知道马克思主义为何物的千百万中国人眼中的爱国者"，而这都成为长征胜利的重要因素 ③。杨炳章的《从革命到政治：长征路上的中国共产党人》（From Revolution to Politics: Chinese Communists on the Long March）是国外迄今所见第一部严谨的、全面研究中国红军长征的学术专著，填补了长征研究领域的空白。作者运用政治学的方法，构建了一套独特的研究体系和模式，即用"革命理想主义"和"政治现实主义"等学术概念来解释中国共产党

---

① Han Suyin, *The Morning Deluge: Mao Tsetung and the Chinese Revolution, 1893-1954*, London: Little & Brown, 1972.

② I. G. Edmonds, *Mao's Long March: An Epic of Human Courage*, New York: Macrae Smith Co., 1973.

③ 罗斯·特里尔：《毛泽东传》，胡为雄、郑玉臣译，中国人民大学出版社 2006 年版，第 150、164 页。

在地域和战略上的关键性转变①。这本书很快被公认为国外研究中国红军长征和毛泽东的权威著作，2006 年以《从革命到政治：长征与毛泽东的崛起》为题出版了中文版。

此外，国外学者也关注了中国红军长征中的其他领导人。费正清对长征中周恩来所起的作用给予很高评价。他认为正是在长征中，毛泽东"找到了他的一个最亲密的同事，后来做总理的周恩来。这是一个有伟大才能的神奇的人物"；"周的国际经验和他对待各种不同类型人物的圆满态度成为中共成功的一个要素。如果没有他，毛泽东不可能崛起"；"经受了长征考验的领导班子的确是紧密团结的。除了有共同的信仰和意识形态，并接受党的纪律作为他们工作的基础之外，他们是一个长期志同道合的集体"②。在美国著名作家艾格妮丝·史沫特莱（Agnes Smedley）的《伟大的道路——朱德的生平和时代》一书中，她以 4 章篇幅对朱德在长征中的经历和作用进行了叙述。她指出，中央红军的长征里程约为两万五千里，但朱德走得还要远。中共中央和中央红军主力先行北上后，"朱将军和他的部队还在康藏边界地区多住了一年，一直到离开江西两年之后，才到达陕北"③。德国学者托马斯·卡朋（Thomas Kampen）对长征时期的王稼祥给予了关注，认为他对这一时期毛泽东在中共党内的崛起和毛泽东思想的胜利作出了巨大贡献，特别是在长征途中促成遵义会议的召开和毛泽东进入军事领导层，奠定了毛泽东后来成为党的政治领袖的基础④。

---

① Benjamin Yang, *From Revolution to Politics: Chinese Communists on the Long March*, Boulder: Westview Press, 1990, pp. 1–10.
② 费正清：《美国与中国》，张理京译，世界知识出版社 1999 年版，第 283—385 页。
③ 艾格妮丝·史沫特莱：《伟大的道路——朱德的生平和时代》，梅念译，生活·读书·新知三联书店 1979 年版，第 351 页。
④ Thomas Kampen, "The Zun Yi Conference and Further Steps in Mao's Rise to Power", *The China Quarterly*, 1998, Vol. 153, pp. 118–134.

　　关于中国红军长征中重要群体的研究中，以针对女红军的研究颇为出彩。埃德加·斯诺的《红星照耀中国》、哈里森·索尔兹伯里的《长征：前所未闻的故事》以及其他关于长征的著述，都对长征中的女红军有精彩的描写（比如《长征：前所未闻的故事》的第八章就是"妇女"）。近年来，关于这一群体的研究日渐成为一个热点问题，杨·海伦（Helen Praeger Young）的《选择革命：中国长征中的女战士》（*Choosing Revolution: Chinese Women Soldiers on the Long March*）就是其中的代表性成果。在这部历时 16 年完成的著作中，作者通过梳理 22 位参加过长征的红军女战士的口述历史，揭示了中国妇女在长征中的独特经历。作者通过采访认识到，这些女战士当时并没有把参加长征看作是一件意义非凡的事件，而仅仅视为她们人生中一段难忘的经历，经过长达一年的艰苦行军她们完成上级指定的任务。她们经历了千辛万苦，那是最艰难的一年，但是也许仅是漫长的艰辛岁月中的一年而已。她们给已经成为神话的长征增添了更多人性的色彩。由于选择了革命，时刻与红军和党在一起，这些女战士的生活不可避免地发生了改变，成为中国现代历史上最具有传奇色彩的长征亲历者①。直到 2016 年，年过八旬的海伦还回忆道，红军女战士在讲述自己这些艰难经历时那种朴素、平实的心态深深打动了她，她们的成长历程给人留下了深刻的印象。这本书中的故事，在美国的大学和高中课堂里被广泛引用②。

（四）关于长征精神的特殊蕴含与普遍意义

　　中国共产党在领导红军进行长征的过程中，体现和熔铸了伟大

---

① Helen Praeger Young, *Choosing Revolution: Chinese Women Soldiers on the Long March*, Illinois: University of Illinois Press, 2001.
② 马丹：《长征女战士的淡然让人感叹——专访美国学者杨·海伦》，载《参考消息》2016 年 10 月 17 日。

的长征精神。这种精神的力量是完成长征的重要因素，也是中国共产党和中国人民的宝贵精神财富。迪克·威尔逊指出，长征集中体现出一种新的精神，共产党已将这种精神融入当代中国人民的生活中，并且希望世世代代传承下去。这支军队在长征中通过集体和个人所表现出的真正大无畏精神，值得人们长期关注。他认为长征精神不仅属于中国，也属于世界，"长征已经在各大洲成为一种象征，人类只要有决心和毅力就能达到自己的目的"①。

哈里森·索尔兹伯里曾借斯诺的话表达对长征及长征精神的理解："它将成为人类坚定无畏的丰碑，永远流传于世。阅读长征的故事将使人们再次认识到，人类的精神一旦唤起，其威力是无穷无尽的。"②

2005年至2006年，中国的电视连续剧《长征》在韩国连续播放3次，创下了纪录，也在韩国引发了一股"长征热"。韩国联合通讯社和《汉城新闻》《文化日报》《韩国日报》等30多家媒体对长征进行了比较全面而密集的报道，认为长征是中国共产党创造的神话，不理解长征精神，就不能理解中国。在这些媒体看来，中国红军长征是了解中国的一个窗口，通过这个窗口可以了解到中国共产党带领中国人民依靠长征中塑造的精神力量实现中国今天的发展成就③。

在俄国学者尤里·塔夫罗夫斯基（Юрий Тавровский）看来，长征精神揭示了"中国版本的钢铁是怎样炼成的"。这就是说，长征是一座大熔炉，它铸造了中国共产党排除万难争取胜利的坚定不移的意志，使中国革命的航船能够历经艰难困苦而始终不渝地朝着自己的战略目标前进。他认为，所谓长征精神，就是爱国主义、对正

---

① Dick Wilson, *The Long March, 1935 : The Epic of Chinese Communism's Survival*, New York: Viking Press, 1972.
② 哈里森·索尔兹伯里：《长征：前所未闻的故事》，过家鼎、程镇球、张援远译，解放军出版社2008年版，第3页。
③ 闻哲：《长征精神 同样属于世界》，载《人民日报》（海外版）2006年10月23日。

义的信仰、自我牺牲和锐意进取的精神。这位俄国学者谈道："高举长征旗帜并且代代相传，是一件具有极其重要战略意义的事情。"①

二、宏观考察与多维解读

作为一次战略大转移的红军长征在 1936 年 10 月已经宣告胜利结束，但中国共产党人的长征仍然在路上。在长征之前，中国共产党已经走过了 13 年的历史，有过辉煌的发展，也有过严重的挫折；从长征出发，中国共产党又经过了 13 年的奋斗，领导中国革命取得胜利，并建立了中华人民共和国。国外关于中国红军长征的研究中，许多学者从中国革命史视野对长征进行宏观考察，借以评估其深远影响和重大意义。此外，研究者还对红军长征与古今中外其他"长征"进行比较，对近年来中国的长征纪念活动进行了解读，对百年党史中长征的定位和长征事业的传承发展进行了考量。凡此种种，体现了长征研究的宏阔历史视野，对在更高层次和更广维度上把握和认识长征大有裨益。

（一）古今中外长征的比较

无论在中国还是在国外，远征故事史不绝书，"长征"（Long March）也是一个古已有之的词汇。"长征"概念多用于军事领域，一般指远距离（有时也是长时间）的行军作战，有时也引申指代其他领域的长途转移行动。以此标准衡量，中国历史和世界历史上的"长征"故事数不胜数，而红军长征只是其中一例，但又是极具

---

① 魏良磊：《"中国的钢铁就是这样炼成的"——俄知名中国问题专家谈长征》，载《参考消息》2016 年 10 月 19 日。

代表性的一例。从埃德加·斯诺的《红星照耀中国》开始，世界上关于红军长征的报道和研究中，都会有意识地将红军的长征与世界历史上其他长征行动进行比较，这种比较的结果，一般都会得出结论——红军长征是人类历史上一次无与伦比的壮举。

埃德加·斯诺认为长征是世界军事史上最伟大的奇迹之一，他在其著作中作过多次评价："在亚洲，只有蒙古人曾经超过它，而在过去三个世纪中从来没有发生过类似的举国武装大迁移，也许除了惊人的土尔扈特部的迁徙以外"；与红军长征相比，汉尼拔率军翻越阿尔卑斯山的远征，"看上去像一场假日远足"；拿破仑从莫斯科的撤退也可与之比较，但拿破仑的大军"已完全溃不成军，军心涣散"①。在哈里森·索尔兹伯里看来，"长征可能有一点类似犹太人出埃及，有一点类似汉尼拔翻越阿尔卑斯山，有一点类似拿破仑进军莫斯科，我也惊讶地发现它身上还有美国马车大队穿越群山和草原征服西部的影子"，但是"没有任何比拟能恰如其分地形容长征"，"长征举世无双"②。2016 年长征胜利 80 周年之际，俄国学者尤里·塔夫罗夫斯基在受访时指出，在俄语中，长征已经与长城、丝绸之路、大运河等一样，成为中国的象征。长征走过了二万五千里路，历经了整整两年时间，其间还要不间断地与拥有优势兵力的敌人作战，这是人类精神的壮举，英雄主义的集中呈现，是对自身事业正义性的坚不可摧的信仰③。

在古今中外的远征行动中，红军长征就时间来说并不是最长的，也很难说是距离最远的，就战绩来说当然更称不上是最辉煌的。国

---

① 埃德加·斯诺:《西行漫记》，董乐山译，生活·读书·新知三联书店 1979 年版，第 180 页。
② 哈里森·索尔兹伯里:《长征:前所未闻的故事》，朱晓宇译，北京联合出版公司 2015 年版，第 5 页。
③ 魏良磊:《"中国的钢铁就是这样炼成的"——俄知名中国问题专家谈长征》，载《参考消息》2016 年 10 月 19 日。

外关于长征的比较分析一般认为，红军长征确实是世界军事史上的一大奇迹，"无与伦比"，"举世无双"，这主要体现在其正义性质、英雄壮举、伟大精神和深远影响上，这是其他"长征"所不能比拟的。中国共产党领导的红军长征，汇集了人类长征故事的精粹，彰显了人类长征精神的崇高，升华了人类长征文化的意蕴，从而跨越时空、跨越民族，成为人类长征以及有着长征共性特征的奋斗目标及过程的代名词和标志符号。

（二）中国革命史视野中长征的影响和意义

在中国革命史上，长征的时间跨度并不算长，总共不过两年时间，国外学界主要关注的中央红军长征则只有一年时间，但长征的影响却是重大而深远的，这是世界上长征研究者的共识，而且这一点随着时间的向后延伸而更加得到印证。有西方学者指出，长征的胜利使中国共产党"从走投无路的撤退，变成走向胜利的序幕"，成为其历史上最壮丽的一页；"如果没有长征，中国今天就不是共产党的天下"[1]。在有的学者看来，"长征简直是将革命划分为'公元前'和'公元后'的一条分界线。其后发生的一切事情，都要从这个举世无双的奇迹说起"[2]。正因如此，许多西方学者从中国革命史的视野对长征的影响和意义进行了考察。

一种观点认为，长征保存了中国革命的骨干力量。从现实主义的角度考察，长征作为一次战略转移的一个成功之处，就在于它保存了中国革命的骨干力量，这成为以后革命胜利的重要条件。2016

---

[1] I. G. Edmonds, *Mao's Long March: An Epic of Human Courage*, Philadelphia: Macrae Smith Company, 1973, p. 4.

[2] William Morwood, *Duel for the Middle Kingdom: The Struggle between Chiang Kai-shek and Mao Tse-tung for Control of China*, New York: Everest House, 1980, p. 154.

年，英国牛津大学教授拉纳·米特（Rana Mitter）坦率地指出：长征保存了中国共产党的实力，带来了日后的胜利。对于中共而言，长征的意义在于此。对于中国历史而言，如果中共在 20 世纪 30 年代被消灭，那么中国历史的一部分将会改变，在这种假设的情况下中国与日本开战，可能抵抗日军的力量会有不同，但因为中国共产党通过长征保留了自身作为独立的力量存在，这让他们在日后可以掌权，并导致 20 世纪中期中国历史发生了决定性的改变[①]。意大利学者、欧洲左翼党副主席保罗·费雷罗（Paolo Ferrero）也认为，中国共产党在领导革命斗争中成功保存军事力量具有重大意义，长征则是中共领导人民军队生存和发展的不可磨灭的见证[②]。

另一种观点认为，长征揭开了中国革命的历史新篇。中国共产党在一百年的奋斗历程中，不止一次面临困境、遭遇挫折。长征前反"围剿"的失败无疑是新民主主义革命时期中国共产党遭受的最重大的挫折之一，但长征的胜利使这一次挫折成为从失败走向胜利的转折。2021 年中国共产党建党百年之际，许多国外人士都从中国革命史长时段发展的视角评价了长征胜利的意义。比如葡萄牙学者塞尔吉奥·迪亚斯·布兰科（Sérgio Dias Branco）指出，在长征中，从中国的南方到北方，在国民党的"围剿"与极其恶劣的条件下，工农红军艰难跋涉了二万五千里，显示了中国革命者的坚定决心。之后，中共在陕西延安建立了革命根据地，在第二次世界大战的背景下，中国进行了抗日战争，收复了全部领土，但是冲突与分裂在中国大陆上仍然持续存在，直到新民主主义革命胜利、中华人民共

---

① 桂涛：《长征导致中国历史决定性改变——专访牛津大学教授拉纳·米特》，载《参考消息》2016 年 10 月 19 日。
② 保罗·费雷罗：《推动人类命运共同体建设是中国共产党的新历史使命》，李凯旋译，载《共同见证百年大党：百位国外共产党人的述说》，当代中国出版社 2021 年版，第 280 页。

和国成立[①]。

还有一种观点认为，长征积淀了中国革命的政治资源。美国学者莫里斯·迈斯纳（Maurice Meisner）在其著作《毛泽东的中国及后毛泽东的中国：人民共和国史》（*Mao's China and After: A History of the Peoples Republic*）中指出，从政治角度考察，正是在长征中，毛泽东重新获得党和军队的领导权，把革命队伍带到了一个相对安全的地区，他们在那里可以实现其抗日誓言，从而激起中国人民的民族感情，以达到爱国和革命的双重目的。另外，长征的心理影响也是无形的。在中国共产主义运动的历史上，再没有哪一件事像红军长征及长征中的传奇事迹那样，能给予人们以极为重要的希望和信心[②]。旅英华裔学者孙书云在 2006 年长征胜利 70 周年之际重走了长征路，并在其著作中回顾了红军长征的若干史实。她认为长征是一次伤亡惨重但意义非凡的漫长行军，对于毛泽东和中国革命而言，更是一次重大的宣传胜利。她在书中用"建国传奇"来定位长征在中国革命史上的特殊意义："每个国家都有其建国传奇。对现代中国而言，这便是长征。"[③]

（三）对长征纪念活动的解读

长征是中国共产党和中国人民的宝贵遗产，因此在长征结束后关于它的纪念活动具有特殊的政治文化意蕴。对此，迪克·威尔逊指

[①] 塞尔吉奥·迪亚斯·布兰科:《这么远，这么近——葡萄牙共产党和中国共产党的深厚友谊》，薛晓涵译，载《共同见证百年大党：百位国外共产党人的述说》，当代中国出版社 2021 年版，第 535 页。

[②] 莫里斯·迈斯纳:《毛泽东的中国及后毛泽东的中国：人民共和国史》，杜蒲、李玉玲译，四川人民出版社 1992 年版。

[③] Sun Shuyun, *The Long March: The True History of Communist China's Founding Myth,* New York: Doubleday Books, 2006, p. 1.

出：长征是中国人民的重要精神财富，人们对长征满怀民族自豪感，并用以提高千百万青年人的觉悟①。

对中国近年来隆重的长征纪念活动，国外媒体给予了高度关注，并从多个角度进行解读。2016 年是长征胜利 80 周年，国外对中国的一系列纪念活动特别是习近平主席在纪念大会上的重要讲话，都进行了跟踪报道和解读。如美国《纽约时报》等媒体对中国学生"开学第一课"《先辈的旗帜》电视节目观看情况进行了报道，认为该节目旨在赞扬中国红军长征精神。他们认为中国共产党希望学生们学习个人和部队牺牲的故事，强调斗争和爱国主义是推动国家进步的方式②。2019 年 5 月，习近平在江西考察期间，在赣州市于都县中央红军长征出发纪念碑前敬献花篮并参观纪念馆，外媒对此进行了重点报道，指出这宣示了中国在当前形势下不惧风险挑战、走好新长征路的决心③。

拉纳·米特（Rana Mitter）认为，应当从红军长征和新长征的对比中理解长征纪念的价值。今天的中国和长征发生时的中国已经很不相同了，现在中国处于和平之中，不再有内战，中国的经济总量也比当年大得多，现在中国是个消费社会。某种意义上说，这是一次大转型。米特指出，中共不断讲长征，其中一个原因是担心人们忘记中国取得今天成就的历史背景。如果不反复强调长征，人们可能看不出 20 世纪 30 年代发生的那些事和今天的联系。同那时的中国相比，现在城市化速度仍然很快，中国已经是全球经济强国之一，也在很大程度上融入了国际社会，80 年前的人们无法想象到今

---

① Dick Wilson, *The Long March, 1935 : The Epic of Chinese Communism's Survival*, New York: Viking Press, 1972, p. 2.
② 《美媒关注中国开学日：2 亿儿童重温"长征精神"》，参考消息网 2016 年 9 月 5 日：http://m.ckxx.net/p/45597.html。
③ 《外媒：中国沉着应对走好新长征路 不惧风险挑战》，参考消息网 2019 年 5 月 24 日：http://www.ckxx.net/p/166290.html。

天的情况①。

尤里·塔夫罗夫斯基认为，在今天纪念长征更需要弘扬长征精神。没有长征的旗帜，中国共产党将沦为泛泛之众，失去灵魂，迷失方向。当今世界形势复杂，中国和平发展之路面临各种挑战，没有爱国主义传统和奋斗牺牲的精神，中国将难以应对新的挑战。在今天的世界，任何人都不要再幻想中国会向任何威胁中国合法权益的霸权屈服②。

（四）从百年党史看长征的定位及长征事业的赓续

2021 年是中国共产党成立 100 周年，世界上许多政治家和学者对中共党史的解读，都关注到了长征在百年党史中的特殊定位，并对长征事业赓续的历史连贯性、内在一致性、现实紧迫性等问题进行了阐发，进一步拓展了观察长征的视野和深度。

保加利亚共产党人党中央委员会书记敏乔·敏切夫（Mincho Minchev）将一百年来中共的发展分为八个关键阶段，并专门对第二阶段（1927—1937）的长征展开论述，对在第八阶段（2012 年至今）新长征路上中国共产党面临的问题、挑战和前景进行了分析。他指出："中国共产党尽管会遇到困难、会犯错误、党内会有矛盾，但是，中国共产党人始终遵循一条清晰的路线前行，从不退缩。我们相信，他们现在不会退缩，将来也不会退缩。这条路线就是为了捍卫中国劳动人民和国家利益而不断奋斗。"③

---

① 桂涛：《长征导致中国历史决定性改变——专访牛津大学教授拉纳·米特》，载《参考消息》2016 年 10 月 19 日。

② 魏良磊：《"中国的钢铁就是这样炼成的"——俄知名中国问题专家谈长征》，载《参考消息》2016 年 10 月 19 日。

③ 敏乔·敏切夫：《中国共产党是中华民族和国际共产主义运动的中流砥柱》，李丽娜译，载《共同见证百年大党：百位国外共产党人的述说》，当代中国出版社 2021 年版，第 256—268 页。

意大利 21 世纪马克思政治文化协会创始成员弗斯科·贾尼尼（Fosco Giannini）指出，"毛泽东领导的长征、抗日战争的胜利以及 1949 年中华人民共和国的成立，都是中国共产党在不同阶段所取得的反对帝国主义和殖民主义势力，以及社会主义革命和民族独立的胜利标志"。他进一步写道："从 1921 年中国共产党建党至今，已经过去一百年了。在中国共产党成立一个世纪之后，中国共产党又向世界反帝国主义的人民提供了实现民族独立和经济富强的经验。这些宝贵的经验，来源于 1919 年的五四运动、二万五千里长征、抗击日本侵略、1949 年建立中华人民共和国等中国共产党各阶段的斗争与探索之中，还来源于以邓小平及其继任者江泽民、胡锦涛和习近平等为代表的中国共产党不断推进的社会主义改革开放实践中。"①

阿根廷学者阿蒂利奥·博隆（Atilio Boron）认为，长征是中国共产党的一次洗礼，确立了中共中央的领导地位。在随后的几十年中，中国共产党的主要领导人都是这场艰苦的政治和军事远征的亲历者和幸存者，包括毛泽东，还有周恩来、朱德、彭德怀、刘少奇和邓小平等人。自中国共产党成立以来，在一场又一场伟大的战争中，包括毛泽东领导下的二万五千里长征，中国共产党人都在不停地奋斗，以实现社会公平和民主。邓小平亦是如此，他在秉持社会公平和民主的同时，重新改造了中国的经济和社会。综观全球的政治组织，没有哪个组织能像中国共产党这样，仅仅用了一个世纪的时间，就让中国这样一个泱泱大国发生了如此深刻的变化②。

---

① 弗斯科·贾尼尼：《中国特色社会主义为世界社会主义理论与运动作出了巨大贡献》，李凯旋译，载《共同见证百年大党：百位国外共产党人的述说》，当代中国出版社 2021 年版，第 309—314 页。

② 阿蒂利奥·博隆：《漫漫百年征程，铸就辉煌历史——写在中国共产党建党百年之际》，楼宇译，载《共同见证百年大党：百位国外共产党人的述说》，当代中国出版社 2021 年版，第 730—737 页。

三、讲好长征故事永远在路上

长征既是中国的，又是世界的。在中国以至世界范围内，长征既是过去时，又是进行时。80 多年来，世界范围内关于中国红军长征的报道和研究层出不穷，慕名到中国来寻访长征路的人络绎不绝。正如习近平所说的那样，国际社会越来越多的人认为，红军长征是 20 世纪最能影响世界前途的重要事件之一，是充满理想和献身精神、用意志和勇气谱写的人类史诗。长征迸发出的激荡人心的强大力量，跨越时空，跨越民族，是人类为追求真理和光明而不懈努力的伟大史诗。

长征已经成为中国的一个政治文化符号。改革开放以来，"新长征"成为中国共产党领导中国人民进行社会主义现代化建设的代名词。进入新时代，习近平指出，我们这一代人的长征，就是要实现"两个一百年"奋斗目标、实现中华民族伟大复兴的中国梦。近年来，"新长征"的概念在国外也得到广泛运用并被赋予多维解读。2019 年 5 月 28 日，西班牙学者胡利奥·里奥斯（Julio Rios）发表文章指出，如果说 1934 年到 1936 年的长征是对中国革命生存能力的严峻考验，那么新时代的长征则是对当代中国共产党的严峻考验。中国共产党必须努力奋战以完成中国的现代化[①]。从长征到新长征，是世界观察中国的一扇窗和一条线索。国外对中国红军长征的关注，在很大程度上反映了长征和长征精神的普遍意义，而这一点是可以跨越时间和空间界限的。国外对中国新长征的关注，反映了对中国共产党这个百年大党所取得的辉煌成就和所积累的宝贵经验的认可

---

① 《胡利奥·里奥斯：中国开启现代化建设"新长征"》，参考消息网 2019 年 5 月 30 日：http://column.cankaoxiaoxi.com/g/2019/0530/2381609.shtml。

与赞许。尼泊尔前总理卡德加·普拉萨德·夏尔马·奥利（Khadga Prasad Sharma Oli）指出，中国共产党胜利进行了长征，经过艰苦卓绝的斗争，凭借着强大的、有活力的、有远见和有策略的领导力，最终在 1949 年取得了革命的成功，成立了中华人民共和国。1978 年开始的改革开放，激发了中国人民无穷的创造力和潜能。2013 年，中国提出"一带一路"倡议，为推动国际合作、实现共同发展付出了无与伦比的努力。这些都是中国当代史上具有里程碑意义的事件，它们不仅关系到中国的进步和现代化，也对世界的稳定和繁荣产生了积极影响①。

　　与国内的研究相比，国外长征研究者在研究动机、研究视野、研究方法、研究结论等方面，存在一些不同之处。国外学者善于从中国历史以至世界历史的大视野出发考察和分析问题，善于运用历史学、政治学、文化学、心理学等多学科方法进行深度分析和比较研究，善于运用实地踏访和口述访谈等所得的第一手材料。此外，生动的语言和文学的笔法，往往使其作品具有较强的可读性。斯诺的《红星照耀中国》和索尔兹伯里的《长征：前所未闻的故事》之所以能成为长征文化传播史上的经典之作，与他们在中国深入调研采访、尽可能搜集各种资料时所下的功夫密不可分。当然也要看到，国外长征研究中也不乏失真、失实、失误之处，究其原因，既有部分研究者自身立场、价值判断等方面的影响，也有历史资料局限、认知理解隔膜等方面的因素，从而在一定程度上妨碍了国外某些长征研究和宣传的客观性、公正性和科学性。总体来看，这些问题在近年来已经有了很大改观。国外长征研究对扩大中国共产党在国际上的影响力具有积极推动意义，对深化国内长征研究具有重要借鉴

---

① 卡德加·普拉萨德·夏尔马·奥利：《中国共产党的成立是历史的飞跃》，张莉译，载《共同见证百年大党：百位国外共产党人的述说》，当代中国出版社 2021 年版，第594、599 页。

价值。

对于中国和世界来说，长征都是一场永远在路上的行程。长征是我们的昨天，新长征是我们的今天，关注长征和新长征，也就是在关注我们共同的明天。这或许是长征研究最大的现实意义。

（作者单位：国防大学政治学院）

区域篇

阿拉伯国家

吕可丁

2022 年，阿拉伯地区的中国研究呈现一片繁荣景象：涉足当代中国问题研究领域的机构众多，成果产出增加，议题更加多样化，研究者中不断涌现新生代力量。

国别研究受现实问题影响较大。阿拉伯学界对于当代中国的研究动力同中国发展、中阿互动的深入以及国际形势的变化紧密相关。过去一年里，百年变局叠加世纪疫情，地缘冲突与经济下行交织。美国的战略重心从中东抽离，为遏制综合国力和国际影响力不断提升的中国，不断挑起竞争与摩擦。此外，俄乌冲突成为 2022 年的"黑天鹅"事件，使阿拉伯地区成为大国博弈的中间地带。在此背景下，阿拉伯各国对独立发展、和平与稳定的渴求日益强烈。

中国发展的趋势不可逆转，世界多极化和趋势不可逆转。在此背景下，阿拉伯学者对中国的研究方兴未艾，在延续 2021 年繁荣势头的同时，也凸显了新的特点。本文参考美国宾夕法尼亚大学"智库研究项目"（TTCSP）全球智库报告，选取阿拉伯地区具有代表性的若干智库，对涉及中国的简报、论文进行文本分析，并将此分析与 2022 年阿拉伯地区新出版涉华研究书籍的情况相结合，探讨 2022 年阿拉伯国家的中国研究特点。

一、研究概况

（一）智库研究

1. 沙特阿拉伯

2022 年，沙特阿拉伯智库费萨尔国王学术与伊斯兰研究中心组织了三场涉及中国议题的学术活动。其中一场是 3 月 15 日举办的线上学术研讨会"中国与中东关系"。会议由研究中心亚洲研究部主任穆罕默德·苏德里主持，英国中东问题学者蒂姆·尼布洛克、美国智库大西洋理事会中东问题专家乔纳森·富尔顿、阿尔及利亚社会科学研究院研究员哈娜·卡迪受邀发言。另一场活动是 4 月 6 日举办的线上讲座"处于十字路口的中欧关系：近期发展和前景预测"，由亚洲研究部副研究员穆罕默德·阿尔米赞主持，德国弗莱堡大学学者茱莉亚·古罗尔发言。还有一场是 4 月 25 日举办的线上讲座"中国如何跨越贫困陷阱"，由新加坡裔美国政治学教授洪源远主讲，亚洲研究部研究员法里斯·苏莱曼主持。

此外，费萨尔国王学术与伊斯兰研究中心网站发表了 1 篇关于中国的研究报告《从海湾视角看中国与俄乌冲突》，以及 1 篇学术论文《海湾国家国家资本主义的再思考——来自中国文献的启示》。

2. 阿拉伯联合酋长国

2022 年 12 月 14 日，阿联酋政策研究中心高级研究员、海湾研究中心负责人穆罕默德·巴尔胡马发表了题为《关于维护海湾安全，以及扩大海合会国家与主要经济体关系的必要性》的文章。巴尔胡马指出俄乌冲突背景下海湾国家战略地位的提升，并表达了维护地区和国家安全的紧迫性，以及与包括中国在内的主要经济体大国扩展合作的期望。

与费萨尔国王学术与伊斯兰研究中心不同，阿联酋政策研究中心没有成立专门的亚洲研究部门，但对涉华议题特别是中国外交动态保持着密切关注。2022 年 12 月，中国驻也门使馆工作组访问亚丁并参观了郑和纪念碑，此次访问被视为中国外交官时隔近八年首次返回也门，引起了阿联酋政策研究中心的高度关注。该中心也门研究组在 2023 年 1 月发表了题为《中国考量中的也门：有什么新动向？》的研究报告，就中国对也门危机的立场和未来政策倾向进行了分析。2022 年 12 月 7 日至 10 日，中国国家主席习近平赴利雅得出席首届中国—阿拉伯国家峰会、首届中国—海湾阿拉伯国家合作委员会峰会并对沙特进行国事访问。阿联酋政策研究中心于习近平主席访问首日即发表文章《远离两极分化的合作关系：从地缘政治维度看中国国家主席沙特行》。在该中心网站及社交媒体"年度最受欢迎文章"的统计活动中，上述文章与《聚焦强国的阿联酋模式》《伊朗外交政策重点》《阿联酋与美国关系展望》等文并列为政策中心阅读量最高的十篇文章。

3. 卡塔尔

中东媒体巨头卡塔尔半岛电视台于 2006 年成立学术机构——半岛电视台研究中心，聘任遍布中东地区各国的特约研究员和专家学者对地区性和全球性时事进行深入分析。2022 年，研究中心网站发表了两篇关于中国的学术文章，分别是《中国在欧洲的新战略机遇》和《人民币是否将冲击美元在国际货币体系的地位》。前者由美国学者、弗吉尼亚大学外交事务名誉教授吴本立（Brantly Womack）执笔，认为中国若能够在俄乌冲突中积极斡旋，将为其在后霸权时代发挥关键协调性作用提供机会。后者由埃及经济学家阿卜杜勒·哈菲兹·萨维执笔，主要论述权力转移进程下货币守成国与货币崛起国之间的博弈关系。

4. 巴林

巴林官方智库战略、国际和能源研究中心在 2022 年发表一篇关于中国的研究报告，题目为《美国对华海上战略》。文章讨论了中美这两个世界最大的经济体之间持续存在的矛盾争端，并指出，"竞争已经超越了经济层面，并将在不久的将来引发新的矛盾，世界正在目睹一个新的权力秩序即将成为事实"[①]。文章作者是该中心研究员艾什拉夫·穆罕默德·凯什克博士，他曾在埃及多家研究中心就职，任埃及外交战略研究中心开罗分中心主任，并曾担任北约防务学院研究员，重点研究伊朗、伊拉克和地区安全议题。

5. 黎巴嫩

黎巴嫩宰图纳研究与咨询中心将阿以关系、巴以冲突、阿拉伯地区事务作为主要研究领域，关注议题亦多围绕这些领域展开。2022 年，宰图纳研究与咨询中心共完成 4 篇关于中国研究的学术文章。例如，约旦政治学教授瓦利德·阿卜杜·哈耶的《2030 年中阿关系展望》一文，在中美战略博弈的大背景下，预测中以、中阿未来合作的发展趋势，分析其影响因素，并表达了对中阿关系进一步发展的期待。此外，该中心主任穆赫桑·萨利赫也完成了两篇关于中国的研究报告，分别是《政治分析：中国会发展对巴勒斯坦和阿拉伯地区的外交政策吗？》和《阿拉伯地区的影响力和联盟版图》。

---

① أشرف محمد كشك، *الاستراتيجية البحرية الأمريكية لمواجهة الصين*

6. 埃及

2022 年，阿拉伯地区著名智库埃及金字塔政治和战略研究中心关于中国的研究成果颇丰。2 月 26 日，该中心主任穆罕默德·法拉哈特发表了《中国在俄乌冲突中的考量》一文，分析了俄乌冲突背景下中国的政策应对。3 月 13 日，中心顾问瓦希德·阿卜杜·马吉德发表了学术文章《世界秩序将发生怎样的变化》，探讨中国的国际秩序观。研究中心主办的《国际政治》杂志第 335 期发表助理研究员阿卜杜·马吉德·阿布·阿莱的论文《威慑中国：拜登政府下的新美国联盟》，第 338 期发表阿联酋扎耶德大学学者哈姆迪·阿卜杜勒·拉赫曼·哈桑的论文《俄罗斯与非洲关系，以及乌克兰战争的影响》，分析了俄乌冲突爆发后俄罗斯在非洲的战略存在，并将俄罗斯与中国、美国进行对比。12 月 6 日，研究中心网站发表苏丹学者加法尔·卡拉尔·艾哈迈德的学术文章《中阿峰会：迈向构建命运共同体》，对即将召开的首届中国—阿拉伯国家峰会、中国—海湾阿拉伯国家合作委员会峰会表达了期望与欢迎，认为这标志着中阿关系进入新的发展阶段，呼吁推动建设新时代中阿命运共同体。

7. 摩洛哥

2022 年 8 月，世界银行前副行长奥塔维亚诺·卡努托在摩洛哥智库新南方政策研究中心发表题为《中国经济增长路在何方》的文章，讨论中国经济在当前国际经济形势下的发展现状及前景趋势。

（二）图书出版

2022 年，阿拉伯国家关于中国主题的图书数量较 2021 年有明显增加。例如，埃及阿拉比出版社出版的《中美军事安全领域的信息战》①一书，作者为菲拉斯·贾麦勒·沙克尔博士。他认为，以人工智能为代表的高科技为国家带来发展机遇的同时，也令安全与稳定面临新的挑战，并由此引申至中美两国的战略竞争，认为信息技术在其中发挥着举足轻重的作用。《阿拉伯人想象中的中国：寻找历史"共同体"》②一书作者是埃及翻译家、中国学学者艾哈迈德·赛义德。该书回顾了阿中交往的历史轨迹，指出阿中命运共同体早有历史基础。同时，作者在书中展望了阿中关系充满希望的未来，认为在"一带一路"倡议的推动下，阿中关系将提升到新的历史水平，并呼吁阿中双方应加强合作，以应对西方某些国家的贸易霸凌。此外，《非洲与大国竞争：土耳其、伊朗、中国》③一书，以土耳其、伊朗和中国在非洲的存在与战略布局为例，探讨了非洲的大国竞争为非洲各国带来的发展机遇以及掣肘和阻碍。该书的出版引发了阿拉伯舆论界关注，包括《阿拉伯人》在内的多家著名泛阿拉伯媒体都对此进行了报道。

　　阿联酋出版了《阿拉伯人眼中的中国》④一书。作者是也门中国事务专家穆罕默德·曼苏布，他从一名在中国求学的阿拉伯学者视角出发，阐述了中国在文化、社会、政治、宗教等领域的情况。此前，该学者出版的另一本书《中国，一个崛起的全球大国的完整故事》在阿拉伯世界颇受好评。埃及还出版了图书《中国历史与文化》⑤，作者是在中国生活、工作多年的苏丹学者基努·艾哈迈德·贾卢。

　　约旦出版的图书包括阿尔及利亚学者萨勒马·萨迪格·法拉比撰写的《中国在非洲之角的战略：以埃塞俄比亚为例（2000—

① فراس جمال شاكر، الحروب المعلوماتية .في المجال الأمني والعسكري أمريكا والصين
② أحمد سعيد، الصين في المخيلة العربية "البحث عن المشترك التاريخي"
③ فاروق حسين ابو ضيف، إفريقيا والتنافسية الدولية .تركيا .. إيران .. الصين
④ محمد المنصوب، الصين بعيون عربية
⑤ جيرنو أحمد جالو، الصين تاريخ وثقافة

2020)》[①] 一书，还有伊拉克女学者宰奈·阿卜杜·艾米尔·易卜拉欣撰写的《中国，从地区走向世界的战略再调整及前景预测》[②]，该书论述了中国在国际格局中的战略新定位。此外，伊拉克卡迪西亚大学经济学学者阿卜杜·凯里木·贾比尔·欣查尔撰写的《变化世界中的经济外交：中日经验可鉴》[③] 一书，论述了中日两国依靠经济贸易方式实现对外战略的外交实践。

二、研究热点

（一）主要议题

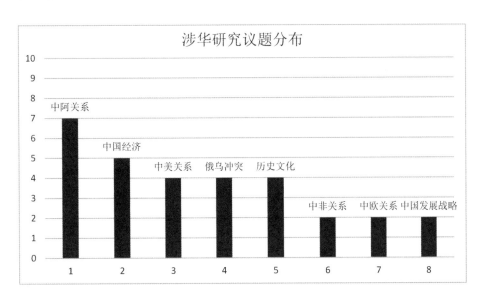

根据阿拉伯地区最大的图书线上交易平台——"尼罗河和幼发拉底河"网站的数据显示，2022 年阿拉伯智库、出版社涉华研

① سلامة الصادق الفرابي، الإستراتيجية الصينية في منطقة القرن الإفريقي؛ دراسة حالة إثيوبيا في الفترة (2000–2020)

② زينة عبد الامير إبراهيم، الصين وإعادة التوجه الإستراتيجي من الاقليمية إلى العالمية وأفاقها المستقبلية

③ عبد الكريم شنجار، الدبلوماسية الاقتصادية في عالم متغير التجربة الصينية واليابانية أنموذجاً

究（书籍）涉及中阿关系、中国经济、中美关系、俄乌冲突、历史文化、中非关系、中欧关系、中国发展战略八个议题，集中在外交、经济和历史文化三大领域。

中国对阿关系与政策，是阿拉伯涉华研究成果最为集中的议题。此类研究成果约占 2022 年总体样本数量的 23%，内容包括中国对中东地区的政策动向、中国与阿拉伯国家关系的发展、中国对也门和巴勒斯坦等传统地区热点问题的态度与政策等。阿拉伯学者尤其关注首届中国—阿拉伯国家峰会、首届中国—海湾阿拉伯国家合作委员会峰会的举办，并予以了高度评价。

中国经济是阿拉伯涉华研究的第二大议题。此类研究成果约占 2022 年总体样本数量的 17%。阿拉伯学界主要关注中国经济的发展经验，这其中既包括宏观的顶层战略设计经验，如中国经济发展模式，也包括在扶贫等具体领域的发展经验，还包括处理对外关系的经验策略，如中美贸易摩擦背景下人民币国际化趋势的应对等。

中美关系、俄乌冲突、中国历史与文化三个议题的成果数量各占 2022 年总样本数量的 13% 左右。关于中美关系，阿拉伯学界的研究主要集中于对中美在地缘政治、科技信息、军事等各领域的战略博弈进行分析解读。关于俄乌冲突，阿拉伯学界的研究包括中国的立场分析、俄乌冲突给阿拉伯国家带来的启示、俄乌冲突对大国在非洲竞争的影响等。阿拉伯学界关于中国历史、文化、社会的研究则多以书籍的形式呈现，涉及的话题比较丰富，如中国的民族宗教、教育制度、社会习俗、中国人的集体意识等，并倾向于同阿拉伯国家的相关情况进行比较分析，寻找阿中文明的共通之处。

中非关系、中欧关系以及中国发展战略三个议题的成果各占 2022 年总样本数量的 7% 左右。阿拉伯国家对中非关系和中欧关系的关注，主要聚焦中国在非洲的发展战略、中国与其他大国的地缘竞争、中欧关系发展与预测等。阿拉伯国家对于中国未来发展战略

的论述，则主要是在中国崛起、国际格局新旧交替、世界秩序加速
演进的背景下展开。

（二）主要观点

从研究领域看，中国的外交、经济、历史文化是阿拉伯学界最
为关注的三大领域。从议题内容看，阿拉伯学界热议发展中阿多元
化合作的必要性，希望所在国家或整个阿拉伯地区进一步发展对华
关系；关注中国发展对国际体系的影响，期待中国在国际舞台上发
挥更加重要的作用；同时，对中国在中东及非洲地区采取怎样的外
交政策持审慎态度。

1. 发展对华关系的必要性

在对华关系的问题上，阿拉伯学界首要关注的是如何发展阿中
经贸关系，这与近年来中国经济实力不断增强、对世界经济贡献显
著密不可分，特别是"一带一路"框架下阿中在多领域内经贸项目
为阿拉伯国家带来了切实利益。

在阿拉伯学者的眼中，2022 年的中国不仅是"新兴大国"和
"发展中国家"的代表，更被赋予了"经济强国"的身份定位。阿卜
杜勒·哈菲兹·萨维指出："自进入 21 世纪以来，中国便在全球经
济舞台上扮演重要角色，现在的北京已经成为继美国之后第二大经
济强国。"[1] 穆罕默德·巴尔胡马在其文章中形容中国为"不可或缺的
全球经济强国"[2]，并强调与中国建立牢固的经贸合作关系是"题中之
义"[3]。作为"一带一路"倡议的天然合作伙伴，阿拉伯学者十分关注

---

[1] عبد الحافظ الصاوي، هل يزاحم اليوان الصيني الدولار في السوق النقدي العالمي؟

[2] محمد برهومة، النأي بالشَّراكات عن الاستقطابات: زيارة الرئيس الصيني إلى السعودية وأبعادها الجيوسياسية.

[3] محمد برهومة، النأي بالشَّراكات عن الاستقطابات: زيارة الرئيس الصيني إلى السعودية وأبعادها الجيوسياسية.

"一带一路"项目在阿拉伯国家的实施和进展情况，期待"一带一路"倡议能够为阿中双方带来长期经贸合作的机遇。加法尔·卡拉尔·艾哈迈德高度赞扬"一带一路"项目为阿拉伯国家经济发展和现代化建设作出的贡献，并将阿尔及利亚阿尔泽港扩建、摩洛哥穆罕默德六世大桥等项目称为阿中"一带一路"框架下的"新一代战略合作代表性项目"①。艾哈迈德·赛义德在其专著中写道，共建"一带一路"为阿中双方在和平与发展的基础上推进长期合作带来了机遇，促使阿中关系达到新的历史水平。他认为，阿拉伯民族和中华民族孕育了世界最古老文明，阿中双方的共同合作将对"实施贸易垄断或企图掌控贸易"的国家产生有力抵制②。瓦利德·阿卜杜·哈耶在文章中探讨了阿中双方在"一带一路"框架下开展合作可能面临的掣肘。他着重分析了区域大国以色列参与"一带一路"项目的情况，担心以色列在吸引"一带一路"项目合作资源方面可能与阿拉伯国家构成竞争。同时，他还指出，阿拉伯国家不稳定的局势也可能阻碍"一带一路"倡议未来在阿拉伯地区的发展。

在经贸合作的基础上，许多阿拉伯学者不约而同地对扩展阿中多领域合作关系表达了期待。这体现了阿拉伯国家对中国重要性和影响力的充分肯定，同时也反映了近年来阿拉伯国家对全球多极化发展趋势的判断。穆罕默德·巴尔胡马在其文章开篇即呼吁，出于维护海湾地区安全的考虑，阿拉伯国家需要同世界主要经济体扩展经贸领域之外的合作关系，并特别强调，这种合作关系是"更加长远和战略性的，而不仅仅局限于短期的交易型利益"。他指出，随着中国日益加强参与中东地区事务，"需要将中东地区复杂的地缘政治现状纳入考量中"。他建议中国"不要仅将活动局限在经济与能源领

① جعفر كرار أحمد، القمة العربية -الصينية: نحو بناء مجتمع عربي صيني ذي مصير مشترك.

② أحمد سعيد، الصين في المخيلة العربية " البحث عن المشترك التاريخي".

域", 而是也需要为整个中东地区的安全体系作出贡献①。加法尔·卡拉尔·艾哈迈德则对未来阿中多元化关系提出了新的构想。他认为, 这将是一种"更具吸引力、激进和可持续的新的合作模式", 是"一个基于战略命运共同体的新型关系模式"②。

2. 中国发展对国际格局的影响

阿拉伯学界对 2022 年世界政治舞台的重大事件表达了高度关切, 积极探讨中国影响力的提升为国际格局带来的变化。但是阿拉伯学界并没有表现出欧美学界常有的焦虑, 更多持有积极、乐观的态度。与此同时, 不少学者对中国在国际舞台上发挥更加重要的作用表达了期待。

瓦希德·阿卜杜·马吉德认为, 中国对国际格局的影响是渐进性的而非根本性的改变。他将中国与美国进行对比, 认为中国所代表的新型发展模式, 对美国凭借自由主义发展模式和军事力量独霸全球的国际秩序带来影响。他相信, 未来, "随着中国代表的新发展模式日益强大、越来越具有吸引力, 美国等西方国家凭借武力对世界施加影响的可能性就会越来越小。在中国与西方两种模式相互作用之下, 世界秩序会发生渐进式更迭"③。穆赫桑·萨利赫认为, 中国"正在努力打破美国的全球霸权, 将国际环境转变为多极体系", 而"世界回归相互制衡的状态以及美国全球霸权的衰落, 将成为阿拉伯地区从中受益的机会"。"面对中国的崛起, 美国的担忧已经变得日益明显。""中国正在大大缩小与美国的实力差距。"他还表示, 同美国等西方国家相比, 阿拉伯民众对中国普遍怀有积极印象。这是因为"中国在阿拉伯地区没有殖民历史", "中国人持有的反殖民主义

① محمد برهومة، النأي بالشّراكات عن الاستقطابات: زيارة الرئيس الصيني إلى السعودية وأبعادها الجيوسياسية.
② جعفر كرار أحمد، القمة العربية -الصينية: نحو بناء مجتمع عربي صيني ذي مصير مشترك.
③ وحيد عبد المجيد، كيف سيحدث الانتقال في النظام العالمي؟

思想和西方奉行的帝国主义思想"，都令阿拉伯民众更加青睐中国①。

阿拉伯学界普遍认为，中国已经成为对国际格局构成重要影响的大国，同时也期待中国在全球治理中发挥更重要的作用。穆罕默德·苏德里表示，在当前的国际体系下，中国扮演着"重要的全球行动者"角色，但针对俄乌冲突，他认为"中国可能会发挥调解作用"，不过产生的影响很可能比较有限②。半岛电视台研究中心刊发的文章指出，"无论俄乌冲突具体结果如何，中国原本在良性国际环境中集中力量发展自身的战略机遇期都已经接近尾声"，中国应该"跨越"特定国际环境下的和平发展战略，并将之"转变为在后霸权时代提供关键协调的战略"，这将有利于"中国塑造与后霸权时代中自身国际身份相符的形象"③。

3. 中国对阿政策的变与不变

西亚北非地区的地缘政治环境比较复杂，长期以来热点问题层出不穷、大国博弈不断，区域内的阿拉伯国家对支配性大国的依附性较强，并对域外大国的地区政策保持高度敏感。伴随近年来美国的战略重心从中东转移，越来越多的阿拉伯学者将目光转向中国，预测中国的对阿政策是否会出现变化。

阿联酋政策研究中心也门研究组在研究报告中指出，中国处理也门问题的立场态度已经出现新变化，展现出明显的外交主动性。研究组认为，这主要与中国在阿拉伯地区不断增长的利益和未来战

---

① Mohsen Mohammad Saleh, "A Reading in the Maps of Influence and Alliances in the Arab Region", https://eng.alzaytouna.net/2022/09/08/political-analysis-a-reading-in-the-maps-of-influence-and-alliances-in-the-arab-region/.

② Mohammed Al-Sudairi, "China and the Russo-Ukrainian War: A View from the Gulf", https://kfcris.com/en/view/post/377.

③ Brantly Womack, "China's New Strategic Opportunity in Europe", https://studies.aljazeera.net/en/analyses/china%E2%80%99s-new-strategic-opportunity-europe.

略规划有关。研究组推测，中国或将更加主动地表达自己的立场态度，并推出一系列措施解决也门冲突。这些做法表明中国正在准备重返也门，为恢复在也经济项目和准备战后投资营造机会。

穆赫桑·萨利赫认为，受国际地位重新定位的影响，中国在阿拉伯地区外交政策发生变化。他指出，"中国在全球范围内取得了一个新的地位"①，这可能会以某种方式影响中国的中东政策特别是巴勒斯坦等热点问题的政策。但他同时也指出，中国务实的外交风格不会改变。

穆罕默德·苏德里注意到，出于能源供给和市场规模的考量，阿拉伯海湾地区在中国的外交战略中扮演了更重要的角色。但他也指出，这并不意味着在海湾地区爆发危机或军事冲突时，中国可能以"一边倒"的形式以有利于海湾国家及其自身利益的方式发动军事干预。因此，他认为海湾国家不应该期望中国以软性调解之外的方式介入地区事务，相反，还应在发展同中国的关系时保持清醒，不要陷入把中国塑造成后美国时代中东地区安全提供者或构筑者的叙事中。他建议，海湾国家也应建立同中国之外的其他域外国家的合作，这是应对全球多极化环境所需要一种多极化战略。

三、2022 年阿拉伯国家涉华研究特点

基于独特的社会历史因素、战略地理位置和现实国情，阿拉伯国家涉华研究形成了地区特色。

---

① Mohsen Mohammad Saleh, "A Reading in the Maps of Influence and Alliances in the Arab Region", https://eng.alzaytouna.net/2022/09/08/political-analysis-a-reading-in-the-maps-of-influence-and-alliances-in-the-arab-region/.

（一）对华整体认知：较为开放、积极的"中国观"

与西方学界不同，阿拉伯学界对华认知少有敌意或偏见。这不仅因为阿拉伯国家在意识形态、发展道路选择上与西方存在差异，还因为中华民族与阿拉伯民族都曾经历西方殖民帝国的压迫，具有共同的历史记忆；在国家定位方面，中阿双方同属发展中国家，对国际体系向着更加公平、公正的方向推演有着共同的向往，对维护世界与地区和平有着共同的愿望；在现实交往中，受惠于"一带一路"框架下的中阿经贸合作项目，阿拉伯各国获得了可观的发展红利，而中国也并没有遵循美国霸权主义的老路，借助经济优势在阿拉伯地区谋求势力范围。相似的历史遭遇、共同的发展诉求、平等互惠的经贸往来，这些因素都使得阿拉伯国家的"中国观"更加开放、乐观。相应的，从国家利益出发、旨在用研究成果服务国家政策的阿拉伯智库和研究机构，也对中国持较为积极、客观的立场。这是阿拉伯兴起中国研究以来一以贯之的特点。纵向来看，它体现在新中国成立之初部分阿拉伯精英对毛泽东思想的探究与介绍，也体现在改革开放之后阿拉伯社会各界人士以借鉴为出发点对中国经济发展模式展开的热议和研究。近年来，随着中国在全球经济中领跑角色的凸显，在国际秩序多极化进程中发挥的重要推动作用，阿拉伯学界关于欢迎中国进一步参与全球和地区治理、期待分享"一带一路"共建成果的声音逐渐增多。这纵然有搭乘中国发展"顺风车"之意，也是阿拉伯学界较为开放、积极的对华认知在我国迈入新的历史发展方位之后的体现。

需要指出的是，在涉及某些具体议题时，阿拉伯学者的误解仍然存在。例如，个别海湾国家学者将中国的社会主义市场经济体制诠释为"国家资本主义"，认为中国经济在过去数十年内取得的巨大成功，归因于其所奉行的国家资本主义，并将之与美国奉行的自由资本主义进行对比，认为中国的国家资本主义或将成为未来经济发展的范式，希望阿拉伯国家能够从中学习、借鉴①。"中国国家资本主义"论的热炒源于美国发动对华经贸战的托辞，实质是借用所谓"国家资本主义"与"自由资本主义"的对立为资本主义辩护，并为遏制发展中国家特别是中国的发展制造舆论②。笔者认为，阿拉伯国家对于中国经验的借鉴和研究，并不涉及发展道路之争。这种误解的产生，与西方学界、媒体对国际舆论的引导有一定关系。但同时也引发我们思考，即在西方仍然主导世界舆论的背景下，如何向包括阿拉伯国家在内的第三方国家和地区做好中国对自身的准确诠释。

（二）研究群体：知华学者增加，但国际影响力不足

长期以来，阿拉伯中国学研究群体并不局限于智库和高校等学术机构，其中不乏通过"旋转门"进入学术机构的前政治精英、媒体人，以及供职于其他国家和地区研究机构的兼职人员。但相当一部分研究者对真实的中国并没有太多了解，他们的研究成果更多地借鉴了西方中国学学者的观点，缺乏来自中国的第一手资料与信息，因此也导致其研究内容不够深入、流于表面，影响力不足。

近年来，阿拉伯中国学研究群体的人员组成出现了显著变化：对中国有相当了解的专业研究人员数量增加，且在研究细分领域有所担纲。代表性的学者如沙特阿拉伯智库费萨尔国王学术与伊斯兰研究中心亚洲研究部主任穆罕默德·苏德里，他毕业于北京大学国际关系硕士和伦敦经济学院国际史硕士双学位项目，在香港大学获

---

① Faris Al-Sulayman, "Rethinking State Capitalism in the Gulf States : Insights from the China-focused Literature", https://www.kfcris.com/en/view/post/362.

② 认清"国家资本主义"问题的真相，https://baijiahao.baidu.com/s?id=161038721985732
1603&wfr=spider&for=pc。

得比较政治学博士学位，兼任香港大学香港人文社会研究所研究员，从事中国与中东关系、东亚与阿拉伯、中国政治领域的研究。在他的文章中，常常出现中文常用政策术语、谚语等，中文造诣及对中国政策的熟稔可见一斑。苏丹学者加法尔·卡拉尔·艾哈迈德是南京大学国际关系博士、北京大学历史系博士后，现任上海外国语大学中东研究所兼职教授、北京大学阿拉伯伊斯兰文化研究所成员，同时担任苏丹学研究中心（喀土穆）成员和卡塔尔外交部亚洲事务高级专家，曾任苏丹外交部负责中国事务的公使衔参赞。他以时事跟进、评论中国外交政策见长，文章多援引自中国的直接资料。此外，也门学者穆罕默德·曼苏布、苏丹学者基努·艾哈迈德·贾卢等人，来自社会科学的不同学科专业，也都有过在中国生活的经历。综合且专业的教育背景，以及丰富的中国生活经历，让他们更能感受到中国在政治、经济、文化等领域的巨大变迁，更加意识到研究中国的迫切性和必要性。知华学者的涌现，在一定程度上缓解了阿拉伯学界对中国的信息差现象，他们的研究成果丰富了阿拉伯学界对中国现实问题的理解，为更多涉华研究成果的产出起到了支持作用。

遗憾的是，由于阿拉伯学界的中国研究起步较晚，尚缺乏成熟的学术研究框架与理论，目前阿拉伯学者的涉华研究成果仍较多局限在实务范围。从2022年的涉华研究成果统计可以看出，中短篇评论、分析类学术文章居多，系统性探讨的长篇报告、论文较少，提出在国际上具有引领性涉华议题的中国学学者尚未出现。但伴随中阿学术和文化交流的增进、阿拉伯国家"向东看"趋势的增强，以及知华派学者队伍的增加，具有影响力的阿拉伯中国学研究成果的涌现将会是大势所趋。

（作者单位：中央党史和文献研究院第六研究部）

德 国

王婠娜

2022 年 10 月 11 日，中德建交 50 周年。半个世纪以来，中德两国发生了巨大变化：改革开放后，中国逐渐成为世界上具有重要影响的大国；两德统一后，德国成为欧盟领导力量。进入 21 世纪后，在中德共同努力下，两国建立了成熟的交往机制，彼此尊重，优势互补。受国际地缘政治环境影响，德国对华认知不可避免地发生变化，新时期的中德关系更面临着多重挑战。2022 年，俄乌冲突的爆发对德国社会产生巨大冲击，在此危急时刻，朔尔茨政府进一步调整外交战略，由"地缘经济"为导向的外交战略向"地缘政治经济"两者兼顾的外交战略转型，这深刻影响了中德关系的进程。2022 年 11 月 4 日朔尔茨访华，这是疫情发生以后欧洲国家领导人首次访华。动身之际，朔尔茨在媒体发表署名文章，明确表示"我们不想与中国脱钩"，"既要保持与中国密切的经济关系，又要减少依赖"。在这样的时代背景之下，德国学界对当代中国问题研究也出现了一些新特征和新情况。

一、研究概况

2022 年，德国学界关于中国研究的研究文章数量同 2021 年相比增加了 700 余篇，本报告将从图书、期刊和智库报告三个维度对德国学界关于当代中国问题的研究情况进行梳理。

以"中国"为关键词在 Springer Link 数据库进行搜索，结果显示共有 4001 篇文献。就研究成果数量而言，图书章节占比最多，共计 2273 篇；图书 1026 本；学术文章 573 篇；参考会议条目 129 条；会议论文 21 篇。以这些成果涉及的领域作为划分标准，商业和管理 817 篇，医疗和公共健康 482 篇，社会科学 388 篇，政治科学和国际关系 305 篇，工程学 287 篇。

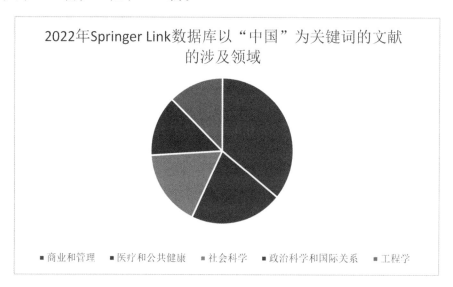

2022年Springer Link数据库以"中国"为关键词的文献的涉及领域

■ 商业和管理　■ 医疗和公共健康　■ 社会科学　■ 政治科学和国际关系　■ 工程学

（一）主要图书

在经济研究方面，德国工业联合会（Federation of German

Industries）前任主席齐格弗里德·鲁斯沃姆（Siegfried Russwurm）和现任主席塔尼娅·根纳（Tanja Gönner）在合著的《我们如何塑造与中国的关系？》①一书中，主要表达了"多样化是时代的需要"和"对于德国和欧洲来说，美国与中国之间不可能存在等距离"这两个观点。德国工商总会（DIHK）东亚分部负责人托马斯·科尼希（Tomas König）和莱茵辛克锌材料制造（上海）有限公司总裁斯文·阿格顿（Sven Agten）合著《中国——商务和日常生活》②一书，提供了大量关于中国的知识性信息。曾任不来梅应用技术大学人力资源管理教授的约阿希姆·弗莱穆斯（Joachim Freimuth），在联合国际咨询服务（IBD）领域工作的高级咨询师西格琳德·凯撒（Siglinde Kaiser）和曾任不来梅应用技术大学教授、不来梅孔子学院院长的莫妮卡·沙德勒（Monika Schädler），共同编辑出版了论文集《中国和印度的标准化战略》③。于尔根·佩茨（Jürgen Paetz）的《加价作为经济指标》④一书，阐释了中国加入 WTO 对世界经济产生的影响，特别是如何推动加价以及地区差异和国有企业在中国经济中的重要作用。除此之外，在《健康领域的人工智能》《全球化和数字化时代的创业精神》等有关数字化发展的图书均提到了中国的作用。

　　在外交战略方面，欧洲国际经济关系研究所所长（EIIW）、伍珀塔尔大学教授保罗·J. J. 韦尔芬斯（Paul J. J. Welfens）在其关于俄乌冲突的论文集中有一篇题为《欧盟—中国—俄罗斯：宏观经济方面，跨国公司》的文章，论述了俄乌冲突给中、欧、俄经济关系

---

① Siegfried Russwurm und Tanja Gönner, *Wie gestalten wir unsere Beziehungen zu China?,* Herder Verlag, 2022.

② Sven Agten und Tomas König, *China–Business und Alltag meistern,* Springer, 2022.

③ *Normungs- und Standardisierungsstrategien in China und Indien,* Springer Gabler Wiesbaden, 2022.

④ Jürgen Paetz, *Der WTO-Eintritt Chinas. In: Der Markup als ökonomische Kennzahl,* Springer Gabler, Wiesbaden, S. 51–56.

带来的影响。波鸿鲁尔大学地理研究所人文地理学教授托马斯·费尔德霍夫（Thomas Feldhoff）的《地缘资源学：转型、冲突和合作》①一书，对中国在地缘资源中的作用进行了分析。

在文化研究方面，大多是由华人撰写的介绍中国文化的书籍。例如，克劳斯塔尔工业大学中国能力中心负责人迈克尔·Z. 侯（Michael Z. Hou）教授撰写了《在德国的中国学能力》一书。除此之外，在许多综合类图书中都有关于中国的章节。例如，波恩大学欧洲一体化研究中心（ZEI）路杰·库恩哈特（Ludger Kühnhardt）教授的《连接的世界》②一书，是他在 235 个国家和地区所作的笔记，反映了这位政治学家的个人印象、遭遇和经历，由此展现出从 1960 年到 2020 年的 60 年间欧洲的转型及其与新兴国家之间的关系，其中有相当篇幅是关于中国的论述。

（二）学术期刊

在国际政治和外交领域，德国最权威、最具代表性的刊物《外交和安全政策》（*Zeitschrift für Außen und Sicherheitspolitik*）杂志刊发了几篇与中国相关的文章，例如，《中国对俄乌冲突的回应与对待莫斯科方面的战略克制研究》③《地缘政治权力博弈：中国、俄罗斯和美国如何自我定位，欧洲日益被边缘化》④《无助感与新型跨大西洋团

① Thomas Feldhoff und Helmut Schneider, *Georessourcen, Transformationen, Konflikte, Kooperationen*, Springer Spektrum Berlin, Heidelberg.
② Ludger Kühnhardt, *Verknüpfte Welten*, Springer Wiesbaden, 2022.
③ Sebastian Hoppe, "Chinas Reaktion auf Russlands Krieg gegen die Ukraine. Strategische Zurückhaltung mit Moskauer Schlagseite", *Z Außen Sicherheitspolit*, 15, 2022, S. 125–137.
④ Rohde, C. Grosch, M., "Geopolitische Machtspiele: Wie China, Russland und die USA sich in Stellung bringen und Europa immer stärker ins Abseits gerät", *Z Außen Sicherheitspolit*, 15, 2022, S. 495–497.

结：第 58 届慕尼黑安全会议报告》①《当大象打架时：德国在 21 世纪
冷战中的作用》②《最后的呼唤：欧洲如何在中美之间站稳脚跟》③ 等。

经济方面，《商业服务》（*Wirtschaftsdienst*）是德国各界公认的
研究当前欧洲和德国经济政策的重要期刊。该刊关于当代中国问题
的研究主要从俄乌冲突对"一带一路"倡议的影响、是否与中国脱
钩、中国在国际气候保护和全球化开放型经济中的作用等几个方面
展开，如《俄乌冲突：新丝绸之路的终结？》④《中国战略：脱钩是不
可想象的》⑤《处于压力之下的中国经济发展周期》⑥《国际气候保护中
的公平与自我利益》⑦《自给自足与开放——关于开放型经济最优平衡
的思考》⑧。

（三）智库报告

除官方智库德国科学与政治基金会（SWP）关注当代中国问

① Julia Hammelehle und Isabell Kump, "Zwischen Hilflosigkeit und neuer transatlantischer Geschlossenheit – Ein Bericht zur 58. Münchner Sicherheitskonferenz", *Z Außen Sicherheitspolit,* 15, 2022, S. 327–336.
② Dinkelbach, C. Graf Lambsdorff, A., "Wenn Elefanten kämpfen – Deutschlands Rolle in den kalten Kriegen des 21. Jahrhunderts", *Z Außen Sicherheitspolit,* 15, 2022, S. 121–124.
③ Eckart Stratenschulte und Daniela Schwarzer, "Final Call. Wie Europa sich zwischen China und den USA behaupten kann", *Z Außen Sicherheitspolit*, 15, 2022, S. 349–351.
④ Martin Klein, "Krieg in der Ukraine: Das Ende der Neuen Seidenstraße?", *Wirtschaftsdienst*, 102, 2022, S. 157.
⑤ Martin Klein, "China–Strategie: Entkopplung wäre nicht durchdacht", *Wirtschaftsdienst*, 102, 2022, S. 916.
⑥ Klaus–Jürgen Gern und Jan Reents, "Konjunktur in China unter Druck", *Wirtschaftsdienst*, 102, 2022, S. 67–68.
⑦ Lisandra Flach, Johannes Pfeiffer und Karen Pitte, "Fairness und Eigeninteresse im internationalen Klimaschutz", *Wirtschaftsdienst*, 102 (Suppl 1), 2022, S. 12–20.
⑧ Thieß Petersen und Marcus Wortmann, "Autarkie und Offenheit — Überlegungen zur optimalen Balance einer offenen Volkswirtschaft", *Wirtschaftsdienst*, 102, 2022, S. 709–715.

题之外，墨卡托中国研究所（Mercator）、美国德国马歇尔基金会（GMF）、欧洲对外关系委员会（ECFR）、全球公共政策研究所（GPPi）、德国外交政策协会（DGAP）、德国全球与区域研究院（GIGA）等智库也有中国问题专家。本报告将重点关注涉华研究较为活跃的两大机构——官方智库德国科学与政治基金会和德国联邦外贸与投资署（Germany Trade & Invest）。

2022年，德国科学与政治基金会继续保持对中国研究的热度，共发布了102篇关于中国问题的研究报告和学术论文，研究议题分布如下：专题类议题方面，经济、贸易和资源21篇，安全和国防政策17篇，能源、气候和环境14篇，联合国、全球治理和国际法7篇；区域和国别类议题方面，欧盟和欧洲27篇，亚洲14篇，美国和加拿大7篇，俄罗斯、东欧和中亚5篇，北非和中东4篇，撒哈拉南部非洲3篇。

2022年德国科学与政治基金会智库涉华报告

- 欧盟和欧洲
- 亚洲
- 美国和加拿大
- 撒哈拉南部非洲
- 经济、贸易和资源
- 能源、气候和环境
- 俄罗斯、东欧和中亚
- 安全和国防政策
- 联合国、全球治理和国际法
- 北非和中东

德国联邦外贸与投资署是德意志联邦共和国的对外贸易机构，成立于2009年，在全球拥有60个分支机构和合作伙伴网络。德国政府是该组织唯一股东，由联邦经济事务和气候保护部代表政府。德国联邦外贸与投资署近年来关于中国的研究越发增多，发挥了经济智库的作用。截至目前，在其官网上可查询到涉华文章共计 3360 篇，仅 2022 年就多达 1464 篇，报告涉及的主要议题分布如下：能源 178 篇，建筑 159 篇，机械制造和基础设施建筑 152 篇，汽车 147 篇，消费品 122 篇，健康 120 篇。

二、研究热点

近年来，德国对"国际责任"和"权力政治"的自我认知发生了变化，盟友的期待也随之不断上升，因此德国的外交角色定位逐渐从"文化力量"转变为"建构力量"，这一点在 2022 年表现得尤为突出。这一年，德国学界主要围绕中国的经济和外交政策、中美关系、俄乌冲突和中德关系等方面对中国进行多学科、多角度的研究，呈现出了德国学界对中美俄欧四方互动的密切关注。

（一）中国的经济和外交政策

1. 经济研究

在经济领域，德国学术界主要围绕中国的经济发展周期、技术标准化战略、供应链视角下中国经济的作用等问题展开研究。

基尔世界经济研究所专家、欧洲景气研究所联合会（AIECE）长期经济前景和结构变化工作组负责人克劳斯·于尔根·格恩（Klaus-Jürgen Gern）以及基尔世界经济研究所的简·伦茨（Jan Reents）在《商业服务》上发表《处于压力下的中国经济发展周期》一文①，对影响 2021 年中国经济的几个因素进行了分析。作者认为，虽然能源供应和由此产生的生产限制问题似乎已被初步克服，但房地产行业的调整可能会在较长时间内对整个经济发展产生影响，这很可能使得中国经济在 2023 年达不到新冠危机前的增长速度。

在《中国和印度的标准化战略》②这本论文集中，来自各行业的专家从学术和实践视角分别分析了中国和印度两国背景，并从两国在工业和地缘政治领域的紧张关系及其对欧洲影响的角度出发，对中国和印度的标准化战略进行了详细论述。

汉堡世界经济研究所（HWWI）"能源、气候和环境"研究领域高级经济学家克劳迪娅·维伦鲁瑟（Claudia Wellenreuther）博士在题为《中国在工业金属市场中的作用》③一文中指出，过去两年的事态发展再次表明，全球经济对中国的依赖已成为工业原料市场的一个风险因素。中国是最大的工业金属供应国和消费国，由于中国在

---

① Klaus-Jürgen Gern und Jan Reents, "Konjunktur in China unter Druck", *Wirtschaftsdienst*, 102, 2022, S. 67–68.

② *Normungs- und Standardisierungsstrategien in China und Indien*, Springer Gabler Wiesbaden, 2022.

③ Claudia Wellenreuther, "Chinas Rolle auf den Industriemetallmärkten", *Wirtschaftsdienst*, 102, 2022, S. 151–152.

原料市场上拥有强大的力量，中国的政治决策将直接影响世界价格，并最终影响整个世界经济。

2. 外交政策研究

在外交政策领域，德国学术界的关注重点包括侨民政策、"一带一路"倡议等。

对中国侨民政策的研究是新兴的学术动向。科隆大学东亚研讨会现代中国研究系助理研究员卡斯滕·舍费尔（Carsten Schäfer）博士发表了一篇题为《习近平领导下的中国侨民政策：内容、局限与挑战》①的研究报告。他指出，海外华人在中国发展成为全球大国的过程中发挥着"不可替代的作用"，中国政府呼吁在德华人为促进中德关系的深入发展发挥积极作用。因此，德国方面应全面了解中国的侨民政策及相关目标和实践，将侨民政策视为中国外交政策的重要组成部分。

关于"一带一路"倡议，一些德国学者在此前研究的基础上，开始关注该倡议对土耳其、东非以及阿拉伯地区和东亚地区产生的影响。德国媒体和智库探讨沙特与中美两国的亲疏远近。例如，《卡塔尔奉行独立的外交政策》②一文指出，美沙之间的争端正在推动沙特与中国的合作，这是一个巨大的地缘政治转变。再如，欧盟研究部政治经济学研究项目筛选和评估委员会成员、奥地利科学基金会外国直接投资主题研究项目评估员巴赫里·耶尔马兹（Bahri Yilmaz），2022 年发表了题为《"一带一路"倡议及其对土耳其的影响》③的文章。文章指出，从贸易角度看，"一带一路"倡议带来的运

---

① Carsten Schäfer, "Chinas Diasporapolitik unter Xi Jinping（Inhalte, Grenzen und Herausforderungen）", *SW Stiftung Wissenschaft und Politik,* 2022.9.9.
② Guido Steinberg, "Katars Außenpolitik", SWP–Studie 2022/S 12, 31.10.2022, 36 Seiten.
③ Bahri Yilmaz, "The Belt and Road Initiative and the Impacts on Turkey as a part of the Middle Corridor", *Stiftung Wissenschaft und Politik,* 2022. S. 5.

输时间和贸易成本的减少对欧盟来说是一个至关重要的因素，该倡议将会推动欧盟对中国出口额以及欧盟从中国进口额的增加。此外，该倡议还会为欧洲内部贸易以及欧洲同中亚、中东、北非和南亚的贸易带来增长机遇。文章重点探讨了土耳其是否会接受其"中间人"的定位，扮演"一带一路"成员国之间从亚洲到欧洲的货物和服务运输角色。

德国学者还聚焦"一带一路"倡议对东非和东亚地区的影响。例如，罗伊特林根大学 ESB 商学院"在非洲做生意"研究组助理研究员西蒙·祖夫勒（Simon Züfle）在《21 世纪的东亚政治、社会、安全和区域一体化：东非的"一带一路"倡议》[①]一文中，将基础设施建设定义为"中国经济发展的自我理解"。作者指出，中国在改革开放之初，通过改善基础设施，不仅加快了货物运输和人员流动，还促进了模式、愿景和标准的流通，这是中国经济发展的经验。超级趋势非洲研究所（Megatrends Afrika）研究员、德国科学与政治基金会非洲和中东研究部助理卡洛琳·艾柯夫（Karoline Eickhoff）和德国科学与政治基金会亚洲研究部高级助理纳丁·戈德哈特（Nadine Godehardt）博士，在《中国的非洲之角倡议：促进和平还是破坏和平？》[②]一文中指出，安全合作对于保护中国在非洲的利益和投资至关重要，非洲已成为中国"外交政策创新的重要前沿"。在此背景下，中国提出了"非洲之角和平发展构想"，并任命了首任非洲之角事务特使。这些举措表明，中国看到了成为该地区发展和安全提供者的潜在机会。随着欧盟和德国正在重新评估与中国以及非洲伙伴国家的关系，非洲之角倡议的实质内容及其对该地区的和平

---

① Simon Züfle, *Die Seidenstraßeninitiative in Ostafrika: Auf dem Weg zu einer Hegemonie Chinas?*, Springer, 2022.

② Karoline Eickhoff und Nadine Godehardt, "China's Horn of Africa Initiative: Fostering or Fragmenting Peace?", *Megatrends Working Paper*, 2022 01, 14.10. 2022.

与安全可能产生的后果值得研究。

（二）中美关系

关于中美经贸关系，德国学者的研究涉及对中美贸易战影响的评估以及中美在高科技领域的竞争等问题。《经济周刊》刊发的《中美关税战和贸易协定》①一文指出，在美国对华推出"有管理的贸易"新政四年后，通过研究该政策对美国经济增长和就业产生的影响可以得出结论，即该影响显然是负面的。通过有针对性的征收关税来消除双边贸易逆差的尝试，以及通过迫使中国增加从美国的进口来恢复美国出口的尝试都失败了。虽然美国经济在某些行业对中国原材料和半成品的依赖程度可能有所下降，这符合供应链多样化的目标，但是新的供应关系有多强大仍有待观察。

埃尔福特大学法律、经济和社会科学学院以及马克斯韦伯高级文化和社会研究中心海森堡研究组组长史蒂芬·施马茨（Stefan Schmalz）带领组员海伦娜·格拉夫（Helena Gräf）、菲利普·科恩克（Philipp Köncke）、莉亚·施奈德梅瑟（Lea Schneidemesser）在《柏林社会学》杂志上发表题为《充满竞争的全球化：美国和欧洲对中国高科技领域崛起的反应》②的文章。文章指出，在中国企业对美欧企业构成强有力竞争的背景下，美欧权力精英与中国奉行的秩序观念渐行渐远，究其原因，中国的政治经济权力组织方式与西方存在较大差异。从比较政治经济学和世界体系方法的角度出发，文章分别考察了当前美中及欧中之间在对外贸易、投资、高科技和产业

---

① Berend Diekmann und Michael Kilpper, "Zollkrieg und Handelsabkommen zwischen den USA und China", *Wirtschaftsdienst*, 19 March 2022.

② Stefan Schmalz, Helena Gräf, Philipp Köncke und Lea Schneidemesser, "Umkämpfte Globalisierung: Amerikanische und europäische Reaktionen auf Chinas Aufstieg im Hochtechnologiebereich", *Berlin J Soziol*, 32, 2022, S. 427–454.

政策等领域出现的冲突，同时指出美国和欧盟采取的不同应对方式：美国采取积极的贸易和制裁政策，而欧盟则采取更具防御性的措施。文章分析了这些冲突如何改变中国国家驱动的全球化战略，并有助于世界经济的重组。

施奈德梅瑟在《政治季刊》上发表书评，对尼克拉斯·范·阿尔斯特（Niklas van Alst）的著作《美国、德国和华为事件：论互联网的地缘政治与地缘经济》[①]进行了评析。她认为，范·阿尔斯特从地缘政治和经济的角度探讨了通信基础设施和互联网作为核心技术对未来全球世界秩序的重要意义。特别是该书第五章着重描述了中国的发展开启了围绕通信主权展开竞争的新阶段，形成了"东升西落"的世界格局。这主要表现在以下几个方面：一是美国在伊拉克和阿富汗军事行动失败后失去了世界安全大国的地位；二是美国在2008—2009年金融危机后失去了世界经济强国的地位；三是随着中国的发展和国际化，美国的世界通信大国地位也岌岌可危。第六章将美中围绕华为公司的冲突描述为"美中争夺全球通信网络、销售市场和影响区域的初步高潮"。德国乃至欧盟在其中的定位和态度，对于促成或避免出现两极世界秩序至关重要。

关于中美政治关系，德国学界重点关注拜登政府对华外交政策及其效果。德国国际政治和安全事务研究所高级研究员彼得·鲁道夫（Peter Rudolf）撰写的题为《集体对抗力量的形成——拜登总统时期的美国对华政策》[②]一文的主要观点包括：一是美国中期选举结果将使其国内改革难度加大；二是在对外政策方面，支持强硬路线的共和党人在选举中获胜，强化了拜登政府中强硬派的力量；三是

---

① Lea Schneidemesser, "Niklas Van Alst: *Die USA, Deutschland und der Fall Huawei. Zur Geopolitik und Geoökonomie des Internets*", *Polit Vierteljahresschr*, 63, 2022, S. 755–757.

② Peter Rudolf, "Kollektive Gegenmachtbildung – US–Chinapolitik unter Präsident Biden", *SWP-Aktuell*, 2022/A 02, 06.01.2022.

拜登延续了特朗普发起的对华政策强硬路线，维持关税政策，推进技术脱钩。虽然拜登政府并没有从根本上拒绝与中国合作，例如在气候政策方面，但是在对安全政策更为敏感的领域，完全将中国公司排除在外是可取的。美国研究小组负责人劳拉·冯·丹尼尔斯（Laura von Daniels）博士在《拜登中期选举后的外交政策》[①]一文中也得出了类似的结论。

（三）中德经济关系

"依赖性"成为德国学界相关研究频繁出现的关键词，他们从全球经济和德国经济两个视角来看待德中经济的发展现状和前景。

在全球经济宏观形势的视角中，面对新冠疫情和俄乌冲突为全球经济带来的冲击和改变，不少德国学者都在思考自主与开放、保守与合作的关系，并由此探讨如何看待中国对全球经济的作用以及西方国家对中国的依赖性。

居特斯洛贝塔斯曼基金会"可持续社会市场经济"项目高级顾问蒂斯·彼特森（Thieß Petersen）博士和项目经理马库斯·沃特曼（Marcus Wortmann）撰写了《自给自足与开放——开放型经济最优平衡的思考》[②]一文。他们认为，国际分工基于工资差距，同时也会有助于缩小工资差距。以中国为例，由于拥有大量劳动力，中国在劳动密集型产业方面具有竞争优势。与此同时，中国生产和出口这些产品，增加了对专业化工人的需求，从而也会促进工人工资的提

---

① Laura von Daniels, "Bidens Außenpolitik nach den Zwischenwahlen Ringen um Ukraine-Unterstützung, zunehmendes Technologie-Decoupling von China", *SWP-Aktuell*, 2022/A 73, 15.11.2022.

② Thieß Petersen und Marcus Wortmann, "Autarkie und Offenheit — Überlegungen zur optimalen Balance einer offenen Volkswirtschaft", *Wirtschaftsdienst*, 102, 2022, S. 709-715.

升。但是近年来，国际分工越来越受到保护主义的影响，而新冠疫情和俄乌冲突的爆发中断了跨境供应链，客观上进一步促使经济体系减少对进出口的依赖。事实上，现代对外贸易的平衡不再仅仅与进出口平衡或相关的资本流动相关，而必须同自给自足和开放目标相一致。最佳开放程度是具有低（关键）依赖性的最大可能的交易优势，这不一定与较低的交易量同时发生，也可以通过对现有交易关系更大程度的多样化来实现。

魏泽鲍姆网络社会研究所研究员弗洛里安·布托洛（Florian Butollo）博士和维也纳社会科学博士学院副院长科妮莉亚·斯塔里茨（Cornelia Staritz）在《柏林社会学杂志》上发表了题为《去全球化，重新配置，还是一切照旧？新冠疫情与全球化生产回流的限制》①一文，探讨新冠疫情对全球生产网络的影响。作者认为，新冠疫情并非全球制造业全面解构的导火索，但它确实加强了向多极生产和消费结构的长期转变。疫情引发的思考，促使美欧实行了旨在保持其在重要战略意义领域中的竞争力和技术主导地位的贸易产业政策，这些政策尝试的目标是减少依赖性，尤其是对中国的依赖。

慕尼黑安全会议（MSC）政策顾问朱莉娅·哈梅莱尔（Julia Hammelehle）主要关注欧盟政治和机构、欧盟与英国之间的关系、德国外交和安全政策、跨大西洋关系和对外能源政策等主题。她与同为慕尼黑安全会议（MSC）政策顾问的伊莎贝尔·昆普（Isabell Kump）合作完成的《在无助感和新型跨大西洋团结之间：第58届慕尼黑安全会议报告》②一文，发表在《外交与安全政策》杂志上。

---

① Florian Butollo und Cornelia Staritz, "Deglobalisierung, Rekonfiguration oder Business as Usual? COVID–19 und die Grenzen der Rückverlagerung globalisierter Produktion", *Berlin J Soziol*, 32, 2022, S. 393–425.

② Julia Hammelehle und Isabell Kump, "Zwischen Hilflosigkeit und neuer transatlantischer Geschlossenheit – Ein Bericht zur 58. Münchner Sicherheitskonferenz", *Z Außen Sicherheitspolit*, 15, 2022, S. 327–336. https://doi.org/10.1007/s12399–022–00907–7.

文章积极的一面表现在，反对与中国"脱钩"，承认中国在太阳能电池板和电动汽车等绿色技术生产方面以及在技术生产所需资源（如稀土、钴或锂）价值链中的领先地位。文章的消极一面体现在其论述了欧洲与中国的创新力之间存在的竞争关系以及供应链中出现的对中国的重点依赖问题，提出不要用对中国的依赖取代对俄罗斯的能源依赖。

慕尼黑大学经济学教授、德国伊弗经济研究所（Ifo）外贸中心负责人丽桑德拉·弗拉奇（Lisandra Flach）、德国经济研究所能源、气候和资源中心高级研究员兼副主任约翰内斯·法伊弗（Johannes Pfeiffer）和该中心负责人、慕尼黑大学经济学教授凯伦·皮特（Karen Pittel）共同撰写了《国际气候保护中的公平与自我利益》[①]一文。三位重量级的气候、能源和资源专家提出一个值得西方发达工业国家反思的问题，即区别责任原则本身具有不确定性。在政治讨论中，污染排放的衡量标准既要考虑当前排放量，也要考虑历史排放量，有时指的是国家排放量，有时指的是人均排放量。尽管中国的总排放量自 2001 年以来迅速增长，目前已超过所有其他地区，但中国的人均排放量却大大低于美国和俄罗斯。此外，从历史累计排放量来看，中国在绝对排放量和人均排放量方面仍然远远落后于欧美。作者认为，公平对待发展中国家和新兴国家符合工业化国家的自身利益，而不仅仅是为了鼓励这些国家加强合作意愿或者避免在气候领域产生国际冲突。

在德国经济发展的视角中，德国学者大多能够理性看待对中国的依赖问题，客观分析同中国脱钩的弊端，认识到将经济问题上升到意识形态层面会带来的严重后果，呼吁德国社会对德中经贸关系和合作前景作出客观评价。

① Lisandra Flach, Johannes Pfeiffer und Karen Pittel, "Fairness und Eigeninteresse im internationalen Klimaschutz", *Wirtschaftsdienst*, 102 (Suppl 1), 2022, S. 12–20.

　　律师兼政治学家康斯坦茨·斯特尔曾穆勒（Constanze Stelzenmüller）这样描述德国的经济模式："德国将经济增长外包给中国，将能源供应外包给俄罗斯，将安全政策外包给美国。"这种说法非常尖锐，却是无法否认的。事实上，德国的繁荣比其他国家更依赖对外贸易，出口约占国内生产总值的40%。近年来，越来越多的人担心对中国的依赖可能会使德国受到勒索。但中国同样依赖与欧洲的贸易。相互依赖总比单方面依赖产生的问题要少。

　　柏林德国经济研究所全球经济系主任、柏林洪堡大学国民经济学教授和柏林洪堡大学金融小组成员卢卡斯·门霍夫（Lukas Menkhoff）在《经济周刊》上发表《假如德国只跟民主国家进行贸易往来》[①]一文。文章指出，过去几年德国出口模式的缺点，即德国对贸易伙伴的依赖已经显露出来，尤其是目前对俄罗斯的重度依赖以及对中国的潜在依赖。就这点而言，将德国对外贸易集中在民主国家似乎十分合适，但是无论以哪个标准来衡量，民主世界的规模和经济分量的增长空间均有限。

　　曾担任基尔世界经济研究所副所长的罗尔夫·朗哈默教授（Rolf J. Langhammer）在《汉堡港：评估整个经济！》[②]一文中呼吁德国社会从整体经济视角评价德中经贸关系。他指出，汉堡港口行业正面临困难，而中国的投资对于解决托勒罗特（Tollerort）码头的融资问题十分必要，同时，中国的集装箱运输对于提高港口的利用率也十分重要。因此，德国需要同中国保持长期良好的关系。事实上，中国在德国的投资仍处于可控水平，应当理性看待中国影响力的日益增强。

---

① Lukas Menkhoff und Kleine Welt, "Wenn Deutschland nur mit Demokratien handelt", *Wirtschaftsdienst*, 102, 2022, S. 523–528.

② Rolf J. Langhammer und Alexander Sandkamp, "Hamburger Hafen: Gesamtwirtschaftlich beurteilen!", *Wirtschaftsdienst*, 102, 2022, S. 816.

　　鲁斯沃姆和贡纳在《我们如何塑造与中国的关系？》[①]一书中的核心观点，包括"多样化是时代的需要"，"对于德国和欧洲来说，美国与中国之间不可能存在等距离"。在作者看来，一方面，多样化意味着必须避免单向依赖，降低集群风险。中国是一个高度现代化的创新型国家，具有成为未来经济和军事超级大国的潜力，日益挑战美国在欧亚和太平洋地区的主导地位。两极集团的形成是一个真正的危险，容易形成相互对抗，而复杂的网络化全球经济必须依靠各方负责任地进行合作管理，气候政策也离不开各方继续合作推进。另一方面，对于德国和欧洲来说，美国与中国之间不可能存在等距离。尽管制度不同，但各方都要充满责任感地共存，这才符合各方的全球利益。

　　杜伊斯堡汽车研究中心主任费迪南德·杜登赫费尔（Ferdinand Dudenhöffer）在《汽车的伟大时代才刚刚起步》[②]一文中表示，如何设计低碳环保汽车已成为当前汽车行业面临的主要挑战。电动汽车不会产生噪音并且不排放任何有害气体，其重要性不言而喻，与此同时，自动驾驶汽车也是未来发展的方向。中国在这些方面已经是先行者，德国应该向中国学习。

　　科尼格和阿格顿在 2022 年发行了《中国——商务和日常生活》[③]一书的第二版。他们在书中指出，中国一直是任何国家或公司都不能忽视的市场。在中国与欧美贸易摩擦逐渐增多的今天，对中国进行有根据的、易于理解的分类研究比以往任何时候都更加重要。该书的这一版本更新了对当前经济发展状况的分析，包括德国对华新政策、关于经济脱钩的探讨等。

① Siegfried Russwurm und Tanja Gönner, *Wie gestalten wir unsere Beziehungen zu China?*, Herder Verlag, 2022.

② Ferdinand Dudenhöffer, "Die große Zeit des Autos kommt erst", *Wirtschaftsdienst*, 102 (Suppl 1), 2022, S. 36–39.

③ Sven Agten und Tomas König, *China–Business und Alltag meistern*, Springer, 2022.

三、特点与趋势

纵观 2022 年德国学界关于当代中国问题研究的诸多研究成果，结合近年来德国中国研究的总体情况，我们能够看到，无论在研究主体、研究议题，还是在对华认知方面，均呈现一些新特点和新变化。

（一）研究主体

近几年德国的出版市场上出现了一个新现象，那就是一些具有中国工作、生活经历的企业家热衷于撰写关于中国社会、政治和经济发展的书籍，他们将此称为有关中国的"有根据性的内部知识"。例如，沙德勒教授等人牵头出版的论文集《中国和印度的标准化战略》，科尼格和阿格顿合著的《中国——商务和日常生活》，侯撰写的《在德国的中国学能力》等。

此外，就研究机构而言，德国最权威的官方智库德国科学与政治基金会对中国研究仍保持了极大的热忱。该机构的研究人员发生了一些变化，知名中国问题专家鲁道夫不再供职于该机构，年轻学者舍费尔、耶尔马兹以及祖夫勒等人成为该智库中国问题研究的新生力量。

（二）研究议题

与前几年的涉华议题相比，德国学界 2022 年的相关研究似乎呈现出这样一种逻辑倾向，即首先预判中美对抗是否持续、俄乌冲突影响下的世界未来秩序如何重塑，在此基础之上考虑如何调整同中国之间的关系。由此可见，中美关系和俄乌冲突成为影响德中关系的重要因素。就中美关系而言，中美两国在经济领域的对抗趋于和缓，德国学者更多看到了中国在环境保护、高科技、互联网、人工智能等领域发挥的重要作用，而这些也将是未来中德经济合作的关键领域；而中美在政治领域的较量则丝毫没有减弱的趋势，支持强硬路线的共和党人在选举中获胜，进一步加强了拜登政府中的强硬派力量。近年来，德国事实上已经改变了过去在中美之间寻求平衡的外交战略，强化了"价值观外交"的取向，但是否追随美国更加强硬的对华政策路线，在德国国内仍存在较大争议。就俄乌冲突而言，德国各界深受这一事件的巨大冲击和影响，作出了"时代的转折"这一判断。因此，德国学界关于中国的研究分析很多都是基于俄乌冲突如何影响世界的判断，特别是对"依赖性"问题进行了深入探讨。

（三）对华认知

德国学界当前的对华认知是多元的，正在经历变化和重塑的过程，同时也反映出矛盾和纠结的情绪，这在欧洲国家中具有一定的代表性。一方面，德国学界一致认为与中国脱钩将会对德国经济带来巨大的负面影响，应当看到德中两国在气候变化、汽车行业发展、全球化生产结构调整等方面的合作空间；另一方面，不少学者仍难以跳出美西方的意识形态窠臼，从价值观对立的角度出发，强调政治与安全问题的重要性，倡导降低对中国的依赖、"去风险化"。

2022年，在"时代的转折"的背景下，面对世界格局的风云变幻，中德关系处于变化调整的关键时期。正如一些德国学者向西方社会所发出的呼吁一样，为了实现更加密切的全球合作，西方国家必须接受多极的权力分配和内部秩序模式的多样性。全球南方国家希望发展中国家在制定国际规则方面发挥更大的作用，因此更加重视中国的发展经验和提出的倡议为更多国家和地区带来的发展机遇。对此，不少德国学者给出了客观、真实的中国画像，为改善中德关系、加强中德合作提出了真知灼见。因此，及时跟踪最新研究成果和研究动态，准确把握德国学界尤其是德国智库对当代中国问题的认知与评价，对于我们在关键时期把好中德关系之舵意义重大。我们应搭建更多合作平台，同持不同观点的德国学者进行充分交流，深刻把握德国对华战略思维转变背后的原因，同德国学界联手应对中德两国社会发展面临的共同挑战。

（作者单位：上海理工大学外语学院）

俄罗斯

孙芳　高雪

2022 年是中国历史上拥有众多记忆的一年。这一年，中国向世界奉献了一届简约、安全、精彩的冬奥盛会，中国共产党第二十次全国代表大会在北京胜利召开，中国空间站建设取得历史性突破。而对俄罗斯而言，却是极不平静的一年。这一年，俄罗斯所处的外部环境激变，俄乌冲突几乎贯穿了全年；俄罗斯为反制裁、稳经济、保民生而步履维艰，面临艰巨挑战。在此背景下，俄罗斯学界开展中国问题研究，推出了不少值得关注的学术成果，研究内容涵盖中俄关系及未来走势、中国的对外政策、中国的国内治理等领域。本文尝试对其中的热点议题和代表性观点进行梳理和解读，总结这些研究中呈现出的新特点和新变化，为国内学界更全面地把握俄罗斯当代中国研究的概况、更深刻地理解俄罗斯对华战略与政策取向以及探究应对策略提供有益借鉴。

一、总体概况

（一）期刊

2022 年度，俄罗斯学界当代中国问题研究的热度未减，通过不少学术期刊发表了大量研究中国的文章。

首先介绍俄罗斯汉学研究的传统阵地，包括几本以中国为研究对象的传统学术刊物，继续聚焦中国问题。其中最具代表性和权威性的是俄罗斯科学院中国与现代亚洲研究所（ИКСА РАН，原"远东所"）的双月刊《远东问题》（*Проблема Дальнего Востока*）。该刊涵盖了俄罗斯远东和亚太地区问题的研究，包括远东地区的国际关系、俄罗斯在远东和亚太地区的政策，以及周边国家的政治、经济、历史、文化、军事安全等领域的研究成果，其刊登的文章绝大多数与中国相关。据统计，2022 年《远东问题》所刊发的 6 期杂志中，除书评、学术活动纪要、学者传记等内容，以中国作为研究对象的文章约占 65%，文章内容丰富、涉及问题广泛，其中经济和历史为主要研究领域。经济方面，学者们主要分析了中国的"十四五"规划、俄中经贸合作、数字"一带一路"和粮食安全战略；历史方面，内容则涉及中国的抗日战争、1936—1937 年苏东地区中国人口登记、共产国际解散后中国的政治状况、俄罗斯使团眼中的清政府改革等。

另一个代表性刊物是《国家战略问题》（*Проблемы национальной стратегии*），是由俄罗斯战略研究所（РИСИ）主办的权威期刊。中国是俄罗斯的外交优先方向之一，是其重要的战略合作伙伴，因而在俄罗斯的战略研究中，中国占据了重要地位。在该研究所 2022

年刊发的 6 期杂志中，除导语、书评、采访外，研究中国的文章约占四分之一，研究领域主要涉及中国的经济、政治、国防安全等。值得一提的是，该刊 2022 年第 1 期以"在世界政治中的中国：趋势、战略和风险"为专题，刊发了 11 篇与中国相关的文章，如"拜登政府的对华政策""中美关系日益紧张背景下的东盟""确保中巴经济走廊安全：问题、现状及中国的解决措施""2021 年的中国汽车工业：对新冠肺炎疫情后果的克服"等。

《俄罗斯与亚太地区》（*Россия и АТР*）是俄罗斯科学院远东历史考古民族研究所主办的核心期刊，主要研究俄罗斯周边邻国的历史、文化、政治和国际关系等内容。2022 年该刊发表了 5 篇以中国为研究对象的文章，主要讨论中国的北极政策、中东铁路的所有权问题、远东地区在俄中关系中的作用、19 世纪下半叶的俄国华人、20—21 世纪之交中国单一产业城镇可持续发展政策等问题。

此外，还有少数以中国为研究对象的专刊出版。最有代表性的是由俄罗斯科学院中国与现代亚洲研究所定期出版的《世界和地区政治中的中国：历史与现实》（*Китай в мировой и региональной политике. История и современность*）及《中华人民共和国：政治、经济、文化》（*Китайская народная республика: политика, экономика, культура*）。前者创刊于 1996 年，其主要议题是中国的国际关系、中国的对外经济政策和中俄关系。后者每两年对中国的发展成果进行总结，2022 年出版的内容是对 2019—2021 年中国发展的总结分析，内容涉及中国的政治体制、经济战略、社会经济状况、对外政策与国际关系，特别是俄中关系。值得注意的是，此次出版的《中华人民共和国：政治、经济、文化》年刊中专门有一章题为"中国共产党的思想和理论纲领"，其中介绍了中国共产党成立 100 周年的情况。

一些俄罗斯高校出版的学报也会将中国作为个案纳入研究范畴。

例如《圣彼得堡国立大学学报：东方学类》2022 年共出版 3 期，其中 6 篇与中国相关，讨论的是 18 世纪下半叶清朝边疆地区的政策、20 世纪初的俄国驻华大使、俄罗斯帝国驻中国营口领事馆的社会文化活动、俄罗斯科学院东方文献研究所中国木刻画基金会所收藏的董其昌作品集、21 世纪中国非政府组织教育发展的主要趋势等问题。再如俄罗斯高等经济大学的《国际组织研究学报：教育、科学、新经济》2022 年发表了 2 篇与中国相关的文章，探讨的是"中国和国际体系：世界秩序模式的形成"和"现阶段中国与拉美、加勒比地区的关系"问题。

值得注意的是，俄罗斯学术界在 2022 年还推出了两本新的学术期刊。一本是《俄罗斯的中国学》（*Российское китаеведение*），由俄罗斯科学院中国与现代亚洲研究所创办，主编为知名东方学专家卢金（А.В. Лукин），主要研究古代和现代中国、中国文化和文明等内容。创刊之时该刊宣布每年刊发 4 期，但由于种种原因，2022 年仅出版了 1 期。这一期杂志中除了俄罗斯知名汉学家和中国驻俄大使张汉晖的贺词，共刊登了 20 篇文章，主题涉及儒家价值观、《孔子家语》的翻译、西汉政治、清朝历史、俄中关系、当代中国行政机构改革等问题。另一本叫《中国：社会与文化》（*Китай: общество и культура*），主编为著名汉学家马斯洛夫（А. А. Маслов），该刊由 Eco-Vector 出版公司资助并出版，研究方向包括不同时期的中国历史，中国的传统和现代文化，中国的人类学、民族学和民俗学，中国的宗教和习俗、艺术和建筑，传统和现代社会，教育、电影、文学、语言学，古典文献的评论翻译和研究等。该刊为季刊，一年应出版 4 期，但 2022 年仅出版了 2 期，共刊登了 18 篇文章，主题均与中国古代各朝代的君王及其政治哲学理念和思想文化相关。这两本新刊的出现足见当今俄罗斯学界对中国学研究的重视程度。

（二）图书

俄罗斯学界在这一年出版了若干以中国为研究对象的图书，内容涉及中国的方方面面，其中中国的政治和经济问题最受俄罗斯学者关注。不少新书探讨和研究了中国政治的话题，包括共产国际与中国革命、中共二十大、中国国家权力和行政管理机构、中国的软实力发展、《睦邻友好合作条约》二十周年之际的俄中关系、中美俄战略三角关系及其对俄罗斯安全的挑战及前景等。比较有代表性的是俄著名历史学家、东方学家拉林教授（В. Л. Ларин）发表的新作《转向东方》，此书是作者在过去十年中撰写发表的文章汇编，主题为俄罗斯远东和太平洋地区的发展。书中第三章专门研究和分析了俄中关系，内容包括从文明视角看俄中跨境合作、新世界的现实与俄中关系、欧亚一体化项目中的俄中跨境关系等。

在经济领域，俄学者们分析了中国的信息化进程、电子商务产业的形成以及在线教育、在线医疗等多个信息领域的进步，以及中国的基础设施建设、中国的能源政策和面临的内外部挑战等问题。比较有代表性的是萨佐诺夫（С. Л. Сазонов）的《中国：交通基础设施、创新、"一带一路"项目》一书。该书作者关注中国现代交通综合体的发展成果，汇总了中国基于人工智能、数字技术和大数据技术的引入在自动驾驶、城市交通管理和大城市改造方面的成就，并特别分析了"一带一路"倡议的概念演变、经济实质、主要方向和优先事项。值得一提的是，马斯洛夫与中国画报出版社合作出版了《我眼中的中国经济：挑战、对策与展望》一书，重点介绍了中国的经济发展战略和近年来取得的突出成就。作者分析了近年来中国经济发展所面临的挑战，以及中国为克服这些挑战所采取的对策和措施，包括在国际背景下中国采取了哪些措施稳定经济，实施了哪些税收和信贷优惠政策促进经济增长，如何促进经济特区的活力，近年来智能技术的发展和网络技术的增长等。

在历史和文化领域，中国古代历史人物、哲学思想和宗教习俗等问题受到俄罗斯研究者的关注。例如伊萨耶娃（Л. И. Исаева）研究了中国"文化大革命"时期有名的地主刘文彩；库利科夫（Д. Е. Куликов）介绍了中国古代的宗教和崇拜习俗；马约罗夫（В. М. Майоров）翻译的《孔子家语》俄文全译本首次在俄罗斯出版。此外，为了庆祝俄罗斯著名道教研究者菲洛诺夫先生（С. В. Филонов）60 岁诞辰，俄罗斯科学院中国与现代亚洲研究所编辑出版了两卷本文集《通往神圣之门的伟大意义：中国的宗教、哲学和文化》，收集了许多东方学研究者包括菲洛诺夫本人有关中国宗教、哲学和传统文化的诸多文章。

（三）智库

目前，俄罗斯从事当代中国问题研究的智库主要分为两大类：一类是官方的专门研究机构，最具影响力和权威性的是俄罗斯科学院下属的中国与现代亚洲研究所、东方所、远东历史考古民族研究所，还有俄罗斯总统战略研究所和俄罗斯国际事务委员会等官方智库；另一类是高校内部的科研中心，实力最强的包括莫斯科国立大学亚非学院、圣彼得堡国立大学东方系、莫斯科国际关系学院中国学与区域项目综合中心等。2022 年，这些官方研究机构和高校研究中心作为俄罗斯中国问题研究的主力军继续深入研究中国的各领域问题，不仅发表文章，出版著作，而且多次召开学术会议，探讨中国的热点问题。

根据美国宾夕法尼亚大学"智库研究项目"（TTCSP）研究编写的《全球智库报告 2020》，俄罗斯共有 143 家智库机构。其中，莫斯科卡耐基中心名列 2020 年全球顶级智库综合榜单第 26 名，俄罗斯国际事务委员会在 2020 年中东欧顶级智库排行榜中位列第 47 名，莫斯科国际关系学院在 2020 年国内经济政策领域顶级智库排行榜中名列第 57 名、在 2020 年全球顶级智库综合榜单中位列第 124 名。可见，这三家俄罗斯智库在国际上具有相当大的学术影响力。但事实上，莫斯科卡耐基中心于 2022 年 4 月 8 日由俄罗斯司法部下令终止活动，俄著名政治学家、亲西方派学者特列宁（Д. В. Тренин）不再担任莫斯科卡耐基中心主任，其研究人员仍然可以在卡耐基国际和平基金会网站上发表研究成果。另外两家智库机构在 2022 年继续以中国为对象开展深入的研究，也有几家成果丰硕的智库机构并未出现在这份报告中。 俄罗斯国际事务委员会是俄罗斯研究对外政策和国际关系的代表性智库，成立于 2011 年，现任主席为俄罗斯前外交部长伊万诺夫（И. С. Иванов），共有 191 名成员。该委员会主要致力于研究世界主要国家和地区的教育与科学、社会与文化、安全与对外政策、经济、能源、技术、生态等问题。2022 年该委员会举办了 3 场与中国相关的圆桌会议，主题分别是"俄中高等教育领域合作：深化机遇与发展方向""中国与美国：从合作走向对抗""在西方制裁背景下的俄中合作"；还举办了第五届"俄罗斯、印度、中国：亚洲和世界的力量平衡"专题研讨会，主要探讨欧洲安全危机对亚洲权力平衡的影响、俄罗斯在亚太地区的地位变化等问题；另外，该委员会与中国社会科学院共同举办了第七届中俄智库高端论坛"中国与俄罗斯：新时代合作"，与会人员主要围绕中俄在全球变革时期的合作、中俄在欧亚地区面临的共同安全威胁、中俄经济合作、绿色合作等议题展开了深入交流。委员会还在 2022 年完成了三份研究报告，其中"俄中对话：2022 模式"由俄罗斯国际事务委员会、俄罗斯科学院远东研究所与复旦大学国际问题研究院共同出版，该报告是对 2021 年第一季度至 2022 年第二季度中俄两国合作成果的介绍及分析；"美国对华外交政策前景：对俄罗斯的影响"全面分析了美国对华外交政策的现状，研究了两国互动中最棘手的问题，包括美国的制裁政策、经贸博弈和技术竞争等，还分析了中美对抗对俄罗斯的潜在消极和积极影响；"俄中在美军撤离后确保阿富汗安全方面的战略合作"则涉及对 2021 年 8 月美国撤军后阿富汗的安全局势评估、俄中在安全领域合作的机遇及挑战等内容。

俄罗斯科学院中国与现代亚洲研究所尽管未被列入上述智库研究报告中，但被公认是俄罗斯中国问题研究的权威机构，现任所长为历史学家、汉学家巴巴耶夫（К. В. Бабаев）。该所成立于 1966 年 9 月，之前名为"远东所"，2022 年 7 月 10 日正式更名为"中国与现代亚洲研究所"，这一新名称反映出俄罗斯学界对中国问题研究的重视。该所下设的 12 个研究中心中有 5 个中心对中国进行专门研究，分别是中国社会经济研究中心、政治研究与预测中心、中国近代史及俄中关系研究中心、中国文化研究中心以及成立于 2022 年 1 月的俄罗斯、中国与世界研究中心。新成立的中心主要关注俄中关系的历史和现状、俄中在全球和区域形势发展中的地位和作用、亚洲和亚太地区的多边合作和安全等问题。2022 年该所共举办了 5 场以中国为主题的学术会议，分别是：第十届全俄学术会议"当代中国——中国共产党二十大之年的中国"；第二十三届东亚哲学与现代文明会议——"中国与东亚：哲学、文学、文化"；第六届国际会议"俄中合作：走向全球可持续发展"；国际学术研讨会"大国政治与俄中关系的未来发展"；学术会议"新地缘政治形势下的中美竞争"。由于种种原因，该所的年度传统学术会议"中国、中国文明和世界：历史、现状与前景"在 2022 年没有举行。

俄罗斯科学院东方学研究所也是研究中国问题的代表性学术机构之一。该所下设 13 个研究中心和 12 个研究室，其中，中国研究室是俄罗斯研究中国的重要机构，共有 28 名研究人员，现任主任为哲学博士科布泽夫（А. И. Кобзев）。中国研究室主要从事从古至今的中国历史和文化、传统艺术、历史文献、外交政策等方面的研究。该室每年定期举办"中国和世界——传统与现代"学术研讨会和全俄国际汉学会议"中国社会与国家"，后者从 1970 年迄今为止已经举办了 52 届。2022 年的"中国社会与国家"会议涉及中国和整个远东地区的国际关系、经济、文化、历史、哲学、语言学等广泛问题。与会的政治学博士、中国与现代亚洲研究所政治研究与预测中心主任维诺格拉多夫（А. В. Виноградов）以"中国与欧洲之间的俄罗斯：历史与展望"为题发言，俄罗斯著名东方学家、政治学家卢金就"中国对乌克兰危机的态度"作了主旨发言，青年学者祖延科（И. Ю. Зуенко）就中国对外交政策信息追踪的新方法分享了研究成果。

此外，俄罗斯战略研究所及其主办的期刊《国家战略问题》也为俄罗斯的当代中国问题研究作出了贡献。该所是专门为俄罗斯政府提供信息支持以确保国家安全政策战略方向的官方智库，现任所长是经济学副博士、国务活动家弗拉德科夫（М. Е. Фрадков）。该所的具体研究方向涉及世界各国的军事和军工政策、近邻国家的社会政治和经济形势、俄罗斯与其他国家双边关系的发展前景等。2022年 2 月，该所举行了主题为"与美国对抗背景下的中国国内外政策调整"的圆桌会议，与会者讨论了中美分歧的特点、中国应对美国制裁政策的经济战略等热点问题。

2022 年，在几家中国问题研究实力较强的俄罗斯高校中表现最为突出的是莫斯科国际关系学院。这是俄罗斯外交部下属的专门培养国际关系专业人才的高校及研究国际事务的重要智库，在国际关系、区域研究、经济学、政治学、新闻等领域均颇有建树。该校的中国学与区域项目综合中心、东亚与上海合作组织中心是其主要研究基地。前者主要关注比较视角下的中国文明，探讨欧亚及中国区域一体化项目；后者主要研究东亚（包括俄罗斯远东）以及上海合作组织地区的政治、经济一体化及其他进程。2022年，该校组织了多场与中国相关的学术研讨会。例如"多极世界中的中国：挑战与展望"青年学术会议，内容包括"中国的外交政策""中国的国内政治进程"和"中国的经济进程和创新运用"三个部分；第三届青年论坛"俄中：展望未来"；圆桌会议"中国眼中的俄中伙伴关系"，讨论了中共二十大的成果及其对俄中两国的意义等。此外，该校的国际问题研究所发布了一份题为"从软实力到话语权：中国外交政策的新意识形态"的研究报告，主要是俄罗斯中国问题专家杰尼索夫（И. Е. Денисов）和祖延科的研究成果，旨在分析介绍中国外交政策思想和实践中相对较新的"话语权"概念。

比较活跃的是俄罗斯国立高等经济大学。这是一所以经济学、数学、计算机、政治学、社会学等学科为主的研究性大学，是为俄罗斯政府和总统献言计策的主要智库之一，也是具有世界级影响力的专家分析中心。该校师资力量雄厚，科研潜力巨大，每年有众多基础研究项目和应用研究项目产出，很多专家同时也是俄罗斯政府下属的委员会和工作小组成员。该校2022年为俄罗斯总统办公厅和政府提供了98项分析报告，在制定政府计划和经济政策方面发挥了重要作用。该校的世界经济和国际政治系下设东方学教研室，成立于2010年，主要进行与东方学相关的教学与研究。2022年，教研室组织举办了第九届国际学生学术论坛"东方视角"，许多本科生、硕士研究生、博士研究生和年轻学者纷纷参加，会上主要探讨了中国、日本、朝鲜半岛国家和阿拉伯国家发展的相关问题。

而东方学和中国学研究的传统阵地——莫斯科国立大学和圣彼得堡国立大学在2022年则相对比较沉寂。莫大的亚非学院仅在4月14—22日举行了一场题为"莱蒙诺索夫报告会——东方学与非洲学"的学术会议，与会学者对中国的历史、文化和语言等方面比较关注，提交相关文章共 20 篇。彼大东方系在 2022 年初进行了与中国有关的活动，2 月在校内新建一个"中国之家"，为喜欢中国文化的学生和教师提供了一处交流场所；3 月 3—4 日举行了第 7 届全俄青年东方学家的学术会议，主题为"中国及邻国"，众多高校学生参加并分享了研究成果，会议主要讨论了中国及周边邻国的历史、文化、宗教、经济和政治等问题，如"现阶段巴基斯坦在中印关系中的作用""中国现代宗教政策的经济层面：以佛教为例""后疫情时代的俄中关系：动态和前景"等。

二、热点议题

（一）乌克兰危机背景下中俄关系的机遇与挑战

中国是俄罗斯的外交优先方向之一，是其重要的战略合作伙伴，因而在俄罗斯的战略研究中，中国占据了重要地位。这些研究主要聚焦在纷繁复杂的全球和地区局势中双方如何继续深化新时代全面战略协作伙伴关系。

2022 年乌克兰危机爆发后，中俄两国之间的关系愈发重要和备受关注。无论是在正式出版的期刊、图书，还是学术研讨会及其发布的研究报告中，关于两国关系的学术研究成果均不在少数。例如，俄罗斯科学院中国与现代亚洲研究所政治研究与预测中心主任、政治学博士维诺格拉多夫认为，俄中关系已成为全球发展的关键因素，尽管西方国家极力阻挠，但俄中关系在全球政治格局中的重要性一直在稳步上升。在双边、区域和全球层面的互动中，两国都面临重大考验，但两国总能有效回应，彼此的互补性使它们能够应对国际新秩序的共同挑战①。

俄罗斯学者一致认为，乌克兰危机以及由此引发的西方制裁对俄中关系产生了一定的负面影响，但他们对此基本持乐观态度，认为应对难题的最佳解决方式就是加强俄罗斯同中国的合作。对此，他们分析了双方合作中面临的机遇与挑战，对俄中关系的发展前景作出了判断。例如，俄罗斯科学院中国与现代亚洲研究所高级研究员、军事学副博士莫罗佐夫（Ю. В. Морозов）认为，俄中两国可以在平衡国家利益的基础上通过加强双边战略伙伴关系回应当前的威胁。具体措施包括实现欧亚大陆运输走廊的现代化；增加西伯利亚大铁路的运力，使从中国到欧洲的货物通过俄罗斯境内；合作发展南北运输走廊，包括印度、巴基斯坦和阿富汗；发展金融关系以扩大俄罗斯和中国之间的本币结算；加快落实与中国在高科技领域的合作项目；开发在航天、太空探索和能源开采等领域的合作项目等②。

在经济领域，不少俄罗斯学者强调了乌克兰危机升级后俄中两国进一步加强经济合作的必要性和可能性。俄罗斯国际事务委员会执行主任、政治学副博士季莫菲耶夫（И. Н. Тимофеев）指出，对于俄罗斯来说，由于受到美西方的制裁，需要替换掉来自西方的进口产品，如电子产品、炼油设备、各类机械零件等，同时，俄罗斯的出口产品也需要销售市场，主要是煤、石油、天然气等，尽管中国不太可能承担来自俄罗斯市场的全部出口量，但中国市场将发挥重要作用；而对中国而言，西方公司从俄罗斯市场的撤出为中国进入俄罗斯市场、增加市场份额提供了新契机，中国也会获得以折扣

---

① Виноградов А. В. Евразийская ось Москва — Пекин: вызовы и уровни взаимодействия // Проблемы Дальнего Востока. – 2022. – Выпуск №2. C. 20.

② Морозов Ю.В. Перспективы российско-китайских отношений в свете новой геополитической ситуации (Украинский фактор) // Китай в мировой и региональной политике. История и современность. 2022. №27. C. 12-24.

价购买大量俄罗斯原材料的机会，俄罗斯将在中国经济原材料来源多样化方面发挥重要作用。此外，俄罗斯需要一个高效、可靠的金融机制以保证同外国伙伴的金融交易。如果人民币成为俄罗斯国际交易的关键货币，中国作为国际金融中心的作用将得到增强。作者指出，尽管美西方的持续制裁和强硬措施使中国企业在评估与俄罗斯合作方案时极为谨慎，但这些制裁和强硬措施不可能阻止两国在新环境下建立贸易联系，因为在美国金融体系之外的人民币交易中，金融制裁不太可能影响到俄罗斯和中国的企业。为此，俄罗斯企业应加强对中国语言、文化和法律的了解，这将有利于吸引中国的投资商和供应商，达成长远的经济合作[①]。俄罗斯高等经济大学欧洲与国际综合研究中心主任卡申（В. Б. Кашин）在《俄罗斯、中国与乌克兰危机》一文中指出，在俄罗斯遭受西方制裁的同时，中国企业能够在被美西方放弃的俄罗斯市场上占据重要份额，如在汽车产销、电子消费、工业设备等领域，但在航空工业领域，俄罗斯和中国都遇到了"卡脖子"的技术障碍，对西方有较强的依赖，双方应加强在这些领域的合作。从长远来看，与中国的伙伴关系及对华产业合作将成为俄罗斯经济发展新模式的基础。而且，鉴于中国在经济上拥有更加理性的决策体系，与中国的关系在某些方面比之前与欧盟的伙伴关系更健康，在可预见的未来，中国将超过欧洲成为俄罗斯经济合作的首要伙伴[②]。

也有一些俄罗斯学者通过追踪俄中经贸合作的现实情况，分析两国经济合作过程中面临的新挑战。尽管近年来两国经济合作水平不断迈向新高度，取得了丰硕成果，但这并不意味着合作过程中没

---

① Тимофеев И.Н. Российско-китайское экономическое сотрудничество: возможности и препятствия в новых условиях. https://ru.valdaiclub.com/a/highlights/rossiysko-kitayskoe–ekonomicheskoe–sotrudnichestvo/.

② Кашин В.Б. Россия, Китай и украинский кризис // Россия в глобальной политике. 2022. Т. 20. No2. C. 204-212.

有问题。卡申就表达了一种担心，即俄罗斯在同中国加强合作的同时，可能会损失同日本等国家的经贸利益，破坏俄罗斯多年来在亚洲推行的多元关系格局①。俄罗斯科学院中国与现代亚洲研究所青年学者祖延科在《中国商业与俄罗斯：新的危机——新的机遇》一文中阐述了中国的中小企业在俄罗斯遇到的困难。他指出，在获利最多的行业中，中小企业总是被大企业所取代，而且卢布贬值导致中小企业招工困难，新冠疫情也为其带来了沉重的打击。在俄罗斯疫情明显比中国严重的时候，部分中小企业退出了俄罗斯市场，回到了更有吸引力的中国。除此之外，西方制裁的压力不会使俄罗斯给中国提供任何特殊优待条件，俄罗斯以牺牲自身经济利益而大规模吸引中国投资者的情况不会发生，但这并不会影响俄中两国战略伙伴关系的深入发展②。卡申及其同事扬科娃（А. Д. Янькова）在《俄中跨境合作：发展的深层障碍》一文中，通过分析俄中跨境合作的主要内容和指标、当前法律和制度框架的特点，以及一些政府项目的实施结果和大型双边项目，对俄罗斯远东地区和中国东北地区的跨境合作面临的困难及其出现的原因进行了分析。他们指出，当前两国跨境合作中出现了不容忽视的问题，即双方的合作兴趣逐渐消退。中国在评估地区层面的过境利益和产业合作前景方面越来越谨慎，中国投资者对远东项目的参与度微乎其微。而且，两国之间还缺乏足够信任，双边项目的实施总是"形式大于内容"，实质性成果很少。究其原因主要有三个方面：第一，俄罗斯边境地区市场容量小，基础设施不发达，远东产品出口多样化程度低，联邦预算资金

① Кашин В.Б. Россия, Китай и украинский кризис // Россия в глобальной политике. 2022. Т. 20. No2. С. 204-212.

② Зуенко И.Ю. Китайский бизнес и Россия: новый кризис — новые возможности. https://russiancouncil.ru/analytics–and–comments/analytics/kitayskiy–biznes–i–rossiya–novyy–krizis–novye–vozmozhnosti/.

不足；第二，俄罗斯没有制定跨境合作领域的法律，缺乏全面的战略、有效性评估标准、机制和实施项目的先决条件；第三，地方当局对中国资本和人力资源的性质了解不足。因此，双方签署的大量框架协议几乎都没有取得成果，合作形同虚设[①]。

许多学者在分析当前的俄中关系时都指出，两国目前的处境非常相似，都在应对来自美国的打压。他们认为，两国在军事领域应加强合作，但现阶段还不会组建军事联盟。例如，维诺格拉多夫强调，由于美西方对中国实行遏制战略，中国无法单独对抗美国，而俄罗斯在中国的全球战略中扮演着特殊角色，因此中国需要俄罗斯的支持，俄中两国应该加强合作。他分析指出，中国已经抓住、掌握并利用了当前的历史发展趋势，能够克服全球和地区危机。俄罗斯实则在这些危机中扮演了"先锋"的角色，在阻止美国集中精力遏制中国方面发挥了重要作用，令中国处于直接对抗的范围之外，顺势增强实力，为应对中美关系进一步变化做好准备。尽管俄中关系日益密切，但两国并没有变成正式联盟，两国之间没有正式义务的密切互动是最好的政策[②]。著名政治学家、历史学博士卢佳宁（С. Г. Лузянин）同样认为，目前的形势客观上迫使俄中双方追求前所未有的政治军事一体化和国家安全战略的协调，这种协调是对已经建立的军事和技术资源的一种补充机制。但俄中两国不会组建军事联盟，俄中军事联盟只有在极端不可抗力的情况下才会出现。当前，在扩大上海合作组织、金砖国家合作、欧亚经济联盟和"一带一路"倡议对接的同时，形成大欧亚伙伴关系，对于俄中两国的合作

[①] Кашин В.Б., Янькова А.Д. Приграничное сотрудничество между Россией и Китаем: глубинные препятствия развития // Проблемы Дальнего Востока. – 2022. – Выпуск №4 C. 41-55.
[②] Виноградов А.В. Евразийская ось Москва — Пекин: вызовы и уровни взаимодействия // Проблемы Дальнего Востока. – 2022. – Выпуск №2. C. 20-33.

更具现实意义^①。

（二）中美竞争加剧背景下的中美俄三角格局

针对向俄罗斯和中国同时展开遏制的美国，俄罗斯学者从国家利益和现实主义的角度作了详细分析并一致认为，中国和俄罗斯已被美国分别视为经济领域和军事领域的两大竞争对手，中美关系、俄美关系进入竞争大于合作的紧张时期。

部分俄罗斯研究者侧重分析中美之间矛盾和对抗的原因。例如，俄罗斯科学院美国和加拿大研究所政治军事研究中心主任巴秋克（В. И. Батюк）将美国把中国视为主要威胁的原因归纳为以下三点：首先，中国经济实力的日益增长威胁到了美国的经济霸权地位，这也是美方发起"贸易战"的主要原因；其次，中国军事实力逐渐增强，因此，美国近几年致力于在亚太地区建立各种联盟，包括美英澳"奥库斯"联盟、美日印澳"四方安全对话"机制等，其目的是扩大反华阵营并巩固军事实力以遏制中国；再次，随着对外贸易增加以及与美西方合作的增多，中国并没有走向"美国式民主"道路，中国经济的增长反而使中国共产党在中国社会中的地位得到巩固，这令美国政治精英大失所望。作者强调，拜登政府的对华政策具有连续性，这依赖于华盛顿稳定的政治共识，拜登也着重强调反华联盟参与国的"民主价值"同一性以加强阵营团结。但是，美国的这种战略达不到理想效果，因为其盟友与中国之间的经贸利益比其所宣扬的价值观具有更大的吸引力，因此中国可以利用经济效益

---

① Лузянин С.Г. Россия – Китай: борьба за справедливый мир. Глобальные и региональные измерения. // Россия и Китай в условиях кризиса международной безопасности. Материалы Международной конференции. Москва, 2022. С. 38-44.

有效地与美国抗衡①。

部分俄罗斯学者着重分析了中美竞争的未来趋势，旨在为俄罗斯找到有利定位。例如，中国与现代亚洲研究所中国近代史及俄中关系研究中心研究员沃洛什娜（A. B. Волошина）采取新现实主义的研究方法，从多个层面分析现阶段中美关系的现状，并基于清华大学国际关系研究院发布的"中国与大国关系分值表（1950—2020年9月）"中的中美关系分值，得出中美两国关系"已经跌至朝鲜战争和越南战争以来的最低值"②的结论。沃洛什娜认为，中美竞争加剧的趋势不会改变，两国的科技基础将在这场竞争中发挥最重要的作用。她指出，近年来，中国为了减少或摆脱对国外技术的依赖，加大科技创新的步伐，尤其是在半导体领域，但美国对中国高科技公司实施的严厉制裁在一定程度上阻碍了中国的经济发展。中美矛盾具有长期化的特征，中国的发展将在很大程度上取决于如何应对美国近年来提出的挑战，而俄罗斯则可以利用这一机会加大与中国的科技合作③。

还有部分俄罗斯学者将中美俄三角关系作为研究对象，侧重分析在当前国际地缘政治格局下俄罗斯如何应对美国的打压并摆脱困境。在《不平等的三角关系：新地缘政治环境下的俄罗斯—美国—中国》一文中，俄罗斯政治学家、美国问题专家罗戈夫（C. M. Рогов）对中美俄三国之间的关系进行了总体比较。他认为，世界的新地缘政治图景以三个权力中心呈现，三角形正在演变，其每一边

① Батюк В.И. Политика администрации Дж. Байдена на китайском направлении // Проблемы национальной стратегии. 2022. №1 (70). С. 10–30.

② Волошина А.В. Американо-китайские отношения и борьба за мировое технологическое лидерство // США & Канада: экономика – политика – культура. 2022. Выпуск №8. С. 50.

③ Волошина А.В. Американо-китайские отношения и борьба за мировое технологическое лидерство // США & Канада: экономика – политика – культура. 2022. Выпуск №8. С. 36-50.

的潜力都在变化，三角关系是不平等的。他指出，在美国的公众意识中，对俄罗斯和中国的负面成见已经根深蒂固。美国国防部2022年4月发布的《国防战略》三次提到将中国视为"美国头号敌人"，两次将俄罗斯描述为"严重威胁"。罗戈夫认为，美国的反俄政策及针对俄罗斯的行动会使俄中两国的关系更加紧密。未来，拜登政府为了遏制中国，将继续努力建立尽可能广泛和团结的反华联盟，而在此背景下，俄罗斯可以同中国展开更多的合作，寻求中国的支持[①]。

（三）新时代背景下中国的政治经济发展

1. 政治发展

2022年10月召开的中国共产党第二十次全国代表大会受到世界各国的密切关注，俄罗斯也不例外。除了多次召开学术研讨会探讨交流中共二十大的议题，俄罗斯学界还发表了一些相关研究成果，具体反映在对习近平新时代中国特色社会主义思想的认识和理解上。

整体而言，俄罗斯学者对中国共产党的理论建设以及当代中国的发展成就已达成基本共识，对中国共产党的执政理念持肯定态度。部分俄罗斯学者比较关注中国共产党的理论建设，对习近平新时代中国特色社会主义思想进行解读。俄罗斯国际事务委员会专家涅日丹诺夫（В. Л. Нежданов）着重从"中国关键词"入手，研究了习近平新时代中国特色社会主义思想的特点。他把该思想的内容具体划分为以下几个部分：中国共产党的崛起、中国的特殊国情、深化改革、

---

① Рогов С.М. Неравнобедренный треугольник: Россия – США – Китай в новой геополитической обстановке // США & Канада: экономика – политика – культура. 2022. Выпуск № 8. С. 6-24.

社会主义法治国家、海外投资和全球经济治理、国际关系和外交、环境问题、科技发展。涅日丹诺夫指出，中国共产党是在"创造性发展"的条件下围绕这些关键词建立思想体系，这种做法有利于保持意识形态体系的灵活性，确保其迅速适应政治环境的变化。首先，习近平新时代中国特色社会主义思想提出的概念具有重要意义，该思想同中国传统文化、马克思主义理论之间的关联性是中国共产党思想理论建设的重要特色。其次，习近平新时代中国特色社会主义思想的多重概念旨在阐述系统中的每一个要素，国内政策和外交政策的核心要素是相互依存的。再次，习近平新时代中国特色社会主义思想中的概念不是一成不变的，这一思想的形成旨在为国家治理提供理论支持，并创建一套符合党的宗旨和当代目标的最新理论体系[①]。普里马科夫世界经济与国际关系研究所亚太研究中心主任洛马诺夫（А. В. Ломанов）在《中共二十大前夕中国的外交政策意识形态》一文中，探讨了中共二十大筹备工作的国内国际背景。他指出，自2017年以来，习近平新时代中国特色社会主义思想已成为中共官方意识形态的重要组成部分，旨在反映中国从积累财富转向加强国力的目标和价值观。这一思想是对马克思列宁主义、毛泽东思想、邓小平理论、"三个代表"重要思想、科学发展观的继承和发展。习近平外交思想作为其中的一个重要组成部分，远远超出了国际关系理论和传统文化思想，与塑造中国外交新形象紧密相关。习近平外交思想落实在建设"一带一路"合作项目的宏伟实践中，体现了中华民族的天下观和大同世界观，其核心便是构建人类命运共同体。他建议，俄罗斯学界应对习近平外交思想保持密切关注和全

---

① Нежданов В.Л. К вопросу о специфике внешнеполитических концепци «Идей Си Цзиньпина о социализме с китайской спецификой новой эпохи» // Восточная Азия: факты и аналитика. 2022. №3. С. 47–57.

面研究①。

　　还有部分俄罗斯学者从实际问题出发，着重探讨目前中国发展面临的现实问题。中国问题专家祖延科在一篇分析文章中指出，二十大报告的标题"高举中国特色社会主义伟大旗帜，为全面建设社会主义现代化国家而团结奋斗"继承了中国革命叙事的传统。报告内容表明，现任中国领导层正在放弃过去对经济高速增长的痴迷，转而关注社会发展。该报告的核心概念之一是"人"，即人民的福利和利益，而另一个核心概念是"安全"，中国再次重申坚持一个中国原则，坚决反对"台独"和外部势力干涉②。俄罗斯科学院中国与现代亚洲研究所高级研究员维诺格拉多夫和特罗欣斯基（П. В. Трощинский）也认为，现阶段中国共产党的工作重心逐步从经济现代化转移到国家建设和提高国家治理的效率上来。中共十七大以来，中国共产党更加强调加强党的领导地位和国家建设的进程，恢复道德监管和教育的中心地位，在经济发展和保护国家利益方面重视法律支持，强调依法治国③。

2. 经济发展

　　中国的经济发展向来是俄罗斯学者研究中国的重点领域，其关注点常常聚焦于中国经济发展的最新成就。2022 年，在中美科技竞争日益严峻及中俄两国在经济领域均受美国遏制的背景下，俄罗斯学者着重分析了中国经济的发展战略、"数字丝绸之路"的发展现

---

① Ломанов А.В. Внешнеполитическая идеология Китая в преддверии XX съезда КПК // Китай в мировой и региональной политике. История и современность. 2022. №27. С. 25-41.

② Зуенко И.Ю. XX съезд Компартии Китая: основные итоги. https://russiancouncil.ru/analytics–and–comments/analytics/khkh–sezd–kompartii–kitaya–osnovnye–itogi/.

③ Виноградов А. В. , Трощинский П. В. Заключительная сессия ВСНП 13-го созыва и некоторые итоги государственного строительства за 10 лет // Проблемы Дальнего Востока. – 2022. – Выпуск №4 .С. 7-21 .

状，以及中国在高新科技进步方面取得的最新成就。

中国的基础设施建设、能源政策和面临的内外部挑战等问题始终是俄罗斯学界的研究对象。此外，不少俄罗斯学者还关注中国的信息化进程、电子商务产业的形成以及在线教育、在线医疗等多个信息领域的进步。如前所述，比较有代表性的是萨佐诺夫的《中国：交通基础设施、创新、"一带一路"项目》一书和马斯洛夫的《我眼中的中国经济：挑战、对策与展望》一书。前者重点介绍了中国的经济发展战略和近年来取得的突出成就，后者重点分析了近年来中国经济发展所面临的挑战，以及中国为克服这些挑战所采取的对策和措施。

"数字丝绸之路"是数字经济和"一带一路"倡议深度融合的产物，旨在加强"一带一路"沿线国家在云计算、大数据、人工智能、纳米技术等高科技领域的合作，为各国经济的繁荣发展注入活力。然而，随着美国贸易保护主义、科技霸权主义的盛行，中国受到了严重的封锁和打压，中美科技竞争呈现愈演愈烈的态势。在此情况下，许多俄罗斯学者对以技术为依托的"数字丝绸之路"进行了分析研究，认为中国"数字丝绸之路"的整体发展前景良好。俄罗斯科学院、圣彼得堡国立大学教授列克休京娜（Я. В. Лексютина）和俄罗斯战略研究所协调研究中心高级专家西佐夫（Г. А. Сизов）在接受《国家战略问题》杂志采访时，对"数字丝绸之路"的战略目标、特点和发展前景进行了详细阐释。两人一致认为，中国在推动数字基础设施建设方面具有独特优势，"数字丝绸之路"在中国的对外经济战略中占据重要地位。首先，中国正致力于在人工智能等多个领域取得领先地位，扩大与其他国家的合作，将自身打造成为世界科技创新中心。其次，在科技创新领域实现独立可以确保国家安全，通过提高国家科技公司在数字化进程中的作用，可以推动中国数字基础设施进入国际市场，进而提升中国在地区和全球价值链中的地位。最后，发展数字基础设施的重点对象首先是发展中国家，由于中国的产品和技术成本低，加之发展中国家政府将采用这些技术和设备视为效仿"中国模式"提高国家运转效率的途径之一，因而发展数字基础设施对发展中国家来说具有很强的吸引力[①]。

关于中美之间的技术竞争是否会导致两个技术阵营的形成，俄罗斯学界存在两种截然不同的观点。部分俄罗斯专家对其持否定态度，认为现阶段中国在技术领域还很难同美国抗衡。例如，西佐夫认为，谈论中美在技术领域的势力范围划分为时尚早，因为发展中国家大都奉行多元平衡政策，有意在中国和美国之间保持利益平衡。从长期来看，中美两国的科技竞争趋势仍将持续。美国在亚洲的伙伴国家对中国信息通讯技术的依赖程度会越来越高，中国"数字丝绸之路"项目的实施将进一步增加美国及其盟友的担忧[②]。而另一部分俄罗斯专家则对此持乐观态度，认为中国的技术崛起已成事实。例如，俄罗斯科学院世界经济与国际关系研究所亚太研究中心高级研究员加姆扎（Л. А. Гамза）在《中国数字丝绸之路》一文中，以华为公司为例，分析了"数字丝绸之路"框架下中国技术在世界其他国家推广的现状和前景。她指出，部分欧洲国家迫于美国的压力也对华为进行打压，但是华为仍在欧洲市场上占据一定的优势地位。而在东南亚地区，实际上已形成了"数字丝绸之路"，大多数东盟国家拒绝美国的施压而参与"数字丝绸之路"建设，这反映出中国的地区影响力越来越大。此外，由于受到美国的制裁和孤立，华为对俄罗斯的兴趣有所增加，加强了与俄罗斯的技术合作，而美国对中国发起的"技术战"是推动俄中两国在技术领域加强合作的主要

---

① Лексютина Я.В., Сизов Г.А. Цифровой шёлковый путь: особенности и перспективы развития // Проблемы национальной стратегии. 2022. № 6 (75). С. 324–339.

② Лексютина Я.В., Сизов Г.А. Цифровой шёлковый путь: особенности и перспективы развития // Проблемы национальной стратегии. 2022. № 6 (75). С. 324–339.

因素。发展中国家，尤其是非洲国家和拉美国家，则成为中国发展"数字丝绸之路"的重要战略方向。关于数字丝绸之路的发展前景，她认为，虽然以华为为代表的中国公司遭到了美国及其盟友的技术封锁，并受到了沉重打击，但这并不能阻碍"数字丝绸之路"的发展，因为中国已经形成了相当强大的现代技术基础①。

三、特点分析

通过梳理俄罗斯学者研究中国的热点议题与主要观点，结合近年来俄罗斯中国问题研究的总体情况，我们发现，2022 年俄罗斯学界在研究内容、研究立场、研究主体等方面呈现出一些鲜明的特点。

首先，从研究内容来看，俄罗斯学界既重视以现实问题和热点问题为导向关注当代中国，也不忽视从历史、哲学、文化角度了解古代中国。

一方面，无论是期刊、图书，还是智库机构举办的各类学术活动，其大部分议题和内容均离不开中国国内的热点和国际社会的焦点。2022 年 10 月召开的中国共产党第二十次全国代表大会不仅对中国具有里程碑意义，而且举世瞩目，引起了世界各国的深刻关切。俄罗斯学界聚焦这一重大事件，关注会议的进程及官方发布的文件，捕捉会议召开前后释放出来的各种信号，这充分体现出俄罗斯学界在当代中国问题研究上的敏锐性。与此同时，全球年度第一热点事件无疑是乌克兰危机，俄罗斯作为当事方之一备受美西方孤立和制裁的双重压力，困难重重，在危机时期保持和加强与中国的全面战略协作无疑对其具有重大的现实意义。在此背景下，俄罗斯学界聚

---

① Гамза Л. А. Цифровой Шёлковый путь Китая // Проблемы Дальнего Востока. – 2022. – Выпуск №2 С. 63-79 .

焦中国政府的政治、经济、外交战略，特别是中国在国际舞台上的表态和作为，自在情理之中。

另一方面，俄罗斯学界长期以来一直有一批潜心研究古代中国历史和文化的学者，他们是致力于对中国文明传统遗产进行长线研究的稳定力量。即使是在局势动荡不安的 2022 年，他们依然始终如一地关注着自古至今中国发展过程中的某一领域或某一问题。这类学者不在少数，他们探讨的问题覆盖面很广，涉及中国古代历史人物、哲学家及其思想、文化和艺术类型、民间风俗传统、古代文献翻译等问题。以著名汉学家马斯洛夫为例，尽管他经常接受媒体采访谈论热点话题，也经常出现在各种学术活动上发表关于现实问题的观点评论，但他长期从事中国古代精神文化和哲学思想的研究，仅在 2022 年就发表了四篇探讨中国古代道教、佛教、老子的《道德经》等内容的文章。从某种意义上说，这种细水长流的学术研究对于文化的传播与交流具有更加长远的意义。

其次，从研究立场来看，俄罗斯学界在政治、经济、文化、历史等领域所进行的中国研究，尽管出发点和侧重点不尽相同，但归根结底都是为了深入了解邻居中国，做到知己知彼，最终目标是解决俄罗斯国内问题，更好地把握中俄关系的未来发展策略。

一方面，俄罗斯的中国问题专家深入了解中国领导层的执政理念及中国共产党的各项方针政策，试图深刻理解中国国家治理的核心思想，并寻找中国国际影响力稳步提升的内在原因。就在中国国内全面学习贯彻习近平新时代中国特色社会主义思想的同时，部分俄罗斯学者也在强调该思想的历史意义和实践价值，呼吁学界同仁予以重视。这种敏锐的洞察力无疑是基于俄罗斯中国学发展的长期积淀，也体现出俄罗斯学者对中国政治思想的深度思考。

另一方面，为了学习借鉴中国的发展经验以解决其自身问题，不少俄罗斯学者长期探究中国经济的发展模式，时刻关注最新发展动态。有学者对中国经济的发展模式、科技创新、中小企业的发展现状等问题作了详细研究，并指明俄罗斯在相应领域中应该发挥的作用或应当采取的措施，充分借鉴中国的成功经验。例如，俄罗斯科学院首席科学家、经济学博士诺沃谢洛娃（Л.В. Новоселова）分析了中国近十年经济发展模式的转型状况，指出当代中国发展经验对俄罗斯具有启发性，学习中国经验对俄罗斯很有必要 ①。俄罗斯科学院高级研究员扎克利亚济明斯卡娅（Е.О. Заклязьминская）梳理了中国对国外技术依赖较大的领域并指出，中国的技术领域因美国制裁而受到了较大影响，但中国积极采取对策冲破障碍，俄罗斯可以借鉴中国的相关经验来制定创新政策，从而实现俄罗斯的技术主权②。

最后，从研究主体来看，俄罗斯学界从事中国问题研究的机构主要有两大类：一类是官方的专门研究机构，其中最具影响力和权威性的机构是俄罗斯科学院下属的中国与现代亚洲研究所、东方所、远东历史考古民族研究所，还有俄罗斯总统战略研究所和俄罗斯国际事务委员会等官方智库；另一类是高校内部设立的科研中心，实力最强的有莫斯科国立大学亚非学院、圣彼得堡国立大学东方系、莫斯科国际关系学院中国学与区域项目综合中心、俄罗斯国立高等经济大学。在过去的一年里，这些机构作为俄罗斯中国问题研究的主力军，深入考察中国的各领域问题，发表文章和专著、召开学术会议，探讨与当代中国相关的热点问题。官方的研究机构资历深、名气大、人员多，为探讨中国问题投入了较大的科研热情，成果也相对比较丰富。这些机构的研究人员不仅定期参加学术研讨会，与

① Новоселова Л. В. Современный Китай: смена экономической парадигмы // Мировая экономика и международные отношения – 2022. – Том 66. – Выпуск №10 С. 24-33.

② Заклязьминская Е.О. Зависимость Китая от зарубежных технологий. Институт Китая и современной Азии РАН.

其他国内外科研机构或高校联合组织学术活动，还发表了大量的研究中国问题的文章，为俄罗斯的当代中国问题研究作出了重要贡献。与此同时，俄罗斯高校下设的许多研究中心也日益发挥自身优势，从不同视角出发探索中国问题研究的不同路径，成为当代俄罗斯学术界中国学研究不可或缺的重要力量。而且后者近年来呈现出更加积极的发展态势，正在由传统的主攻长线研究逐渐向注重研究现实问题过渡，甚至在某些学术领域不输官方的科研机构。

应该看到，在俄罗斯陷入地缘政治困境、面对西方制裁和战争的双重压力下，其国内的学术研究活动也受到了一定影响。与前几年相比，这一年的学术活动数量和科研成果数量在整体上均有所下降，与其他国家的学术交流合作也有所减少。但令人欣慰的是，俄罗斯学界的中国学研究队伍克服各种困难，笔耕不辍，在已发表的学术成果中不乏优秀之作。

综上所述，俄罗斯学界在 2022 年开展的中国问题研究，既保持了传统研究的稳定性，也受多重因素影响呈现出一定的独特性。不少俄罗斯学者在研究中国问题时所持的态度和观点结论对于引导俄罗斯社会涉华舆论走向，以及影响俄罗斯政府对华政策制定均可能发挥举足轻重的作用。对俄罗斯学界关于当代中国问题研究的最新研究成果和研究动态的跟踪与分析，有助于深入了解俄罗斯社会对中国的认知情况，也有助于我们进一步加强中俄学术交流，为中俄两国新时代全面战略协作伙伴关系的健康发展提供有力的保障。

（作者单位：北京外国语大学俄语学院）

法 国

赵超

习近平总书记在党的二十大报告中指出："当前，世界之变、时代之变、历史之变正以前所未有的方式展开。"在 2022 年的国际舞台上，这种变化的趋势愈加强烈，特别是乌克兰危机的突然爆发给整个世界带来巨大冲击。面对分裂和冲突持续加剧的国际形势，法国社会表达了独立发声、真正实现战略自主的强烈诉求，这种情绪也明显反映在 2022 年法国学者关于当代中国问题的研究上。本文尝试回顾这一年法国关于当代中国问题研究的整体情况，梳理其中的热点问题和代表性观点，并对年度特点和发展趋势进行简要分析。

一、总体概况

（一）期刊

法国学术期刊近年来一直非常关注当代中国问题，在这一年刊发了大量相关研究文章，尤其涉及国际政治、社会、文化等领域。一方面，以中国为研究对象的学术刊物延续以往风格，每期聚焦一个主题组织专题研究文章。季刊《神州展望》（*Perspectives Chinoises*）在这一年共出版了4期，分别探讨中国的代际更迭与社会变化、当代中国对儒家教育的创新、香港及大湾区的智慧城建设以及通过华侨塑造跨国空间。季刊《华人世界》（*Monde Chinois*）仍然未能完全恢复疫情前一年4期的出版频次，2022年共出版了2期。第1期主题为"中国化的'理论旅行'理论：侨易学和人文科学"，这是对2021年第2—3期关于侨易学探讨的延续，将爱德华·萨义德（Edward W. Said）为研究某个理论的动态变迁而提出的"理论旅行"，同中国本土人文科学研究的侨易理论进行比较研究，分析中西方在人文社会科学领域研究方法以及思维方式的异同，并从侨易学的角度探究中西方文化交流。第2期主题为"台湾的礼仪与公民社会：作为过渡空间的文学"，尝试在过渡性文学理论框架下解释台湾地区的文化和社会现象，分析文学实践如何确保文明发展所必需的过渡性功能，探讨文学批判对社会文化发展的推动作用。

另一方面，推出中国研究专刊的专业性学术刊物在这一年不多，许多刊物推出的主题虽然不是直接关于中国问题的，但都离不开对中国因素的探讨，尤其是在国际政治领域。例如，法国最具分量的国际关系期刊《外交政策》（*Politique Étrangère*）在2022年刊发的4期杂志主题分别为"气候：应当遵循哪种市场？""乌克兰：介于两种和平之间？""乌克兰战争：改变世界？""巴尔干地区：新的大博弈？"，在每个主题下都刊发了涉及中国的研究文章，探讨中美气候外交、中国与第三极概念、中国在俄乌冲突中的立场、中国对西巴尔干地区的影响等问题。法国立法与行政信息局（DILA）主办的期刊《国际问题》（*Questions Internationales*）在2022年第11—12月刊推出了以"世界上的中国和中国人"为主题的专刊，关注在中国大陆以外生活或工作的中国人，以及北京在世界各地发展的影响力战略。研究欧洲地缘政治的《海外》（*Outre-Terre*）杂志在2022

年第 1—2 期推出了以"进入'亚洲世纪'的太平洋地区"为主题的专刊，分"'亚洲世纪'的重要性与同亚洲的关系""对中国在大洋洲的动机与行动的透视""面对中国：大洋洲的外交竞争"3 个板块，组织了十几篇研究文章。《国防杂志》（*Revue Défense Nationale*）在 2022 年第 7 期推出了以"美英澳三边安全伙伴关系（AUKUS）一周年"为主题的专刊，在这一主题下刊发了涉及南海问题、台湾问题、中国的新兴技术、中俄关系、中越关系等多篇研究文章。

（二）图书

　　法国学术界在这一年出版的研究当代中国问题的图书在规模上明显超过上一年度，几家出版社推出了多个中国主题的系列图书。例如，法国最大的出版商阿歇特出版集团（Hachette Livre）与法国国家图书馆（BNF）合作再版了 20 多部法国传教士和探险家在 19 世纪或 20 世纪初撰写的研究中国问题的经典图书，主题涉及儒家文化的传统礼仪、中国与邻国日本和暹罗的关系、基督教在中国的发展情况、中国皇室的历史、中国各地游记、版画艺术服饰与传统等，反映了当时中国的社会文化风貌，这是合作双方在重印 20 世纪 30 年代前出版的珍贵图书文献的合作协议框架下推出的系列图书的一部分。"我们的知识"出版社（Editions Notre Savoir）从 2022 年起陆续推出当代中国问题研究的系列学术图书，包括美国 2011 年重返亚太战略对中美大国政治的影响、中国的生态文明与乡村振兴、中国与以色列的治理和危机管理、北京奥运与中国的公共外交、社会发展变化和经济改革对中国家庭育儿的影响、中国媒体中的埃塞俄比亚形象、中美贸易战对国际经济权的影响、中国供应链与融资现状等，在这些学术作品中不乏中国学者的研究成果。

　　在法国学者关于当代中国研究的图书成果中，国际关系领域相关图书所占比重仍然最大，这延续了近年来的整体趋势。其中，研究中美关系的现状及其未来走向的成果相对比较集中。例如，法国国际关系和战略研究所（IRIS）高级研究员巴泰勒米·库尔蒙（Barthélémy Courmont）的《中国—美国：巨大的鸿沟》[1]，由法国战争经济学院创始人兼院长克里斯蒂安 - 哈布洛特（Catherine Delahaye）监制的《强者之战：中国和美国的统治战略》[2]，国际经济法专家勒内·加西亚（René Alejandro Aguilar García）的《国际经济法的新天地：美国、中国和国际经济法》[3]，西班牙舒瓦瑟尔研究所所长爱德华·奥列尔（Eduardo Olier）的《重新平衡美国与中国之间的大国政治：关于 2011 年美国转向亚太的研究》[4] 等。中非关系也是这一年该领域备受关注的主题，相关研究成果包括《中国与科特迪瓦：1994 年至 1999 年关系的活力》[5]《中国对赞比亚铜矿业的外国直接投资：一个比较案例》[6]《中国和卢旺达：有效的领导，转型的治理》[7]《中国在非洲的形象》[8]《中国在非洲的表现》[9] 等。以"一带一路"倡议为研究主题的成果也有所增加，例如《印太与"一带一路"倡

[1] Barthélémy Courmont, *Chine-USA : le Grand Écart*, VA PRESS, 2022.

[2] Catherine Delahaye, *La Guerre des Puissants: Stratagèmes de Domination de la Chine et des Etats-Unis,* VA PRESS, 2022.

[3] René Alejandro Aguilar García, *Le Nouveau Monde du Droit Économique International: Les États-Unis, la Chine et le Droit Économique International,* Éditions Notre Savoir, 2022.

[4] Eduardo Olier, *Les Guerres Puniques du XXIe Siècle: L'Affrontement Entre les États-Unis et la Chine Pour l'Hégémonie Mondiale,* Éditions L' Harmattan, 2022.

[5] Konan Aimé Djaha, *La Chine et la Côte d'Ivoire: Un Dynamisme des Relations de 1994 à 1999,* Éditions universitaires européennes, 2022.

[6] Matebe Chisiza, *Les IDE de la Chine Dans l'Industrie Minière du Cuivre en Zambie : Un Cas Comparatif,* Éditions Notre Savoir, 2022.

[7] Gerald Mbanda, *Chine et Rwanda : Leadership Efficace, Gouvernance Transformationnelle,* Éditions Notre Savoir, 2022.

[8] Mario Charles Clikan, *L'image de la Chine en Afrique,* Éditions Notre Savoir, 2022.

[9] Cliff Mboya, *Représentation de la Chine en Afrique,* Éditions Notre Savoir, 2022.

议》①《习近平与"一带一路"非洲倡议：21 世纪最大的地缘经济项目的地缘战略分析》②《中国与新丝绸之路》③ 等。此外，还有不少研究成果选取其他角度作为切入点，探讨了中国在全球影响力的提升，例如，中国问题专家高敬文的再版专著《中国的国际政治》④，以及《中国战略一瞥：中国在巴拿马地区的定位和巴拿马在这种新形势下的支点作用》⑤《来自中国的话语：断裂、新兴、持久》⑥《中国研讨会在其他发展中国家发展中的作用》⑦ 等。

在经济领域，相关研究图书较多反映的是对一些微观层面问题的探讨，例如《越南和中国的全要素生产率：全要素生产率对这两个改革国家经济增长的贡献》⑧《外国直接投资及对发展中东道国经济增长的影响：中国在刚果民主共和国的外国直接投资的证据》⑨《心

---

① Sémir Al Wardi, Jean-Marc Regnault et Api Tahiti, *L'Indo-Pacifique et les Nouvelles Routes de la soie,* Api Tahiti, 2022.

② Jimmy Yab, *Xi Jinping et l'Initiative la Ceinture et la Route en Afrique: Analyse Géostratégique du Plus Grand Projet Géoéconomique du 21e Siècle,* Independently published, 2022.

③ Benjamin El Kaim, *La Chine et les Nouvelles Routes de la Soie,* Independently published, 2022.

④ Jean-Pierre Cabestan, *La Politique Internationale de la Chine,* Les Presses de Sciences Po, 3e édition, 2022.

⑤ Idania M. Perigault, *Un Regard Sur la Stratégie de la Chine: Son Positionnement Dans la Région et le Rôle du Panama en Tant Que Pivot Dans ce Nouveau Scénario,* Éditions Notre Savoir, 2023.

⑥ Vanessa Frangville, Françoise Lauwaert et Florent Villard, *Mots de Chine: Ruptures, Émergences, Persistances,* PU RENNES, 2022.

⑦ Alhajie Bakar Kamara, *Le Rôle des Séminaires Sur la Chine Dans le Développement d'Autres Pays en Développement,* Éditions Notre Savoir, 2022.

⑧ Son Le, *Productivité Totale des Facteurs du Vietnam et de la Chine: Contribution de la Productivité Totale des Facteurs à la Croissance Économique de Deux Réformateurs : le Vietnam et la Chine,* Éditions Notre Savoir, 2022.

⑨ Hippolyte Nzila, *Investissements directs étrangers: et Impact sur la Croissance Economique des Pays en Développement d'Accueil: Evidence pour les IDE Chinois en RDC,* Éditions universitaires européennes, 2022.

理距离对外商直接投资的作用：中国案例》①《发展资金的分散和多样化：中国、印度和土耳其的案例》②《龙的战术：中国企业家在不确定条件下的领导策略》③ 等。在文化领域，对中国传统哲学思想的研究延续了法国学术界的研究旨趣，相关研究成果包括《古代印度和中国的哲学》④ 等。

（三）智库

国际关系研究院（IFRI）作为法国最具影响力的智库，将中国作为重要的研究对象，推出了许多围绕中国问题展开的图书、文章、报告等学术成果。该研究院在其官网首页上将"中国"与"乌克兰战争""非洲"突出并列为三个最重要的研究板块，并明确表示，其针对中国问题的研究，旨在"通过其研究活动，让人们更好地了解当代中国及其全球定位"。2022 年，该研究院共发布了 18 项关于中国问题的学术成果：一方面，观察中国对内政策及其实施效果，涉及中国共产党第二十次全国代表大会、中国与东南亚华人的特殊关系、中国军队的现代化、中国的网络空间治理、中国人口结构的挑战、中国在量子领域的科技发展等；另一方面，关注中国对外战略及其实施效果，包括中俄太空合作、美国对华出口管制、中国在非洲的影响、中国在俄乌冲突中发挥的作用、欧盟对华政策的

---

① Joy Amgad, *Le Rôle de la Distance Psychique sur l'Investissement Direct à l'Étranger: Le Cas de la Chine,* Éditions Notre Savoir, 2022.

② Olivier Najar, Ysaline Padieu et Pascale Scapecchi, *Fragmentation et Diversification du Financement du Développement : les Cas de la Chine, de l'Inde et de la Turquie,* MacroDev, 2022.

③ Sandrine Zerbib et Aldo Spaanjaars, *Dragon Tactics: Les Tactiques des Entrepreneurs Chinois Pour Mieux Diriger Dans l'Incertitude,* Dunod, 2022.

④ Jayashree Medda Khan, *Philosophie de l'Inde et de la Chine Anciennes,* Éditions Notre Savoir, 2022.

调整、中国在太平洋群岛的外交实践等。在这一年，国际关系研究院还组织了4场涉及中国问题的专题研讨会，主题包括"盘点中共二十大""俄乌冲突之后的亚洲：对多极化和高强度冲突风险的再思考""中国经济增长放缓的新时代：对全球经济和地缘政治的影响""中国：俄罗斯在乌克兰问题上的真支持者还是假盟友？"。

国际关系和战略研究所（IRIS）作为专门研究地缘政治和战略问题的智库，服务于法国外交部、国防部等政府机构以及国民议会和参议院，非常重视对中国问题的研究。该研究所以项目形式组建跨学科的研究团队，同时兼顾领域和区域两种类别标准。在领域研究中，该机构延续了去年的划分标准，包括国防与安全、国际平衡与全球化、能源与环境、人道主义与发展、社会问题、体育与国际关系六个板块。在区域研究中，该机构对区域的划分进行了调整，由去年的拉丁美洲和加勒比地区、亚洲—太平洋地区、非洲、中东和北非地区四个板块改为撒哈拉以南非洲、美洲、亚洲、欧洲、中东和地中海地区、俄罗斯和独联体国家六个板块。对中国问题的研究相对集中在区域研究的亚洲板块，同时也散见于领域研究的六个板块中，成果形式包括学术文章、智库报告、媒体评论文章和媒体采访等，探讨的主题涉及中共二十大、中国共产党对历史遗产的继承、中国的外交战略、中国在全球影响力的提升、中国在俄乌冲突中的立场、中国对新冠疫情的应对、中国的粮食问题、中国的经济发展情况、台湾问题等。从这些成果中可以看出，该机构的中国问题研究人员在法国媒体上频繁露面，表现非常活跃，在法国社会具有较强的舆论引导能力。

巴黎政治学院国际研究中心（CERI）作为依托于高校的学术机构，侧重于开展跨学科的基础性研究，围绕"认同与政治""国家及其重构""暴力与危机管理""全球空间的行为者与调节范围""政治参与和动员"五个重点研究主题组建研究项目和研究团队。目前，同中国直接相关的研究仅有在"认同与政治"研究主题下设立的研究项目"在法国的中国人：寻求认同、身份与转变"。此外，该中心2022年还举办了一系列关于中国的研讨会。其中有一些研讨会直接以中国为研究对象，包括"中共二十大召开后不久：是否要重新谈论中国社会？""中国是否会武力统一台湾？"，还有一些研讨会涉及中国元素，包括"世界中的法国：周期结束还是复兴？""反激进化的斗争政治"。

法国近现代中国研究中心（CECMC）作为开展中国研究的专门智库，别名"中国中心"，主要是在社会科学的视角下开展关于中国的研究项目，并根据法国社会科学高等研究院的模式开展研究和教学活动。该中心设定的六个跨学科研究主题包括"亚洲的流通、适应和网络""住在亚洲""知识与技术：应用、物体与流通""社会与国家：互动、冲突、调整""数字人文科学集群""视觉文化集群"。2022年，该中心仅举办了一场"法国近现代中国研究中心辩论周期"研讨会，主要是探讨该中心研究员华澜（Alain Arrault）于2020年出版的图书《中国文化形象的历史：湖南的家祀神像》。该中心研究人员出版的图书主要以历史文化为主，包括法国国家科学院教授达米安·肖桑德（Damien Chaussende）主编的《中国通史》系列丛书中的《宋代（960—1279）》①，法国历史学家弗朗索瓦·吉普鲁（François Gipouloux）的《商贸、货币、权力：资本主义在中国不可能出现，16—19世纪》②。

法国现代中国研究中心（CEFC）将总部设在香港，并在北京和台北开设分支机构，非常关注中国在政治、经济、社会以及文化领

---

① Christian Lamouroux, *La Dynastie des Song (960-1279). Histoire Générale de la Chine*, Éditions Les Belles Lettres, Histoire, 2022.

② François Gipouloux, *Commerce, Argent, Pouvoir. L'impossible Avènement d'un Capitalisme en Chine, XVIe-XIXe Siècle*, CNRS éditions, 2022.

域发生的变化。该机构基于三条研究主线致力于现代中国问题研究：国家建设、制度演进和治理模式，知识和文化的争论、宗教和身份的表征，社会团体与运动、劳动和不平等。该机构主办的期刊《神州展望》是呈现其主要研究成果的平台。

二、热点议题与主要观点

（一）欧洲战略自主框架下的对华政策

2021年，美国、英国和澳大利亚组建"奥库斯"联盟（AUKUS），强化三国军事合作，特别是核潜艇合作。根据三国达成的协议，澳大利亚取消了购买法国常规动力潜艇的大型合同，转而向英美购买核动力潜艇。此举不仅受到该地区国家的高度关切，也引发了法国的强烈反应，被法国外交部长让－伊夫·勒德里昂（Jean-Yves Le Drian）称为"背后一击"。法国社会对美国"背信弃义"的质疑和指责在2022年持续发酵，这激发了法国学术界重新审视美国为遏制中国提出的"价值观联盟"是否合理可信，并深刻反思如何才能真正实现欧洲的战略自主。

法国学者探讨了美国建立"奥库斯"联盟的真实目的、实际影响和国际反应，普遍认为美国组建该联盟主要是为应对来自中国的挑战。在《国防杂志》就"奥库斯"联盟成立一周年所作的专刊中，法国军事学院战略研究所（IRSEM）研究员玛丽安娜·佩龙－杜瓦斯（Marianne Péron-Doise）和主任研究员伯努瓦·德特雷格洛德（Benoît de Tréglodé）为专刊撰写了编者按。他们分析指出，"奥库斯"联盟是美国领导的全球战略联盟的一部分，该决策尽管表面上并没有以任何方式提及中国，但实际上是拜登政府为应对中国在印度—太平洋地区军事政治影响力的上升而制定的新安全架构的一部分。但是在亚洲建立一个有效的平衡联盟可能并不像拜登政府所希望的那样容易，困扰大多数联盟的集体行动问题在亚洲尤为复杂，部分原因在于那里存在诸多涉及大国冲突和紧张局势的因素。"奥库斯"联盟投射出精英主义的盎格鲁—撒克逊俱乐部的可疑形象，在亚洲不一定会被解释为一种及时的集体防御行为，更有可能会被视为一种不必要的挑衅[①]。里尔天主教大学讲师埃里克·莫泰（Éric Mottet）在阐释东南亚国家对"奥库斯"联盟的态度时，也指出了美国建立该联盟的真实目的。他表示，东盟国家对这一点的看法是一致的，认为"奥库斯"联盟"是为了对抗中国的崛起"[②]，是美国对用于处理安全和防务问题的地区机制的一种补充，但是东盟国家对该联盟的态度存在分歧。

针对美国在未知会其他盟友的情况下突然组建三国联盟的"战略意外"，法国学者普遍认为遭受了盟友的背叛，联盟内部信任关系严重受损。让·穆兰－里昂第三大学教授奥利维尔·扎耶克（Olivier Zajec）对"战略意外"进行了阐释，认为这属于一种"系统性意外"，即"用于考虑国际舞台的结构和行为者的习惯性方式出现了根本性断裂"，"这种认知断裂令人痛苦、难以接受，因为它不可避免地导致我们对自己的战略判断能力产生质疑"。后冷战时代，法国不是第一次遭遇盎格鲁—撒克逊盟友的"意外"，似乎已经习惯面对期望与现实之间的差距。但是，澳大利亚的决定和"奥库斯"联盟的建立，让法国重新对其能力、战略以及在今后国际关系中的作用进行了痛苦的反思。从 2016 年至 2021 年，由于中国的兴

---

① Marianne Péron-Doise et Benoît de Tréglodé, «AUKUS, un an après», *Revue Défense Nationale*, N° 852, 2022/7, pp. 13–16.

② Éric Mottet, «L' ASEAN face à l' AUKUS: dissensions, résilience et centralité», *Revue Défense Nationale*, N° 852, 2022/7, p. 126.

起，印度洋—太平洋地区主要两极力量的平衡状态已经打破，逐渐演变为公开对抗，这迫使位于该地区的澳大利亚、日本等国更多从本国国家利益出发重新作出结盟选择。印太地区对法国也十分重要，因为法国在该地区的承诺将成为反映法国在全球实力地位恢复或下降的晴雨表。法国的决策者必须停止痛苦，通过恢复真正的外交想象力，作出使自己和盎格鲁—撒克逊"盟友"感到"意外"的决策，这将关系到战略行动的自由和政治信誉①。

　　基于此，不少法国学者表示，尽管面对中美竞争加剧的态势，马克龙政府提出加强战略自主，但始终缺乏明确定位和实际行动，当前形势迫使法国必须重新审视对美和对华政策，真正找到出路。巴黎政治学院政治研究中心（CEVIPOF）秘书长弗洛朗·帕尔芒捷（Florent Parmentier）在《法国能否拒绝参与中美竞争？》一文中分析指出，中美竞争对法国乃至欧洲在全球的地位不无影响。近年来，欧洲同美国之间的误解不断增加：特朗普政府对盟国的多次打击让欧洲人意识到加强自主性的重要性；拜登政府从阿富汗的匆忙撤军和不惜损害法国利益建立"奥库斯"联盟，更令欧洲对美国伙伴的可靠性产生不安。因此，许多平衡做法的支持者呼吁："让我们不要陷入美国想要的这种对抗之中"。法国前总理让－皮埃尔·拉法兰提出："在某些议题上，比如多边主义，中国的立场比起美国可能同我们更加接近。"为了不做中美之间的"乒乓球"，法国政府正在推动欧洲战略自主的想法落地。欧洲人之间的观念趋同在国防领域实现起来颇有难度，但在经济和技术领域更容易实现②。

　　在对美战略产生质疑的同时，法国学术界就如何调整对华政

---

① Olivier Zajec, « L'AUKUS, une surprise stratégique pour la France ? », *Revue Défense Nationale,* N° 852, 2022/7, pp. 43–47.

② Florent Parmentier, « La France peut-elle refuser de s'inscrire dans la rivalité sino-américaine ? », *L'ENA Hors Les Murs*, N° 511, 2022/1, pp. 21–23.

策问题的讨论被进一步放大，正如墨卡托中国研究中心主任胡谧空（Mikko Huotari）和法国国立工艺学院经济学教授塞巴斯蒂安·让（Sébastien Jean）所指出的，中国就其综合实力、活力和差异性而言，对于欧盟是非常特殊的，因此处理同一个既是"谈判合作伙伴"，又是"系统性竞争对手"的国家之间的关系是非常困难的①。尽管持疑华态度的学者仍大有人在，但还有一些法国学者更多探讨如何提升中欧合作的空间。巴黎高等商学院国际战略荣誉教授让－保罗·拉颂（Jean-Paul Larçon）和国际贸易高级分析员科琳娜·瓦德加尔（Corinne Vadcar）指出，随着乌克兰危机的爆发，欧亚大陆的主要贸易路线已经从中国通往德国的北方走廊，转移到从中国通往东欧的跨里海走廊。这条中亚通道是亚洲和欧洲之间最短的、也是最古老的路线，突变的国际局势迫使中欧重新重视起这条路线来。事实上，这条走廊对于欧洲通过铁路和海上运输货物更为重要，可以使欧洲的油气供应链更加多样化。

（二）中国面对危机形势的应对方案

法国学术界一般认为，中国在经济、外交、科技等领域的实力不断增强，这引发了美国的危机感和不信任感，由美国发起的中美贸易战逐渐演变为美国对中国的全面遏制。对此，法国学者聚焦中国政府对外在"一带一路"框架下推进同发展中国家的关系以及对内构建新发展格局的战略性布局，分析了中国为应对政治和经济领域的危机形势作出的战略调整和应对方案。

---

① Mikko Huotari et Sébastien Jean, « Renforcer la stratégie économique de l'Europe vis-à-vis de la Chine », *Notes du conseil d'analyse économique*, N° 72, 2022/3, p. 2.

1. 在"一带一路"框架下推进同发展中国家的关系

　　法国学术界普遍认同亚洲地区在中国的带动下全面提升了在全球的影响力和重要性。法国历史学家、巴黎政治学院国际关系史教授皮埃尔·格罗塞尔（Pierre Grosser）在 2017 年出版题为《世界的未来在亚洲塑造》的专著，该书名即代表了法国学术界的这一观点。同样，法国《海外》杂志主编阿德里安·罗德（Adrien Rodd）重提 1980 年代出现的"亚洲世纪"概念，并对这一概念进行了具体阐释："到 2050 年，亚洲的工业化经济体将占全球 GDP 的一半以上，并且部分依赖于拥有庞大且不断增长的中产阶级的国内市场。"[1] 以这一观点为前提，不少法国学者对中西方国家推动同发展中国家关系的做法和效果进行对比研究，相对客观地分析了中国在某些方面存在的优势。

　　许多法国学者从较为宏观的视角出发，探讨了"一带一路"倡议的特点，认为中国实行的对外战略具有独特的优势。法国巴黎天主教学院教授、国际关系和战略研究所合作研究员、当代中国政治文化史研究专家林国（Emmanuel Lincot）强调，"一带一路"倡议以多维度的方式激发了区域间和国家间的动力，其特点是将生态、文化和战略三方面系统地结合起来，这也是中国实施这一倡议的导向趋势。面对这一全球倡议的影响，西方国家也在努力推出相似的战略与之抗衡：美国及其盟友日本和印度正试图通过推出印太项目进行反攻；欧盟也宣布发展自己的项目"全球门户"。这些项目的多元性表明，处于十字路口的地区将受到不同行为体之间对抗的影响[2]。

　　历史学教授西蒙·罗什（Simon Roche）等总结了中国实施的伙伴关系的战略特点，认为中国吸取了冷战时期的教训，改变了传统

[1] Adrien Rodd, « Le Pacifique au siècle asiatique », *Outre-Terre*, N° 60–61, 2022/1, p. 11.

[2] Emmanuel Lincot, « Chine et Terres d'islam : quels enjeux ? », *Après-demain*, N° 64, 2022/4, pp. 34–35.

的联盟模式，重点开展双边经济和安全合作，走出了一条更加谨慎的替代道路。中国外交战略的主要特点是，在共同目标的基础上建立伙伴关系。这是一种"目标驱动"，不同于在明确或隐含的威胁基础上建立传统联盟的"威胁驱动"。中国采取这种灵活的合作政策，是对政治军事联盟体系的明确拒绝，它认为这种联盟体系在承诺方面的限制性太强，而且充满了与美国之间的不受控制的战略升级风险。中国建立的伙伴关系网并不对美国构成正面威胁，其实施的开放且包容的伙伴战略不针对任何特定敌人。中国采取的这种独特方式显然已经取得了成效，不依靠传统联盟也实现了经济发展并维护了自身的国际地位，中国已经成功地使国际体系的主导者接受了其崛起的事实①。

法国开发署经济学家阿利莎·波尔内（Alisée Pornet）则强调中国对外政策的延续性特点。她指出，20 世纪 70 年代末以来，中国进行了一系列重大的经济改革，包括创建经济特区、实施"走出去"战略，如今的"一带一路"倡议正是这些政策的延续。在此过程中，中国企业一直为国家发展提供动力，而国家也为支持中国企业的国际化提供积极的政策条件。"一带一路"倡议支持三个经济目标：一是推动国家级和省级中国企业实现经济外向性发展，这些企业有时由于缺乏战略或工具而不愿在国外开展活动；二是为依赖出口的经济实体开辟新的出路；三是鼓励在国外找到出路的中国企业之间适当开展经济竞争。由此，基于各省的对外分散合作，相关企业都可以在"一带一路"倡议描绘的经济图景中找到自己的位置②。

此外，一些法国学者在比较视野下分析了中国在发展中国家影

---

① Maëlle Bongrand et Simon Roche, « <S' imposer sans combattre> : origines, ambitions et limites de la stratégie partenariale chinoise », *Revue Défense Nationale*, N° Hors-série, 2022/HS2, pp. 27–30.

② Alisée Pornet, « Les entreprises chinoises, émissaires des routes de la soie ? », *Revue internationale et stratégique*, N° 125, 2022/1, pp. 92–97.

响力上升的原因。罗德概述了中西方在南太平洋地区的力量对比。他指出，在冷战时期，该地区毫无争议地处于西方势力范围内。但是进入 21 世纪以来，中国在太平洋岛国中的影响力逐步扩大，与以澳大利亚为代表的西方国家形成竞争态势。尽管中国在中短期内很难取代澳大利亚在区域内的关键性地位，但是中国在与该地区国家打交道时展现出了独特的优势。首先，中国为太平洋岛国的产品出口提供了巨大的市场，成为能够促进其发展的重要投资来源；其次，中国的存在迫使西方国家增加了对该地区的援助和投资；再次，中国提供的替代性援助方案有利于太平洋岛国实现伙伴关系多样化，促使这些国家减少对西方国家的依赖。因此，中国在该地区普遍较受欢迎[1]。

美国国家亚洲研究局（NBR）研究员纳德吉·罗兰（Nadège Rolland）在《国防杂志》上刊发文章，研究了中国对非洲的战略定位，将其概括为三个主要组成部分：巩固经济、政治、外交和军事等领域的国家实力、在印度—太平洋地区对抗来自美国的压力、维护其在世界舞台上的主导地位。中国实行的非洲战略同毛泽东的"三个世界"理论一脉相承，主要目的在于保护自己不受西方国家遏制行动的影响，建立一个新兴的、非西方的势力范围并在其中争取主导地位，以避免同主要对手进行正面交锋或争夺军事优势，同时也能限制主要对手的行动并缩小对手的战略空间。罗兰认为，在过去的十年里，中国在非洲大陆的作用显著增强，成为非洲的主要经济和贸易伙伴，也是主要资金捐助国和基础设施建设者，中国还通过实施安全计划加强了在该地区的安全合作[2]。

---

① Adrien Rodd, « L'Océanie face aux rivalités des grandes puissances », *Outre-Terre*, N° 60–61, 2022/1, pp. 365–366.

② Nadège Rolland, « L'Afrique dans la stratégie chinoise », *Revue Défense Nationale*, N° 846, 2022/1, pp. 98–103.

里尔天主教大学讲师格扎维埃·奥勒冈（Xavier Aurégan）通过大量数据分析，肯定了中国对非洲的投资贡献。他指出，进入21世纪以来，在所有非洲大陆之外的投资者中，中国一直是非洲基础设施建设的最大投资者。从领域来看，中国对非洲投资最多的是交通运输，其次是能源。从地域来看，西非是受益于中国贷款和承诺最多的地区。中国和传统的西方出资者在非洲的投资行为存在异同：共同点在于大多数项目都针对基础设施建设；不同点在于目标上的差异，中国追求稳定，而传统的西方投资者则希望推动发展和改革①。

与此同时，还有一些法国学者侧重于分析中国采取这种对外战略的背后意图和实际效果，揭示了发展中国家在大国间寻求平衡的普遍心态，同时也肯定了中国在发展中国家中逐渐树立起积极的形象。历史学教授西蒙·罗什（Simon Roche）认为，"一带一路"倡议代表着中国对国际体系的看法。中国在政治上反对西方自由主义价值观，正在成为"中国特色规范"的推动者。但是中国并不是要推翻国际秩序的"革命者"，而是最大限度地利用国际秩序，发挥主导作用。因此，中国已经接受了现有秩序的大部分运作规则，是在全球化的框架内推动"一带一路"倡议。当前，中国已成为许多新兴国家的首选合作伙伴。中国正通过与周边国家建立更紧密的合作关系网来巩固周边环境，而"一带一路"倡议的实施有助于提升中国对周边国家的经济影响力，确立其事实上的地区领导者地位②。

法国针对"一带一路"项目的公共事务咨询机构"合作者"（Coopérant）负责人塞巴斯蒂安·古拉尔（Sébastien Goulard）也持

① Xavier Aurégan, « Les contributions de la Chine au financement et à la réalisation des infrastructures en Afrique », *Mondes en développement,* N° 197, 2022/1, pp. 113–115.
② Maëlle Bongrand et Simon Roche, « <S' imposer sans combattre> : origines, ambitions et limites de la stratégie partenariale chinoise », *Revue Défense Nationale*, N ° Hors–série, 2022/HS2, pp. 31–32.

类似观点，认为中西方在该地区的竞争令太平洋岛国能够从新项目中受益，这些国家正在大国间寻求平衡。古拉尔重点分析了中国在"一带一路"倡议框架下同太平洋岛国开展的合作及其为这些国家带来的益处，认为中国通过实施"一带一路"倡议为发展中国家提供了基建、治理、教育等方面的方案，同"美国优先"的孤立主义政策形成鲜明对比，因此在美西方传统势力范围内逐渐得到认可。特别是在环境保护方面，由于岛国生态环境脆弱，受气候变化影响比较直接，因此太平洋岛国对美国退出《巴黎气候协定》、澳大利亚前总理斯科特·莫里森在任时为煤炭工业辩护等美西方轻视环境问题的表现十分不满。但是中国提供了完全不同的方案，积极邀请岛国领导人与中国合作应对全球变暖，其环境捍卫者的形象赢得了太平洋岛国的好感[①]。

里尔政治学院教师、政治和社会行政研究中心（Ceraps）研究员洛拉·居约（Lola Guyot）主要研究了中国同斯里兰卡的外交关系。她指出，中斯双方在"一带一路"倡议下推进合作伙伴关系，引发了许多外国媒体和分析家的关注甚至批评，但是这些批评往往夸大了中国对外强加合作模式的意愿。与此相反，斯里兰卡国内的批评对象主要是腐败的斯里兰卡当局，而不是针对中国，没有证据表明当地民众对中国怀有任何特别的敌意[②]。

当然，也有一些法国学者的观点反映了西方发达国家对中国在发展中国家中影响力不断提升的担忧。一种颇具代表性的观点倾向于指出中国在发展中国家引发的问题。例如，奥勒冈尽管肯定了中国对非洲发展的投资贡献，但也指出中国的对非投资是出于自身发

① Sébastien Goulard, « Une nouvelle route de la soie sur le Pacifique ? », *Outre-Terre*, N° 60–61, 2022/1, pp. 212–218, 220, 223.

② Lola Guyot, « Le Sri Lanka, victime de la diplomatie <prédatrice> de la Chine ? », *Études*, 2022/2, pp. 26–27.

展的需要，用自己的标准和程序来自主建设非洲项目，认为这种做法加剧了当地的区域不均衡发展，容易导致一些社会经济不平等问题。另一种代表性观点则强调中国具有寻求国际影响力提升的主观意愿，同发展中国家开展合作抱有利己主义的目的。例如，德特雷格洛德称，东南亚的政治精英普遍认为，当前中国的首要诉求并不是改变现行体制，而是拥有一个稳定可靠的区域环境以增强国际影响力[①]。这些观点一方面反映了西方国家急于改善同发展中国家关系的"酸葡萄心理"，这恰从侧面印证了中国的对外战略取得了阶段性成效；另一方面也凸显了西方国家面对中国的困境，即尽管对中国存在忌惮和戒心，但是无法忽视中国的重要影响力。法国蒙田研究所亚洲项目主任杜懋之（Mathieu Duchâtel）的表述颇具代表性："中美竞争令中国难以在全球治理中发挥积极作用，也难以在管理重大国际安全危机方面进行国际合作。然而，没有中国的建设性参与，任何重大的国际谈判都无法达成，2009 年哥本哈根世界气候大会的失败和 2015 年巴黎气候大会的成功都证明了这一点。"[②]

2. 构建新发展格局

乌克兰危机爆发后，法国学者普遍认为，中国面临的国际环境更加复杂，美国对俄罗斯的经济制裁更加凸显出中国加快构建以国内大循环为主体、国内国际双循环相互促进的新发展格局的紧迫感和必要性，进一步加强了中国实现高水平自立自强的决心。

胡谧空和让在报告中谈到了对中国构建新发展格局的认识，认为中国对全球化和相互依存的态度发生了很大变化。西方国家对俄罗斯的经济制裁加剧了中国对自身依赖性和脆弱性的担忧，促使中

---

① Benoît de Tréglodé, « Viêt Nam – Chine : cybersécurité et contrôle social », *Revue Défense Nationale*, N° 852, 2022/7, p. 120.

② Mathieu Duchâtel, *Géopolitique de la Chine*, Paris : Que sais-je ? (3e édition), 2022, p. 3.

国加速提升自主性。"双循环"战略的目的在于加强本土创新和自主
性。在该战略框架下，中国通过提升国内消费、社会政策支出以及
同发展中国家的关系，减少对外部需求，特别是向发达经济体出口
的依赖，保护自身免受外部冲击。事实上，中美贸易战加速了中国
自主战略的进程[①]。

　　新索邦大学教授、转轨经济研究专家李国维（Xavier Richet）探
讨了新冠疫情对全球经济的影响以及后疫情时代中国经济模式的转
变。他指出，新冠疫情成为国际经济和政治关系的转折点，特别是
在中国、美国与欧洲之间，令各方对全球经济复兴战略进行反思。
新冠疫情对全球经济产生了强烈冲击，凸显出国家之间通过价值链
形成了高度的相互依赖，直接导致美国"脱钩"政策的启动和中
国"双循环"政策的出台。美国实施"脱钩"战略旨在防止中国企
业获得尖端技术，从而降低对中国的依赖。为应对这一挑战，中国
提出了"构建新发展格局"，围绕中国的自身需求，通过过去20年
间发展起来的各种渠道，保持并加强同外部世界的经济联系。但是，
"更具内生性"的经济政策都面临着挑战，中美"脱钩"短期内对双
方乃至全球经济都会带来巨大风险，会对世贸组织等国际机构的运
作产生影响。当前一些经济学家提出并讨论的问题是，考虑到主要
发达市场经济体与中国之间可能存在的系统性分歧，应当建立什么
样的多边主义来促进国际贸易。哈佛大学经济学家丹尼·罗德里克
（Dani Rodrik）提出的建议颇具代表性：中国与主要发达市场经济体
之间的深度融合是不可能的，但是脱钩也是不可取的，因为这将导
致贸易和投资的大幅度减少，可能的替代方案是发展一种和平的经

① Mikko Huotari et Sébastien Jean, « Renforcer la stratégie économique de l'Europe vis-à-vis de la Chine », *Notes du conseil d'analyse économique*, N° 72, 2022/3, p. 3.

济共存方式，即从深度融合过渡到表面融合[①]。

法国驻华大使馆经济事务公使衔参赞江峰（Jean-Marc Fenet）表示，美国对俄罗斯的制裁引发了中国人普遍的共情思考：如果制裁发生在自己身上该怎么办。为此，中国可能正在或计划开展一系列的演练和测试，包括对主要金融机构进行应对制裁风险的压力测试、实施某种金融脱钩计划、发展人民币跨境支付系统等，这些举措都是为了能在受到可能发生的制裁时增加一些对自身的保护，中方对此抱有高度警惕性[②]。

法国战略研究中心高级研究员尼古拉·马祖基（Nicolas Mazzucchi）分析了中国在技术竞争中所具有的特殊优势，包括通过五年规划确定研发在国家计划中的核心地位、科技领域内军用与民用的融合发展、中国特色社会主义市场经济对全球化规则的适应能力、制定国际标准的竞争力等。正因如此，自 20 世纪末以来，中国在技术工业领域不断取得进步，一跃成为美国在 21 世纪的主要竞争对手，并且有望在未来几年从"世界工厂"变成"世界研发实验室"[③]。

（三）对一些涉华误解问题的澄清

针对西方社会存在的针对中国的"债务陷阱论"，洛伊研究所研究员、太平洋地区政治经济形势专家亚历山大·达扬（Alexandre Dayant）指出，近年来中国政府加强了在太平洋地区的外交和经济

① Xavier Richet, « Chine : vers quel modèle de croissance post-Covid-19 ? », *Marché et organisations*, pp. 121-134.

② Antonin Aviat, Jean-Marc Fenet et Thomas Carré, « Réactions face à la crise en Chine et aux États-Unis », *Revue d'économie financière*, N° 145, 2022/1, p. 222.

③ Nicolas Mazzucchi, « La Chine et les technologies émergentes », *Revue Défense Nationale*, N° 852, 2022/7, pp. 66-71.

活动，并在"一带一路"框架内兑现了对该地区的援助承诺，向许多太平洋岛国提供优惠贷款。这引起了西方国家的关注，他们指责中国在该地区推行"债务陷阱外交"。达扬分析了该地区的相关统计数据，发现由于太平洋地区脆弱的经济结构、外部经济因素的冲击（特别是自然灾害）以及捐赠资金的减少，该地区的确面临债务可持续性风险。该地区严重依赖发展伙伴提供的官方资金，在各国贷款持续增加的同时，捐赠款比例正在下降。但是，中国并非导致太平洋地区债务可持续性风险上升的主要因素，中国的一些贷款并不足以构成"债务陷阱外交"。因此，发展伙伴未来如果希望继续在太平洋地区发挥主要作用，同时不再加剧现有债务风险，需要共同付诸努力，更好地满足该地区的发展需求，特别是增加捐赠资助①。

关于中国"军事威胁论"问题，古拉尔针对太平洋地区存在的三种主要质疑进行了辩驳和解释。第一，在新喀里多尼亚就是否独立的问题组织的公投中，反对派声称一旦独立，中国会在此处建立军事基地，以此作为反对独立的理由之一。实际上，这种对中国军事威胁的担心无疑被夸大了。中国如今在境外只建立了吉布提一个军事基地，而相比之下，美国拥有38个境外军事基地、几百个较小的军事设施，即使是像阿联酋这样规模不大的国家，在境外建立的军事基地也不止一个。第二，有人怀疑"一带一路"倡议的军事目的，认为中国会借助"一带一路"项目将港口用于海军基地建设，比如斯里兰卡的汉班托塔、巴基斯坦的瓜达尔、缅甸的皎漂。但这种情况至今还没有发生过。第三，自2018年以来，关于中国可能会在瓦努阿图建立军事基地的传言甚嚣尘上，对此，中瓦两国政府均予以否认。事实上，中国一直在加强同太平洋岛国的军事合作，已向瓦努阿图和斐济提供了军事装备，但这些装备主要用于应对疫情

① Alexandre Dayant, « La dette chinoise dans le Pacifique : information tirée de la Lowy Institute Pacific Aid Map », *Outre-Terre*, N° 60–61, 2022/1, pp. 294, 305–306.

和自然灾害①。

针对西方质疑中国"缺乏法治"的声音，法国巴黎二大教授、比较法研究所主任玛丽－戈雷（Marie Goré）和中国人民大学法学院副教授郑爱青在合著的《中国法》一书中，介绍了中国法律制度的原创性和独特性。在过去的 40 年里，中国法律发展的程度和速度在世界上都是绝无仅有的。在研究者眼中，中国的司法体系提供了一个持续运动的形象。由于社会主义市场经济的创新发展以及各种政治和社会改革的不断推进，中国在国家和地方层面进行了大量试验性或临时性的立法实践。"中国式"的依法治国正在逐步推进，其发展方向是为公民提供更多保护。特别值得关注的是 2021 年 1 月 1 日生效的《民法典》，这成为中国法律史上的一个重要转折，使中国在大陆法系文化阵地中立稳脚跟，同时也反映出所有法典编纂工作的规律性要素②。

三、特点分析

通过对上述热点议题和主要观点的梳理，我们可以发现，2022年法国关于当代中国问题的研究同上一年度相比出现了以下三个特点。

第一，从研究主题来看，这一年中有不少研究聚焦中国与发展中国家的关系，其中涉及南太平洋岛国和非洲国家的研究所占比重相对更大。这些研究的角度和侧重有所不同，有的是从中国战略演

---

① Sébastien Goulard, «Une nouvelle route de la soie sur le Pacifique ?», *Outre-Terre*, N° 60–61, 2022/1, pp. 221–222.

② Marie Goré et Ai–Qing Zheng, *Le droit chinois,* Paris : Que sais–je ?, 2022, pp. 4, 49, 125–126.

变的角度出发，有的是从发展中国家经济社会发展的角度出发，还有的是从国际局势变化影响行为体活动的角度出发，等等。

这一特点的形成主要基于两方面的原因。一方面，长期以来，法国学术界乃至整个法国社会一直对法国传统势力范围给予特殊关照。"在南太平洋地区，法国是唯一拥有海外领地的欧盟成员国"①，包括新喀里多尼亚、法属波利尼西亚、瓦利斯和富图纳，因此法国始终以利益攸关方的身份尝试在该地区发挥"更具建设性的作用"。2018 年 5 月，法国总统马克龙在访问澳大利亚期间明确提出了法国关于印太地区的战略构想，表示要加强法国对该地区和平与安全的贡献，积极参与维护该地区国家主权以及应对气候变化的行动②。在印太战略框架下，法国对太平洋地区的关注度进一步提升。在非洲，法国曾是占据殖民地面积最大的宗主国，在"同化"方针指导下对广大非洲地区进行了政治、经济、文化的全面渗透。殖民时代结束后，法国仍然为前殖民地国家提供了大量援助，多次参与该地区的军事行动，从而继续保持了对非洲的强大影响力。非洲对于法国而言也具有重要的经济意义和战略意义，是法国海外利益最集中的地区，也是法国最能彰显其国际影响力的地区。因此，在南太平洋和非洲等法国历来重视的地区，中国的表现自然容易受到法国学术界的高度关注。

另一方面，"一带一路"倡议实施十年来，中国同发展中国家的合作成果显著。面对现实，特别是看到中国在发展中国家中影响力的不断提升，法国学者出于问题意识，对中国的活动在当地受到接受和认可的现象进行研究，探究这一现象形成的原因。可以说，法

① «La stratégie de la Fracne dans l'Indopacifique», Rapport du gouvernement français, p. 46.
② «Déclaration de M. Emmanuel Macron, Président de la République, sur les relations entre la France et l›Australie, à Sydney le 2 mai 2018», https://www.vie-publique.fr/discours/206113-declaration-de-m-emmanuel-macron-president-de-la-republique-sur-les-r.

国学术界从最初普遍存在的不屑、怀疑甚至充满恶意揣测的"新殖民主义论"，逐渐向冷静思考和客观判断的方向转变，评估政策效果，总结做法经验，分析政策成功的原因。

第二，从研究方法来看，许多研究者不约而同地采取了比较研究的方法，对中西方特别是中美两国采取的一些具体做法和政策效果进行对比分析。例如，根据他们的研究，针对发展中国家的外交战略，中方采取"目标驱动"，而美方采取"威胁驱动"；中方的"一带一路"倡议秉持的是合作共赢的理念，而美方更强调"美国优先"；中方对气候问题的关切更能引起发展中国家的共鸣，而西方国家对气候问题的不当表态容易引发不满；等等。

在美国一味鼓吹中西方"对立""差别"的大背景下，双方在观念认知和实际操作中的差异性容易被进一步放大。与此同时，差异的存在也确实能够成为一些现实问题的解释变量，有助于研究者阐明某些现象的成因，判断其发展趋势。通过采取比较研究的方法，研究者发现了中国在某些领域存在的客观优势，这在某种程度上增强了对某些现象的解释力度。但是也应当看到，很多法国学者所作的对比研究缺乏系统性和整体性，一般是针对某些微观层面的具体问题展开，得出的结论也往往阐明中国是在某些限定条件下才具备的优势。事实上，正是由于差异的存在，东西方的交流互鉴更显必要。正如 2022 年出版的《2019—2021 年巴黎高师中国论坛论文集》在前言中所表达的对待差异的看法："我们的目的不是将两种世界观对立起来，而是要丰富双方所持有的历史论述的习惯，这些不尽相同的论述在许多方面是相互交叉的"①。

第三，从研究基调来看，研究者的涉华观点和发声群体均呈现多元化趋势。就涉华观点而言，一些研究者聚焦西方舆论颇为关注

---

① Michel Espagne, Huang Bei, Florence Lévy et Xiao Lin, *Conférences chinoises de la rue d'Ulm 2019-2021*, Paris : Éditions Kimé, 2002, p. 11.

的几个涉华问题，包括债务陷阱、中国军事威胁、法治欠缺等，对其中存在的误解进行了澄清。这个研究过程体现了法国学者科学、严谨的治学态度，不人云亦云，而是通过大量的事实和数据推导结论。就发声群体而言，法国学界构建了一个关于中国研究的舆论平台，不仅是法国学者在其中发声，来自中国、美国、英国、加拿大、日本、非洲等国家和地区的学者也经由法国出版物、媒体、网络等渠道表达了不同的观点，在这里形成了观点的融合或碰撞，为法国公众认识中国、了解中国提供了不同的视角和论据。从这些发声群体的观点表述来看，以中非关系为例，盎格鲁—撒克逊学者的"阴谋论"腔调十分明显，总是强调中国同非洲交往怀有"野心""政治目的"，出于"利己主义"，"为当地带来挑战和危害"等；非洲学者则更倾向于出于切身体验，将同中国的交往经验同西方进行比较，客观评价中国对非洲的援助和双边合作切实推动了该地区的发展。

总体而言，2022年，法国学界关于当代中国问题研究的新特点新趋势，不仅折射出中法两国在纷繁复杂的国际环境中各自发生的变化，也反映出法国学界在战略自主思维影响下对国际形势的认知和思考。随着美国战略重心向亚太地区转移，欧洲对于美国的重要性似乎正在降低。对此，一些法国学者表现出了明显的危机感和紧迫感，但也有不少法国学者愿意从探究背后的原因出发，以更加独立的角度、更加理性的立场看待中国，寻求应对国际挑战的新路径。后疫情时代，我们需要悉心洞察法国学界关于当代中国问题研究的独特性，分众化做好阐释宣传工作，进一步加强中法学术交流，为中法两国学术界增进了解和互信创造积极有利的条件。

（作者单位：中央党史和文献研究院信息资料馆）

美　国

付正

　　2022 年，美国民主、共和两党对华强硬共识持续强化，拜登政府进一步明晰了对华战略布局：一方面，围绕芯片、能源资源等关键领域推出多项遏制举措，对华制裁不断加码；另一方面，多次提出要为中美关系设置护栏。这种全方位遏制又试图避免危机失控的做法凸显了美国对华政策的两面性。8 月，美国众议院议长佩洛西不顾中方的强烈反对和严正交涉，窜访中国台湾地区，极限试探一个中国原则和中美三个联合公报的底线，严重冲击了中美关系的政治基础。10 月，美国发布的《国家安全战略》将中国视为"最严重的地缘政治挑战"以及"唯一一个有意向重塑国际秩序的竞争者"，为此，美国制定了"竞而胜之"的战略目标。2022 年美国当代中国研究就是在这样的背景下展开的。在这一年，美国学界重点聚焦中国共产党的二十大、美国对华政策以及中国内政外交领域的发展情况等议题，出版了大量的专著、智库报告、论文等研究成果。本文尝试梳理其中的热点议题和代表性观点，分析其特点，以期为学界开展相关研究提供参考。

一、总体概况

（一）主要期刊

美国经常刊载当代中国研究的刊物类型大致可分为三种：一是专门的中国研究刊物，二是国际政治和外交研究杂志，三是地区研究杂志，本部分选取这三类刊物中的代表性期刊，对其 2022 年关于当代中国研究的概况予以介绍。

在中国研究的专门刊物中，由美国现代中国研究中心资助发行的《当代中国》（*Journal of Contemporary China*）期刊 2022 年组织了一系列关于当代中国的专题研究。在主题为"全球对中国的态度"专题研究中，刊载了《美国人对美中贸易战的态度》《旁观者的眼光：美中如何看待对方》《新时代台湾和香港地区对中国大陆态度正在改变》等文章；"中国外交政策的修辞与现实"专题刊载了《人类命运共同体：新时代中国对外政策的修辞和现实》《海域领土争端与中国在东亚的软实力》《21 世纪中国现实政治的强化：中国军控思维的演变》等文章；"'一带一路'与中国外交政策的规范性转变"专题刊载了《"一带一路"中的中国与西方援助规范：规范性冲突还是趋同？以埃塞俄比亚为例》《离互不干涉还有多远？中国在巴基斯坦的发展倡议案例研究》；"中国的中央集权以及政党—国家关系的演变"专题研究刊载了《"前进一步，后退一步"：政党—国家关系变化下的中国海外子公司》《打破循环？中国中央与地方关系制度化的尝试》等文章；"新冠疫情背景下的中国：内部和外部的影响"专题研究刊载了《新冠肺炎和世界秩序竞争背景下中国在中东和北非的健康丝绸之路研究》《风暴中的骑手：平台不稳定性的增强和新冠疫情对中国骑手的影响》等文章。

此外，《当代中国》2022年阅读量较高的文章还包括《顶层设计与扩大外交：习近平时代中国的外交与安全政策制定》《塑造AI的未来？中国在全球AI治理中的角色》《衡量和预测中国的崛起：现实高于想象》《影响中国影响力的因素：意图、中介和制度》《中国大陆与台湾的长期博弈即将结束？和平统一、边缘政策、军事接管》《新兴两极世界中的美中竞争：敌对、结盟与力量平衡》等。

主要刊载中国国内政治和外交政策等相关研究的《中国政治学刊》2022年共推出了两期关于当代中国研究的专刊。2022年第二期"贫困治理的政治"专刊将中国的贫困治理与政治科学的一般理论联系起来，研究主题涵盖贫困识别的政策设计、扶贫中的中央—地方政府关系、扶贫中的国家—企业关系和贫困治理中的正式—非正式制度，以及贫困治理的结果和政治效应等，对中国贫困治理的全面图景提供了新颖的见解。2022年第三期"中美欧：权力三角与国际秩序的重塑？"专刊刊载了《美中对抗新时期中欧关系的重塑》《美中欧战略三角的幻想：德国和英国的反应》《美国和欧盟对中国的战略调整：民主的全球大国身份和流动的多边关系》《美国国会在美中脱钩中扮演的角色》等文章对美中欧复杂的三角关系及其对国际秩序带来的影响展开了探讨。

在国际关系和外交研究期刊中，美国外交关系委员会主办的《外交事务》（Foreign Affairs）期刊2022年重点聚焦美中关系、台湾问题、中国的发展道路等议题展开探讨。在中美关系方面，刊载了《中国陷阱：美国的外交政策和零和竞争的危险逻辑》《美国制造的敌人？美国对华政策的辩论》《软实力的平衡：美国和中国正在努力赢得人心》《美国可能输掉与中国的科技竞赛》《竞争的回报：美中竞争可推动气候变化取得进展》等文章。在中国的发展道路方面，刊载了《中国追求的世界秩序》《中国还没有达到其实力的巅峰：为什么北京能够等待时机》《中国的另类历史：北京是否可以选择一条不同的道路？》《习近平的世界观：中国的首席理论家到底相信什么》等文章。

艾略特国际事务学院主办的《华盛顿季刊》（*Washington Quarterly*）2022年共推出了两期与当代中国相关的专题研究。"乌克兰之后的台湾"专题刊载了《东京的台湾难题：日本能做什么来防止战争？》《韩国如何为台湾防御作出贡献》《台湾：澳大利亚能做什么，应该做什么，会做什么？》《潜在的台湾冲突：来自印度的观点》《欧洲会帮助守护台湾么》等文章，分析了日本、韩国、澳大利亚、印度及欧洲各国对可能出现的台海危机的立场、态度及可能采取的行动。"来自中国的挑战"专题刊载了《稀有金属竞争的地缘政治》《中国贸易政策的无名受害者》《北约如何应对崛起的中国：保卫网络空间和外太空安全》等文章。

在地区研究期刊中，加州大学伯克利分校东亚研究所主办的《亚洲研究》（*Asian Survey*）2022年对当代中国研究的议题，主要集中于俄乌冲突给中国带来的影响尤其是对台海关系的影响，发表了《中国对乌克兰战争的反应》《每况愈下：俄乌冲突与中印关系》《俄乌冲突与中朝关系：强弱大国联盟》《先例、路径依赖与类比推理：乌克兰战争对美中关系和台海两岸关系的战略意义》等文章。此外，还发表了《2021年的中国：非正常时期的新常态》《不存在的脆弱性效应：新冠疫情大流行初期对中国的贸易依赖和入境禁令研究》。

美国亚洲研究协会主办的《亚洲研究杂志》（*The Journal of Asian Studies*）2022年刊发的美国学者关于当代中国研究的文章较少，在此不作介绍。

（二）主要智库

2022 年美国智库对当代中国问题尤其是涉华政策密切关注，发表了大量研究报告和文章，试图引导美国国内和国际舆论走向，影响美国官方政策的制定。本部分参考美国宾夕法尼亚大学"智库研究项目"（TTCSP）发布的《全球智库报告》，选择影响力较大且涵盖不同政治倾向的代表性智库对当代中国的研究概况予以介绍。

1. 布鲁金斯学会（Brookings Institution）

2022 年布鲁金斯学会发布了多项中国研究的报告和文章，对美中关系、中国国内政治等领域予以重点关注。在美中战略竞争方面，发表了《美国对华政策的方向调整》《管理美中战争风险：实施综合威慑战略》《美中技术"脱钩"：战略与政策框架》《人工智能的地缘政治和数字主权的崛起》《鹰与龙之间：韩国在美中竞争中的挑战与机遇》等文章。

在中国国内政治方面，该学会密切关注中国共产党第二十次全国代表大会的召开。二十大召开前夕，布鲁金斯学会约翰·桑顿中国中心主任、高级研究员李成发表了《前奏：中国共产党第二十次全国代表大会预计将发生重大人事变动》《中国技术官僚 2.0：不同时期中国的技术官僚有何不同》等 20 余篇文章，对中共二十大后最高领导层可能出现的变化进行了预测和分析，并重点对二十大后即将主导中国政坛的 60 后和 70 后官员的出生地分布、学历背景、执政经验、政策取向，以及中央委员会中少数民族代表和女性代表的占比等情况进行了系统研究。二十大召开后，布鲁金斯学会组织专家就中共二十大对中国和世界其他地区的意义进行了探讨并发表了《中国共产党第二十次代表大会的成果》等文章。

2. 彼得森国际经济研究所（Peterson Institute for International Economics）

2022 年彼得森国际经济研究所重点聚焦美中经贸关系和中国经济发展情况，发表了《同中国的贸易能阻止与中国的战争吗？》《公众对外国保护主义的反应：来自美中贸易战的证据》《中国经济增长放缓并不像看上去那么严重》《2021 年外国企业在华投资激增》《2022 年中国民营企业在几个关键指标上落后于国有企业》等多篇文章。

其中，《贸易战已经打了四年，美中"脱钩"了吗？》一文对持续四年的美中贸易摩擦进行了全方位的复盘和反思，文章的作者查德·鲍恩（Chad P. Bown）指出，美国发起的对华贸易战将让两国付出高昂的代价，包括供应链难以调整造成的产品短缺，以及对企业而言建立新供应商成本过高导致的通货膨胀。企业和消费者最终都要为贸易战造成的结果付出代价。此外，该智库也对中国的疫情防控政策对经济产生的影响予以了特别关注，发表了《中国动态清零政策的经济前景》《新冠肺炎压力测试下中国的金融稳定性》等文章。

3. 兰德公司（RAND Corporation）

2022 年兰德公司对当代中国的研究议题重点聚焦美中战略竞争，发布了《美中冲突的假设情景》《大国竞争的新时代》《弥合的差距：评估美国商界对美中竞争的支持》《中国在全球关键资源开发中的作用》《确保 5G：美中安全竞争的未来之路》《国际秩序变化中的大国竞争》《竞争的十字路口：中国、俄罗斯和美国在中东》《如何应对中国的经济施压行为》《数字基础设施和数字存在：评估数字对未来军事竞争和冲突影响的框架》等一系列研究报告及文章。

其中，报告《美中冲突的假设情景》对美中竞争可能出现的两种冲突情景——低强度冲突和高强度冲突进行了分析。报告认为，系统性的美中冲突可能会扩展到全球各个领域，包括网络空间和外太空。这种冲突将以长期的、系统性的形式持续存在，可能持续数年。此外，兰德公司对台湾问题也予以较多关注，发表了《乌克兰的梦想可能是台湾的噩梦》《美国面临微芯片危机：保护台湾是解决之道》等文章。

4. 卡内基国际和平基金会（Carnegie Endowment for International Peace）

2022 年卡内基国际和平基金会重点就美中关系、中国的对外关系等方面发布了一系列研究报告及相关成果。在美中关系方面，发表《美国危险的新中国政策》《美中关系为何陷入僵局》《改变，竞争，还是共存？毛泽东时期至今美国对中国共产党的认知》《走向世界：中国试图改写国际安全规则》《佩洛西访台如何为美中紧张局势设定新现状》《打破美中在台湾问题上的升级循环》等文章，分析了2022 年中美关系呈现的新变化。

在中国的对外关系方面，主要关注中俄关系，发表了《中俄关系的悖论》《中国对俄乌冲突的考量》《俄乌冲突危及中欧关系》《乌克兰战争期间俄罗斯核信号对中国核政策的影响》《中国如何应对俄乌冲突带来的战略困境》等文章，重点围绕俄乌冲突给中国外交战略带来的影响进行了分析。

5. 战略与国际问题研究中心（Center for Strategic and International Studies）

2022 年战略与国际问题研究中心对当代中国的研究议题重点聚焦美中关系、中国的对外关系以及台湾问题。在美中关系方面，发表了《全球动荡中美中关系的核心问题》《美中紧张关系如何对美国科学发展造成不利影响》《长期对抗时期的指导手册》《更新美国体制：乌克兰以外的美中竞争》《中国冲击：重新评估这场辩论》。

在中国对外关系方面，重点关注中俄关系，发表了《理解中俄军事结盟对跨大西洋安全的广泛影响》《最好的朋友和知音：为什么中俄关系会在俄乌冲突后加深》等文章。

在台湾问题方面，战略与国际问题研究中心召集多位退役军官、智库专家和政府官员举办了一系列台海冲突的兵棋推演并发布相关研究报告，引起诸多媒体的广泛关注。此外，就《华盛顿和北京是否在台湾问题上发生冲突？》这一主题发表系列文章，包括《阻止台湾海峡的战争》《战略与国际问题研究中心（CSIS）的战争推演告诉我们如何威慑中国》《美菲同盟也盯上了台湾》《美国盟友仍致力于台湾问题，但担心陷入陷阱》《台湾冲突的经济风险是什么？》等。

（三）主要图书

2022年美国学界出版的中国研究著作涵盖政治、经济、文化、外交等多个领域，但从总体上看，研究主题聚焦中国国内发展、中美关系以及中美战略竞争等议题，本部分选取部分代表性著作予以简要介绍。

在中国政治研究方面，宾夕法尼亚大学当代中国研究中心主任雅克·迪莱尔教授及其同事安南伯格传播学院与社会学系讲座教授杨国斌合作主编了《党领导一切：中国共产党角色的演变》[①]一书。该书汇集了乔治·华盛顿大学政治学和国际关系教授狄忠蒲（Bruce J. Dickson）、美国杜克大学政治学教授曼宁（Melanie Manion）、

---

① Jacques DeLisle, Guobin Yang, *The Party Leads All The Evolving Role of the Chinese Communist Party*, Brookings Institution Press, 2022.

美国马里兰大学帕克分校政府与政治系教授玛格丽特·皮尔森（Margaret M. Pearson）等一批著名的中国研究专家，从不同视角探讨了新时代中国共产党角色和功能的演变。前五章主要聚焦"党领导一切"的列宁主义式政党在中国的复兴、党内精英政治的统治及其弹性、党组织及意识形态建设、反腐败斗争等议题，试图从政党构成的内部视角解密新时代中国共产党的新特征及新变化。后九章则重点从政党与外部关系视角对新时代以来中国共产党在中国经济、政府、公民社会、法律体系、军事和外交政策中所扮演的角色进行了评析。

在中国经济研究方面，卡内基国际和平基金会高级研究员、乔治华盛顿大学客座教授盖保德在《中国经济的挑战：非同寻常的成功》[1]一书中，对改革开放 40 年来中国保持经济持续快速增长背后蕴含的经济战略以及相关政策和制度进行了深入分析。盖保德指出，40 年来中国经济增长了 40 倍，并成功实现了大规模减贫，使联合国提前十年实现其全球减贫目标。中国的出色表现带来了国际供应链的转移和延长，促进了全球总需求量的增长，甚至改变了中国和世界的商业格局。在盖保德看来，中国的成功既非"黑天鹅"现象，也不是专制政令的结果，而是源自中国的发展模式和政策的有效性。2020 年之后的中国很可能会延续这一发展模式直至本世纪中叶。

哈佛大学教授格雷厄姆·艾利森（Graham Allison）等学者联合撰写的报告《巨大的经济竞争：中国与美国》[2]，从体现经济实力的四大支柱——GDP、贸易、商业与投资以及金融领域对中国经济发展情况进行了全面分析。作者指出，中国在过去 40 年里以平均四倍于

---

① Albert Keidel, *China's Economic Challenge: Unconventional Success*, World Scientific, 2022.

② The Great Economic Rivalry: China vs the U.S, Avoiding Great Power War Project, Belfer Center for Science and International Affairs Harvard Kennedy School, 2022.

美国的速度实现了奇迹般的经济增长，创造了一个新的全球经济秩序。中国在大多数经济竞赛中正在缩小与美国的差距，甚至超越美国。报告指出，按照美国中央情报局和国际货币基金组织认定的比较国家经济发展情况的最佳标准——购买力平价，中国已经超过美国成为世界上最大的经济体；中国已经取代美国成为世界制造业工厂；中国已经超过美国，成为世界上大多数国家的第一大贸易伙伴；中国已成为全球关键供应链中最重要的一环；中国已经取代美国成为全球经济增长的主要引擎。按照目前的发展轨迹，中国将在十年内超过美国。

在中美关系方面，彼得森国际经济研究所创始人、知名经济学家弗雷德·伯格斯滕（C. Fred Bergsten）在《美国和中国：寻求全球经济领导地位》①一书中，描绘了美中两国走向对抗的可怕图景，警告两个超级大国倘若处理不好关系走向敌对可能造成的灾难性后果，并提出了一个定义美中关系的新观点，即"有条件的竞争性合作"。伯格斯滕呼吁中国应发挥建设性的全球领导作用，成为维护全球经济秩序的"平等伙伴"。同时，他呼吁美国停止遏制政策，避免新冷战，应当寻求同中国"有条件的竞争性合作"，领导而非摧毁世界经济。

塔夫茨大学政治学副教授、美国企业研究所非常驻高级研究员迈克尔·贝克利（Michael Beckley）和约翰·霍普金斯大学高级国际研究学院特聘教授、美国企业研究所高级研究员哈尔·布兰德斯（Hal Brands）在联合撰写的《危险区：即将到来的与中国的冲突》②一书中提出，美中之间的竞争并非人们普遍认为的将持续一个世纪

---

① C. Fred Bergsten, *The United States vs. China: The Quest for Global Economic Leadership*, Polity, 2022.

② Michael Beckley, Hal Brands, *Into the Danger Zone: The Coming Crisis in US-China Relations*, W. W. Norton & Company, 2022.

的"超级大国马拉松"，而是一场十年左右的冲刺跑。美中竞争的驱动因素是地缘政治利益的冲突以及关于 21 世纪将由威权还是民主统治的意识形态之争，这种竞争将在本世纪 20 年代达到最危险的时刻，战争将成为可怕的现实。对此，作者建议美国需要建立一个"危险区"战略，阻止中国在台湾问题以及高科技两个关键区域掌握主动权，避免打破长期以来的战略平衡态势。

加州大学圣地亚哥分校全球政策与战略学院研究教授、21 世纪中国中心主任谢淑丽（Susan L. Shirk）也对美中关系的未来持悲观态度。她在新书《过度扩张：中国如何偏离和平崛起的路径》①中，将中国在经济、外交和军事领域的发展解读为"过度扩张"（overreach），并对这种"过度扩张"给美国及其他国家及国际体系造成的影响进行了分析。谢淑丽指出，中国从一个脆弱的超级大国变成了一个全球重量级大国，这一演变对周边国家构成了威胁，挑战了美国在经济、技术及军事上的领先地位。在她看来，美中两国已经完全卷入了一场新冷战，中国的"过度扩张"引发美国同样弄巧成拙的"过度反应"（overreaction），即美国在其顽固的政策性思维的影响下认为必须通过制裁、增加军费开支以及建立新的联盟等方式对中国作出反应，而这些政策倘若不发生重大调整很可能会引发战争。

耶鲁大学杰克逊全球事务研究所高级研究员、摩根士丹利亚洲区前主席斯蒂芬·罗奇（Stephen Roach）在其新书《意外冲突：美国、中国和虚假叙事的冲突》②中分析了虚假叙事对美中关系产生的深刻影响。罗奇指出，在短短四年时间里，美国和中国陷入了一场

---

① Susan L. Shirk, *Overreach: How China Derailed Its Peaceful Rise*, Oxford University Press, 2022.

② Stephen Roach, *Accidental Conflict*：*America, China, and the Clash of False Narratives*, Yale University Press, 2022.

贸易战、一场科技战和一场新冷战。如果不是因为一些不必要的错误叙述，世界上最强大的两个国家之间的冲突就不会发生。罗奇认为，美中双方的许多言论都被危险地误导了，被扭曲的信息放大了，其引发的一系列后果反映了两国的恐惧性和脆弱性，而非对各自面临风险作出的客观可信的评估。罗奇概述了美中冲突升级可能带来的灾难性后果，并提出了改善两国关系的路线图：第一，通过美中两国共同关注的全球问题——气候变化、公共卫生危机（比如流行病）和网络安全来重建信任；第二，通过签署新的双边投资协议等举措把重点从零和博弈思维下的双边贸易逆差转移到促进双赢的扩大市场开放上来；第三，建立由美中专业人士组成的美中秘书处，专门处理经济、贸易、科技、卫生、气候乃至人权等涉及两国关系的各种问题。

在中美战略竞争方面，美国塔夫茨大学国际历史副教授克里斯·米勒（Chris Miller）在《芯片大战：争夺世界上最关键的技术》[①]一书中，追溯了美中两国为控制世界上最关键的资源芯片技术而进行的长达数十年的斗争历程，解释了美国是如何在芯片设计和制造中占据主导地位，并充分利用其计算能力赢得冷战的胜利进而获得全球军事领域的主导地位。米勒指出，芯片是"新的石油"，是当今世界的稀缺资源，军事、经济和地缘政治的实力都建立在计算机芯片的基础上。然而，近年来中国在芯片制造领域的迅猛发展态势大大削弱了美国的优势地位，导致美国在芯片制造过程中的关键部件脱离了自己的掌控，不仅造成了全球芯片短缺，还引发了一场超级大国间的新冷战。

彼得森国际经济研究所高级研究员马永哲（Martin Chorzempa）在《无现金革命：中国对货币的重新发明以及美国对金融和科技主

---

① Chris Miller, *Chip War: The Fight for the World's Most Critical Technology*, Scribner, 2022.

导地位的终结》①一书中，追溯了中国两大金融科技巨头——阿里巴巴和腾讯如何引导了一场无现金革命，为金融科技、移动支付闯出一条新路的历程。马永哲指出，中国实际上已经重新定义了货币的概念，将一个落后、过时的基于现金的金融体系转变为一个以科技巨头阿里巴巴和腾讯创造的超级应用程序为中心的金融体系。不仅如此，中国的数字人民币将在未来十年内挑战美元在国际贸易结算领域的主导地位。

二、研究热点

（一）中国共产党的二十大

美国学界重点围绕"中国式现代化""共同富裕""国家安全"等关键词对中共二十大报告进行了解读，并多采用比较研究的方法分析二十大报告与之前党代会报告的区别与联系，预判中国未来的政策走向。

美国得克萨斯大学圣安东尼奥分校政治科学和地理系主任乔恩·泰勒（Jon Taylor）指出，二十大报告明确指出要把实现中国式现代化作为党的中心任务，并将在未来五年乃至更长时间内推动落实各项相关举措。泰勒注意到，报告提出实现中国式现代化的一个非常重要的近期发展目标是实现共同富裕，即"先把蛋糕做大"，然后更平均地分蛋糕。泰勒指出，这是一项非常艰巨的任务，但符合中国经济稳定和长期繁荣的发展目标，因为中国式现代化不仅是经

---

① Martin Chorzempa, *The Cashless Revolution: China's Reinvention of Money and the End of America's Domination of Finance and Technology October*, Public Affairs, 2022.

济领域的现代化，同时也是政治和军事领域的现代化①。

美中研究中心高级研究员苏拉布·古普塔（Sourabh Gupta）也对二十大报告提出的"中国式现代化"和"共同富裕"予以了重点关注。古普塔指出，中共高层领导人对现代化的关注可以追溯到十一届三中全会，邓小平将工作重心从阶级斗争转变为社会主义现代化建设。中共二十大将共同富裕作为中国式现代化这一新发展框架的关键组成部分，并对实现这一战略目标的路径作出了规划。在古普塔看来，共同富裕这一理念将有助于推动实现中国经济的再平衡，并逐步转向消费主导型经济，也有利于破解中国城市化家庭面临的高储蓄率困境。在古普塔看来，共同富裕很可能在中国社会主义市场经济中留下印记，其影响力甚至不亚于"四个现代化"和"改革开放"②。

美国学界对中共二十大的另一个关注点是"国家安全"。美国战略与国际问题研究中心中国力量项目主任林碧莹（Bonny Lin）等表示，中共二十大报告强调中国面临更加严峻的外部环境，将国家安全提到前所未有的高度，并首次在报告中将国家安全作为一个独立的部分进行系统阐述，将其描述为"民族复兴的根基"。他们指出，二十大报告中提到"安全"的频次比十九大报告有了明显增加，二十大报告关于国防和军队现代化的阐述相较于十九大报告中的相关内容篇幅更长③。

还有学者关注到报告新增一个将教育、科技和人才统筹部署的

---

① China Daily, "Greater Successes for CPC Expected", https://www.chinadaily.com.cn/a/202210/21/WS6351dc12a310fd2b29e7dae1.html.

② Sourabh Gupta, "China's 'Common Prosperity' Pathway to Socialist Modernization", https://www.chinausfocus.com/finance-economy/chinas-common-prosperity-pathway-to-socialist-modernization.

③ Bonny Lin et al., "China's 20th Party Congress Report: Doubling Down in the Face of External Threats", https://www.csis.org/analysis/chinas-20th-party-congress-report-doubling-down-face-external-threats.

篇章，体现了中共中央面对西方对其关键技术的封锁所带来的政治风险以及生产力增长滞后等一系列问题，在加强自主创新和人才培养方面作出的重大部署[1]。《纽约时报》也关注到中共二十大报告更加强调自力更生，明确提出要打赢关键核心技术攻坚战。文章指出，五年前中共十九大报告提出要建立"以市场为导向"的技术创新体系，这一次则把重点放在了"国家战略需求"上，这是一个强烈的信号，表明中国政府将在未来的创新举措中发挥主导作用[2]。

此外，学者们还对中共二十大召开的意义和影响进行了分析。美国库恩基金会主席罗伯特·劳伦斯·库恩（Robert Lawrence Kuhn）表示，中共二十大的重要意义不仅在于确定未来五年（2023—2027 年）的工作议程，而且还制定到 2035 年未来 13 年路线图，并为 2049 年即中华人民共和国成立 100 周年实现中华民族伟大复兴规划愿景[3]。

（二）美国对华政策

在中美关系经历诸多波折的 2022 年，美国学界围绕美国对华政策开展了激烈的辩论，针对美国的对华接触政策究竟是不是"美国近代史上最严重的战略失误"、当前的对华强硬政策是否有效等议题阐述了不同观点。

---

[1] Asia Society Policy Institute, "Decoding Chinese Politics", https://asiasociety.org/policy-institute/decoding-chinese-politics.

[2] New York Times, "On Tech, Xi Points to Self-Reliance and State-Led Initiatives", https://www.nytimes.com/2022/10/16/world/asia/on-tech-xi-points-to-self-reliance-and-state-led-initiatives.html.

[3] Xu Hao, Zou Lin, "Robert Kuhn: The 20th CPC National Congress Is Axial to China's New Era", http://www.chinatoday.com.cn/ctenglish/2018/commentaries/202210/t20221021_800311022.html.

1. 美国对华接触政策之辩

现任拜登政府负责对华政策的高级官员库尔特·坎贝尔（Kurt Campbell）和埃利·拉特纳（Ely Ratner）曾在 2018 年联合撰文称"华盛顿在冷战后对北京的接触政策失败了"，这一论断引发了广泛关注和讨论。2021 年末，芝加哥大学教授约翰·米尔斯海默（John J. Mearsheimer）在《外交事务》期刊上发表的《不可避免的竞争：美国、中国与大国政治的悲剧》一文，再次引发美国学界对"美国对华接触政策失败论"的大讨论。

米尔斯海默指出，美国对华接触战略是美国犯下的最严重的战略失误[①]。普林斯顿大学教授阿伦·弗里德伯格（Aaron L.Friedberg）也是这一观点的支持者，他在新出版的《误解了中国》一书中对这一政策进行了系统的剖析，认为美国对华接触政策失败的原因在于华盛顿低估了中国共产党的韧性和足智多谋，误判了其对保持国内政治权力的决心[②]。

普林斯顿大学教授约翰·伊肯伯里（G.John Ikenberry）等提出了不同的看法。他们指出，米尔斯海默忽略了美国对华接触政策只是冷战后为寻求加强美国主导的自由主义国际秩序的一部分，这种策略带来的收益远远大于成本。倘若以某种方式推行米尔斯海默所说的遏制战略将是一种国家自残行为，该战略将造成美国及其盟友关系的分裂，使自由主义国际秩序更加混乱。即便如此，这一战略也无法阻止中国的崛起[③]。

---

① John J. Mearsheimer, "The Inevitable Rivalry America, China, and the Tragedy of Great-Power Politics", https://www.foreignaffairs.com/articles/china/2021-10-19/inevitable-rivalry-cold-war.

② Aaron L. Friedberg, *Getting China Wrong*, Polity, 2022.

③ G. John Ikenberry et al., "A Rival of America's Making? The Debate Over Washington's China Strategy", https://www.foreignaffairs.com/articles/china/2022-02-11/china-strategy-rival-americas-making.

兰德公司高级政治学家迈克尔·马扎尔（Michael J.Mazarr）也认为全面遏制中国发展的战略从来都不是可行的选择。马扎尔指出，中国经济的快速发展使 8 亿多人摆脱了贫困，而美国倘若阻止这一行为则意味着将扼杀有史以来最持久有效的脱贫运动。这种无情的经济战在政治上是行不通的——它会被视为赤裸裸的种族主义行为，目的是压制非白种人的发展，其他人也不会加入这样的行动①。

对于米尔斯海默将中国追求的目标定位为塑造全球主导地位的观点，哥伦比亚大学教授黎安友（Andrew J. Nathan）也进行了反驳。他指出，在一个多极化世界中，中国寻求塑造对其有利的国际体系，就像其他大国一直以来所做的那样。中国并没有倡导建立一个由其主导的替代性国际体制，而是仍然坚定地支持全球自由贸易体制以及联合国及其下属机构。中国提出的"一带一路"倡议也是同西方长期资助的发展计划并驾齐驱，而非取而代之。黎安友强调，高估中国的威胁和低估这一威胁同样危险，一味地在美国公众与中国政策制定者之间制造恐慌，大肆渲染可能存在的风险将使得风险管控更加困难②。

2. 美国对华政策存在的问题及反思

在围绕美国当前对华政策有效性的探讨中，美国学界出现了一些理性的声音。

一种观点认为，美国当前"围追堵截"式的对华政策极容易造成两败俱伤的结果。卡内基国际和平基金会技术与国际事务项目高级研究员乔恩·贝特曼（Jon Bateman）指出，如今美国似乎有意进

---

① Michael J. Mazarr, "Shaping China's Ambitions", https://www.rand.org/blog/2022/01/shaping-chinas-ambitions.html.

② G. John Ikenberry et al., "A Rival of America's Making? The Debate Over Washington's China Strategy", https://www.foreignaffairs.com/articles/china/2022-02-11/china-strategy-rival-americas-making.

行一场更大的讨伐——从根本上阻碍中国崛起，全然不顾全球稳定、美国经济和美国联盟面临的风险。在许多美国官员和分析人士看来，每一家中国公司都是另一家华为，每一项中国技术都是对准美国心脏的上膛枪，这种狂热的气氛造成了美国新一轮出口管制、投资限制、金融制裁、签证限制等措施的加剧。贝特曼表示，尽管不少人因对中国采取强硬政策而欢呼雀跃，但他们很快就会意识到他们正在经历供应链的断裂以及经济秩序的破坏，即将面临创新步伐放缓、通货膨胀率上升、友好国家间贸易不稳定以及与新兴亚洲超级大国间关系的不稳定。美中两国脱钩加速得越快，就越难以控制。贝特曼警告，如果美国不喘口气，稳住自己，则很可能会跌下悬崖①。

哈佛大学教授约瑟夫·奈（Joseph Nye）也认为美国对中国日益妖魔化的论调造成了两国间旷日持久的紧张，这一结果将阻碍美中两国在世界经济治理，应对全球性流行病、气候变化以及保护生态环境领域的合作。不仅如此，两国间的竞争也阻碍了双方在减缓核武器和生物武器扩散方面的合作，这使世界所有国家都将付出高昂的代价。奈建议，美国只有避免在意识形态上妖魔化中国，维系好盟友关系，才能成功应对中国的挑战②。

另一种观点认为，美国过度表现出对华的强硬态度和竞争导向，但在战略制定上缺乏明确的目标，政策实施上缺乏前后的连贯性和持续性，这些都不利于美国长远的国家利益。康奈尔大学教授白洁曦（Jessica Chen Weiss）指出，美国的决策者对华战略竞争的过度关注正在消耗美国的外交政策，基于零和博弈的"条件反射"式反华

---

① Jon Bateman, "The Fevered Anti-China Attitude in Washington Is Going to Backfire", https://www.politico.com/news/magazine/2022/12/15/china-tech-decoupling-sanctions-00071723.

② Joseph S. Nye, Jr, "America's China Challenge", https://www.project-syndicate.org/commentary/america-successful-response-to-china-challenge-by-joseph-s-nye-2022-08?barrier=accesspaylog.

和"政治正确"指导下的强硬政策使美国自身也深陷其中，不仅会带来美中关系的无限期恶化、增加灾难性冲突的危险，还会威胁到美国世界领导地位的可持续性，影响美国社会和民主制度的活力 ①。密歇根州立大学名誉教授李侃如（Kenneth G.Lieberthal）表示，拜登政府将"竞争"与美国对华政策挂钩，却没有明确具体的目标、优先事项、工具和基准来解释和评估这种"竞争"，显然美国并没有应对中国挑战的宏观战略，相反，美国只是采取了被动和防御性的姿态。李侃如强调，美国在应对中国挑战时所能做的最重要的事情或许就是处理好自己国内的问题 ②。

　　美国智库新美国安全中心首席执行官理查德·方丹（Richard Fontaine）也认为拜登政府的对华新政策缺乏明确的目标。竞争只是对美中关系的描述，而非目的本身。如果没有明确的目标，任何总体战略都有可能造成资源浪费，也难以得到广泛而持久的国内支持 ③。布鲁金斯学会高级研究员何瑞恩（Ryan Hass）等认为，仅仅通过竞争的视角来看待两国关系是错误的，这样做限制了美国制定更持久、更有成效、更加符合美国利益的工具。美国的政策制定应该以美国长远的国家利益以及中国同这些利益的关系为依据，并且应当基于一套前后一致的理论来制定美国对华政策，而不是对中国的主动行为作出简单被动的回应，更不能被国内的政治纷争所左右 ④。

① Jessica Chen Weiss, "The China Trap: U.S. Foreign Policy and the Perilous Logic of Zero-Sum Competition", https://www.foreignaffairs.com/china/china-trap-us-foreign-policy-zero-sum-competition.

② David Barboza, "Ken Lieberthal on Washington's Major China Challenges", https://www.thewirechina.com/2022/04/24/ken-lieberthal-on-washingtons-major-china-challenges/.

③ Richard Fontaine, "Washington's Missing China Strategy", https://www.foreignaffairs.com/articles/china/2022-01-14/washingtons-missing-china-strategy.

④ Ryan Hass et al., "A Course Correction in America's China Policy", https://www.brookings.edu/research/a-course-correction-in-americas-china-policy/.

（三）中国内政外交领域的发展

除了对中国共产党的二十大以及美国对华政策开展研究，2022年美国学界对中国国内政治、经济、外交领域的发展情况，尤其是对进入新时代以来各领域呈现出的新特点和新变化予以了重点关注。

1. 中国经济领域的发展

一方面，美国学界对中国经济发展取得的巨大成就及其背后的原因进行了分析。哈佛大学肯尼迪政府学院发布的报告从 GDP、贸易、商业和投资以及金融四个维度对美中两国经济发展情况进行了对比和分析。报告指出，自 1870 年代美国取代英国成为世界头号经济体以来，美国首次面临一个与自己规模相当、甚至在某些方面比自己更强大的经济对手。报告对中国过去 40 年经济的持续快速发展予以充分肯定，评价其为"奇迹般的经济增长"，平均速度是美国的四倍，重新定义了全球经济格局。报告指出，中国已经取代美国成为世界制造业工厂。中国已经超过美国，成为世界上大多数国家的第一大贸易伙伴。中国已成为全球关键供应链中最重要的一环。中国已经取代美国成为全球经济增长的主要引擎[1]。

布鲁金斯学会高级研究员杜大伟（David Dollar）重点分析了新时代以来中国经济发展的情况。杜大伟指出，2012 年以来中国进一步扩大对外开放的步伐，这是支撑中国当前和未来经济繁荣发展的关键因素之一。尽管过去十年中国 GDP 增速放缓了 4 个多百分点，但平均增长率仍超过 6%。根据世界银行的极端贫困线，2002 年中国有近 1/3（31.7%）的人口处于贫困状态。到 2012 年，这一数字惊

---

[1] Graham Allison et al., "The Great Economic Rivalry: China vs the U.S.", https://www.belfercenter.org/publication/great-economic-rivalry-china-vs-us.

人地下降到 6.5%。在习近平的领导下这一比例进一步下降，到 2019 年降至 0.1%[1]。

另一方面，美国学界也高度关注中国经济发展中面临的问题和挑战，部分学者对美中贸易战和新冠疫情双重影响下的中国经济发展态势表示深深的忧虑。大西洋理事会地缘经济中心助理主任尼尔斯·格雷厄姆（Niels Graham）指出，2022 年中国经济增速未能达到预期目标，中国经济增长放缓除了受新冠疫情的影响之外还有着更深层的原因。例如，自 2020 年以来，中国发展金融体系和提高市场竞争力的改革停滞不前，对证券投资和直接投资的开放程度都有所下降[2]。

战略与国际问题研究中心的布里安娜·伯兰德（Briana Boland）等学者则从中国经济发展战略调整的视角进行分析，认为中国共产党将经济安全视为国家安全和政权安全的重要组成部分，因此，努力实现经济上的自给自足成为这一时期中国新经济战略的一个重要标志。尽管如此，中国并没有收紧对外开放的大门，中国经济与世界经济的融合越来越深入，贸易量无论在规模还是数量上都有所增加（特别是在亚洲内部），平均关税有所下降，而且投资环境明显改善，特别是在金融领域[3]。哈佛大学教授格雷厄姆·艾利森（Graham Allison）指出，虽然中国正在小心翼翼地减少对其他国家进口的依赖，但其他国家正在加深对中国的依赖。目前，130 个国家与中国的贸易额超过了与美国的贸易额，其中超过 2/3 的国家与中国的贸易

[1] David Dollar, "Xi Jinping's Mixed Economic Record", https://www.prcleader.org/dollar-september-2022.

[2] Niels Graham, "Will Xi Take a New Economic Direction? China Has Trillions at Stake", https://www.atlanticcouncil.org/blogs/new-atlanticist/will-xi-take-a-new-economic-direction-china-has-trillions-at-stake/.

[3] China Leadership Monitor, "Summary of a Joint CLM and Freeman Chair of CSIS Conference on Xi Jinping's Decade in Power", https://www.prcleader.org/clm-csis-conference.

额是美国的两倍①。

对于制约中国经济发展的原因，奈认为，人口结构的限制、低
要素生产率以及相关政策导向使中国经济增长进入平稳期。同时，
中国还面临着不平等加剧和环境恶化等严重问题②。斯坦福大学国际
研究所高级研究员、教授罗斯高和旧金山湾区作家娜塔莉·赫尔认
为，当前中国经济发展面临的主要障碍是"人力资本供给与需求之
间的不一致"。罗斯高和赫尔指出，中国依赖廉价劳动力以实现两位
数经济净增长率的时代已经过去，中国未来能否迈入高收入经济体
之列，主要取决于中国是否有充足并受过良好教育的劳动力，而作
为中国未来劳动力主体的农村青年则是解决这一危机的关键。对此，
他们建议，通过在职业教育中加入学术教育的教学内容，以及为农
村学子提供更多进入高中学习的机会等途径改善中国农村教育的现
存问题，提升农村青年的受教育水平③。

斯坦福大学弗里曼·斯普格利国际问题研究所研究员奥莉安
娜·斯凯拉·马斯特罗（Oriana Skylar Mastro）和美国企业研究所
经济专家史剑道（Derek Scissors）则阐述了不同的观点。他们认为，
尽管中国的经济增速已经放缓，但出现经济急速下降的"硬着陆"
是不可能的。人口的减少并不意味着经济的迅速衰退，中国劳动力
的减少已经持续了十年之久，但经济增速仍然超过美国。中国经济

① Graham Allison, "Economic Weight Is Power. China Is Gaining Fast", https://
www.belfercenter.org/publication/economic-weight-power-china-gaining-fast#:~:
text=Economic%20weight%20creates%20the%20substructure%20of%20power%20in,
have%20proportionally%20greater%20influence%20in%20shaping%20international%20
affairs.
② Joseph S. Nye, Jr, "America's China Challenge", https://www.project-syndicate.org/
commentary/america-successful-response-to-china-challenge-by-joseph-s-nye-2022-
08?barrier=accesspaylog.
③ Scott Rozelle, Natalie Hell, *Invisible China: How the Urban-Rural Divide Threatens
China's Rise,* University of Chicago Press, 2022.

从最高点的任何下降都可能是渐进的，而且可能会通过在研发上的大量支出来缓解中国在人口和债务问题上的困境①。

2. 中国政治领域的发展

美国学界重点对新时代以来中国政治领域的发展状况和中国共产党呈现出的新特点和新变化进行了分析。美国加州克莱蒙特·麦肯纳学院教授裴敏欣（Minxin Pei）从宏观层面对 2012 年以来中国政治领域的发展进行了概括：第一，确定了习近平在党中央的核心、全党的核心地位；第二，通过多管齐下的方式全面加强党的领导，更加重视党的组织建设以及意识形态工作；第三，扩大中国在海外的影响力，不断提升中国的国际地位②。

宾夕法尼亚大学当代中国研究中心主任雅克·迪莱尔（Jacques DeLisle）和安南伯格传播学院与社会学系教授杨国斌合作主编的《党领导一切：中国共产党角色的演变》一书，汇集了多名美国中国问题研究专家围绕新时代中国共产党角色和功能的最新研究成果。迪莱尔指出，进入新时代以来，中国共产党通过加强党的自我监督和党内法规制度建设、加强党的纪律建设、改革干部选拔任用制度、开展反腐败斗争等方式加强党的全面领导。与此同时，不断扩大党组织对政府机构、媒体、民间社会组织以及基层农村治理的影响力③。

此外，这一时期中国共产党提出的部分新理论、新战略也受到了美国学界的关注。战略与国际问题研究中心中国研究项目主席裴

---

① Oriana Skylar Mastro, Derek Scissors, "China Hasn't Reached the Peak of Its Power", https://www.foreignaffairs.com/china/china-hasnt-reached-peak-its-power.

② Minxin Pei, "Xi Jinping's Political Agenda and Leadership: What do we know from his decade in power", https://www.prcleader.org/pei-september-2022.

③ Jacques DeLisle, Guobin Yang, *The Party Leads All the Evolving Role of the Chinese Communist Party*, Brookings Institution Press, 2022, pp.1-437.

德·布兰切特（Jude Blanchette）对总体国家安全观进行分析，认为习近平提出的总体国家安全观反映了其对中国重要战略机遇期认知的转变，也标志着中国共产党在如何平衡经济发展与国家安全方面的重要转变。在他看来，中国共产党把国家安全放在第一位并不意味着对经济发展的重视程度降低，相反，这代表中共从仅仅关注物质条件和 GDP 增长转向可能破坏党执政地位的外部因素①。此外，还有学者对总体国家安全观与全球安全倡议的关系进行了探讨，认为 2022 年 4 月习近平首次提出的全球安全倡议是总体国家安全观在国际领域的延伸。文章指出，如果总体国家安全观是中国重新定义国家安全的框架，那么全球安全倡议可能成为中国重组国际安全秩序的工具。尽管全球安全倡议尚处于起步阶段，但它可能会推动有关全球安全架构的对话，并为西方主导的世界秩序提供一种可替代的模式②。

美国《中国政治学刊》副主编约瑟夫·G. 马奥尼（Josef Gregory Mahoney）分析了"全过程人民民主"提出的背景、内涵及其实施效果。马奥尼表示，美英等国以十分狭隘的概念和规范定义了民主，而在今天的中国，人们对民主的概念有着不同的理解。全过程人民民主结合了中国的特点和需求，包括其独特的历史、发展道路和发展目标，并通过在民主的工具性价值与内在价值之间寻求平衡的方式实现这一目标。马奥尼指出，尽管一些西方国家对这一理论存有误解，然而当我们从经验结果的角度审视中国民主成就时会发现，中国人已经实现了自我治理，变得更加富裕，消除了极端贫困，成

---

① Jude Blanchette, "The Edge of an Abyss: Xi Jinping's Overall National Security Outlook", https://www.prcleader.org/blanchette–september–2022.

② China Leadership Monitor, "Summary of a Joint CLM and Freeman Chair of CSIS Conference on Xi Jinping's Decade in Power", https://www.prcleader.org/clm-csis-conference.

功遏制了新冠疫情，促进了真正的多边主义，在避免霸权的同时帮助了其他发展中国家。所有这一切都表明这一民主模式已经在国内外发挥作用①。

3. 中国外交领域的发展

美国学界重点对新时代以来中国外交领域的新定位、新理念、新实践及其带来的世界影响进行了分析。何瑞恩对中共十八大以来中国外交领域的新特点和新变化进行了评析，指出，过去十年中国经济不断增长，与东亚的融合程度越来越高，中国人民解放军实力不断增强，中国在全球治理问题上发挥更大引领作用，建立了更多的国际伙伴关系，也正是这些发展趋势使中国领导人充满信心，制定的外交政策也更加自信②。

美国丹佛大学国际关系学院教授、美中合作中心执行主任赵穗生指出，自中共十八大以来，中国通过改革外交决策机制加强对外交工作的顶层设计，不断扩大了中国外交的影响力。习近平提出构建人类命运共同体、构建新型国际关系等一系列主张和倡议，把中国对外工作推向了一个崭新的高度，使中国赢得了前所未有的国际尊重。同时，也把中国外交的使命从寻求和平的国际环境、促进国内发展转变为扩大中国的全球影响力，推动实现中华民族伟大复兴的关键一环。赵穗生认为，习近平为加强对外工作的集中统一领导而对外交决策机制进行的改革，有助于绕过既得利益集团，突破官僚主义障碍，从战略高度制定长远规划，但也可能会增加外交政策

---

① Josef Gregory Mahoney , "The Theory and Practice of Chinese Democracy", https://news.cgtn.com/news/2022-10-13/The-theory-and-practice-of-Chinese-democracy-1e5wmQloHYY/index.html.

② Ryan Hass, "From Strategic Reassurance to Running Over Roadblocks: A Review of Xi Jinping's Foreign Policy Record", https://www.prcleader.org/hass-september-2022.

制定过程中出错的概率，降低错误被纠正的可能性 ①。

也有部分学者将中国在外交领域提出的一系列新理念新构想误读为对西方主导的自由主义国际秩序的挑战。斯坦福大学胡佛研究所高级研究员易明（Elizabeth Economy）指出，"一带一路"倡议将中国与亚洲、欧洲、中东和非洲连接起来，使其物资、金融、文化、技术和政治影响力随之向世界其他国家流动。在易明看来，70 多年来支撑国际体系的强大的美国联盟正在瓦解，取而代之的是中国提出的对话、谈判和合作框架。这种地缘战略格局的转变反映出一个以中国为中心、拥有自己的规范和价值观的秩序的崛起 ②。

美国外交关系学会研究员曼贾里·查特吉·米勒（Manjari Chatterjee Miller）则表达了不同的观点，他认为判断"一带一路"倡议的成功与否，一方面应当看受援国是否认为"一带一路"倡议是中国的一项积极倡议，另一方面看受援国能否通过"一带一路"倡议来推进其国内议程。米勒基于充分的调研认为，南亚国家对"一带一路"倡议总体上持积极态度，因为该倡议确实能够改善这些国家的基础设施建设，促进互联互通，有利于这些国家的政治和社会稳定。米勒警告美国对"一带一路"倡议的全面谴责可能会造成相反的效果 ③。

美国《大西洋月刊》评论员迈克尔·舒曼（Michael Schuman）则对中国最新提出的全球安全倡议予以了关注，认为该倡议的提出意味着美中之间的对抗正在升级为一场全面的全球主导地位之争，

---

① Suisheng Zhao, "Top-Level Design and Enlarged Diplomacy: Foreign and Security Policymaking in Xi Jinping's China", https://www.tandfonline.com/doi/abs/10.1080/10670 564.2022.2052440?journalCode=cjcc20.

② Elizabeth Economy, "Xi Jinping's New World Order Can China Remake the International System?", https://www.foreignaffairs.com/articles/china/2021-12-09/xi-jinpings-new-world-order.

③ CFR, "China and the Belt and Road Initiative in South Asia", https://www.cfr.org/report/china-and-belt-and-road-initiative-south-asia.

即从最开始的贸易战，到科技战，再到现在开展的思想战——一场争夺管理全球事务规范的战争①。马奥尼则认为，与美国咄咄逼人的外交霸权风格相比，中国在全球治理与世界和平发展中发挥了更为积极的作用，中国提出的全球安全倡议可以与其他多边倡议共同引领世界和平发展。尽管美国正在强迫中国走向对立面，但中国实际上愿意与美国一起在可预见的未来共同努力②。

三、特点分析

通过对上述热点议题和主要观点的梳理，我们可以发现，2022年美国关于当代中国问题的研究呈现以下三个鲜明特征。

从研究的主体来看，2022年美国智库作为当代中国问题研究的主阵地，涉华报告数量再创新高，舆论影响力更为显著。随着拜登政府对华战略全面明晰化，民主共和两党在对华政策方面达成高度统一，"对华强硬"在一定程度上成为美国缓和内部撕裂的"润滑剂"。在这一背景下，作为美国政府智囊的智库也深受其影响，对华立场愈发呈现强硬态势和鹰派取向，甚至一些自诩为无党派、自由派智库或立场偏中立的智库也渐趋"右转"，对华态度日趋强硬。而诸如哈德逊研究所、传统基金会、新美国安全中心等新老保守派智库的对华认知往往带有更鲜明的消极性和对抗性，大肆炮制反华言论，持续抹黑中国形象，严重影响国际受众的对华认知。

从研究的主题来看，2022年美国对当代中国问题的研究同现实

---

① Michael Schuman, "Schuman in the Atlantic: How China Wants to Replace the U.S. Order", https://www.atlanticcouncil.org/insight-impact/in-the-news/schuman-in-the-atlantic-how-china-wants-to-replace-the-u-s-order/.

② 中国新闻网，《2023年美国会同中国"脱钩"吗？美国学者详解》，https://www.chinanews.com/gj/2022/12-31/9925025.shtml。

问题的结合更加紧密，凸显了较强的政策导向性，既有对前几年热点议题的延续，也有因形势变化激发的新议题。总的来看，美国对华政策仍旧是美国学界持续关注的热点议题，学者们重点围绕美国的对华接触政策是不是失败了、当前的对华强硬政策是否有效等议题展开了探讨。此外，美国学界对中国共产党第二十次全国代表大会的召开予以了密切关注。在中国发展方面，美国学界对中国国内经济、政治、外交领域的发展情况，尤其是对进入新时代以来各领域呈现出的新特点和新变化予以了重点关注。

从对华总体认知来看，美国学界对华认知呈现总体认知趋同、具体议题认知趋异的多元图景。在美国对华战略方面，美国学界总体上认同对中国采取以竞争为导向的强硬战略，但在实施方法、策略等具体的战术层面存在不同程度的分歧。一方面，"美国对华接触政策失败论""对华全面脱钩论"等论调仍占有较大市场；另一方面，也出现了不少反思美国对华政策的理性声音。以白洁曦、何瑞恩、迈克尔·马扎尔、黎安友为代表的学者反对"全面遏制""围追堵截"式的对华政策，认为这种"条件反射"式反华和"政治正确"指导下的强硬政策不仅将中美两国推向战争的边缘，也不利于美国自身的长远发展。在他们看来，竞争只是手段而非目的，主张应基于美国长远利益制定目标明确、前后一致的对华政策，而不是对中国的行动作出简单被动的应对，更不应成为国内政治纷争和两党博弈的筹码。

总的来看，在中美关系跌宕起伏的 2022 年，美国对当代中国问题的研究依旧延续了近年来的繁荣发展态势，取得了丰硕的研究成果。其中，既有相对理性客观的认知和判断，也有基于冷战思维和意识形态偏见的误读误判。美国学界秉持的立场、观点、态度对于美国政府制定外交政策特别是对华政策引导国际对华舆论走向都有着重要影响。因此，应及时跟踪梳理相关研究动态，把握美国学界对当代中国的复杂认知，为引导美国学界更全面、更客观地看待中国，为讲好中国故事、传播好中国声音提供有益借鉴。

（作者单位：北京邮电大学马克思主义学院）

南　非

李洪峰　王婷　张经纬　杨思涵

南非作为非洲第二大经济体，重视智库建设与发展，目前共建有 90 多家智库，是非洲大陆智库数量最多、影响力最强的国家。南非智库的研究范围较广，涉及经济、政治、外交、农业、水利、科技等多个领域。南非关于当代中国问题的研究起步较晚，设立中国研究的智库数量和成果不多，具有代表性的主要智库包括南非斯坦陵布什大学中国研究中心、南非约翰内斯堡大学非洲—中国研究中心等，因此较其他领域而言产出的研究成果有限。近年来，南非智库不断加深对中国及中南关系的多维度研究，故此本文将重点分析南非智库 2022 年的学术成果及其特点，旨在助力中南关系提质发展。

一、总体概况

（一）智库

南非智库虽然同美国、英国等西方发达国家相比起步较晚，但其整体实力在撒哈拉以南非洲稳居首位，具有不容小觑的影响力。

根据美国宾夕法尼亚大学"智库研究项目"（TTCSP）编写的《全球智库报告 2020》，撒哈拉以南非洲共有 174 家智库，其中南非有 102 家智库，占比 14.96%，稳居非洲国家智库数量首位，比排名第二的肯尼亚国家智库多出 38 家。其中，南非国际事务研究所（SAIIA）名列全球智库排名第 85 名，南非安全研究所（ISS）名列第 116 名。南非智库是非洲政府和经济界重要的智力支撑，其成果在国际上享有较大的学术影响力。2022 年，南非智库关于中国的研究成果颇为丰富。

南非国际事务研究所（SAIIA）是南非国际问题研究顶尖智库，也是为数不多的长期追踪中非合作的非洲国家智库。其于 1993 年创办的季刊《南非国际事务研究》（*South African Journal of International Affairs*），获得了非洲及国际学术界的普遍认可。目前担任研究所所长的是伊丽莎白·西迪罗普洛斯（Elizabeth Sidiropoulos）。该智库主攻的六大研究领域为：外交政策、经济外交、发展、治理、气候变化和自然资源。自 2006 年启动中非关系研究项目开始，南非国际事务研究所共计发表了 200 余篇关于中国问题研究的系列文章或政策简报。研究主要涉及两大内容，一是在地缘政治层面上关注中国同南非及南部非洲发展共同体（Southern African Development Community）的双边关系进展，包括中国对非政策、中非关系理论基础等系列研究；二是在经济层面上关注中国同南非的经济政策导向和发展，包括中南能源转型、中国和非洲的可再生能源发展、中南气候融资等绿色经济问题。2022 年，南非国际事务研究所重点关注了中国海外铁路建设以及刚果（金）与中国的钴矿合作。

南非安全研究所（ISS）的主要研究领域为冲突和治理等安全议题。该所的系列研究发布主要包括每日非洲时事分析、政策简报、跨国有组织犯罪专栏、和平与安全理事会报告、非洲各区域安全报告、南非犯罪信息数据库、南非犯罪季度报告、系列安全专题等。2022 年，该所发布的中国相关报道、专题研究等共 42 篇，其中涉及中国的时事分析 41 篇，包括气候政策、印太论坛、乌克兰危机、中国在南部非洲的投资、金砖国家会议等议题。此外，2022 年该所还举办了两次涉及中非关系的研讨会。一是"亚非关系的长期前景"研讨会，着重探讨如何在达喀尔行动计划框架内促进非中关系转型升级。二是"非洲的未来取决于中国与西方关系的重启"研讨会，探讨中西方关系的演变对非洲发展带来的影响。

南非约翰内斯堡大学非洲—中国研究中心（CACS）是依托高校开展基础性研究的学术机构。该中心成立于 2018 年，依托约翰内斯堡孔子学院，由约翰内斯堡大学和南非工业大学共同管理，主要就中非经济关系、中非国际合作、中非人文交流等领域开展研究。2022 年，南非约翰内斯堡大学中非研究中心的学者在各类刊物上发表有关中国问题研究的文章 5 篇，均为报刊约稿。文章主题涉及中共二十大报告解读、中国国家治理经验、"一带一路"倡议在非洲的推进等。

除了上述知名智库，南非还有许多专题研究智库，包括南非斯坦陵布什大学中国研究中心（CCS）和南非金砖国家研究智库（SABTT）等。南非金砖国家研究智库挂靠南非国家人文和社会科学研究所（NIHSS），首席执行官为萨拉·莫索埃萨教授（Sarah Mosoetsa）。该智库主要关注金砖国家峰会的重要议题，包括多边主义、科技创新、绿色低碳等，曾发布《从可再生能源中促进经济发展案例报告》，2022 年举办了"中国轮值金砖主席国的工作重点及合作机遇"专题线上研讨会。

（二）期刊

2022 年，南非的学术期刊刊发了一定数量的中国研究文章。首先，一些专业性学术刊物推出了中国研究特刊，在不同领域组织了有关中国问题的学术笔谈，其中最具代表性的是由南非国际事务研究所主办的《南非国际事务研究》。该刊以"中国对非经贸投资和外交关系"为主题，于 2022 年第 1 期和第 2 期刊登了有关非洲从"一带一路"倡议中可借鉴的经验、非中关系与西方对非关系发展的迥异性、中国在非投资的国家安全审查等主题的研究论文和书评。南非国际关系研究领域的著名期刊《非洲外交事务》（*Journal of African Foreign Affairs*）在 2022 年第 8 期推出了"中国与埃塞俄比亚的关系"组稿，内容涉及中国与埃塞俄比亚关系的 20 年发展历程、埃中数字经济合作、埃中建交 50 周年的前景与挑战等。2022 年第 9 期也有 2 篇文章涉及中国，分别探讨了中国同赞比亚的外交关系、中国与尼日利亚的债务投资等问题。

其次，部分学术刊物在组织专题研究文章时将中国作为个案纳入相关的研究范畴。非洲改革研究所（Institute for African Alternatives）主办的季刊《新议程：南非社会和经济政策》（*New Agenda: South African Journal of Social and Economic Policy*）2022 年第 3 期以"全球视角下的非洲经济发展"为主题推出系列文章，其中有 1 篇文章聚焦中国经济，探讨了"一带一路"倡议下中国在非洲经济中扮演的赋能角色。《非洲身份》（*African Identites*）2022 年第 4 期的主题为"非洲外交模式探索"，其中有一篇文章探讨了中国同南非外交发展背后的驱动因素。《发展融资综述》（*Review of Development Finance*）在 2022 年第 1 期刊发了关于中国发展银行模式的主题研究文章。

（三）图书

南非学术界 2022 年出版有关中国研究的图书数量不多，主要涉及国际关系和经济研究，包括政党外交、全球数字经济等内容。在国际关系领域，南非姆贝基非洲领导力研究院高级研究员谭哲理（Paul Zilungisele Tembe）围绕中国国家治理及可借鉴经验，出版了《通过南非人的眼睛解读习近平思想》（*Xi Jinping Thought - Through South African Eyes*）。在经济领域，南非学者著述多围绕"全球化市场下的数字经济发展"展开，以中国数字经济发展、中美数字贸易对比、中国和南非促进就业和经济转型等问题进行深入分析。

二、热点议题与主要观点

（一）聚焦中国国家治理能力和成效

2022 年正值中国召开中共二十大的关键年份。中共二十大报告以及中国式现代化的成功发展路径在国际社会引起广泛关注，非洲社会各界纷纷热议，南非智库也不例外。南非学术界对中国过去一年的国家治理成就高度关注，其讨论聚焦于中共二十大报告提出的"中国式现代化""高质量发展""脱贫攻坚"等议题，以及"中国国家治理为什么好？如何借鉴中国国家治理经验？"等问题。

1. 对中国国家治理实践的评价

整体而言，南非学者对中国国家治理成就基本达成共识，认为中国作为新兴国家的代表，在国家治理和发展道路上取得了瞩目成就，非洲国家应借鉴中国的发展模式和经验。部分学者深入剖析中国特色发展道路与"以人民为中心"的关系，对全过程人民民主内容进行分析。谭哲理赞扬了中国全过程民主的国家治理内容。他赞同习近平提出的"全过程人民民主是社会主义民主政治的本质属性，是最广泛、最真实、最管用的民主"的观点，并强调这一目标是激励中国共产党在推进其政治、经济和社会议程进一步发展和落实的内核。他指出，西方民主观念中的政治议程主要由选举获胜党派决定，所带来的结果注定是削弱了普通人民群众对社会具体事务的真正参与。中国则不同，中国人民的声音在政治选举过程中得到充分聆听，人民代表大会制度最大程度践行了全过程人民民主。中国真正做到了人民掌握国家政权，人民行使管理国家的权力[1]。

部分学者强调中国式现代化是中国国家治理的内涵，认为中国共产党领导的社会主义现代化，既有各国现代化的共同特征，更有基于自己国情的中国特色。南非约翰内斯堡大学非洲—中国研究中心主任孟大为（David Monyae）认为，冷战后，国际货币基金组织和世界经济结构调整计划（ESAP）并未考虑非洲早期民族国家构建发展的脆弱性和依赖性，盲目移植西方模式，从而加剧了非洲现代化道路发展的困难。西方模式从来都不是非洲当时乃至现在唯一的选择。20世纪60年代的中国和非洲同样面临着发展困境，但是中国结合自身的发展优势不断探索符合本国发展的现代化道路，因地制宜地解决国家发展进程中的难点和痛点。他认为，对于南非和非洲大陆其他国家来说，中国式现代化证明了世界上存在一种科学的、实用的、可参考的现代化模式范本。不过孟大为也指出，无论中国式现代化对非洲有多大吸引力，非洲国家都应吸取历史的经验教训，不能盲目照搬中国的发展模式。非洲应该在中国式现代化进程中找到适合的参考范式，因地制宜地建设适合非洲文化规范和价值观的独特现代化模式，强调"必须为非洲的发展寻找符合自身国情的特色现代化模式，而不是相信西方现代化是治疗非洲所有疾病的灵丹

---

[1] https://www.fmprc.gov.cn/mfa_eng/topics_665678/ddzggcd/qgcrmmz/202208/t20220801_10731231.html.

妙药"①。

2. 对如何借鉴中国经验的思考

南非学者一致呼吁本国政府学习中国成功的治理经验，重点关注文化自信、脱贫攻坚等领域。部分学者从民族认同感的角度出发，认为中国发展的成功经验之一是积极塑造人民的文化自信心。南非学者布莱恩·索库图（Brian Sokutu）指出，近年来中国越发重视文化自信，以中国的历史经验和发展特色贯穿教育普及，塑造中国人民的文化价值观，这值得非洲国家学习借鉴。非洲大陆语言多样、文化多彩，在泛非主义思潮的引领下，非洲各区域逐步形成了带有地区主义色彩的集体价值观。非盟《2063 年议程》中也提出要实现带有统一非洲文化认同的非洲梦，但是道阻且长。中国坚持对自身传统文化的认同和尊崇，尤其是在教育领域鼓励传统文化的教育普及，结合中国传统文化、中国发展道路文化、中国政党文化等主题，以灵活的方式培育民族认同之根，为传统思想价值体系的发展提供了坚实的基础。未来非洲应借鉴中国对自身传统思想价值体系的认同和尊崇，逐步加强非洲文化认同，从价值观及发展理念上形塑非洲人民的文化自信②。

部分学者从贫困治理的视角出发，认为中国的脱贫攻坚工作取得了瞩目成就，是全球减贫努力的重要里程碑，广大发展中国家应该借鉴中国经验。谭哲理认为，中国科学、精准、实用的脱贫举措值得非洲国家学习参考。中国的精准扶贫政策针对不同地区的特点和需求，以政府导向、广泛发动的方式对贫困人群提供基本医疗服

① David Monyae, "World Insights: Chinese Modernization Carries Global Significance", October 21, 2022.
② Brian Sokutu, "There is So Much to Learn from China", https://www. citizen. co. za/news/opinion/there — is — so — much — to — learn — from — china/.

务、九年义务教育、住房保障和就业机遇，逐渐构建了"中国特色脱贫攻坚"的四梁八柱。此外，中国通过建设远程教育网络和贫困农村地区开放式基金保障，确保贫困群众获得远程医疗，从而消除了绝对贫困和饥饿。他认为，南非对中国经验的采纳具有可行性。首先，南非需要加强自身的领导力和治理能力，超越意识形态对党派关系的影响，专注于实现国民目标；其次，南非应帮助贫困人口提升脱贫能力，使他们不再依赖社会救援；最后，南非应动员全社会为消除贫困贡献力量，包括私人部门广泛且深入的参与[1]。

（二）分析中南绿色经济和数字经济合作

绿色经济和数字经济合作是双方关系发展的重点内容之一。孟大为指出，当前，数字经济和绿色经济是非中合作的新的战略目标；非中双方已经认识到数字经济的重要性，提出了共建网络空间命运共同体倡议；非中双方将在云计算、大数据、人工智能、物联网、移动互联网等领域开展合作推动数字创新、技术转让和数字基础设施建设；同时，非洲正面临严峻的气候变化问题，中国作为非洲发展伙伴（development partner），在非洲发展中发挥着重要作用，但非洲必须更加主动、协调地处理与中国的关系[2]。南非作为非洲重要的经济体，在中非联手应对气候变化和开展数字经济合作方面占有重要地位。孟大为还认为，中国提出的共同繁荣战略能够为包括南

---

[1] Paul Zilungisele Tembe, Poverty Eradication with Chinese Characteristics, https://www.iol.co.za/news/politics/opinion/poverty-eradication-with-chinese-characteristics-4947f1b8-5724-4bc8-a708-d2deb25975f2.

[2] David Monyae, Africa Must Be More Proactive in Its Relationship with China, 06 December 2021, https://www.businesslive.co.za/bd/opinion/2021-12-06-david-monyae-africa-must-be-more-proactive-in-its-relationship-with-china/?fbclid=IwAR2Ls0ZHp_c9D1-QjUBUl2fUu5BPuI2tVL7Xog6wYsvnqu3oWtG41xTS8rY.

非在内的整个非洲提供新的增长平台①。总之，在中国与南非的全面战略合作伙伴中，中国对南非寻求持续、高效、积极的发展至关重要。2022年，围绕绿色经济和数字经济合作，中南合作达到了新的高度。

1. 对中南清洁能源和绿色经济合作充满期待

中共二十大报告提出："推进生态优先、节约集约、绿色低碳发展。"②加快发展方式绿色转型，推动经济社会发展绿色化、低碳化是实现高质量发展的关键环节。这一精神也体现在中南清洁能源和绿色经济合作当中。南非学者对此进行了详细的解读。作为金砖国家成员之一，南非政局稳定，风力资源丰富，市场发展空间和潜力较大③。但同时，南非电力资源紧缺问题日益严重，中南新能源合作对南非至关重要。孟大为指出："南非政府计划招募独立电力生产商，推动以风能和太阳能为主的能源结构发展。政府计划通过可再生能源独立电力生产商采购计划（REIPPP），获得2583兆瓦的可再生能源，其中1608兆瓦将来自风力发电场，975兆瓦将来自光伏电站。"④在中南合作不断深化的背景下，南非对中国的清洁能源项目非常关注。中国国电龙源电力集团南非项目部于2011年在开普敦成立。截至2021年底，其投资的德阿风电项目已向南非输送清洁电力32.28亿千瓦，该项目每年稳定发电量约7.6亿千瓦/小时，节约标准煤

① David Monyae, China's Prosperity Vision Offers Africa a New Growth Platform, 5 February 2022, https://www.iol.co.za/news/politics/opinion/chinas-prosperity-vision-offers-africa-a-new-growth-platform-346dc3de-02d5-4d6e-87b1-1914ab0a8451?fbclid=IwAR3MlBfBxc2ZykICiuj1b7RmVrQl9Wy69cFsXTCKN6Bgz-tvNrqLg8xit7g.

② 习近平:《高举中国特色社会主义伟大旗帜 为全面建设社会主义现代化国家而团结奋斗——在中国共产党第二十次全国代表大会上的报告》，中华人民共和国中央人民政府，2022年10月25日，https://www.gov.cn/xinwen/2022-10/25/content_5721685.htm。

③《中企投资兴建的风电项目在南非投产发电》，http://capetown.china-consulate.gov.cn/xwdt/201711/t20171120_6959954.htm。

④ "SA Plans Future with Renewable Energy", *Business Day*, 9 December 2022, p. 12.

21.58 万吨，减少二氧化碳排放 61.99 万吨 [1]。德阿风力发电项目取得的成果也得到了南非驻华大使谢胜文（Siyabonga Cwele）的赞赏。谢胜文表示，中国企业比传统的西方企业更加具有竞争优势，因为它们拥有更先进、更实惠的创新技术。他呼吁中国能源等投资者与南非合作，共同发展绿色经济 [2]。

此外，电动汽车电池技术也是中南清洁能源合作的重点。南非在发展电动汽车领域需求旺盛，其中电池技术的开发与供给尤为重要。据统计，2023 年至 2030 年，南非对包括锂电池在内的电池供应以及相应技术方面的需求巨大，在已经确定的 17 家主要国外电池合作伙伴中，中国企业占 6 家 [3]。2022 年 6 月，欧盟计划在 2035 年前停止燃油汽车的生产。这导致许多欧洲国家将非洲视为重要的电池原料产地。南非国际事务研究所研究员科布斯·范·斯塔登（Cobus van Staden）认为，为了所谓的"绿色能源"，欧洲再次将目光投向非洲的矿产资源，这可能会对非洲经济造成破坏；而与中国企业合作，建设中非自贸区，发展基础设施建设，共同开发矿产资源从而促进电动汽车电池的生产与贸易，对非洲国家来说是有裨益的 [4]。中非在矿产开发和电池生产方面的合作能够大大缓解南非对电池的需求。然而，在全球减排目标的影响下，目前南非的矿产资源开发仍旧相对滞后，矿产资源的产量仍供不应求。南非财富与投

---

[1] "Project Harnesses Wind Power to Deliver Electricity, Training, Education and Sustainable Livelihoods", *Business Day*, 9 December 2022, p. 12.

[2] "China–SA Relations on Upward Trajectory", *Business Day*, 9 December 2022, p. 12.

[3] 这 6 家中国企业分别为：猛狮电力、天能电池、理士国际科技有限公司、超威电力控股有限公司、光洋电池有限公司（中国台湾）、骆驼集团有限公司。参见 "South Africa Battery Market – Industry Trends and Forecast to 2030", November 2022, *Data Bridge*, https://www.databridgemarketresearch.com/reports/south-africa-battery-market.

[4] Cobus van Staden, "Green Energy's Dirty Secret: Its Hunger for African Resources", *Foreign Policy*, June 30, 2022, https://foreignpolicy.com/2022/06/30/africa-congo-drc-ev-electric-vehicles-batteries-green-energy-minerals-metals-mining-resources-colonialism-human-rights-development-china/.

资银行（Investec wealth & investment）商品研究部主任坎贝尔·派瑞（Campbell Parry）指出："为了完全实现全球净零目标，到 2050 年锂产量必须增加 16 倍，石墨产量增加 10 倍，钴产量增加 8 倍，镍和铜产量增加 3 倍。仅仅是为了实现与中国合作的可再生能源计划，就需要在未来 30 年里每年新建一座年产 40 万吨的格拉斯伯格（Grasberg）煤矿。"[①] 这一方面体现出中南两国在电动汽车电池领域持续合作的动力，另一方面显示了南非学者以及相关人士对两国合作前景充满信心。

2. 中南数字经济合作

数字经济转型、发展与合作是 2022 年 11 月 15 日至 16 日二十国领导人峰会的重要内容之一，也是中非未来合作又一个重点关注的领域。南非著名独立媒体《比勒陀利亚新闻》（*Pretoria News*）高度赞扬了中南密切的合作伙伴关系，指出未来中国与南非将在数字经济、电子商务、智慧城市等领域开展进一步合作[②]。南非是撒哈拉以南非洲地区电子商务发展的先驱之一，预计 2025 年南非电子商务市场收入将达到 63 亿美元[③]。南非具有较为广阔的数字经济开发与合作空间。而南非的教育数字化发展也依赖于南非数字经济的进步。谭哲理认为，南非发展数字经济的先天优势是青年人占人口多数，但是这些青年人难以获得学习编程、3D 打印和机器人技术的机会，因此南非的教育需要借鉴中国教育的成就和数字化转型经验，促进在

---

① Campbell Parry, "Mining Sector ESG Scores Are Getting Better Every Year", *Business Day*, 15 August 2022, p. 12.

② "Forging Ahead, Co-Building a Robust China-SA Relationship; Much To Celebrate as the People's Republic of China Marks Its 73rd Anniversary", *Pretoria News*, 30 September 2022, p. 8.

③ Karine Haji, "E-Commerce Development in Rural and Remote Areas of BRICS Countries", *Journal of Integrative Agriculture*, 2021, 20(4): p. 988.

线学习和数字教学技术的推广[①]。南非与中国开展数字经济合作，是基于南非数字经济发展的直接需求。

中国与南非在数字经济方面的合作已经取得了一定成果。以华为为例，华为在南非设立了云基站，服务范围超过 30 个国家；同时，由于 78% 的南非小学四年级儿童在一至三年级的读写基础阶段缺乏基本的英语阅读理解能力，因此华为与当地运营商 Rain 和教育非营利组织"点击基金会"（Click Foundation）合作推出了数字学校项目，旨在帮助南非所有儿童在小学三年级结束时能够流利地阅读并理解他们所阅读的内容[②]。面对中南数字经济合作的进展，南非学生代表大会（The South African Students Congress）副主席布伊勒·马蒂瓦恩（Buyile Matiwane）援引世界经济论坛（World economic Forum）和埃森哲（Accenture）公司的一项研究表示，对南非政府和工业数字化转型的投资将产生 5 万亿兰特的经济价值，更具体地说，这种经济价值的增加将带来大约 400 万个新的就业机会。中非互联网合作论坛为开发、学习和交流技术、专业知识和技能提供了机会，为中非合作的新时代带来更多机遇[③]。

此外，南非对中国企业在南非数字经济发展中的地位表示赞赏。南非西开普大学资深教授路易·富利（Louis Fourie）认为，一些中国公司针对南非数字经济市场，采取了多种方式适应南非人的数字经济需求[④]。富利认为，京东与几家南非手机品牌合作，推出了专为老年人设计的智能手机，为他们在数字技术社会中提供生活便利。

---

① Paul Tembe, "China's Education Policy an Example for SA", *Pretoria News*, June 17, 2022, https://www.iol.co.za/news/politics/opinion/chinas-education-policy-an-example-for-sa-39ae52fd-683d-4379-bc4c-0da4086b177e.

② 2021 Annual Report, Huawei Investment & Holding Co. Ltd, pp. 49–171.

③ Buyile Matiwane, "Africa China Internet Cooperation Forum Focuses on Acceleration of the Digital Economy", 28 September 2021, *Independent Online*, https://www.iol.co.za/news/partnered/africa-china-internet-cooperation-forum-focuses-on-acceleration-of-the-digital-economy-296a2ed6-cd51-4789-bc94-ec37047e6107.

④ Louis Fourie, "The Elderly Are Fast Becoming Digitally Savvy", *The Star*, 1 February 2022.

比如，智能手机提供的健康咨询服务可以使老年人与医生进行视频沟通，并获得处方，这提升了南非民众的生活质量。富利将京东案例视为中国与南非电商合作的典范。

三、特点分析

随着中国国际地位的提升以及发展成果的日益显现，南非关于当代中国问题的研究呈现出一些新特点，这在 2022 年南非的中国研究中表现得较为鲜明。

第一，南非学者重点关注中国的发展经验。

首先，在多数非洲国家看来，中国经验提供了不同于殖民主义影响下西方道路的新选择，使非洲国家有理由相信，不一定要继续追随西方充满殖民色彩的发展道路，而是要结合自身发展探寻属于自己的道路。在制度层面上，中国经验建立在中国特色社会主义制度之上，在中国共产党的领导下，这种制度充分保证了中国人民当家作主的权利，具有高效的治理能力，并带来了出色的治理成效。其次，中国减贫成就为世界减贫事业树立了良好的榜样。非洲国家逐渐意识到，西方为非洲"设计"的减贫方案充满了陷阱与欺骗，实际上并未带来良好的减贫效果，反而一定程度上加剧了非洲的贫困。非洲的减贫事业需要采取新的方式来促进。而中国经验和中国在中非合作中的诚意，在一定程度上符合非洲实现自身发展和减贫等真实而迫切的需要，具有积极的现实意义。最后，中国经验向非洲展示了中国在保障民生的基础上不断增强的民族自信心和凝聚力，这也是许多非洲国家十分渴望却又缺乏的。传统非洲国家内部的族群观，在近代西方的殖民压力下变得支离破碎。现代民族的定义和民族国家的理论更是模糊了一些非洲族群的身份认同，成为当代族群冲突与矛盾层出不穷的主要祸根之一。因此，实现非洲国家的内部团结与政权稳定，厘清各个族群的身份认同，发扬各族群的优秀文化传统，树立起共同的价值观和国家观，对许多非洲国家来说十分重要。这既有利于帮助非洲国家实现社会稳定与发展，又能在挖掘族群优秀文化传统的过程中提升族群乃至民族的自信心和自豪感。而中国式现代化的成功推进，让广大非洲国家看到了中华民族作为一个整体的强大意志力和执行力。

第二，南非学界的关注重点转向中非合作共赢。

在强调传统中非合作的同时，南非学术界进一步把关注重点落在了可持续发展层面上，在强调减贫的同时，支持和推动中非在绿色经济、清洁能源等方面加强合作。当今世界环境问题逐渐成为各国关注的焦点，实现人与自然的可持续发展是各国普遍的意愿。联合国可持续发展目标（《2030 年议程》）设定了三个关于环境问题的战略目标："气候稳定"，即实现温室气体净零排放和面对气候变化的复原力；"与自然和谐相处"，即人类与自然和谐共生；"迈向零污染地球"，即污染得到预防和控制，为所有人确保良好的环境质量并改善健康和福祉[①]。南非学者认为，中国与非洲在发展进程中都面临环境问题带来的挑战，因此非中在环境领域的合作有利于改善自身环境与发展模式、促进全球可持续发展议程，其中非洲的可持续发展议题更值得关注。在西方主导的发展模式中，非洲成为西方的原材料供给地。针对由此产生的环境污染、生态破坏以及生物多样性受损等问题，非洲国家的应对与治理能力不足。因此，包括南非在内的广大非洲国家需要寻找更多的合作对象，摆脱对西方产业的依赖，寻求环境问题的解决方案。中非在清洁能源等领域的合作，为非洲国家提供了更好的选择。

---

① 《联合国可持续发展议程》，https://www.un.org/sustainabledevelopment/zh/development-agenda/。

南非学者尤其关注中国的技术能力与南非的技术需求相互对接的问题。非洲青年人口众多，随着智能手机的普及，由数字经济带来的新型经济增长模式将会在不同层面弥补传统经济增长模式的缺陷，为非洲经济发展带来新的突破。未来中非数字经济合作将以中国数字技术和平台为基础，继续完善非洲数字经济相关基础设施建设，增强非洲经济发展的活力，增加就业岗位，创造更多灵活就业的机会。同时，依托中国的技术支持，中非数字经济合作可以更好地促进非洲当地数字经济核心产业的发展，包括人工智能、大数据、区块链、网络安全等新兴数字产业，进一步拓宽中非未来合作的领域，实现中非合作长效、深度、可持续的发展。

综上所述，通过对 2022 年南非关于当代中国问题研究的梳理和分析，可以看出，南非等非洲国家非常重视借鉴中国式现代化的经验，尤其希望在民族团结、文化自信以及减贫等方面同中国加强沟通，寻求新的现代化发展模式。同时，南非注重在清洁能源以及数字经济等领域加强同中国的合作，这反映出非洲国家在实现经济增长模式转型等方面需要得到中国的大力支持。中非双方以政治互信、经贸往来、文化交流为基础，将中南关系以及中非关系的发展推向了新的层面。尽管在政治、经济、外交等领域长期受到西方施压，但是以南非为代表的广大非洲国家坚持不懈，不断推进自身发展道路的进程。当前，中非合作、中南合作呈现良好的发展态势，具有较为广阔的合作前景。中国式现代化提供的具有中国特色的发展模式，能够为非洲国家带来新的选择。而南非对于中国发展模式的积极态度，不仅有利于促进中非合作和中非关系的进一步提升，还有利于促进民心相通，构建中非命运共同体，这对于讲好中国故事、促进中国与非洲在世界范围内的话语权提升都有着十分重要的意义。

（作者单位：北京外国语大学非洲学院）

日　本

史佳可

　　2022 年，无论是在中日两国国内形势还是共同面对的国际局势中，既有对过去政策或趋势的延续，也均出现了新动向、新变化。中国共产党召开第二十次全国代表大会，科学谋划了未来一个时期党和国家事业发展的目标任务和大政方针。中国经济顶住了全球疫情、西方"脱钩"等带来的压力，全年国内生产总值突破 120 万亿元，比上年增长 3.0%。日本政府出台"安全保障三文件"，标志着日本防卫政策发生了重大转变。

　　就两国关系而言，2022 年是《区域全面经济伙伴关系协定》（RCEP）正式生效的第一年，也是中日邦交正常化 50 周年，中日两国互为重要邻国及主要贸易伙伴，"中日关系的重要性没有变，也不会变"[①]。另外，放眼国际格局，俄乌战争、中美战略博弈等要素叠加，继续给中日关系发展带来不确定性。过去一年，日本学界的当代中国研究就是在这样机遇与挑战并存的复杂背景下开展的。

---

① 外交部：《中日双方就稳定和发展双边关系达成五点共识》，2022 年 11 月 18 日，http://newyork.fmprc.gov.cn/gjhdq_676201/gj_676203/yz_676205/1206_676836/xgxw_676842/202211/t20221118_10977402.shtml。

一、总体概况

本部分从图书出版、学会活动、学术期刊和智库研究四个层面进行梳理和介绍。

（一）图书出版

2022 年，日本学界出版的图书领域集中在中日关系、中国政治体制和政策方针、中国外交与国际影响力、中国传统哲学思想等几大方面。

2022 年恰逢中日邦交正常化 50 周年，日本图书出版出现一波中国热。部分学者编写了一批面向日本大众科普当代中国概况与中华文化的通俗性读物。东京大学教授川岛真主编的《欢迎来到中华世界》(『ようこそ中華世界へ』)，对中国从当代政治到华人文化进行了全方位介绍。东京大学教授园田茂人主编的《初遇中国》(『初めて出会う中国』)，围绕日本普通读者关心的中国政治体制、市场经济制度、国际表现三大问题进行解读。一些学者以此周年节点为契机，重新回顾近代抗日战争。如川岛真与北海道大学教授岩谷将共著的《日中战争研究的现状：历史与历史认识问题》(『日中戦争研究の現在：歴史と歴史認識問題』) 结合中方史料以及西方对于国际形势的分析，重理抗日战争图景。日本还出版了一批以近现代留学生和访华日本人为切入视角的图书，如《令人惊叹的在华岁月》(『驚きの連続だった中国滞在』)、《学生眼中的中国社会 2021》(『学生が見た中国社会 2021』)、《日华学堂和那个时代：中国留学生研究的新地平线》(『日華学堂とその時代：中国人留学生研究の新

しい地平』）、《书院生眼里的日中战争》（『書院生の見た日中戦争』）等，突出中日民间交流的主题。

2022 年 10 月，中国共产党第二十次全国代表大会召开，掀起日本学界解读中国政治体制和政策方针的热潮。由川岛真和庆应义塾大学教授小岛华津子主编的《习近平的中国》（『習近平の中国』），从中国经济、政治和国际表现三个维度，聚焦中国的经济发展、少子老龄化、创新、环保、政治体制、民主化、军队、外交战略、日中关系等日本学界高度关心的问题，并重点关注习近平在下一个任期内的政策和理念。日本伊藤忠商事前社长、前日本驻华大使丹羽宇一郎所著《民主化的中国：习近平正在想什么》（『民主化する中国：習近平がいま本当に考えていること』），从前驻华大使的角度，对当代中国的政策、形势以及日本应当持有的态度进行分析和建议。亚细亚大学教授游川和郎、日本经济研究中心首席研究员汤浅健司合著的《习近平"一强"体制的未来》（『習近平「一強」体制の行方』），探究中国现任最高领导人在长期执政的情况下对经济中长期发展的影响。川岛真与 21 世纪政策研究所合著的《习近平政权的国内统治与全球战略》（『習近平政権の国内統治と世界戦略』），关注新冠疫情下中国 2022 年的内政外交情况。本书观察中国面对疫情采取的措施，指出中国表现了其动员能力和社会管理能力，这一代领导集体既承袭了过去的治理基础，又发展了新的治理方式[①]。

2022 年，日本学界出版了一批研究中国对外政策及国际影响力的图书。《中美经济摩擦的政治经济学：大国间的对立和国际秩序》（『米中経済摩擦の政治経済学：大国間の対立と国際秩序』）从政治经济学角度分析中美两个大国相互依赖与对立的结构，预测中美贸易摩擦与国际秩序的发展前景。政策研究院大学教授竹中治坚所著

---

① 川岛真、21 世紀政策研究所：『習近平政権の国内統治と世界戦略』、東京：勁草書房、2022 年 10 月、https://keisobiblio.com/2022/10/20/atogakitachiyomi_shukinpei/。

《与"强国"中国对峙的印太诸国》(『「強国」中国と対峙するインド太平洋諸国』), 关注中国对外活动的政策变化与国内政治的关系, 并梳理印度太平洋各国对华政策的沿革。

2022 年, 日本出版的中国哲学思想类书籍也较为丰富。东京大学教授中岛隆博所著《中国哲学史》(『中国哲学史』) 及《中国哲学残响: 语言与政治》(『残響の中国哲学: 言語と政治』), 从世界史视角解读中国哲学智慧。武藏大学教授水口拓寿所著《中国伦理思想的思维方式》(『中国倫理思想の考え方』), 梳理了儒学的发展历程, 并分析儒学对中国社会秩序所产生的影响。北海道教育大学教授竹内康浩著作《思考与行动的中国史》(『思考と行動の中国史』), 探究不同时期不同地域中国人的价值观和行为方式。可以看出, 随着近年来习近平总书记多次在重要讲话中强调要将马克思主义同中华优秀传统文化相结合, 日本学界越来越重视对中国哲学思想和传统文化的研究, 试图以此为抓手, 更好地理解当代中国政策的内在逻辑。

日本一些主要研究机构也按惯例推出本年度中国问题研究报告集。中国研究所出版《中国年鉴 2022》(『中国年鑑 2022』) 以日中邦交正常化 50 周年为主题, 回顾日中关系发展历程。21 世纪政策研究所刊发《中国重要政策展望——科学·宏观经济·新疆问题》(『中国の重要政策を展望する——科学·マクロ経済·新疆問題——』)、《中国新"统一"政策展望》(『中国の新たな「統一」政策を展望する』) 等。此外, 日本在中国宏观经济、商企、科技、古代史、法律、军事、文学等领域也都有图书出版。可以说, 2022 年度日本出版的中国研究著作涵盖了广泛领域, 显示出日本学界对中国的全方位关注。

（二）学会活动

1. 日本现代中国学会

日本现代中国学会前身为现代中国学会，成立于 1951 年，1992 年更为现名，是日本的中国研究学者最大的学会组织，也是日本历史最久的跨学科学会。2022 年 10 月 22—23 日，日本现代中国学会第 72 届年会以线上会议形式举行。本届年会共同议题为"日中邦交正常化 50 周年：日中关系总盘点与今后的展望"。2022 年正值中日邦交正常化 50 周年节点，又恰逢日本国内参议院选举、中国共产党的第二十次全国代表大会召开、美国中期选举等三项重要政治日程，大会邀请早稻田大学教授毛里和子、中国社会科学院日本研究所所长杨伯江、美国著名中国问题专家谢淑丽（Susan Shirk）三名学者，分别代表日、中、美学术界发表主旨演讲。日本学术界注重从理性与政策的层面出发，总结自 1972 年日中邦交正常化以来两国关系发展的经验教训，并为今后 50 年日中关系的健康发展提供合理化建议。

2. 亚洲政经学会

亚洲政经学会成立于 1953 年，并成为日本会员最多的从事地区研究的学术组织。2022 年，亚洲政经学会于 6 月 11—12 日以及 11 月 27 日分别举办了年度春季大会和秋季大会。春季大会关注的当代中国议题包括"对力量与信赖的追求：联合国中安保相关决议的中国提案""数字人民币的战略意义""2021 年 8 月 17 日中国军事行动：艾利森分析模型下的解读""中国在缅甸政变后的介入：对于不干涉原则意味着什么""习近平的台湾认知与推进统一政策""习近平政权以经济统一台湾的政策：行不通的背景原因"，并专设"中国政治"分会场。秋季大会关注的当代中国议题包括"中等收入阶段中国大豆供需情况""中国消除失业与现实——'精简'政策的实施过程""关于中国耕地征用中利益分配问题的城乡关系政治经济学——2004 年以后的新发展"。秋季大会还专设主题为"检验习近平政权的10 年"的分会场，由中国问题专家、庆应义塾大学教授加茂具树主持。分会场报告题目分别为"探索习近平时代的中国政策轨迹——针对习近平主席演讲的文本数据分析（2012—2022）""习近平政权下的司法改革——司法责任制的引入与实况""习近平政权下地方报刊关于腐败报道的变化——对文本进行量化分析"，足见亚洲政经学会对当代中国研究的重视。

3. 中国研究所

中国研究所是战后日本最早创办的中国研究专门机构。该所每年举办一次现代中国公开讲座，本年度的主题为"军事战略与东亚安保环境的变化"，聚焦中国的军事影响力。来自日本防卫研究所、中曾根世界和平研究所、笹川和平财团、东京大学、筑波大学等知名研究机构和高校的学者，就"中国核力量的提高及其目的""中国关于台湾的混合战略——现状与展望""中国海外基地构建与海军"等题目进行演讲。此外，2022 年度中国研究所与日本笹川和平财团以日中邦交正常化 50 周年为契机，举办 6 次纪念系列演讲会，分别从国际环境、外交历程、政治体制、经济张力、文化·社会、对华政府开发援助（ODA）等层面回顾日中邦交正常化 50 年发展史，为当代日中关系健康发展提供历史经验。

4. 霞山会

日本霞山会成立于 1948 年，前身为 1898 年成立的东亚同文会。霞山会每年举办 10 次午餐演讲会，邀请活跃在研究一线的专家学者，围绕中国和亚洲重要问题进行解读。2022年，午餐演讲会涉及中国政治的选题包括"习近平新领导层的政治和外交""习近平长期政权与二十大展望""展望印太地区的2022：以美中对立为中心""紧张的台海形势与日本的应对""后新冠时代下的中朝经济关系""后乌克兰时代下的中俄关系"等。重点热点话题仍集中在传统的国内政治和国际影响领域。

　　日本高校下属的中国研究机构也积极举办学术活动。如爱知大学国际研究机构与爱知大学国际问题研究所共同举办日中邦交正常化纪念座谈会"世界中的日中关系——'1972年体制'的变动"。庆应义塾大学东亚研究所现代中国研究中心与日本国际论坛、日本防卫研究所共同举办线上研讨会，主题为"2035年的中国——是坂上之云还是坂下之渊"，从长期发展的视角看中国问题，探讨中国的发展能否被视为常态，预判中国发展到2035年后可能面临的问题。早稻田大学现代中国研究所共举办4次公开研讨会，分别关注毛泽东的强国战略、中俄关系、日中邦交正常化50周年及日中关系现状、东亚家族文化等课题。

　　除了上述学会和高校举办的各种有关中国问题的研讨会外，日本政府、经济组织、大企业和研究院所等每年组织的关于中国问题的研讨会次数频繁、覆盖领域较广，不再一一赘述。可以看出，中日邦交正常化50周年是2022年日本各大学会活动中热度居高的话题，体现出日本学界对这一历史事件的高度重视，反映出日本学界希望从历史中汲取经验、助力维护未来中日关系的现实愿望。

（三）学术期刊

　　日本学界专门进行中国研究的刊物主要有《中国研究月报》（『中国研究月報』）和《现代中国》（『現代中国』）。《中国研究月报》

是中国研究所发行的月刊，主要发表近现代中国社会、政治、经济、文学等相关领域的研究成果。2022 年，该刊共推出三次特辑，主题分别为"拜登政权与美中对立""'血之同盟'的昨天、今天、明天——中朝友好合作互助条约签订 60 周年""从最新研究看辛亥革命的多视角观点"。《现代中国》是现代中国研究学会的会刊。2022 年《现代中国》发行特刊《转型期的中国与中国研究》（『大きく変化する中国をどう研究するのか』），就日本在全球结构变化中应当如何定位飞速发展的中国、以及应当采取何种方法论和视角这一主旨展开讨论。三篇主旨报告分别关注习近平时代的中国政治、日中关系新时代的中国研究、数字时代区域研究的分析视角等三个主题。庆应义塾大学教授加茂具树、同志社大学教授村田雄二郎、同志社大学教授严善平、东京大学教授阿古智子等知名中国研究学者参与撰文。

　　除了中国研究专门杂志外，一些专业性学术杂志 2022 年也推出中国专题特辑。《外交》（『外交』）杂志由日本外务省发行，是日本唯一的外交领域专业杂志。该刊于 2022 年 12 月第 76 号推出中国特辑『習近平長期政権への条件』，聚焦中共二十大召开这一重要政治事件，主要关注点包括新一届中央政治局常委阵容、中国军队与印太地区安保、党军关系、党的基层治理、中国科技与国防力量、中美关系、民族问题等。东京大学川岛真、神户大学李昊、防卫研究所饭田将史、青山学院大学林载恒、庆应义塾大学小岛华津子、东京大学阿古智子等知名学者发文。《国际经济》（『国際経済』）是日本国际经济学会的半年刊。该刊 2022 年第 74 卷以"后疫情、美中脱钩时代下的国际经济体制"为主题推出特辑，集中讨论中美关系问题。主要议题涉及中美竞争、中国对外经济战略调整、中美贸易摩擦与全球价值链、中国的海外直接投资等。由日本国际问题研究所发行的刊物《国际问题》（『国際問題』）在 2 月刊第 705 号推出中国专题"习近平体制的现状与问题"（「習近平体制の现状と課題」），关注焦点包括党的第三个历史决议、领导人的重点政策与领导风格、"国内大循环"与"共同富裕""一带一路"构想现状、中国的尖端科技与对外策略、"数字列宁主义"等。

　　日本的地区研究性和综合性学术杂志中，关注中国问题的刊物主要包括《东亚》（『東亜』）、《亚洲经济》（『アジア经济』）、《亚洲研究》（『アジア研究』）、《亚洲月报》（『アジアマンスリー』）等。《东亚》由日本霞山会创办于1978年，涵盖政治、经济、安全、国际关系、现实动向等多个方面，是一本了解中国和亚洲地区当代信息的重要刊物。2022年，《东亚》重点关注的议题包括日中关系发展史、共同富裕、朝鲜半岛局势、教育改革、中国的电动汽车产业、中美关系与经济安全、中国与乌克兰局势、习近平执政的十年、台湾问题、中国潜在的经济风险等。《亚洲经济》由日本贸易振兴机构所属的亚洲经济研究所于1960年创办，是以亚洲尤其是东亚为主要研究对象的专业性杂志。2022年，该杂志关注的涉华议题包括中国领导人视察地方的政治意义、老年人口福利保障政策、劳动者就业问题和教育问题。《亚洲研究》是亚洲政经学会的会刊。2022年，《亚洲研究》关注的中国问题包括新中国成立初期的民兵制度、中国周边国家（蒙古国、乌兹别克斯坦、老挝）对华关系以及中国社会保障问题。《亚洲月报》是知名智库日本综合研究所发行的月刊，主要关注亚洲地区各国经济动向。2022年，该杂志关注的中国问题主要包括共同富裕、地方政府债务、青年失业率、潜在不良债权、资本外流、房地产价格，等等。

（四）智库研究

　　根据美国宾夕法尼亚大学发布的2020年度全球智库报告，目前日本国内智库数量达 137 家①，这里对涉及当代中国研究较多且影响力较大的智库在 2022 年度的关注点及主要研究成果进行介绍。

1. 日本贸易振兴机构亚洲经济研究所（IDE-JETRO）

日本贸易振兴机构亚洲经济研究所（简称"亚经研"）是日本经济产业省下辖的政府智库，专门研究发展中国家和发展问题。其前身是 1958 年成立的亚洲经济研究所，1998 年与日本贸易振兴会合并，为日本最大规模的社会研究机构。

2022 年度该研究所对中国的关注主要集中在政治和经贸相关领域。政治方面，围绕中共二十大这一重要政治热点推出专题系列分析文章，从二十大报告以及党中央、中央政府的人事变动出发，分别从政治、经济、外交等领域展望今后中国的发展。在经贸方面，亚经研的关注点包括：中美对立的一系列影响，包括对中美关系、东南亚贸易、台湾地区贸易、日本出口、全球价值链的影响等；回顾中国加入世贸组织对关税的影响；关注中国在信息和通信技术领域的投资；关注中国的机器人企业发展情况等。2022 年 5 月，亚经研依惯例发布《亚洲动向年报》中国篇《2021 年的中国》，从国内政治、经济、国际关系等几个角度较为全面地梳理 2021 年中国重要事件和政策。

2. 亚洲开发银行研究所（ADBI）

亚洲开发银行研究所（简称"亚开研"）于 1997 年在日本东京成立，是亚洲开发银行的附属机构。根据宾夕法尼亚大学智库项目 2020 年发布的全球智库报告，亚开研在全球智库中排名 24 位，在日

---

① James G. McGann:2020 Global Go to Think Tank Index Report, 2021/1/28, https://repository.upenn.edu/cgi/viewcontent.cgi?article=1019&context=think_tanks。

本智库中排名第二；在"政府附属型"智库排名中居榜首①。该研究所主要研究领域涉及宏观经济、能源、环境、基础设施建设、福利社会构建等。

亚开研 2022 年度重要出版物（Key Publications）《2022 年亚洲发展展望（更新）》预测，2023 年中国经济将增长 4.5%。由于食品价格上涨，明年通胀增速或将进一步加快②。"观察与建议"（Observations and Suggestions）系列是一份由亚洲开发银行东亚局内部和外部专家编写的系列政策报告，2022 年发布《解决中华人民共和国的不平衡问题》《促进中华人民共和国经济增长的政策措施》《减轻中华人民共和国的能源危机》三份报告。2022 年 12 月，发布《中华人民共和国长期发展前景》，从长期发展视角针对中国经济进行分析。此外，本年度亚开研还发布了数十篇涉及中国全境或区域的调研和评估报告，关注中国财政改革、农业农村数字化转型、农业保险、数字人民币等热点问题。

3. 国际问题研究所（JIIA）

中国一直是国际问题研究所（简称"国问研"）的重要研究对象。在该研究所令和 2020—2022 年四大研究项目下设的 12 个研究会中，就有专门的中国研究会——"'新时代'中国的动画与国际秩序的变化"研究会，此外直接或间接与中国国内形势、对外政策相关的研究会高达 9 个。

从 2019 年起，国问研每年发布一份战略年度报告，聚焦当年值得关注的战略主题。2022 年，该所发布《战略年度报告 2021——

---

① James G. McGann:2020 Global Go to Think Tank Index Report, 2021/1/28, https://repository.upenn.edu/cgi/viewcontent.cgi?article=1019&context=think_tanks。

② 亚洲开发银行研究所:《中国 2022 年经济增速或温和回落至 3.3%》，2022 年 9 月 21 日，https://www.adb.org/zh/news/economic-growth-peoples-republic-china-moderate-3-3-2022。

围绕价值观、技术、海洋的交锋：激化的美中竞争与国际社会的应对》，这是该系列首次具体关注到两国关系而非宽泛的国际或地区性事务。报告指出，美中之间的战略竞争，是有着以不同价值观为基础的治理模式的大国之间的较量。两国冲突和竞争正在加剧，不仅发生在军事和安保领域，也发生在保障先进技术供应链与战略资源方面[①]。除年度报告外，该智库 2022 年还发布多篇关于中国问题的研究报告、战略评论。国内关注点包括党的二十大、新发展理念、中国战略文化、科技与军事，等等。外交与国际关系领域关注点涵盖中美关系、中俄关系、中日关系、中朝关系、中非关系、中缅关系、中国与中东、中国与所罗门群岛、中国与印太地区、中国的全球发展倡议，等等。

4. 日本经济产业研究所（RIETI）

独立行政法人经济产业研究所是成立于 2001 年的政策研究机构，2020 年被宾夕法尼亚大学全球智库报告评为全球最佳政府下属智库第 26 名[②]，每年发表大量论文、报告等，积极发挥资政功能。

2022 年，该智库发表的关于中国问题研究的工作论文（working paper）、政策论文（policy paper）共 17 篇，集中在中国经济、贸易及社会治理方面，关注课题包括领导人施政对企业影响、央地关系与经商环境、政府补助金与企业行为、生产要素市场化改革、数字社会治理、科技政策与制度设计、收入差距、智慧城市、中国制造业出口对日本影响等问题。此外，中国经济问题研究员关志雄在智库官方网站"中国经济新论"专栏发表 5 篇论文，就共同富裕与农

① 日本国際問題研究所：『2021 戦略年次報告』，東京：日本国際問題研究所、2022 年 2 月、第 2 頁。

② James G. McGann:2020 Global Go To Think Tank Index Report, 2021/1/28, https://repository.upenn.edu/cgi/viewcontent.cgi?article=1019&context=think_tanks。

村收入、宏观经济与房地产市场、金融市场、少子化、中国领导人与改革开放路线等当下中国经济热点话题发表见解。

5. 日本防卫研究所（NIDS）

日本防卫研究所（简称"防卫研"）成立于 1952 年 8 月，时称保安研修所，1985 年 4 月改名为防卫研究所，是日本自卫队最高军事科学研究和教育机构，直属于日本防卫省。

日本学界认为中国军事力量的扩大会对本国安全保障产生莫大的影响，因此对中国军事、安全保障动向的关心日益增高[①]。该所的"中国安全保障报告"系列自 2011 年开始发布，于 2022 年 11 月出版《中国安全保障报告 2023》(『中国安全保障レポート 2023』)。报告以"中国力求掌握认知领域和灰色地带事态"为题，指出中国进行以加强党的领导为中心的军队组织结构改革，更加有效地开展认知域作战，并充分利用海警和海上民兵组织进行灰色地带作战[②]。此外，其他主要出版物也表示出对于中国问题的关切。《东亚战略概观 2022》(『東アジア戦略概観 2022』)于 2022 年 3 月发行，是防卫研关于东亚地区战略和安保问题的年度报告书。报告书第 3 章主要关注中国问题，包括中国共产党的领导、与国际社会的摩擦、中国解放军的军事能力等，并在第 8 章美国部分重点关注了美国对华的"战略性竞争"；别册《乌克兰战争的冲击》(『ウクライナ戦争の衝撃』)于 2022 年 5 月发行，专设一章探讨乌克兰危机与中国的关系。

6. 中曾根和平研究所（NPI）

日本中曾根和平研究所旧称为日本世界和平研究所（IIGP），创

---

① 日本防衛研究所:「中国安全保障レポート」、2011 年 3 月、http://www.nids.mod.go.jp/publication/chinareport/pdf/china_report_CS_4C_A01.pdf。

② 日本防衛研究所:「中国安全保障レポート 2023」、2022 年 11 月、http://www.nids.mod.go.jp/publication/chinareport/pdf/china_report_CN_web_2023_A01.pdf。

立于 1988 年，会长为日本前首相中曾根康弘，2018 年改为现名。中曾根和平研究所关注安全保障、国际及区域关系、经济、科技等广泛领域，为日本综合政策的制定提供建议。

在中国研究方面，该研究所设有"美中关系研究会"。2022 年度研究会主题为"后疫情·后乌克兰时代的国际秩序和美中关系"。重点探究问题有三，一是各国、各地区以及民间主体如何看待俄乌战争对国际格局的影响；二是如何看待今后的国际秩序和美中对立问题以及如何行动；三是中国共产党的二十大与美国的中期选举等美中两国国内政治日程如何影响两国各自的外交政策。2022 年 3 月，研究会发布年度报告《关于美中关系的主要论点与建言》(『米中関係における主な論点と提言』)，从研究会内部及外部各界学者的广泛视角出发，汇总 2021 年度关于美中关系的观点与主张，最终分别形成关于中国、美国拜登政权、日本安全保障相关的对策建议。报告认为，今后数十年，美中对立将成为世界政治的一大基轴。需要详细地把握美中对立在各地域、各领域呈现的多样性特征，在此基础上有针对性地制定政策、规避风险①。

7. 野村综合研究所（NRI）

野村综合研究所前身是野村证券公司的调查部，1965 年独立出来成为一家营利性、企业性的咨询机构，广泛接受政府、国内外企业和社会团体以及政治家委托的研究咨询课题，研究成果在日本政府决策当中起到了重要作用。号称日本第一个现代"思想库"。

野村综合研究所的决策研究、决策咨询服务范围十分广泛，关于中国问题公开发布的研究成果集中在"知识·洞见"（ナレッジ·

---

① 中曾根平和研究所:「2021 年度研究会报告 米中関係における主な論点と提言」、2022 年 3 月、https://www.npi.or.jp/research/data/npi_policy_us-china-relationship_final_20220331.pdf。

インサイト）版块的报告及专栏部分，对于中国经济·金融和国际关系领域关注较为密切。从发布的报告篇目数来看，2022年野村综研最为关心的中国问题包括：中国防疫政策的变化对国内及全球经济的影响、宏观经济和金融政策的顶层设计、中美竞争及中美关系、中国对乌克兰局势的影响及中俄关系等。此外，涉华关注点还涵盖数字经济与科技创新、中国消费市场变化、房地产市场风险、地方债务危机、美国加息对华影响、中国海外购地动向等方面。

二、热点议题与主要观点

（一）中国的经济政策及经济发展前景

中国是拉动全球经济增长的重要引擎之一，且自2007年起一直是日本最大的贸易伙伴，同时日本也是中国的第二大贸易对象国。2022年，在多重因素的共同作用下，中国经济与中日经济关系面临新的机遇与挑战，因而中国的经济政策及经济发展前景成为日本学界最为关注的年度研究热点议题。

1. 关于中国的经济政策

在较为宏观的层面上，日本学界围绕"新发展阶段""共同富裕""中国式现代化"等高频关键词展开了积极研讨。东京大学社会科学研究所副教授伊藤亚圣指出，"新发展阶段"代表领导层对现状的认识，"共同富裕"代表目标，"国内大循环"代表基于国内外环境采取的手段。"国内大循环"这一表述最早是在2020年5月提出的，这表明在新冠疫情的大背景下，中国政府认识到有必要对国家战略进行重新调整，也反映出中央政府对于地域保护性的"区域小循环"的警惕。对于"新发展阶段",日本学界存在着不同解读。伊藤亚圣认为,这一表述并不意味着中国将从社会主义初级阶段中脱离出来,也不意味着偏离过去的路线[①]。而东京大学教授川岛真对此持不同看法。他指出,当今中国领导人重视的经济发展,已经不再是邓小平时期提出的改革开放型发展,而是注重共同富裕的"共同",以及注重内需与国内循环的"发展"[②]。

围绕"共同富裕"这一概念,庆应义塾大学教授加茂具树认为,中国的领导层已经注意到中国社会正在发生巨大变化,简单来说,就是从过去追求"量的富裕"到现在追求"质的富裕"。近年来,"共同富裕"这一概念之所以被反复提及,正反映出中国领导层为了证明中国有能力应对社会追求"质的富裕"的新变化[③]。大和综合研究所经济调查部长斋藤尚登指出,中共二十大报告没有在今后 5 年的目标任务中提到"共同富裕",而是放在以 10 年、20 年为时间轴的"中国式现代化"中,这表明中国领导层并不追求在短期内取得成效,而是将其作为一项长期政策来对待[④]。

在具体政策领域,2022 年中共中央经济工作会议召开后,野村综合研究所金融数字商务研究部高级研究员神宫健从四个层面对会议进行了解读,分析了中国经济政策的重点方向。一是整体上继续注重国内需求,为此政府将积极提高消费者心理预期。二是在财政方面,政府注重财政的可持续性,慎重发行地方专项债;在金融方面,比起全面放宽更注重结构性放宽。财政和金融政策大力支援中

① 伊藤亜聖:「中国の『新しい』開発構想」、https://www.jiia.or.jp/research-report/china-fy2021-08.html。
② 川島真:「創られた危機感と『団結』」、『外交』、Vol. 76、2022 年 12 月、第 9 頁。
③ 加茂具樹:「中国の対米政策——内政と外交の文脈」、『中国研究月報』、2022 年 1 月号、Vol. 76、No. 887、第 12 頁。
④ 齋藤尚登:「20 回党大会、習・李氏は対立ではなく補完?」、https://www.dir.co.jp/report/research/economics/china/20221017_023338.html。

小微企业、新能源、科技领域，这是中国构建不依赖国外的供应链的一环。三是经济发展更依赖个人消费，强调提高消费者意愿。四是预计 2023 年政府会在供给和需求两方面对房地产市场提供政策支持，谋求房地产市场的稳定[①]。

2. 关于中国经济面临的问题

中国政府高度重视防范化解重大经济金融风险，强调要有效防范化解优质头部房企风险、金融风险、地方政府债务风险；高度重视就业，强调实施就业优先战略，从战略高度谋划好、解决好就业问题。日本学界同样关注上述问题，并就相关议题作了探讨。

针对防范房地产业引发系统性风险的问题，日本佳能全球战略研究所研究主任濑口清之认为，若中国房地产市场长期停滞，可能会带来正反两方面的影响。一方面，一、二线城市房价总体保持稳定，能够避免 20 世纪 90 年代日本那样的泡沫经济崩溃；另一方面，三、四线城市房价长期走低，多数三、四线城市将面临财政收入不足和中小型金融机构破产的风险；地方经济长期停滞会给中央财政带来压力；钢材水泥等大宗原材料产品需求减少，规模数量型需求扩张动力趋于减弱[②]。大和综合研究所的研究报告认为，与日本等过去出现过房地产泡沫危机的国家相比，中国虽然在房地产行情、债务余额等方面有相似之处，但融资动向与政策不同，因此目前中国经济迅速恶化的可能性较小[③]。

针对防范化解金融风险的问题，东京金融交易所董事会总经理

---

① 神宫健：「2022 年の中央経済工作会議について」、https://www.nri.com/jp/knowledge/blog/lst/2022/fis/jingu/1226。

② 濑口清之：「混迷する日米中関係の中で転換期を迎える中国経済」、https://www.mof.go.jp/pri/research/conference/china_research_conference/2022/china_202201-1.pdf。

③ 大和総研：「中国の不動産バブル崩壊のリスクと影響」、https://www.dir.co.jp/report/research/economics/japan/20220225_022875.html。

木下信行在中日金融圆桌会议上发言指出，中国应注意吸取日本在20世纪90年代金融危机的教训：一是要及早处理僵尸企业；二是要重视制度设计顺序。应当先完善重整制度、调整产业结构，再进行金融市场的国际性开放。他表示，中国在世界经济中占据越来越重要的地位，非常期待中国能够按照正确的顺序完善制度[①]。

针对实施就业优先战略问题，亚洲经济研究所主任调查员箱崎大分析了中国青年人失业率不断上升的现象。他指出，这一问题形成的原因是多方面的。首先，如今中国大学本科学历已经较为普遍，但大学毕业生不肯轻易妥协就业。其次，这一代大学毕业生的父母中有很多人分享到了过去中国经济高速增长期的红利，积累了一定的资产，很多家庭具备在相当长一段时间内供养无业子女的条件。此外，受疫情等因素影响，用人方在过去一段时期内获取的盈利不高，自然也很难扩大雇佣规模。在箱崎大看来，一方面，中国政府应支持大平台发挥作用，扩大用人规模。另一方面，大学毕业生有必要改变认知，接受就业市场是买方市场这一现实[②]。

针对促进民营企业的发展问题，原日本央行国际局局长、大阪经济大学教授福本智之表示，中国过去对平台经济的规制过于宽松，因此加强管控的大方向没有错，不过在引入管控措施的流程、与市场沟通等方面应当吸取一些教训。此次管控使一些有望得到发展的科技企业逃脱了被大平台并购的命运，今后更容易获得投资，提高竞争力。因此，不要武断地认定中国政府加强管控就会使企业的创

① 野村総合研究所：「第 13 回 日中金融円卓会合議事概要（第二部）」、https://www.nri.com/~/media/Corporate/jp/Files/PDF/knowledge/report/fis/conference_jp_cn/2022/0618/document_2.pdf?la=ja-JP&hash=E3AC8D746144EA39C421789191DADEB6DE9B87AC。

② 箱﨑大：「中国の雇用を読む――過去最悪レベルの失業率の問題提起」、『東亜』、2022 年 12 月号、No. 666、第 2—9 頁。

新能力衰退，而要对各方面的动向予以细致的考察①。21 世纪政策研究所研究委员、贸易振兴机构亚洲经济研究所主任研究员丁可指出，从共同富裕目标来看，如果放任平台滥用垄断地位，挤压中小企业失去活力，就会导致中小企业缩减用人数量，社会无法形成健全的中等收入阶层，这些问题都不利于实现共同富裕。从双循环目标来看，由于资本有逐利的特性，政府认为独立的技术开发不能任由资本理论决定，而应加以适当管控，正确引导②。

3. 关于中国经济的发展前景

日本学界就 2023 年中国经济能否回归正轨、重新实现高增长进行了广泛的探讨。部分学者对此持谨慎态度，例如日本综合研究所主任研究员野木森稔在《亚洲月报》杂志中预测，2023 年中国经济将脱离低谷，但依然达不到政府目标③。但是，更多学者看好 2023 年的中国经济走势。濑口清之表示，要看到支撑中国经济发展的因素：一是外资企业持续对华投资；二是中国企业国际竞争力提升；三是中国通过推动共建"一带一路"等举措，同亚洲地区发展中国家的经济交流增加；四是中国能够避免大规模不良债权问题。他呼吁日本企业要对中国的经济发展前景进行冷静判断，不要被西方媒体对中国经济增速放缓的"一边倒"报道所蒙蔽④。

除了探讨 2023 年中国经济的短期发展趋势外，日本学界对中国

① 福本智之：「プラットフォーマーに対する中国政府の規制強化と中国デジタルイノベーションの行方——アントグループを例に」、https://www.tkfd.or.jp/research/detail.php?id=3908。
② 日本経済団体連合会、21 世紀政策研究所編集：『中国の新たな「統一」政策を展望する』、東京：21 世紀政策研究所、2022 年 10 月、第 8—24 頁。
③ 野木森稔：「中国 景気回復ペースは緩慢に」、『ジアマンスリー』、Vol. 22、No. 261、2022 年 12 月、第 18 頁。
④ 瀬口清之：「中国の高度経済成長、予想より早く終わる可能性」、『CIGS Highlight』、Vol. 113、2022 年 10 月、第 10 頁。

经济中长期发展趋势也进行了展望。亚洲开发银行在 2022 年 12 月发布的《中华人民共和国长期增长前景》报告，根据柯布—道格拉斯生产函数预测了中国从当前至 2040 年的潜在 GDP 增长。据预测，2020—2025 年中国的潜在 GDP 增长平均为 53%，2036—2040 年将逐渐下降到 2.0%。报告称，资本和全要素生产率（TFP）被认为是中国未来经济增长的主要贡献者；劳动年龄人口的萎缩将对增长产生越来越大的压力；而人力资本对增长的贡献相对较小。在此基础上，为了提高潜在增长，报告建议在劳动力、人力资本、资本和全要素生产率四个领域进行改革[①]。

（二）中美关系的发展动向

2022 年，中美关系出现种种新动向，引发日本学界重新思考中美竞争的结构性原因，关注中美博弈的重点领域，分析美国对华一系列举措的收效及影响等。日本学界将中美两国的博弈描述为"强韧的关系"，即强硬但有一定的柔韧度。正如中曾根和平研究所报告所言："中美关系在不同地域、不同事项中呈现出的形态不同，在某些地区内中美对立会消失，在某些事项上中美之间会合作，因而不能一味基于中美对立的前提一概而论。"[②]

许多日本学者努力探究中美间结构性矛盾的根源，认为中美战略竞争的结构性根源在于美国国内政治环境，是由美国方面出于对中国发展的担忧而率先引发的。东京大学东洋文化研究所副教授佐桥亮系统回溯了中美关系的历史发展，梳理了自奥巴马政府末期以

---

① Asian Development Bank, "The Long-term Growth Prospects of the People's Republic of China", 2022/12, https://www.adb.org/sites/default/files/publication/849946/eawp-054-long-term-growth-prospects-prc.pdf.

② 中曽根平和研究所：「2021 年度研究会報告 米中関係における主な論点と提言」、https://www.npi.or.jp/research/data/npi_policy_us-china-relationship_final_20220331.pdf.

来美国对华政策方向的变化。他认为，当前有两个因素对美国对华政策起到关键性作用：一个是美国对世界现状、国际秩序以及美国领导力可能发生改变的恐惧；另一个是美国失去了在市场经济、政治体制以及国际秩序中同中国开展合作的期待，随之而来的就是对华的不信任。但另一方面，拜登政府重视竞争与稳定的平衡，这意味着上述的不信任与恐惧是有上限的。因此，佐桥亮在展望美中关系的发展时称，两国至少在 2020 年代会尽力避免对立①。濑口清之进一步指出，美国的反华情绪正在上升，对华采取强硬措施有助于获得选民的支持。当前，西方国家的大学、智库、政府相关机构中的专家学者对中国在各个领域都存在误解，这些误解在媒体和网络上得以传播，被大众误认为是事实，而美国制定对华政策又会基于大众的这种认知和情绪②。

不少日本学者重点关注中美博弈的焦点领域，认为中美双方在意识形态和价值观、尖端技术、国防安全、网络空间等方面形成竞争或冲突的态势尤为显著。日本国际问题研究所在《2021 年度战略报告》中指出，中美在价值观、技术和海洋方面的战略竞争日益加剧。在价值观方面，中国在防控新冠疫情与率先实现经济复苏方面发挥领导性作用，增强了中国对其治理模式的信心，中美围绕价值观和治理模式的博弈将持续很长一段时间。在经济安全方面，技术和数据方面的价值观差异正在成为中美之间的离心力。美国正试图在人工智能、量子和高超音速等先进技术的开发方面形成压倒性优势，同时在半导体、信息通信设备等战略性技术和产品以及稀土等资源上减少对中国的依赖。在区域安全方面，美国尤其关注台海局

---

① 佐橋亮：「バイデン政権の対中政策」，『中国研究月報』，2022 年 1 月号、Vol. 76、No. 887、第 4—9 頁。

② 瀬口清之：「ウクライナ侵攻後の世界で中国が孤立するリスク」，『CIGS Highlight』，Vol. 108、2022 年 5 月、第 18—21 頁。

势，并正与盟友和伙伴一道，应对中国在西太平洋地区日益增强的军事实力和活动[①]。野村综合研究所研究员木内登英认为，就价值观而言，中国主张中国有中国式的民主，美国却试图将其价值观作为普世价值单方面强加给中国，这势必会导致中美之间的对立加剧。他指出，美国政府一定要有容许不同的国家形态、经济系统以及不同的价值观存在的宽容度。美国应该认识到，随着中国等新兴国家在经济上的影响力越来越大，由美国等发达国家主导的世界秩序将越来越难以获得新兴国家的认同[②]。中曾根和平研究所在《中美关系报告书 2021》中称，中美在网络空间领域形成多方位的竞争，包括信息技术、通信基础设施以及认知领域等。其中，中国的信息基建通过数字"一带一路"在欧亚大陆形成了优势，并有可能在世界范围内改变主要的信息流[③]。木内登英也指出，中国在世界范围内掌握物流数据的能力正在迅速提高，从国家安全保障的视角来看，美国不会放任中国掌握数据，今后围绕数据的中美之争将越来越激烈[④]。

美国近年来试图从经济、军事、国家安全等各个层面构建对华包围网的一系列举措及其成效，也引发了日本学界的持续关注和讨论。2022 年 5 月 23 日，美国总统拜登在访问日本期间正式推出"印太经济繁荣框架"（简称"印太经济框架"，IPEF）。东京财团政策研究所主席研究员柯隆指出，美国政府与全球企业间可能存在温度差。他认为，印太经济框架最重要的一点，就是要打散业已形成的"以中国为中心的产业链供应链"。但归根结底，企业在供应链中起实质

① 日本国際問題研究所：『2021 戦略年次報告』、東京：日本国際問題研究所、2022 年 2 月、第 4 頁。
② 木内登英：「米中首脳会談とトゥキディデスの罠」、https://www.nri.com/jp/knowledge/blog/lst/2022/fis/kiuchi/1115_3。
③ 中曽根平和研究所：「2021 年度研究会報告 米中関係における主な論点と提言」、https://www.npi.or.jp/research/data/npi_policy_us–china–relationship_final_20220331.pdf。
④ 木内登英：「一帯一路構想のもと世界の物流データの支配を強める中国とデータを巡る米中覇権争い」、https://www.nri.com/jp/knowledge/blog/lst/2022/fis/kiuchi/0107。

性作用，而企业制定和实施经营战略是为了实现利益的最大化。从企业的视角来看，在中国之外构建新的供应链会产生巨额成本，尤其是在数字化物流系统方面，除中国之外没有其他发展中国家具备这一条件①。濑口清之则更为直接地指出，印太经济框架避谈贸易自由化的相关问题，对加盟国来说缺乏经济实力，其实质是"空洞的""聊胜于无的"②。

关于美国针对中国的"脱钩"政策，日本学者普遍认为该政策并未收到预期效果。亚洲经济研究所发布题为《美中关系和美中贸易战的影响：全球价值链分析》的报告指出，伴随技术传播带来的国际分工，全球价值链的发展是不可逆转的大潮。全球价值链与中美关系紧密交织，如果被迫"脱钩"，给两国带来的后果将不只是表面看到的那些损失③。曾任国际教养大学教授的滨本良一指出，根据中国海关总署对 2022 年前 10 个月中美贸易额的统计数据，中国对美贸易延续出超倾向。由此来看，拜登政府实施的针对中国产品的报复性高额关税收效十分有限④。

此外，美国商务部工业与安全局（BIS）于 2022 年 10 月 7 日出台了《对向中国出口的先进计算和半导体制造物项实施新的出口管制》的规定，此举引发日本学界的高度关注。东京大学公共政策大学院教授铃木一人认为，此次美国对华出口管控力度的加强，是对

---

① 柯隆:「深層中国第 10 回『高まる地政学リスクと世界経済の行方』」、https://www.tkfd.or.jp/research/detail.php?id=4001。

② 瀬口清之:「ロシア－ウクライナ戦争をめぐる米中関係～米国の内向き外交の実態～」、https://cigs.canon/uploads/2022/07/Seguchi_Report_20220719.pdf。

③ Bo Meng, et al., "The US–China Relations and the Impact of the US–China Trade War: Global Value Chains Analyses", https://ir.ide.go.jp/?action=pages_view_main&active_action=repository_view_main_item_detail&item_id=53062&item_no=1&page_id=39&block_id=158.

④ 濱本良一:「習近平氏 3 期目元年は延安訪問と軍視察でスタート」、『東亜』、No. 666、2022 年 12 月号、第 34 頁。

特朗普执政时期技术争霸方针的继承，但又远远超出了此前出口管控的强度。他分析称，这份措施在此时出台，一是反映出美国对中国的认知，认为中国军事能力进一步提高，人工智能在武器装备等方面的应用进展迅猛；二是表明美国承认本国在半导体生产领域处于不利形势，担心被中国赶超而产生强烈危机感[1]。

（三）中日邦交正常化50周年

2022年是中日邦交正常化50周年，日本学者通过撰写调研报告、评论文章、开辟专栏以及开展系列学术活动等形式，围绕这一重大事件展开研讨。一方面，他们深入探讨了中美博弈背景下日本应如何定位的问题；另一方面他们也通过各种方式为推动中日关系健康发展建言献策。

1. 关于中美博弈背景下日本的定位

日本既是以美国为首的西方阵营的一员，又是中国的重要邻国，同时也是世界第三大经济体。长期以来，如何在中美之间保持平衡、最大限度地发挥自身的国际影响力，一直是日本学界关心的课题。多数声音认为，日本政府不应该对美国"一边倒"。濑口清之指出，日本不能一味地同美国统一步调，而要为管控危机发挥积极的作用。他建议日本应与欧盟联手，在美国与中国之间做好工作[2]。中曾根和平研究所主任研究员横山昭雄称，日本不要忘记1972年尼克松绕过日本实现闪电访华的"越顶外交"，以及2021年美国气候特使约

---

① 铃木一人：「米中半導体紛争の行方」、『東亜』、No. 666、2022年12月、第52頁。
② 瀬口清之：「台湾問題をめぐる米中対立の深刻化～日本政府の対米協調姿勢に対する欧米専門家の懸念～」、https://cigs.canon/uploads/2022/10/China_Economy_Report_Seguchi_202210.pdf。

翰·克里访华等先例[①]。

与此同时，随着日本政府防卫政策发生重大转变，日本学界也加强了对安全领域的关注，特别是日美安保合作对中日关系的影响。川岛真在分析日中双方安全政策对两国关系的影响时指出，在外交方面，中国谋求"和平共存、整体稳定、平衡发展"，为此会保留日中首脑对话的空间。在经济方面，日本政府应该妥善管控经济安保问题，重新思考如何维系供应链与贸易关系，以及重新审视建立在这种经济基础上的日中关系[②]。铃木一人针对经济安全问题，认为日本应注意在供应链和基础设施方面中国可能会对日本构成的风险挑战，但他也承认，这是源于中国制造具有很强的竞争力[③]。铃木贵元认为，日本企业正在配合政府进行供应链的"去中国化"，但是这导致日本企业面临物流费用提高、专业性人才不足、物流网不完善、当地政局不稳等棘手问题[④]。

2. 关于推动中日关系健康发展的资政建议

在中日邦交正常化 50 周年之际，不少日本学者积极回顾过去50 年两国关系的发展历程，为努力推动两国关系的健康发展提出建设性意见。中曾根和平研究所在年度报告中建议，日本政府要平衡外交、保持对话，以日中邦交正常化 50 周年为契机，筹划搭建新的日中合作框架。日本和中国作为地区大国，为促进亚洲的发展，应

---

① 横山昭雄：「これからの中国との経済関係（1）——高まる安全保障上のリスク」、https://www.npi.or.jp/research/data/d04c42566603b5cb2a10d017828b14dbbf17e40b.pdf。
② 川島真：「創られた危機感と『団結』」、『外交』、Vol. 76、2022 年 12 月、http://www.gaiko-web.jp/test/wp-content/uploads/2022/11/Vol76_p6-15_The_Emphasized_Sense_of_Crisis.pdf。
③ 鈴木一人：「新しい科学技術政策と経済安全保障」、https://www.tkfd.or.jp/research/detail.php?id=3910。
④ 鈴木貴元：「習近平政権第 3 期の中国経済の短期・中長期の見通し」、https://www.mof.go.jp/pri/research/p20221213.pdf。

在经济、环保、人才培养等多领域展开合作。除了应对老龄化社会和环保问题等共同课题外，日本还应基于 2018 年日中第三方市场合作框架，同中国继续推进立场对等的合作，保持对中国社会的接触。此外，中国申请加入《全面与进步跨太平洋伙伴关系协定》（CPTPP）的举措对于日本来说也是一个机会，增加了可以与中国就经济制度等问题进行对话的宝贵平台[①]。

众多日本学者呼吁日本政府高度重视对华政策的重要性和稳定性。庆应义塾大学教授细谷雄一梳理了日本对华外交政策的变化，回顾建交 50 年来的四份政治文件。他指出，在过去很长一段时间内，日本对华政策不是长期的，而是短期的、临时的。如今的国际形势与 1972 年两国建交时已经大不相同，日本今后应以本国利益作为出发点考虑制定长期政策。他建议日本政府将对华战略定位为日本国家战略的核心部分，制定长期的基本方针。他还建议日本应从多个层面维系和强化对华沟通，并在外交上作出努力，使日中关系在一定程度上获得稳定发展[②]。

（四）中国同发展中国家和新兴国家的关系

日本学界普遍认为中国十分重视发展同发展中国家和新兴国家的关系，并高度关注"一带一路"倡议在中国外交与对外经贸中扮演的角色。日本国际问题研究所在年度报告中表示，全球许多国家和地区特别是发展中国家，正在深化同中国的贸易和投资关系，在"一带一路"倡议下接受中国的经济援助和投资，并接受中国为应对

① 中曽根平和研究所：「2021 年度研究会報告 米中関係における主な論点と提言」，https://www.npi.or.jp/research/data/npi_policy_us–china–relationship_final_20220331.pdf。
② 細谷雄一：「日本の対中戦略がこれまで不在だった 3 つの理由」，https://toyokeizai.net/articles/–/596047?page=3。

新冠疫情提供的口罩和疫苗等卫生医疗援助。在此基础上，许多发展中国家对中国的治理模式产生兴趣并表示支持①。木内登英认为，新冠疫情发生以来，习近平主席选择哈萨克斯坦作为首次出访国，反映出中国在疫情后重振"一带一路"倡议的外交政策方向。中国面对发达国家的包围圈，必须开辟新兴国家市场，而"一带一路"倡议有助于中国构筑新的经济圈②。

围绕中非关系，国际合作机构（JICA）苏丹事务所所长坂根宏治称，在非洲地区，中国在经济投资领域展现出很强的存在感。中国采取不干涉内政的立场，比起欧美基于价值观的原则更受非洲欢迎。当前，中国进一步强化重视非洲的方针，从传统的注重投资基建调整为注重提升经贸关系等方面③。

围绕中国与中东地区的关系，日本智库PHP研究所在研究报告中指出，美国与传统亲美的阿拉伯国家间的关系正在淡化，阿拉伯各国正在形成对多极化时代的认知，并在这种认知的驱动下加紧强化同中国的战略关系，迈向中国—阿拉伯新时代④。

此外，日本学者普遍高度关注中共二十大的对外政策导向，认为二十大报告阐明了中国领导层对国际形势的谨慎判断，但不少观点存在将居安思危的底线思维误解为内忧外患的"危机感"倾向。例如，日本防卫省防卫研究所政治法制研究室长增田雅之和地区研究部中国研究室主任研究官山口信治均认为，中共二十大报告表

---

① 日本国際問題研究所：『2021 戦略年次報告』，東京：日本国際問題研究所、2022 年 2 月、第 14 頁。

② 木内登英：「中ロ首脳会談で温度差を残しつつも両国の結束を再確認：習主席は事実上 3 期目の外交を開始、一帯一路の再構築か」，https://www.nri.com/jp/knowledge/blog/lst/2022/fis/kiuchi/0916。

③ 坂根宏治：「『クーデター』の時代のアフリカ（前編）：ロシアと中国の積極関与と欧米の影響力低下」，https://www.spf.org/iina/articles/sakane_08.html。

④ PHP 総研：『2023 版 PHP グローバル・リスク分析』，東京：株式会社 PHP 研究所、https://thinktank.php.co.jp/wp-content/uploads/2022/12/risk2023.pdf。

明，中国领导层对国际形势的判断并不乐观。增田雅之指出，在中共十九大报告中曾出现"推进大国协调与合作"的表述，而在中共二十大报告中"合作"被替换为"良性互动"，这体现出中国领导层内部对于中美"合作"期待的减退①。一些日本学者将这类分析作为中国加强同发展中国家和新兴国家关系的主要动因。

三、特点分析

（一）以问题为导向，注重回应本国关切

在研究领域的选择上，日本的中国研究以现实问题为导向，无论是解读中国政府的内外政策，还是解析中国经济社会问题的原因，最终的落脚点都在为本国政界商界提供决策参考。例如，日本学界高度关注中国社会问题，这是由于日本与中国在人口结构、社会文化以及经济发展过程中曾经经历或仍然存在许多相似的问题，日方关注中国式方案能否取得实效，为日本社会提供参考和借鉴；高度关注中美关系，则是基于中美竞争加剧的现实形势，将美国的影响因素纳入中国研究的分析视角，统筹分析研判，以提升日本在国际事务中的话语权和影响力。

此外，注重问题导向也使得日本学界整体上过于务实，对同本国实际问题相关性较强的领域给予密切跟踪、积极研讨，但对政治领域缺乏深入的学理性研究，而更多局限在对一些博眼球话题的渲染上。

---

① 増田雅之：「習近平『一強体制』の危機感——悪化する中国の外部環境」、『東亜』、2022 年 12 月号、No. 666、第 54—55 頁。

（二）在不同研究领域存在对华"温度差"

从前文的梳理中可看出，不同职能定位的智库，其研究的立场和观点有所差别，对华态度也存在差异。例如，侧重研究经济领域的学者和民间智库，相对而言更能正视中国在制度、技术、市场等方面的优势，承认日本能够从中国的发展中获利、两国存在实现双赢的可能性，在分析中也较少受意识形态因素影响。而侧重军事安保领域、有政府背景的智库和学者，则更多地从意识形态上的对立出发，将中日关系渲染为"零和博弈"，煽动"中国威胁论"，极力主张对华采取强硬态度并建议政府做好军事应对。这类学者虽然声称中国具有"危机感"，但恰恰反映出日本自身的危机感。

我们在梳理日本关于当代中国问题的研究成果时，可以多倾听能够秉持公正态度、提出真知灼见的声音，加强与这部分学者的学术交流，从中得到启发。同时，努力向日本社会展示真实、立体、全面的中国，增进两国学界的相互了解和信任。

（三）研究成果形式多样

总的来说，2022 年日本的中国研究成果形式较为多样，学者可以通过出版学术专著、发表学术论文、在智库主页开辟专栏、参加论坛发表演讲等方式表达学术见解、交流研究成果。与此同时也应注意到，尽管相关成果数量不少，但研究中国问题的学者群体较为固定。目前，日本从事中国问题研究的学者中以老面孔为主，新面孔寥寥无几，这导致学术界的整体研究氛围相对沉闷、研究范式趋于固化。

综上所述，2022 年日本学界关于当代中国问题的研究整体呈活跃态势，研究成果水平较高。研究热点既涵盖日本学界长期关注的经济社会问题，也包括随着国际局势和国内形势的变化而出现的新动态，以及年度重要的时间节点事件。这些热点领域反映出包括决策层在内的日本社会各界的关切所在，相关研究成果也会对日本民众的涉华舆论产生影响。及时梳理日本学界关于中国问题的最新研究成果，有助于我们准确把握日本学界对当代中国的认知，加深对日本社会的整体了解，并进一步做好相应准备，增强战略主动性。

（作者单位：中央党史和文献研究院信息资料馆）

西班牙语国家

陈岚　靳呈伟

2022 年，西班牙语国家学者对中国一如既往地关注，出版了大量著作、论文、智库报告和媒体评论文章，其中不乏重量级成果。2022 年 10 月召开的中国共产党第二十次全国代表大会，是外国学者深入了解中国方方面面变化的窗口。此外，2022 年恰逢中国与墨西哥、阿根廷两国建交 50 周年，也为墨西哥和阿根廷两国学者就双边关系展开多维阐述提供了契机。本文力图对纷繁复杂的资料进行爬梳，以方便我们更全面地把握西班牙和拉美学界的最新研究动态，更深刻地认识西班牙语学者关于当代中国问题研究的特点与趋势。

一、总体概况

（一）图书

2022 年，西语国家继续关注新中国成立以来的发展奇迹背后的历史、制度、文化等因素，这是中国共产党百年华诞研究热浪的延续。墨西哥学院亚非研究中心出版了两部论文集，分别是《中国共产党百年华诞：纪念罗梅尔·科尔内霍论文集》①和《中华人民共和国的 70 年（1949—2019）》②。为庆祝中墨建交 50 周年，墨西哥国立自治大学中墨研究中心联合墨西哥参议院等机构出版了《墨西哥与中国外交关系的 50 年：过去、现在和未来》③，该书有西班牙语和中文两个版本。此外，委内瑞拉国会议员、前基础工业和矿业部部长鲁道夫·爱德华多·桑斯（Rodolfo Eduardo Sanz）出版了专著《中国新文明：拉丁美洲的视角》④。

国际关系领域的研究成果也颇多。在拉美地区，学者尤为关注中拉关系的蓬勃发展。例如，拉丁美洲社会科学院（FLACSO）出版了论文集《中国在拉美的外交维度》⑤。在拥有悠久汉学传统的西班牙，学者们也推出了聚焦中国的国际关系研究成果。例如，以研究 16—18 世纪地理大发现时期中西关系而闻名的庞培法布拉大学东亚文学和历史教授、汉学家欧洋安（Manel Ollé Rodríguez）推出了《金银岛和丝绸帝国：南海中的小舟和大帆船》一书⑥；前埃菲社资深记者哈维尔·加西亚（Javier García）出版了专著《中国：威胁还是希望？一场务实革命的真相》⑦；西班牙"知华讲堂"名誉主席马塞

① Eduardo Tzili-Apango, José Antonio Cervera Jiménez (eds), *Centenario del Partido Comunista Chino: Ensayos en Honor a Romer Cornejo*, Ciudad de México: El Colegio de México, 2022.

② Marisela Connelly, Eduardo Tzili Apango(eds), *Setenta años de Existencia de la República Popular China, 1949-2019*, Ciudad de México:El Colegio de México, 2022.

③ Enrique Dussel Peters, *50 Años de Relaciones Diplomáticas entre México y China: Pasado, Presente y Futuro*, Ciudad de México: UNAM/Cechimex, UDUAL, Senado de la República e Instituto Belisario Domínguez, 2022.

④ Rodolfo Eduardo Sanz, *China la Nueva Civilizacion: un Enfoque desde América Latina*, Caracas: Felgris Araca, 2022.

⑤ Josette Altman Borbón, Sergio Rivero(eds), *Dimensiones de la Diplomacia de China en América Latina y el Caribe*, San José: FLACSO, 2022.

⑥ Manel Ollé Rodríguez, Islas de Plata, Imperios de Seda, *Juncos y Galleones en los Mares del Sur,* Madrid: Acantilado, 2022.

⑦ Javier García, *China, Amenaza o Esperanza. La Realidad de Una Revolución Pragmática,* Madrid: Akal, 2022.

洛·穆尼奥斯（Marcelo Muñoz）出版了专著《中国回归，并会留下来》①。

（二）智库报告

2022年，西班牙语国家的智库重点关注中国的政治走向和外交政策，对中国发生的重大事件以及对影响双边关系的重大事件进行分析和展望，形成了丰硕的成果。西班牙埃尔卡诺皇家研究所（2020全球智库报告排名第29）、巴塞罗那国际事务研究中心（CIDOB）（2020全球智库报告排名第36）等智库发表了《共同富裕和双循环：中国的新发展模式》②等近百份涉及中国内政外交的报告。他们还组织了多场涉及中国的专题研讨会，如"世界形势：中国共产党二十大之后的中国未来"研讨会等。隶属阿根廷生产发展部的结构改革理事会发布了报告《市场经济体制中的经济社会发展规划：对中国十三五和十四五规划的研究》③；智利国家图书馆研究和出版部的"亚太计划"团队发布了《中国共产党二十大》④。墨西哥国立自治大学的中墨研究中心恩里克·杜塞尔·彼得斯（Enrique Dussel Peters）教授不仅发表了20余篇关于中国的论文和媒体评论文章⑤，还主编了《墨西哥与中国外交关系的50年：过去、现在和未

① Marcelo Muñoz, *China ha Vuelto para Quedarse*, Madrid: Ediciones Cátedra China, 2022.

② Miguel Otero Iglesias, *La Prosperidad Común y la Circulación Dual: el Nuevo Modelo de Desarrollo de China*, Análisis del Real Instituto Elcano (ARI), No. 7, 2022.

③ Igal Kejsefman y Mariana Sánchez, *La Planificación del Desarrollo Económico y Social en una Economía de Mercado una Aproximación a China desde los Planes Quinquenales XIII y XIV*, Documentos de Trabajo del CCE, Buenos Aires: Consejo para el Cambio Estructural–Ministerio de Desarrollo Productivo de la Nación, No. 24, 2022.

④ Pablo Morales Estay, *El XX Congreso del Partido Comunista de China*, Biblioteca del Congreso Nacional de Chile, 26 de octubre de 2022, p.5.

⑤ 关于杜塞尔的学术成果，可以从其个人网站获取：https://www.dusselpeters.com/investigacion/china.html。

来》一书，其中汇集了政界、企业界和学术界人士的研究成果。阿根廷拉普拉塔国立大学国际关系学院中国研究中心在其网站发布了十余篇解读中国国内和对外政策的文章。该学院第 28 期工作报告中的四篇论文都以中国为主题，分别是《习近平的中国梦和外交政策（2013—2017）：基于新古典现实主义的解读》①《新丝绸之路的性质在国际舞台中的合法性：基于文化的解读》②《中国在联合国安理会行使否定权的定量分析》③《中国汽车产业的国际化：基于 2001—2020 中国的对外直接投资的分析》④。秘鲁太平洋大学中国与亚太研究中心发布了五份工作报告，包括《中国的投资和拉丁美洲的土地用途》⑤《中国支持的南半球基础设施建设：巴西—秘鲁两洋铁路项目的经验教

---

① María Guillermina D'Onofrio, "El 'Sueño Chino' de Xi Jinping y Su Política Exterior. Análisis de Su Primer Mandato (2013–2017) desde el Realismo Neoclásico", en María Francesca Staiano y Laura Bogado Bordazar (eds), *Medio Siglo de Relaciones Diplomáticas*, Documentos de Trabajo No 28, Instituto de Relaciones Internacionales (IRI), Facultad de Ciencias Jurídicas y Sociales, Universidad Nacional de La Plata, Mayo 2022.

② Juan Cruz Margueliche, "La Configuración de la(s) Nueva(s) Ruta(s) de la Seda china. Un Abordaje Cultural (híbrido) para Comprender su Naturaleza y Legitimidad en el Escenario Internacional", en María Francesca Staiano y Laura Bogado Bordazar (eds), *Medio Siglo de Relaciones Diplomáticas*, Documentos de Trabajo No 28, Instituto de Relaciones Internacionales (IRI), Facultad de Ciencias Jurídicas y Sociales, Universidad Nacional de La Plata, Mayo 2022.

③ Marcos Contardo, "La Actuación de China a Través del Veto en el Consejo de Seguridad de la ONU desde una Dimensión Cuantitativa", en María Francesca Staiano y Laura Bogado Bordazar (eds), *Medio Siglo de Relaciones Diplomáticas*, Documentos de Trabajo No 28, Instituto de Relaciones Internacionales (IRI), Facultad de Ciencias Jurídicas y Sociales, Universidad Nacional de La Plata, Mayo 2022.

④ José María Resiale Viano, "Go Global Automotriz: la Internacionalización de las Automotrices Chinas a Través de la Inversión Extranjera Directa (2001–2020)", en María Francesca Staiano y Laura Bogado Bordazar (eds), *Medio Siglo de Relaciones Diplomáticas*, Documentos de Trabajo No 28, Instituto de Relaciones Internacionales (IRI), Facultad de Ciencias Jurídicas y Sociales, Universidad Nacional de La Plata, Mayo 2022.

⑤ Mónica Nunez Salas, "China's Investments and Land Use in Latin America", *Research Publications,* No.49, Lima: Centro de Estudios sobre China y Asia–Pacífico, Universidad del Pacífico, 2022.

训》①《分享中国和秘鲁对未来钱凯港的愿景：探索"一带一路"倡议
下的机遇》②《中秘自贸协定项下贸易优惠待遇的利用》③ 等。拉丁美洲
社会科学理事会"中国与世界权力版图研究小组"发布了《中国和
后疫情展望（四）》④《中国和后疫情展望（五）》⑤《中国—阿根廷双边
关系 50 年》⑥ 和《中国与世界权力新版图：拉美视角》⑦。

（三）期刊

2022 年，西语国家关于中国研究的成果大多发表在国际关系、
法学、政治学和经济学学术期刊中。例如，古巴驻华大使卡洛斯·米
格尔·佩雷拉·埃尔南德斯（Carlos Miguel Pereira Hernández）在
《国际政治》（*Política Internacional*）上发表了系列文章——《马克

---

① Leolino Dourado, *Cooperación China para el Desarrollo de Infraestructura en el Sur Global: Lecciones del Caso del Proyecto del Ferrocarril Transcontinental Brasil Perú*, Documento de Trabajo No. 2, Lima: Centro de Estudios sobre China y Asia–Pacífico, Universidad del Pacífico, 2022.

② Omar Narrea, *Sharing Chinese and Peruvian Visions about the Future Chancay Port: Exploring Opportunities under the Belt and Road*, Documento de Trabajo No. 3, Lima: Centro de Estudios sobre China y Asia–Pacífico, Universidad del Pacífico, 2022.

③ Antonio Cusato Novelli y Jorge F. Chávez, *The Utilization of Trade Preferences under the Peru-China FTA*, Working Paper No.4, Lima: Centro de Estudios sobre China y Asia–Pacífico, Universidad del Pacífico, 2022.

④ Gabriel Esteban Merino, Lourdes María Regueiro Bello, Wagner Tadeu Iglecias (eds), *Transiciones del Siglo XXI y China: China y Perspectivas Post Pandemia IV*, Ciudad Autónoma de Buenos Aires: CLACSO, 2021.

⑤ Maria Francesca Staiano (eds), *Transiciones del Siglo XXI y China: China y Perspectivas Post Pandemia V*, Ciudad Autónoma de Buenos Aires: CLACSO, 2022.

⑥ Gabriel Esteban Merino, Lourdes María Regueiro Bello, Wagner Tadeu Iglecias (eds), *Transiciones del Siglo XXI y China: 50 Años de Relaciones Bilaterales China-Argentina*, Ciudad Autónoma de Buenos Aires: CLACSO, 2022.

⑦ Gabriel Esteban Merino, Lourdes María Regueiro Bello, Wagner Tadeu Iglecias (eds), *China y el Nuevo Mapa del Poder Mundial, Una Perspectiva desde América Latina*, Ciudad Autónoma de Buenos Aires: CLACSO, 2022.

思主义中国化、社会科学和本国的发展模式问题》①《中国：改革时期的治理、制度和法治》②《中国改革和当代理论》③。阿根廷拉普拉塔国立大学国际关系研究所中国研究中心主任司芙兰（María Francesca Staiano）在《国际关系》（Relaciones Internacionales）上发表《在新"战争"时代对人类命运共同体的反思》④。秘鲁天主教大学教授法维安·诺瓦卡（Fabián Novak）和桑德拉·纳米亚斯（Sandra Namihas）在《秘鲁国际法期刊》（Revista Peruana de Derecho Internacional）上发表《中秘关系 50 年》⑤。西班牙知名中国问题专家胡里奥·里奥斯（Xulio Ríos）发表了《邓小平时代的中国特色》⑥《中国面对俄乌冲突》⑦ 等学术论文。

此外，哥斯达黎加大学创办了《亚洲国际研究》（Revista Internacional de Estudios Asiáticos）半年刊，致力于亚洲研究。从发文情况来看，关于中国的论文几乎涉及从考古学到宗教学的所有社会人文学科。

① Carlos Miguel Pereira Hernández, "La Sinización del Marxismo, las Ciencias Sociales y la Cuestión del Modelo Propio", *Política Internacional*, Vol. 4, No. 2, 2022.

② Carlos Miguel Pereira Hernández, "China: Gobernanza, Institucionalidad y Estado de Derecho en Tiempos de Reforma", *Política Internacional*, Vol. 4, No. 3, 2022.

③ Carlos Miguel Pereira Hernández, "Las Reformas en China y las Teorías Contemporáneas", *Cuadernos de Nuestra América / Nueva Época*, No.3, 2022.

④ María Francesca Staiano, "Algunas Reflexiones Acerca de la Comunidad de Destino Compartido para la Humanidad en una Nueva Era...Bélica", *Relaciones Internacionales*, Vol.31, No.63, 2022.

⑤ Fabián Novak y Sandra Namihas, "50 Años de Relaciones Diplomáticas entre el Perú Y China", *Revista Peruana de Derecho Internacional*, Tomo LXXII, No.170, 2022.

⑥ Xulio Ríos, "Las Singularidades Chinas en Deng Xiaoping", *Revista Gerónimo De Uztariz Aldizkaria*, No.36, 2022, pp.11–24.

⑦ Xulio Ríos, "China ante la Invasión Rusa de Ucrania", *Nueva Sociedad*, No. 301, 2022.

二、主要议题和观点

尽管西语学者研究议题多元广泛，涉及政治、经济、历史、文学甚至考古学等众多领域，但具体来说，主要涉及以下四个方面，即中国发展模式、中国共产党的执政方略、中国政治的历史文化溯源以及中国在国际格局中的地位及其对拉美的影响。

（一）中国发展模式

摒弃西方中心主义，探究中国奇迹背后的制度因素，始终是西语学者的一大学术旨趣。2022 年，以下两个解释性框架脱颖而出。

1. 聚焦公共部门，将之作为解释中国奇迹的分析框架

西语学者纷纷致力于探究中国政府为何能够推动社会进步，而不是成为社会进步的障碍。杜塞尔发表在墨西哥《经济学季刊》上的《资本主义与中国特色：概念和 21 世纪第三个十年的发展》一文指出，为克服中国研究大多是描述性而非理论性研究的缺陷，应该将公共部门作为分析中国经济、政治和社会的方法论和概念框架[①]。在西语学者的研究中，中国的公共部门通常指的是中央和地方各级政府以及国有企事业单位[②]。他们认为这些公共部门对中国奇迹的出现有决定性作用，中国的成功有力地反驳了自由主义学者提出的

---

① Enrique Dussel Peters, "Capitalismo con Características Chinas: Conceptos y Desarrollo en la Tercera Década del Siglo XXI", *El Trimestre Económico*, Vol.89, No, 354, 2022, p. 482.

② 如杜塞尔将中国的公共部门定义为中央、省市政府以及附属机构的总和。见 Enrique Dussel Peters, "Capitalismo con Características Chinas: Conceptos y Desarrollo en la Tercera Década del Siglo XXI", *El Trimestre Económico*, Vol.89, No, 354, 2022, p. 470.

"公权力是低效的源头"的观点。

一些学者聚焦公共部门的地位和作用。杜塞尔指出，中国的公共部门对社会具有决定性作用。中国国有经济在国民经济中占比较大，并对私有部门产生决定性影响（尽管参股很少）①。正是"无所不在"的公共部门引导了中国自 20 世纪 80 年代以来在从科技创新到消除绝对贫困等多个领域的进步。里奥斯提出，习近平主席设想的理想的现代化模式是一个由具有强大规划能力的公共部门、有序的市场以及作为补充的私营部门构成的整体，也就是说这将是一种由中国共产党领导的混合经济②。中阿战略观察站咨询委员会委员迭戈·卡廖洛（Diego Cagliolo）则提出，鉴于中国进入新常态阶段——人口老龄化、养老金负担加重、劳动力成本上升，中国无法像过去 20 年那样维持两位数的年均增长率，中国需要一个能够解决分配不均衡和环境恶化问题的新增长模式。中国的公共部门在新增长模式中应发挥更大作用③。

一些学者充分肯定中国政府制订和实施五年规划的能力。如阿根廷结构改革理事会的伊嘉儿·克塞夫曼（Igal Kejsefman）和马里亚娜·桑切斯（Mariana Sánchez）系统分析了中国政府通过五年规划推进社会主义现代化建设的历史经验。他们认为，中国五年规划的目标、内容、实施过程和方式都与经济发展进程保持一致。这种制度结构是维持中国经济增长的关键，因为它提供了监管框架以及实施五年规划的组织保障。他们还进一步指出，对外开放以及发展同拉美的关系都是中国政府主动规划的结果。研究中国的变化应该

① Enrique Dussel Peters, "Capitalismo con Características Chinas: Conceptos y Desarrollo en la Tercera Década del Siglo XXI", *El Trimestre Económico*, Vol.89, No, 354, 2022, p. 483.
② La China Determinada de Xi Jinping, https://politica-china.org/areas/sistema-politico/la-china-determinada-de-xi-jinping.
③ La Tercera China de Xi Jinping y el Nuevo Nacionalismo, https://www.infobae.com/america/opinion/2022/10/14/la-tercera-china-de-xi-jinping-y-el-nuevo-nacionalismo/.

围绕五年规划的变化展开①。阿根廷拉普拉塔国立大学教授加布里埃尔·梅里诺（Gabriel E.Merino）同样强调中国公共部门的规划能力。在他看来，中国共产党的执政能力就是把国家规划、人民需求和市场规律结合起来的能力；组织混合制生产的能力；有效行使集中制和下放经济和政治决策的能力；使技术和知识适应国家现实的能力；利用巨大的战术灵活性和战略毅力应对地缘政治局势的能力②。

　　还有学者探究中国公共部门能高效引领国家发展的原因。在他们看来，中国的经验有力反驳了世界银行提出的"只有减少公共部门在国民经济中的作用才能在长期内实现更高效的发展进程"的观点。杜塞尔认为，中国之所以实现高效发展和飞跃，得益于各级公共部门的能力，而各级公共部门能力的提升离不开中国共产党的领导和各部门相互竞争的常态③。他强调，中国公共部门的能力不是通过垄断获得的，相反，公共部门在横向和纵向上都处于一定的竞争状态。整合了竞争因素的中国公共部门引发了人们对政府理性的重新思考④。

① Igal Kejsefman y Mariana Sánchez, "La Planificación del Desarrollo Económico y Social en una Economía de Mercado Una aproximación a China desde los Planes Quinquenales XIII y XIV", *Documentos de Trabajo del CCE, Consejo para el Cambio Estructural - Ministerio de Desarrollo Productivo de la Nación*, No. 24, 2022, p. 6.

② Gabriel E. Merino, "El Ascenso de China La cuestión Nacional y la Centralidad de lo Político en el Sistema Mundial", en Maria Francesca Staiano, et al., Transiciones del siglo XXI y China. China y perspectivas post pandemia V, Ciudad Autónoma de Buenos Aires: CLACSO, 2022. p.13.

③ Enrique Dussel Peters, "Capitalismo con Características Chinas: Conceptos y Desarrollo en la Tercera Década del Siglo XXI", *El Trimestre Económico*, Vol.89, No, 354, 2022, p. 483.

④ Enrique Dussel Peters, "Capitalismo con Características Chinas: Conceptos y Desarrollo en la Tercera Década del Siglo XXI", *El Trimestre Económico*, Vol.89, No, 354, 2022, p. 483.

2. 聚焦全过程人民民主，探究中国共产党获得人民群众支持和拥护的原因

加西亚指出，中国政府的执政基础并不是来自投票箱，而是取决于政府执政成果、民众对政府的支持率以及中国 2000 多年来行之有效的行政精英制度的不断完善[1]。佩雷拉指出，"民主"一词在中国语境下拥有比西方更广泛的含义。中国式民主是全过程人民民主，而不仅仅是存在于选举中的民主。中国共产党领导的多党合作和政治协商制度的设计和运作表明，中国共产党的民主比许多自诩为民主国家的西方国家的民主更强大、更具体[2]。中国的政治制度不断受到自我审查，对不足之处进行纠偏，并建立起制度化的人民协商系统。通过这个人民协商系统，一方面，人民的意愿得以倾听并实现统一；另一方面，政府的专业性得到保证，政府通过任人唯贤的制度，选拔最有能力的官员[3]。随着改革的深化和拓展，中国理论工作者优先考虑的是建立和完善政治、经济、社会和法律制度，目的是扩大所有公民对政治生活的积极参与，并反过来建立新的辩论机制、政治协商和形成共识的机制，这增强了决策过程的合法性，减少其不透明性，改善中国共产党对整个社会运作的控制力[4]。

（二）中国共产党的执政方略

中共二十大报告是西班牙语国家解读中共执政方略的关键材料。

---

[1] Javier García, *China, Amenaza o Esperanza. La Realidad de Una Revolución Pragmática*, Madrid: Akal, 2022.

[2] Carlos Miguel Pereira Hernández, "La Sinización del Marxismo, las Ciencias Sociales y la Cuestión del Modelo Propio", *Política Internacional*, Vol. 4, No.2, 2022, p. 94.

[3] Carlos Miguel Pereira Hernández, "La Sinización del Marxismo, las Ciencias Sociales y la Cuestión del Modelo Propio", *Política Internacional*, Vol. 4, No.2, 2022, p. 95.

[4] Carlos Miguel Pereira Hernández, "La Sinización del Marxismo, las Ciencias Sociales y la Cuestión del Modelo Propio", *Política Internacional*, Vol. 4, No.2, 2022, pp. 98–99.

智利国家图书馆研究和出版部的"亚太计划"团队发布的《中国共产党第二十次全国代表大会》对二十大的要点进行了总结，并通过对比二十大报告中"安全"和"经济"出现的频次得出结论：意识形态和国家安全的地位得到大幅提升①。这是因为在过去几年内，中国已经成功地建立起了社会信用体系和监管体系，中国有能力处理安全领域的任何挑战②。卡廖洛认为，习近平强调以马克思主义为指导思想，把马克思主义基本原理同中国具体实际相结合、同中华优秀传统文化相结合，是因为在中国成为世界强国的过程中，还面临受西方影响的非政府组织、民族和宗教运动以及以美国为首的试图干涉中国发展的外国势力的挑战。中国共产党必须应对这些挑战，才能实现中华民族的伟大复兴。在新时代，国家面临的危险更多地与意识形态不坚定有关，意识形态的动摇将导致内部和外部反动势力的增强。一个政权的解体往往从意识形态领域开始，如果意识形态防线被攻破，那么，其他防线就难以维持。这是导致苏联垮台的重要因素之一③。里奥斯认为，习近平在党内开展"自我革命"是为了推动党加速发展，以实现主要历史目标。在过去十年的施政过程中，他一直遵循这样的理念，即建立一个无私、纪律严明和道德高尚的政党，严格控制腐败行为④。墨西哥科利马大学教授弗朗西斯科·哈维尔·哈罗·纳维哈斯（Francisco Javier Haro Navejas）认为，出于国内社会需求，以及中国与世界贸易组织等国际组织的谈判，中国的体制改革呈现出巨大复杂性。这并不意味着中国会在某个时

① Pablo Morales Estay, *El XX Congreso del Partido Comunista de China*, Biblioteca del Congreso Nacional de Chile, 26 de octubre de 2022, p.5.
② Pablo Morales Estay, *El XX Congreso del Partido Comunista de China*, Biblioteca del Congreso Nacional de Chile, 26 de octubre de 2022, p.6.
③ La Tercera China de Xi Jinping y el Nuevo Nacionalismo, https://www.infobae.com/america/opinion/2022/10/14/la-tercera-china-de-xi-jinping-y-el-nuevo-nacionalismo/.
④ La China Determinada de Xi Jinping, https://politica-china.org/areas/sistema-politico/la-china-determinada-de-xi-jinping.

候按照欧洲或美国模式向自由社会推进①。佩雷拉指出，随着时间的推移，一个社会主义国家在特定历史时刻决定采用的发展模式并不是一成不变的，而是可以根据国内外环境的变化，在政治体制的边界内进行修正和改革。这些修正和改革已成为中国特色社会主义发展的动力②。

（三）中国政治的历史文化溯源

在西语国家中，西班牙和墨西哥是两个拥有悠久汉学研究传统的国家。西班牙格拉纳达大学、巴塞罗那自治大学、马德里自治大学和墨西哥学院亚非研究中心等机构的研究人员一直关注中国的历史和文化。2022 年的不少研究成果延续了这一传统，从历史和文化的角度立体展现中国近现代发展的不同面向，特别是抱着以史观今的态度，增强中国研究的历史纵深感。

圣路易斯大学马德里分校助理教授莱拉·优素福·桑多瓦尔（Laila Yousef Sandoval）研究了中国崛起的哲学维度。她认为，中国世界观的实用性和整合性使其能够制定一个既不失去自己独特的认识论和政治观，又能整合外来因素的国际政治战略，中国对其他国家采取的态度比较宽容③。

阿根廷科尔多瓦国立大学的玛丽亚·安娜·莱亚尔（Maria Ana Leal）从中国战略文化的价值观出发强调，尽管中国认为军事力量是强国的必要因素，但中国文化和哲学，特别是在古代的价值观中，

---

① Francisco Javier Haro Navejas, "Centenario del Partido: Tendencias y Sobresaltos durante 2021 en China", *Anuario Asia Pacífico*, 2022, p. 4.

② Carlos Miguel Pereira Hernández, "La Sinización del Marxismo, las Ciencias Sociales y la Cuestión del Modelo Propio", *Política Internacional*, Vol. 4, No.2, 2022, p. 100.

③ Laila Yousef Sandoval, "China: la Dimensión Filosófica de Su Emergencia Internacional", *Análisis. Revista de Investigación Filosófica*, Vol. 9, No. 1, 2022, pp. 164–165.

将武装对抗视为抵御威胁的防御阵地，而非解决冲突的方案。所谓"不战而屈人之兵，善之善者也"。此外，虽然长期以来中国认为自己是一种在道德和伦理上优于其他文化的古老文化，却没有试图妖魔化敌人。可以说，维护和平是中国的目标，中国会优先使用外交谈判作为解决冲突的工具，军事力量只是对其国家利益和民族自豪感的保障[1]。

墨西哥学院教授玛丽塞拉·康奈利（Marisela Connelly）则梳理回顾了中国共产党从具有初步共产主义思想的知识分子群体发展成赢得中国革命胜利的政党的历程。中国革命为工业革命打开了大门，将中国从一个主要的农业国家转变为工业强国。中国共产党从历史经验中领悟了农业改革与工业发展之间的密切关系。建立集中制的国家权力，实现领土统一，形成现代民族国家，创建国内市场，废除农村资本主义关系，这些都是发展现代经济的前提[2]。

墨西哥经济研究和教学中心（CIDE）教授索莱达·希门尼斯·托瓦尔（Soledad Jiménez Tovar）回顾了中外历史学、人类学和文化研究学者对"中国"和"中国性"的定义，她认为正如费孝通把中华民族的发展历程比喻成"滚雪球"，"中国"和"中国性"的含义非常模糊。它们的概念受到中国社会政治转变以及中国与世界关系的影响[3]。

---

[1] Maria Ana Leal, "El Juego Estratégico de Argentina Frente a los Intereses de China y Estados Unidos", *Revista Seguridad y Poder Terrestre*, Vol. 1, No. 2, 2022, p.31.

[2] Marisela Connelly, "La Revolución China y El Triunfo Del Partido Comunista Chino", en Marisela Connelly, Eduardo Tzili Apango(eds), *Setenta años de Existencia de la República Popular China, 1949-2019*, Ciudad de México: El Colegio de México, 2022, pp. 109–146.

[3] Soledad Jiménez Tovar, "A Través del Espejo: Entender, Hoy, la Chineidad", en Marisela Connelly, Eduardo Tzili Apango(eds), *Setenta años de Existencia de la República Popular China, 1949-2019*, Ciudad de México: El Colegio de México, 2022, pp. 98–101.

（四）中国在国际格局中的地位及其对拉美的影响

西语学者将中国问题研究与国际关系研究相结合的倾向非常明显，表达出强烈的现实关切。莱亚尔认为，像阿根廷这样的中小国家的外交决策是由大国的利益博弈所决定的。即使它们拥有一定的自主空间，也是如此[①]。因此，拉美学者尤其关注大国的地缘政治竞争对其造成的影响。拉美与中国的政治关系是拉美学者的研究重点[②]。总的来说，中国的国际关系理念中的"双赢""人类命运共同体"等理念在拉丁美洲得到广泛传播、接受和应用。

1. 中国拒绝新冷战，永不称霸，是一支和平主义力量

古巴劳尔·罗亚·加西亚（Raúl Roa García）国际关系高级研究院研究员路易斯·雷内·费尔南德斯·塔比奥（Luis René Fernández Tabío）认为，从国际关系理论中的现实主义视野、遏制战略和零和博弈角度出发，中美两个大国较量的局面将不可避免地意味着新冷战的开始。但是，新冷战的形成是因为美国极力遏制中国崛起所导致的。中国在经济和技术领域的进步以及实行的积极对外政策引起了美国的焦虑，美国认为这是对其霸权地位以及国家利益和安全的挑战，因此提出了不同的战略建议，以阻止中国崛起，维持或收回美国失去的霸权地位。在奥巴马的两任总统任期内，美国寻求通过多边方式加强与欧洲和跨太平洋联盟的融合，以孤立中国并实现权

---

① Maria Ana Leal, "El Juego Estratégico de Argentina Frente a los Intereses de China y Estados Unidos", *Revista Seguridad y Poder Terrestre*, Vol. 1, No. 2, 2022, p.35.

② 厄瓜多尔学者玛丽亚·何塞·博尔哈·阿夸里奥（María José Borja Acurio）和克里斯蒂安·梅吉亚（Cristian Mejía）在对厄瓜多尔的中国研究论文的情况进行系统调查之后，得出结论：在学术文章和著作出版方面，拉美与中国政治关系研究是学术界分析最多的议题。见 María José Borja Acurio y Cristian Mejía, "Producción académica sobre China en Ecuador", *Interacción Sino-Iberoamericana*, Vol. 2, No. 1, 2022, p. 162.

力再平衡。特朗普政府则强调单边主义，通过制裁、关税战以及其他转移供应的行动来伤害中国链并阻碍中国获得技术。面对多重国内和国际危机，拜登政府的政策维持了连续性。美国承认中国是其战略重点，恢复与其盟友的多边联盟。官方外交政策声明模棱两可、自相矛盾，但智库报告和其他学术文章从新保守主义地缘经济视角确认了美国将利用经济力量与中国对抗的战略趋势[1]。

习近平总书记在党的二十大报告中强调，中国坚决反对一切形式的霸权主义和强权政治，反对冷战思维，反对干涉别国内政，反对搞双重标准。中国永远不称霸、永远不搞扩张。这句话在经常受到美国干涉的拉美国家引起广泛共鸣。尼加拉瓜桑地诺民族解放阵线在给习近平总书记的贺信中表示，在当下这个充满挑战的世界，尽管敌人披着和平的外衣，寻求强加他们的规则，但是中国共产党的领导层始终捍卫并坚持革命的原则、理想和价值观。中国共产党全国代表大会的审议和讨论不仅是对中国人民发展的宝贵贡献，也是维护主权、世界正义与和平不可或缺的条件[2]。智利共产党主席吉列尔莫·泰列尔（Guillermo Teillier）指出，中国共产党取得的重大进步为世界人民开辟了一条期待之路。世界的未来一定属于社会主义制度。这与美国的威胁和挑衅立场形成鲜明对比，美国不惜一切代价在各个层面维持其霸权，企图颠覆中国的主权和统一，阻挠各国建立互利互惠的国际关系，对世界和平构成威胁。中共二十大将应对这一挑战，保持坚定的和平主义政策，并积极应对人类面临的其他挑战[3]。

---

[1] Luis René Fernández Tabío, "Estados Unidos, Geoeconomía y Pugna Hegemónica con China", *Política Internacional*, Vol. 4, No. 1, 2022, p.29.

[2] Nicaragua Felicita a China por Congreso del Partido Comunista, https://www.prensa-latina.cu/2022/10/17/nicaragua-felicita-a-china-por-congreso-del-partido-comunista.

[3] Saludan en Chile Congreso del Partido Comunista Chino, https://www.prensa-latina.cu/2022/10/19/saludan-en-chile-congreso-del-partido-comunista-chino.

2. 中国是新的全球治理体系的建设者

在西语学者看来，中国已经成为一个更有影响力和更加自信坚定的国家。基于日益增长的物质能力，中国的外交政策将继续致力于扩大国际影响力。西班牙埃尔卡诺皇家研究所发表社论认为，中国在维护全球公共产品方面发挥着越来越大的作用，同时在捍卫国家利益方面表现得更加自信。中国在发展应对气候变化的国际制度和抗击疫情方面发挥了核心作用。中国向联合国下辖的专门机构追加捐款，使得中国官员得以成为粮食及农业组织、国际民用航空组织、联合国工业发展组织和国际电信联盟等多个联合国专门机构的负责人[①]。

拉美学者更加重视和期待中国倡导的国际体系。他们普遍认为，中国将成为新的全球治理体系的建设者，且中国倡导的国际体系与美西方主导的国际体系将有实质性区别。卡廖洛坚信西方正在衰落，自由民主制度名誉扫地。习近平将领导中国成为新的国际架构的建设者，寻求取代美国在世界经济、技术、地缘政治和军事领域的领导地位。中国将秉持构建谋求世界和平、全球发展、维护国际秩序的人类命运共同体理念，坚决推动构建新型国际关系，取代自 1945年持续至今的不公平的雅尔塔体系。中国将继续在目前的国际机制框架内行动，但是将更加活跃，试图领导现行国际机制，而不是摧毁它。中国将继续通过加强金砖国家、上海合作组织、新开发银行和区域全面经济伙伴关系协定等，与西方主导的国际组织竞争并最终取代西方主导的国际组织[②]。杜塞尔提出，中国在与美国的博弈过

---

① La Política Exterior de Xi Jinping Tras el 20º Congreso: ¿Podrá Mantener Xi Su Hoja de Ruta?，https://www.realinstitutoelcano.org/analisis/la-politica-exterior-de-xi-jinping-tras-el-20o-congreso-podra-mantener-xi-su-hoja-de-ruta/.

② La Tercera China de Xi Jinping y el Nuevo Nacionalismo, https://www.infobae.com/america/opinion/2022/10/14/la-tercera-china-de-xi-jinping-y-el-nuevo-nacionalismo/.

程中，提出了截然不同的发展模式以及中国特色的全球化方案。中国重视国家之间的互联互通和基础设施建设，努力提升人民生活质量。而美国的全球化方案只服务少数社会阶层的利益，只寻求提升市场结构的效率和商品及资本流动①。司芙兰认为，中国提出的人类命运共同体的目标是追求国际关系民主化、人道主义化和共生②。墨西哥大都会自治大学教授爱德华多·特兹利–阿潘戈（Eduardo Tzili-Apango）则以中国为墨西哥提供疫苗为案例，证明中国的"一带一路"倡议是为世界各国提供他们所需的公共产品③。

3. 中国对拉美的影响是积极的

中拉经济合作是拉美学者最近几年的研究热点，拉美学者高度关注中拉贸易以及中国对拉美的基础设施投资等议题。尽管拉美学者均承认，拉丁美洲与中国之间存在巨大的不对称性，但是美西方国家大力鼓吹的"债务陷阱""中国掠夺拉美资源"等言论并没有主导拉美知识界的叙事方式。从拉美学者的自主研究成果来看，除奥斯卡·罗迪尔·马萨巴尔（Óscar Rodil Marzábal）和玛丽亚·德尔·卡门·桑切斯·卡雷拉（María del Carmen Sánchez Carreira）④ 等

---

① Enrique Dussel Peters, "Capitalismo con Características Chinas: Conceptos y Desarrollo en la Tercera Década del Siglo XXI", *El Trimestre Económico*, Vol. 89, No. 354, 2022, p. 484.

② María Francesca Staiano, El Concepto de Comunidad de Futuro Compartido para la Humanidad como Democratización Humanista y Simbiótica en las relaciones internacionales, en María Francesca Staiano (eds), *Transiciones del Siglo XXI y China: China y Perspectivas Post Pandemia V*, Ciudad Autónoma de Buenos Aires: CLACSO, 2022, pp. 5–10.

③ Eduardo Tzili–Apango, "La Provisión de China del Bien Público Global de la Salud en México en la Coyuntura de la Covid–19", *Interacción Sino-Iberoamericana*, 2022, https://www.degruyter.com/document/doi/10.1515/sai-2022-0012/html.

④ 罗迪尔和桑切斯从经济学测算的角度出发，根据向中国的原材料和自然资源供应，认为中国与南美国家确立了"中心外围"的关系；根据中国在墨西哥的工业零件和组件的供应，认为中国与墨西哥、哥斯达黎加形成了"半中心—外围"贸易类型。见 Óscar Rodil Marzábal, María del Carmen Sánchez Carreira, "China y Su Modelo de Inserción Dual en América Latina en el Marco de la Fragmentación Productiva Internacional", *Perfiles Latinoamericanos*, Vol.30, No. 60, 2022, p. 25.

极少数拉美学者对中拉合作抱有担忧之外，更多学者反驳西方诋毁中拉合作的叙事，对中拉合作给予高度评价。

目前在香港城市大学亚洲和国际关系系任教的米里娅姆·劳拉·桑切斯·塞萨尔（Miriam Laura Sánchez César）批判了西方的"债务陷阱外交"叙事。她指出，拉中合作的案例分析表明，拉中合作并不会造成不稳定，也不会对国家治理造成负面影响。中国不会让拉美陷入系统性的债务风险。她以中国石油在拉美的发展历程为例，证明中国公司在拉美并没有寻求成为向拉美政府施压的更有影响力的行为体，而是努力适应拉美的投资环境，它们不仅面临拉美投资环境带来的机遇，也面临挑战[1]。

秘鲁太平洋大学中国与亚太研究中心研究员莫妮卡·努内斯·萨拉斯（Mónica Nunez Salas）提出，所谓的"不可持续性"并不是由中国投资造成的，而是由拉美国家的资源性质、本地法律框架或全球行业标准共同决定的。与西方公司相比，开采锂资源或者生产大豆出口到中国市场，并不意味着比出口到西方国家具有更大的环境破坏性。中国在拉美的投资适用的国家法律框架与其他国家到拉美投资并没有固有的不同[2]。墨西哥普埃布拉美洲大学国际关系与政治学系教授胡安·卡洛斯·加初斯·玛雅（Juan Carlos Gachúz Maya）指出，对秘鲁矿业案例的调查表明，环境恶化问题不能完全归咎于中国的投资，美国公司在许多方面的表现更差，一些秘鲁本地公司也表现糟糕。秘鲁的州政府必须制定能让双方共赢的环境监

---

① Miriam Laura Sánchez César, "La Internacionalización de las Empresas Petroleras Chinas en América Latina: Descifrando Componentes Corporativos y Políticos", en Marisela Connelly, Eduardo Tzili Apango(eds), *Setenta Años de Existencia de la República Popular China, 1949-2019*, México:El Colegio de México, 2022, pp. 387–388.

② Mónica Nunez Salas, "China's Investments and Land Use in Latin America", *Research Publications,* No. 49, Lima: Centro de Estudios sobre China y Asia-Pacífico, Universidad del Pacífico, 2022, p. 4.

管框架，并且努力吸引中国多元化的投资 ①。

　　阿根廷科尔多瓦国立大学社会科学学院贡萨洛·吉吉诺（Gonzalo Ghiggino）研究员直面罗迪尔和桑切斯提出的"中国和拉美国家形成了新的中心—外围体系"的论点——从依附理论的视角看来，中国的发展可能对拉美当地工业带来挑战，但从南方国家的角度来重新设计一个全球治理结构一定会解决这个问题。作为一个达到较高工业化程度的国家，中国不仅可以提振拉美经济，还可以成为发展中国家效仿的对象 ②。

三、西语学者中国研究的特点

　　通过对 2022 年西语学者的中国研究议题和观点的梳理可以看出，西语学者对中国的研究正在经历不断深化的过程。中国研究的实用性特征凸显，即为本国的利益服务。此外，如果我们对学者的国籍进行划分，西班牙学者的立场明显与拉美西语国家的学者立场不同。

（一）研究议题和视角不断延伸和深入

　　2022 年西语学者中国研究的议题大多是前几年热点议题的延续、创新和深化。如司芙兰 2020 年曾将"人类命运共同体"视为

① Juan Carlos Gachúz Maya, "Comercio e Inversión de China en el Sector Minero de Chile, Perú y Bolivia", *Interacción Sino-Iberoamericana*, Vol. 2, No. 1, 2022, p. 61.

② Gonzalo Ghiggino, "China y América Latina en Tiempos de Pandemia: Bases para la Construcción de una Nueva Gobernanza desde el Sur Global", *Interacción Sino-Iberoamericana*, 2022, pp. 12-13, https://www.degruyter.com/document/doi/10.1515/sai-2022-0015/html.

"新时代中国人文主义"的表现①。2022年，司芙兰继续深化该观点，认为中国提出人类命运共同体的目标是追求国际关系民主化。杜塞尔在2015年就发表了《无处不在的中国公共部门和拉中关系》②，在2022年则细化了公共部门这个分析框架，探究中国政治的逻辑。西语学者中国研究得以深入可以归因于以下因素。

首先，近年来中国研究的知识社群有了显著的壮大、成熟，尤其是拉美的中国问题研究者。与英美学者相比，以西班牙语为母语的中国研究学者虽起步晚，缺乏有标志性的系统性专著，但他们在最近几年发展迅速，特别是他们通过加强与中国机构的合作和交流，努力摆脱西方中国学范式造成的刻板印象，努力建构自主的中国观。例如，2022年，秘鲁太平洋大学中国与亚太研究中心主任罗萨里奥·圣·加德亚·杜阿尔特（Rosario Santa Gadea Duarte）参加了中央广播电视总台拉美总站与中国驻秘鲁大使馆联合主办的"新征程的中国与世界"秘鲁专场线下研讨会。司芙兰在"2022·北京人权论坛"上作大会发言。拉丁美洲社会科学院编辑出版的《中国在拉美的外交维度》中收录了多篇中国社科院拉美所学者的论文。多位拉美学者在北京外国语大学主办的《中拉互鉴》（Interacción Sino-Iberoamericana）期刊上撰文。许多拉美学者曾受到中国政府的资助来中国留学、访学。他们除了引用美国国际关系学者的论著，还加强了对中国学者的中英文文献的引用，秦亚青、阎学通、蔡昉、苏长和等人是他们在分析中国外交政策时的高引学者。对一手中文文献的引用有助于西语学者摆脱英美传统话语体系的纠缠，发展出更

---

① Maria Francesca Staiano, "El Neo-Humanismo Chino: un Nuevo Paradigma Jurídico e Internacional en las Relaciones Internacionales China-América Latina", *Brazilian Journal of Latin American Studies*, Special Dossier on China – Latin American and Caribbean, Vol. 19, No. 37, 2020.

② Enrique Dussel Peters, "La «Omnipresencia» del Sector Público de China y Su Relación con América Latina y el Caribe", *Nueva Sociedad*, No. 259, 2015.

自主的研究范式。

其次，越来越多的西语学者从本国现实出发，在比较视野下研究中国，具备更明确的问题意识。归根结底，拉美国家对中国的研究都是通过观察自身问题的棱镜来展开的，中国在海外的形象是学者所在国自身情况的反映。例如，在公共部门的地位问题方面，自21世纪以来，拉美地区见证了一系列左翼政府的产生，这些政府主张加强公共部门建设，提倡重建政府地位作为发展的关键因素，很多学者将左翼政府不同以往的国家观和理念称为新发展主义[①]。杜塞尔等拉美学者在分析中国政治时，从新发展主义的视角出发，关注国家在引领经济增长和增强社会凝聚力方面的核心地位。曾任职于阿根廷科技与创新部、致力于促进中阿科技合作的武琪（María José Haro Sly）则通过比较，总结了中国成功的五方面经验供拉美国家学习。他特别指出，中国对有助于实现国家战略目标的技术进行了大量投资，体现了实用性。而长期以来，阿根廷科学家不愿参与到解决社会问题的事业中，自由主义思想一直占主导地位。此外，阿根廷科学家的研究成果发表于国际期刊，被发达国家企业利用，形成了一种"盲目技术转移"过程[②]。

（二）中国研究的实用性特征凸显

西语学者的中国研究最具识别度的特点就是研究的实用性特征凸显。除了学界，拉美国家政府机构也加强了对中国的研究，尤其是拉美左翼政府的职能机构在2022年发布了多篇中国研究报告。多

① Sergio Ordóñez, "Estado y Neo–Desarrollismo en Sudamérica : hacia un Balance Crítico" , *Revista Estado y Políticas Públicas*, Vol. 5, No. 2017, pp. 123–143.
② María José Haro Sly, Santiago Liaudat, "¿Qué Podemos Aprender de China en Política Científica y Tecnológica?" , *Ciencia, Tecnología y Política*, Vol. 4, No. 6, 2021.

位中国研究学者在政府任职，或担任政府部门的顾问。即便是研究中国历史和文化的西语学者，其落脚点也是以史观今，以便更好地阐释中国的当代政治。他们研究中国的目的并不是拓展现有理论或者建构新理论，而是为本国的利益服务，具有明显的实用性。具体来说，西语学者的中国研究有以下两方面目的。

首先，鉴于中拉关系的蓬勃发展，中国的变化以及国际局势的变化无疑会对拉美国家产生重大影响。拉美学者普遍认识到，必须研究中国国内和国际政策，才能对中拉合作趋势作出宏观预判。例如，智利国家图书馆研究和出版部对中国经济的发展方向作出以下预测：中国经济增长速度的放缓以及为了规避国际波动而相对"自给自足"的新政策，并不意味着中国将进入"孤立"时代，相反，中国推动实施的"双循环"战略，将刺激生产和国内消费与扩大国际贸易齐头并进。智利必须利用契机，一方面推动与中国在矿业和农业等互补的传统领域的合作，另一方面也要更好地发挥在科技、教育等非传统领域的合作机制[1]。

其次，中国和拉美国家同为发展中国家，在发展进程中面临相似问题。中国作为率先达到较高工业化程度的发展中国家，代表了非西方发展道路的可能性。拉美学者不仅是以观察家、旁观者的身份去分析和评述中国的发展历程，还急需通过研究中国经验，以中国为镜像和榜样，寻找解决当下危机的方案。例如，桑斯认为，总结中国的治国理政经验，对于目前深陷危机、迫切寻找治国之道的委内瑞拉来说至关重要。"首先通过学习毛泽东思想，我们认识了自由主义对党内干部的恶性影响，了解了理论与实践之间的联系。我们必须要超越对理论和意识形态的抽象崇拜，坚持实践是检验真理的唯一标准。关于对中国社会主义建设不同阶段的学习，我们对深

---

[1] Pablo Morales Estay, *El XX Congreso del Partido Comunista de China*, Snatiago de Chile: Biblioteca del Congreso Nacional de Chile, 26 de octubre de 2022, p. 6.

入学习邓小平的理论贡献特别感兴趣。我们认为，邓小平理论是在马克思主义发展过程中更新了的现代社会主义思想，是具有普世意义的。"①

（三）西班牙和拉美学者的观点分野是西方发达国家和发展中国家在中国研究问题上的缩影

中国特色社会主义进入新时代，中国的发展目标更加清晰，制度和政策不断优化，形成了中国特色的发展经验，为广大发展中国家树立起一盏明灯。然而，西方发达国家却视中国的发展为冲击和挑战。在以西班牙语为官方语言的国家中，西班牙作为唯一一个西方发达国家，与其他发展中国家表现出不同的特征，而西班牙和拉美学者的观点分野正是西方发达国家和发展中国家对中国观点的缩影。

在对华关系方面，长期以来，欧盟被美国战略绑架，缺乏战略自主。2019 年，欧盟委员会将中国从"战略伙伴"降级为"谈判伙伴"和"经济竞争对手"，甚至是"系统性竞争对手"。作为北约成员国的西班牙在 2022 年 6 月组织了北约马德里峰会，通过《北约 2022 战略概念》，巩固和加强了与美国的关系。囿于传统地缘政治思维，不少西班牙智库学者提出"西班牙应坚定地与美国站在一起"的论调，对中国则持"中国崩溃论"等非理性中国观，对中国政经模式的分析受美西方主导性概念和理论支配，沉迷于"威权"加形容词的概念创制手法长期不能自拔。其根本原因在于西方学术界长期以来以"西方中心主义"为基本立场，在所谓民主与威权的二元思维框架下审视"他者"。即使一些相对客观的汉学家也难免受影

---

① Rodolfo Eduardo Sanz, *China la Nueva Civilizacion: Un Enfoque desde América Latina*, Caracas: Felgris Araca, 2022.

响。譬如，研究马尼拉大帆船的业界权威欧阳安，虽然不认为中国是一个危险，但是在不同场合也表达过中国对西方世界是一个挑战的观点。

与此同时也应看到，仍有不少友华、爱华和亲华的西班牙学者，他们用学术理性来批判上述对中国的刻板印象。如前埃菲社记者哈维尔·加西亚坦言，欧洲媒体基本上是按照美国主流媒体和机构设定的议程走。《纽约时报》的消息发布几个小时之内，大家就能在欧洲媒体上看到它[1]。事实上，中国在过去的30多年里经历了巨大变革并取得了巨大成就，但是西方媒体试图抹黑这些成就，并助长西方社会对中国复兴的恐惧。他们故意忽略中国从未表现出扩张主义意志，也很少发动战争的事实[2]。中国在历史上的大多数时间内比欧洲国家更加繁荣和平。西方告诉世界如何做人的时代早已一去不复返了。西方人并不是样样精通，也不是唯一掌握真相的人，200年来西方领导的世界虽然在许多方面取得了进步，但并没有解决巨大的不平等问题，反而在很大程度上加剧了不平等。欧洲人不必为了取悦日益危险的衰落帝国而在没有敌人的地方制造敌人[3]。然而，在"政治正确"氛围的笼罩下，西班牙的友华学者承受了巨大压力。

相比之下，尽管一些受到美国资助的拉美右翼媒体和智库时有对中国的误解（前些年有不少学者认为拉中合作使得拉美产生新的"依附"），但是随着拉中合作的逐步深入，大多数开展中国研究的拉美学者持批判西方中心主义的观点，对中国积极有为的外交给予破

① Javier García, Periodista especializado en China: "Estados Unidos Pretende que Taiwán Sea la Ucrania de China", https://ladiaria.com.uy/mundo/articulo/2022/10/javier-garcia-periodista-especializado-en-china-estados-unidos-pretende-que-taiwan-sea-la-ucrania-de-china/.

② Javier García, *China, Amenaza o Esperanza. La realidad de Una Revolución Pragmática*, Madrid: Akal, 2022.

③ Javier García, *China, Amenaza o Esperanza. La realidad de Una Revolución Pragmática*, Madrid: Akal, 2022.

解全球问题、推动国际合作、重塑全球秩序、促进世界繁荣等多维正面诠释，也对中国未来的发展信心满满。如佩雷拉指出，中国特色社会主义条件下的生产力发展，不可避免地产生了一个致力于维护和捍卫资本的阶层；社会中不可避免地出现对立和矛盾①。改革使中国的社会变得更加复杂和异质。中国社会从一个单一的、僵化的、平等的结构变为一个高度动态的、充满矛盾的结构。中国共产党非但没有试图掩盖这些不利因素，反而越来越意识到并下决心解决这些问题，将权力的缰绳牢牢地掌握在自己手里②。为了突出中国与美国之间的差异，拉美学者有时将中国美化为"救世主"的形象。如吉吉诺认为，中国将继续在拉美社会经济复苏的过程中发挥重要作用，甚至是决定性作用。他认为，疫情对世界经济产生了强烈影响，如今中国被视为全球范围内唯一能够克服疫情，并推动其他经济体走出困境的经济体。在 2008 年那场影响世界经济体系的金融危机之后，中国凭借其强劲的经济实力、持续的需求和有效的投资政策，将拉美国家从危机中拯救出来。一切似乎都表明，这个循环将再次重演，在后疫情时代，拯救拉美经济的将是这个亚洲巨人③。拉丁美洲现在有机会与一个在全球舞台上有影响力的国家结盟，提高自己在国际舞台中的战略地位④。拉美比世界上任何其他国家或地区都更

---

① Carlos Miguel Pereira Hernández, "La Sinización del Marxismo, las Ciencias Sociales y la Cuestión del Modelo propio", *Política Internacional*, Vol. 4, No. 2, 2022, p. 91.

② Carlos Miguel Pereira Hernández, "La Sinización del Marxismo, las Ciencias sociales y la Cuestión del Modelo propio", *Política Internacional*, Vol. 4, No. 2, 2022, p. 95.

③ Gonzalo Ghiggino, "China y América Latina en Tiempos de Pandemia: Bases para la Construcción de una Nueva Gobernanza desde el Sur Global", *Interacción Sino-Iberoamericana*, 2022, p. 9. https://www.degruyter.com/document/doi/10.1515/sai-2022-0015/html.

④ Gonzalo Ghiggino, "China y América Latina en Tiempos de Pandemia: Bases para la Construcción de una Nueva Gobernanza desde el Sur Global", *Interacción Sino-Iberoamericana*, 2022, p. 15. https://www.degruyter.com/document/doi/10.1515/sai-2022-0015/html.

需要中国①。桑斯也将中国视为人类发展史中的一盏明灯。他指出，中国不仅对社会主义事业作出了非凡贡献，作为一种优于资本主义的历史事业，中国的制度对整个人类来说，超越了任何意识形态或理论价值。这不再仅仅是中国的社会主义模式与西方的资本主义模式之间的对比问题，中国的贡献更远，涉及整个人类的命运②。

2022 年，西班牙语国家的中国研究方兴未艾。对西班牙语学者最新研究成果和研究动态的跟踪与分析，有助于我们深入了解海外中国研究斑驳多姿的知识图景。不可否认，国际学术场域里的中国研究必然受到各国文化和学术传统以及国际局势的影响。对于拉美西语国家，我们要结合友人学者的话语和不同学科进路，通过比较、对话等方式确定建构之方向，让当地社区能够更好地理解乃至接受中国的政策和理念。对于西班牙，我们要加强与西班牙智库的学术交流，帮助西班牙学者摒弃疑虑和偏见，让各自的中国知识和中国观在理性的对话中发生碰撞，更好地接近中国，以凝结出更多共识。

〔作者单位：浙江外国语学院西方语言文化学院、浙江省习近平新时代中国特色社会主义思想研究中心（浙江外国语学院）基地研究院，中央党史和文献研究院第一研究部〕

---

① Gonzalo Ghiggino, "China y América Latina en Tiempos de Pandemia: Bases para la Construcción de una Nueva Gobernanza desde el Sur Global", *Interacción Sino-Iberoamericana*, 2022, p. 11. https://www.degruyter.com/document/doi/10.1515/sai–2022–0015/html.

② Rodolfo Eduardo Sanz, *China la Nueva Civilizacion: un Enfoque desde América Latina*, Caracas: Felgris Araca, 2022.

新加坡

袁倩

　　新加坡作为与中国文化相通的重要合作伙伴，在东南亚国家中参与中国改革开放程度最深，同中国利益融合最密切。中国也将新加坡置于周边外交优先方向，两国在合作中有力促进了各自发展。2015 年习近平主席对新加坡进行国事访问期间，两国建立了与时俱进的全方位合作伙伴关系。2023 年新加坡总理李显龙访问中国期间，双方把中新关系提升为全方位高质量的前瞻性伙伴关系，为两国关系未来发展指明了方向，也引起了各界的密切关注。

　　现实实践是学术研究的"源"和"本"。中新两国的密切交往，不断推动着新加坡学界对中国的研究。鉴往知来，本文以 2022 年以来新加坡学术界关于中国研究的主要议题为对象，概述其对中国政治、经济和外交等领域的相关研究成果，以期对深化中新学术交流提供一定参考。

一、研究背景：2022 年中新双边关系

　　近年来，在大国博弈加剧的环境下，新加坡在两国之间开展平

衡外交的空间被不断压缩。基于此，新加坡开始调整外交策略，多次公开表态不愿在中美之间"选边站队"。例如，新加坡总理李显龙在 2023 年访问中国时明确表示："新加坡主张国与国应相互尊重、和平共处、互利合作、避免冲突，共同应对风险挑战。即使有竞争，也要基于相互尊重与信任，不能非黑即白，选边站队。"①2022 年以来，中国与新加坡的双边关系不断取得进展，其中以下三个方面尤为突出。

（一）中新关系前瞻性、战略性和示范性不断提升

2022 年，中新两国高层继续推进互动。2 月，习近平主席会见来华出席北京冬奥会开幕式的新加坡总统哈莉玛。11 月，习近平主席在泰国曼谷出席亚太经合组织领导人非正式会议期间会见新加坡总理李显龙②。2022 年，中国和新加坡充分发挥 4 个副总理级双边合作机制，推进中国东盟自贸区 3.0 版建设，推动区域经济一体化，构建更为紧密的命运共同体。

（二）中新双边合作机制会议平台作用进一步加强

中新两国在 2022 年签署了 4 份谅解备忘录，涉及绿色发展、数字经济、电子商务以及陆海新通道建设等。多个行业的中资企业宣布在新加坡开展业务，例如，中国时装类跨境电商平台"希音"宣布在新加坡扩大投资和业务规模，蔚来汽车在新加坡交易所上市，科兴生物计划在新加坡投资 100 亿元人民币设立科研设施、国际商业总部等。新加坡旅游部门预计，随着中国有序恢复公民出境旅游，

---

① 《人民日报》2023 年 4 月 1 日。
② 中华人民共和国外交部：《中国同新加坡的关系》，https://www.mfa.gov.cn/web/gjhdq_676201/gj_676203/yz_676205/1206_677076/sbgx_677080/。

新加坡迎来更多中国游客，该国旅游业将进一步复苏，2023年旅游业收入有望达到180亿至210亿新元。新加坡贸工部常任秘书林明亮表示，中国经济加快复苏，为包括新加坡在内的地区国家经济增长注入重要动力，新加坡的外部需求前景不断改善，服务业等将进一步复苏①。

（三）共同反对霸道霸凌和"脱钩断链"

面对一些国家将经济问题政治化、泛安全化企图，中新两国对此共同表示抵制，守护地区和平红利，维护经济全球化和区域经济一体化正确方向，反对霸道霸凌，抵制"脱钩断链"，维护国际产业链供应链稳定通畅。

二、热点议题

前述可见，新加坡政府对当代中国的关注，大多集中在中国的政治和经济社会最新进展、中新双边合作的前景、中国在东盟的地位和作用，以及中美大国关系对东南亚地区的影响等方面，这也大致契合新加坡社会各界对当代中国的关切。具体来看，新加坡社会在2022年重点关注的中国议题包括以下内容。

（一）关注中国共产党第二十次全国代表大会和"中国式现代化"等关键概念

新加坡尤索夫伊萨东南亚研究院东盟研究中心近期发布了《东

---

① 《人民日报》2023年2月27日。

南亚态势报告：2023》(*The State of SEA 2023*)。这项调查的起止时间为 2022 年 11 月 14 日至 2023 年 1 月 6 日，共有来自 10 个东南亚国家的 1308 名受访者参加了这项调查。调查报告表明，大部分受访者认为，在中国共产党第二十次全国代表大会召开后，中国与本国的关系在未来将保持不变。其中，新加坡民众更倾向于选择"保持不变"。值得注意的是，东盟受访者在 2023 年选择"恶化"和"显著恶化"的整体比例较 2022 年有所下降（表 1）。该报告分析认为，这可能是由于中国与东盟国家开展了积极接触。

表 1　随着中国共产党第二十次全国代表大会的举行和近期的地缘政治进展，你如何看待本国与中国在未来三年的关系发展？

	显著恶化		恶化		保持不变		提升		显著提升	
	2022	2023	2022	2023	2022	2023	2022	2023	2022	2023
东盟受访者	8.2%	5.2%	12.4%	11.9%	32.9%	44.2%	31.0%	30.4%	15.6%	8.3%
新加坡受访者	4.1%	1.0%	12.2%	9.1%	61.7%	59.1%	19.8%	24.0%	2.3%	6.7%

资料来源：Sharon Seah et al., *The State of Southeast Asia: 2023*, Survey Report, Singapore: ISEAS–Yusof Ishak Institute, 2023。

新加坡国立大学东亚研究所助理所长陈刚（Chen Gang）在参加"思想亚洲智库论坛"时提出，亚洲国家应该根据自身国情设计现代化道路。中共二十大提出的"中国式现代化"概念对东南亚国家推进现代化进程具有借鉴意义①。新加坡国立大学东亚研究所高级研究员郭良平（Lance L. P. Gore）认为，毫无疑问，中共二十大明确了中国未来的方向，大会按照既定目标，制定了全面的规划和具体的政策。中国不会走资本主义道路，而是追求"中国式现代化"，其中包含诸多本质要求。如果中国在实现这些本质要求上能够取得杰出成

---

① 新华社：《"思想亚洲智库"论坛在新加坡举办》，http://www.news.cn/2022–11/03/c_1129099574.htm。

就，那么"中国式现代化"将产生巨大的吸引力，将成为人类文明的一种新形态，值得效仿和学习。具体而言，中共二十大有三个特点值得肯定：第一，这次大会具有全面性、系统性、前瞻性、协调性，制定的目标可行、落实的时限明确；第二，这次大会强调大规模的制度建设，为中国下一阶段的发展奠定了制度基础；第三，这次大会注重中华民族丰富的文化传统，表示要做到"把马克思主义基本原理同中国具体实际相结合、同中华优秀传统文化相结合"[①]。

（二）关注后疫情时代的中国经济复苏与发展

中国与新加坡之间有着长期的紧密的经贸联系。自 2013 年至今，中国连续 9 年是新加坡最大贸易伙伴，新加坡连续多年成为中国最大新增投资来源国。2022 年，中新双边贸易额为 1151.3 亿美元，同比增长 22.8%。2022 年前 10 个月，新加坡对华实际投资 96.1 亿美元，同比增长 15.7%；中国对新加坡全行业直接投资 63.5 亿美元，同比增长 27.8%。截至 2022 年 10 月，新加坡累计在华实际投资 1304.6 亿美元，中国累计对新加坡投资 735.5 亿美元[②]。可以看到，中新经贸合作近年来不断深化，展现出较强发展韧性。在《东南亚态势报告：2023》中，关于"如何看待中国对本国的经济影响力"这一问题，新加坡受访者近年来愈发展现出正面态度，其中"表示欢迎"的比例从 2022 年的 26.1% 上升到 2023 年的 38.1%。

目前在新加坡国立大学从事研究的世界银行中国、蒙古国和韩国局前局长郝福满（Bert Hofman）认为，在新冠疫情期间，中国政

---

① Lance L. P. Gore, "The Manifesto of Leninism for the 21st Century: The First Take on the 20th National Congress of the Communist Party of China", *EAI Commentary*, No. 61, 2 November 2022.

② 中华人民共和国外交部：《中国同新加坡的关系》，https://www.mfa.gov.cn/web/gjhdq_676201/gj_676203/yz_676205/1206_677076/sbgx_677080/。

府采取的政策对预防伤亡的效果有目共睹。然而更频繁和更严格的防控措施，难免需要更高的成本，这对经济造成了一定的影响①。但在 2022 年底疫情政策调整后，中国经济迅速呈现出明显的复苏态势。对于中国的经济发展成就和前景，李显龙在 2023 年访华前表示：今天的中国已经变得更加繁荣，对世界经济的贡献更大，在国际事务中的发言权也更大②。

新加坡国立大学东亚研究所高级研究员莎拉·唐（Sarah Y. Tong）重点分析了构建新发展格局的战略举措。她认为，中国领导层自 2020 年以来对"双循环"的频繁强调，特别是对国内流通的重视，表明中国共产党的发展战略思维发生了明显转变。改革开放以来，中国一直强调开放，从沿海到内陆地区、从商品到服务，并通过贸易和投资将中国引入全球市场。这种战略被称为"两头在外，大进大出"。而"双循环"新战略则旨在培育一个以国内为基础的强大经济，将其作为中国与世界其他地区经济互动的支柱。换句话说，"双循环"战略旨在重新定位经济活动，以建立能够满足国内需求的生产和供应链。"双循环"战略对中国至关重要，就中国国内经济而言，"双循环"战略有望提高产能，加快科技和创新进步，并更好地协调国内供需。从区域和国际层面来看，由于中国正向高附加值活动转移技术阶梯，因此那些工业化程度较低且与中国直接竞争较少的国家，可以从其供应链的重新配置中受益。此外，资源型经济体也可能从中国对原材料的更大需求中获益。具体到东南亚地区，为了将中美关系恶化的风险降至最低，中国可能会寻求加强与东盟成员国等地区经济伙伴的合作。值得注意的是，中国的"双循环"战

① Bert Hofman, "End of Dynamic Zero COVID for China?", *EAI Commentary*, No. 62, 1 December 2022.
② 央视网：《专访新加坡总理李显龙》，https://tv.cctv.com/2023/03/25/VIDEzOMrkzB1IKRX1ioE9Ail230325.shtml。

略更像是一种长期发展的愿望，而不是一种具体的行动计划。因此，该战略还面临诸多不确定性[①]。

新加坡南洋理工大学经济学教授陈光炎（Tan Kong Yam）指出，在多重因素叠加之下，东盟各国正步入一个动荡不安、充满不确定性的时期。但庆幸的是，作为东盟最大贸易伙伴和拉动发展的"火车头"，中国经济在后疫情时代愈发呈现复苏态势。当前，中国经济强劲反弹，制造业活动创近十年新高，服务业扩张明显，此前疲弱的房地产市场也企稳回升。在东盟的贸易伙伴中，中国的经济主导地位显著加强。中国与东盟的商品贸易占东盟贸易总额的比重从 2012 年的 13% 上升到 2021 年的 20%，远超美国（11%）、欧盟（8%）和日本（7%）。未来，《区域全面经济伙伴关系协定》（RCEP）有望进一步促进双边贸易。对新加坡等东盟中小国家而言，中国经济的"火车头"作用或将愈发重要，有助于东盟应对日益动荡和充满不确定性的全球贸易环境[②]。

（三）关注中国的"一带一路"和 RCEP 等经济合作机制

近年来，新加坡社会对中国在推进区域经济合作方面的行动表现出更明显的支持态度。《东南亚态势报告：2023》显示，关于对全球自由贸易议程的捍卫，近两年的调查数据表明，相较于对美国、日本、英国、欧盟等西方经济体的信任日减，新加坡民众对中国的信心出现了显著上升（表 2）。

[①] Sarah Y. Tong, "Dual Circulation and Its Impact on China and the World", in Frank N. Pieke and Bert Hofman (eds.), *CPC Futures: The New Era of Socialism with Chinese Characteristics*, National University of Singapore Press, 2022, pp. 121–127.

[②] Tan Kong Yam, "Tug of Growth", https://www.chinadaily.com.cn/a/202303/17/WS6413ace9a31057c47ebb4f46.html.

表2 对于捍卫全球自由贸易议程，你对谁最有信心？（受访者国籍：新加坡）

	东盟	澳大利亚	中国	欧盟	印度	日本	新西兰	韩国	英国	美国
2022	11.7%	2.3%	10.8%	17.6%	0%	8.1%	2.7%	0%	3.2%	43.7%
2023	25.5%	3.8%	17.3%	17.3%	1.4%	6.3%	5.8%	1.4%	2.4%	18.8%

资料来源：Sharon Seah et al., *The State of Southeast Asia: 2023*, Survey Report, Singapore: ISEAS–Yusof Ishak Institute, 2023。

具体来说，新加坡学术界尤其关注中国提出的"一带一路"倡议和 RCEP 这两项重要的经济合作机制。在新加坡国立大学东亚研究所出版的论文集《中国共产党的未来：中国特色社会主义新时代》（*CPC Futures: The New Era of Socialism with Chinese Characteristics*）中，曾长期任职于英国牛津大学现代中国研究中心的知名汉学家彭轲（Frank N. Pieke）认为，为形塑中国在全球的大国角色及其对未来世界秩序的愿景，中国共产党在世界范围内寻求支持，其中包括"一带一路"倡议、人类命运共同体和"中国梦"等[1]。陈刚表示，"一带一路"倡议提出十年来，新加坡和东南亚地区都成为"一带一路"的重要受益者。近年来，"一带一路"建设持续提质升级，由过去的基础设施建设，拓展为当前的可持续发展、公共卫生和数字等领域建设，健康、绿色、数字、创新等关键词将为地区国家带来重大机遇[2]。

新加坡国立大学东亚研究所高级研究员余虹（Yu Hong）认为，RCEP 是一个现代的、全面的大型区域贸易协定，这一协定覆盖了全球三分之一的人口和国内生产总值。在西方国家愈加质疑全球化的

[1] Frank N. Pieke, "The CPC's Global Power", in Frank N. Pieke and Bert Hofman (eds.), *CPC Futures: The New Era of Socialism with Chinese Characteristics*, National University of Singapore Press, 2022, p. 87.

[2] 新华网：《为推动"一带一路"合作汇聚众智、融聚民心——"一带一路"国际智库合作委员会 2022 年理事会会议综述》，http://world.people.com.cn/n1/2022/1228/c1002-32595578.html。

情况下，RCEP 的达成可以说是区域一体化的一个里程碑。该协定将有效降低成员国之间的贸易成本，消除成员国之间的市场壁垒，从而提高贸易和投资便利化水平，促进亚太地区经济一体化进程。此外，考虑到协定成员国所拥有的庞大消费市场和经济实力，这一协定也将帮助东盟经济体更好地融入全球经济，助力东盟欠发达成员国加快工业化、提升其参与区域产业链的能力，从而缩小与发达成员国之间的经济差距。具体到新加坡，作为首个完成 RCEP 官方核准所有程序的东盟国家，该国企业可以在未来 20 年内享受 92% 左右的关税减免，优惠的市场准入将增强新加坡企业在区域市场上的竞争力。总的来说，RCEP 将为中国带来新的商机，也将为东盟带来直接投资，东盟国家应继续保持其作为中国最大贸易伙伴的地位。尽管这一协定可能在短期内无法变革全球经贸规则，但可以通过推进区域经济一体化来应对全球经济下滑和国际市场需求下降的挑战。因而，有必要进一步巩固 RCEP，扩大成员国之间的市场准入，增加双向投资领域和部门，扩大区域内贸易规模[①]。

（四）关注中国的发展对本地区和本国所带来的政治和安全影响

《东南亚态势报告：2023》认为，中国仍是东南亚地区最具影响力的政治和安全力量，其次是美国和东盟。不过，中国的影响力较 2022 年的 54.4% 下降到 2023 年的 41.5%，相较于美国和东盟的优势有所减少。具体到新加坡民众，近两年间，他们对中国影响力的态度明显出现了积极转向（表 3）。

[①] Yu Hong, "The RCEP Approaches Its First Anniversary", https://news.cgtn.com/news/2023-01-01/The-RCEP-approaches-its-first-anniversary-1g9xLQ5KdK8/index.html.

表3　如何看待这个政治和战略大国（地区组织）对本国的政治和战略影响力？（受访者国籍：新加坡）

	对东盟		对中国		对美国	
	感到担忧	表示欢迎	感到担忧	表示欢迎	感到担忧	表示欢迎
2022	0%	100.0%	90.7%	9.3%	21.2%	78.8%
2023	20.0%	80.0%	69.6%	30.4%	39.0%	61.0%

资料来源：Sharon Seah et al., *The State of Southeast Asia: 2023*, Survey Report, Singapore: ISEAS–Yusof Ishak Institute, 2023。

值得注意的是，对于中国在2022年提出的全球安全倡议，东南亚各国给予了高度关注。《东南亚态势报告：2023》围绕全球安全倡议专门设立了调查问题。在东南亚国家的被调查者中，关于"你对中国的全球安全倡议将使本地区从中获益持多大信心？"这一问题，5.7%的受访者表示"非常有信心"，21.7%的受访者表示"有信心"，28.0%的受访者表示"不予置评"。其中，表示"非常有信心"和"有信心"的观点在文莱和柬埔寨的受访者中更为明显，而印度尼西亚、缅甸、菲律宾、泰国和越南的受访者中持消极观点的人相对较多。新加坡受访者的态度与东南亚整体情况相近（表4）。

表4　你对中国的全球安全倡议将使本地区从中获益持多大信心？

	非常有信心	有信心	不予置评	信心不大	没有信心
东南亚受访者	5.7%	21.7%	28.0%	29.1%	15.4%
新加坡受访者	5.3%	18.3%	32.2%	29.8%	14.4%

资料来源：Sharon Seah et al., *The State of Southeast Asia: 2023*, Survey Report, Singapore: ISEAS–Yusof Ishak Institute, 2023。

在认为全球安全倡议将使该地区受益（即选择"非常有信心"和"有信心"选项）的受访者当中，32.8%的人认为它将补充该地区的其他安全举措，30.3%的人认为它将促进该地区的权力平衡，23.8%的人认为全球安全倡议的原则是积极的和令人放心的，还有

13.1% 的人认为它将加强以规则为基础的国际秩序（表 5）。

表 5　如果中国的全球安全倡议会使本地区受益，你认为最重要的原因是?

	全球安全倡议的原则是积极的和令人放心的	它将补充东南亚地区中的其他安全举措	它将促进东南亚地区中的权力平衡	它将加强以规则为基础的国际秩序
东南亚受访者	23.8%	32.8%	30.3%	13.1%
新加坡受访者	22.4%	28.6%	40.8%	8.2%

资料来源：Sharon Seah et al., *The State of Southeast Asia: 2023*, Survey Report, Singapore: ISEAS–Yusof Ishak Institute, 2023。

而对于那些对该倡议不太有信心（即选择"信心不大"和"没有信心"选项）的受访者来说，最担心的是它可能会加剧美国与中国之间的紧张局势（33.1%），其次是担心它将迫使东盟国家"选边站队"（32.9%），还有人担心它可能会扰乱以规则为基础的国际秩序（17.3%）或破坏本地区的稳定（16.8%）（表 6）。

表 6　如果中国的全球安全倡议不会使本地区受益，你认为最重要的原因是?

	它可能会破坏本地区的稳定	它可能会加剧美国与中国之间的紧张局势	它将迫使东盟国家"选边站队"	它可能会扰乱以规则为基础的国际秩序
东南亚受访者	16.8%	33.1%	32.9%	17.3%
新加坡受访者	6.5%	25.0%	43.5%	25.0%

资料来源：Sharon Seah et al., *The State of Southeast Asia: 2023*, Survey Report, Singapore: ISEAS–Yusof Ishak Institute, 2023。

在《中国共产党的未来：中国特色社会主义新时代》一书中，美国内华达大学政治学学者蒲晓宇（Xiaoyu Pu）对中国的安全议题分析指出：整体国家安全观强调国际安全、国内安全、体制安全的相互作用，这也意味着更广泛的国家安全观，包括传统安全和非传统安全等多个政策领域。中国强调"共同安全"概念，强调国家安全应该是平衡和可持续的。最近，中国领导人将"共同、综合、合作、可持续的安全观"作为中国"全球安全倡议"的一部分加以强调。在区域层面，中国传统上一直强调东亚的地区安全，试图在地区事务中发挥更积极的领导作用。中国希望让邻国放心，中国的发展不是威胁，而是为发展国际公共产品提供更多机会，造福所有人。发展中国家对中国也很重要，因为它们传统上被视为中国获得国际支持的基础。尽管中国已成为世界第二大经济体，但中国依然强调自己的发展中国家身份，以维护与全球南方国家的团结。在中美关系层面，拜登政府将中国视为最重要的挑战者。然而，由于中国最关心的问题是国内安全，因此其国际"抱负"可能比美国认为的要有限。与苏联不同，中国并不寻求在全球推广其政治模式。要理解中国崛起的意义，关键是要理解具有中国特色的中国国家安全观。这种以国内为导向的国家安全理念从根本上塑造了中国的外交政策[①]。

（五）关注中美大国关系的未来走向及其对本地区的影响

中国还是美国？这是东南亚各国不得不长期面对的一个问题。《东南亚态势报告：2023》为此设计了相关问题"如果东盟被迫与中国或美国中的一个结盟，应该选择哪一方？"调查结果显示，从东南亚整体来看，选择美国的占比从 2022 年的 57.0% 上升到 2023 年的 61.1%，选择中国的占比从 2022 年的 43.0% 下降到 2023 年的 38.9%。不过，不同国家对中美两国的态度差异很大。其中，柬埔寨和老挝两国民众对美国的支持较为明显，而在印度尼西亚、马来西

① Xiaoyu Pu, "National Security and Chinese Foreign Policy", in Frank N. Pieke and Bert Hofman (eds.), *CPC Futures: The New Era of Socialism with Chinese Characteristics*, National University of Singapore Press, 2022, pp. 181–187.

亚、新加坡等国，民众对美国的支持度出现了明显下降。中国在印度尼西亚、马来西亚的支持率高于美国且持续走高，在新加坡、泰国、菲律宾和缅甸，中国的支持率也有所上升。新加坡国立大学亚洲研究所特聘院士，政治家和前外交官马凯硕（Kishore Mahbubani）长期关注中美关系。他在 2023 年 1 月发表的文章中认为，未来十年里可能会出现大规模的权力转移。尽管美国试图遏制中国，但其意图难以实现。在经济上，中国的经济复苏势不可当。虽然中国目前仍然是第二大经济体，但它现在拥有比美国更大的零售商品市场。未来通过"双循环"战略，中国经济可以依靠国内和国外两个市场继续增长。在政治上，中国共产党作为给中国人民带来繁荣和福祉的政党，得到了中国人民的支持。正如哈佛大学肯尼迪学院阿什中心一项学术研究表明的，中国民众对中央政府的支持率从 2003 年的 86.1% 增长到 2016 年的 93.1%。在国际社会上，任何遏制中国的政策都不会奏效。以国际贸易为例，根据世界银行数据，2021 年中国贸易总额为 6.6 万亿美元，美国为 4.9 万亿美元。世界上有 120 多个国家同中国的贸易额超过了同美国的贸易额。任何国家为了取悦华盛顿而减少同中国的贸易都是不合理的。美国应该明白：中国的复兴是由更深层次的历史趋势所驱动的。实际上，世界上大多数国家都能清楚地看到这一点。因此，大多数国家都在加强与中国的联系，积极响应北京提出的新倡议，例如"一带一路"倡议。事实上已有 140 多个国家愿意与中国签署"一带一路"倡议协议。更重要的是，未来中国仍将在以联合国宪章为基础的、基于规则的国际秩序中行事。因此，面对中国的不断发展，美国等西方国家应当接受和适应一个新的多极化和多元文明的世界①。

新加坡《海峡时报》网站 2023 年 1 月发表题为《即使人口减

---

① Kishore Mahbubani, "Is The World Heading toward Order or Disorder?", https://www.arabnews.com/node/2232306.

少，中国仍将是美国的强大对手》的文章指出，考虑到中国人口正在减少，加上 2022 年中国经济增长率仅为 3%，有些西方人士由此认为中国的崛起已经结束。但是这一结论并不正确，人口问题将在多大程度上影响中国的长期增速，取决于北京的决策者如何应对挑战。面对压力，中国并不排斥作出迅速而权宜性的战术调整。这可以追溯到共产党早期的革命经验。正是这种思维模式让中国共产党能战胜过去的挑战，这也将成为其应对未来挑战的优势。此外，尽管中国人口数量下降，但绝对数字仍然很高。美国和西方其他国家，不管是在经济、技术还是军事上，都不应忽视这一庞大群体的潜力[1]。

新加坡南洋理工大学拉惹勒南国际研究院学者龚雪（Gong Xue）在 2022 年 12 月发表的文章《潜在爆发点随处可见，东盟如何弥合美中鸿沟并且获得经济好处》中，围绕"东盟如何在中美经济竞争加剧的同时进一步实现经济一体化？东盟可以采取哪些措施来获得经济好处并且弥合中美之间日益扩大的鸿沟？"等问题分析指出，中国的确一直在稳步扩大自己在东南亚的经济影响力。中国是东盟最大的贸易伙伴，并借助"一带一路"倡议在该地区站稳了脚跟。中国还大力支持 RCEP，发挥了整合协定各方的关键作用。这越发鼓励亚洲经济体接受中国在区域一体化中的领导地位。为了抗衡中国的地区影响力，美国一直在打造各种地缘经济手段。例如，华盛顿启动了"印太经济框架"，同时寻求与中国"脱钩"。面对中美在该区域竞争的加剧，东盟国家可以考虑"寻找中间道路"，发起支持"不结盟"外交政策的新运动。在当今大国竞争的背景下，"不结盟"将使东南亚国家能够推进自身的利益，同时又不必把自己与大国的偏好无条件捆绑在一起。新加坡已经明确表示有意向仔细考虑不结盟的问题。在奉行"不结盟"外交政策的同时，东盟各成员国应该

---

[1] 新华通讯社：《参考资料》2023 年 2 月 23 日，第 35 期。

避免自我孤立和保护主义，转而继续加强经济开放、互联互通和多边主义。未来，"不结盟"的新外交政策可以让东南亚促进相互竞争的集团之间的互动。当然，在两个大国之间斡旋对任何国家来说都很具有挑战性。但是，通过带头制定地区标准，东盟可以在地缘政治紧张局势中获得更大影响力。①

三、研究概况及简要分析

新加坡的中国研究在东南亚诸国中相当突出，主要是因为新加坡的经济和学术研究在该地区非常发达，而且新加坡的华人人口在该地区占比最多。20世纪50年代，新加坡华人自发建立了海外第一所华人大学——南洋理工大学。后来，新加坡国立大学（包括其中文系、东亚研究所、亚洲研究所等）、新加坡南洋理工大学（包括其中国研究中心、国防与战略研究所、华裔馆等）、新加坡国际问题研究所、新加坡国际政策研究所、新加坡管理大学、新加坡人民协会中国事务研究中心等均在中国研究方面有所建树。在以马凯硕、陈刚、葛崇胜等为代表的新加坡中国研究学者中，有半数以上的学者有在中国成长和求学的经历，多数人在西方著名大学获得博士学位，他们不但通晓中国文化、政治和社会，还受到了较好的学术训练。

（一）2022年新加坡学术界中国研究概况——以新加坡国立大学东亚研究所为例

值得关注的是，新加坡国立大学是中国研究的重镇之一，其

---

① Gong Xue, "How Asean Can Bridge US–China Gap and Reap Economic Benefits Amid Potential Flashpoints", *South China Morning Post*, 3 December 2022.

中的中文系和东亚研究所等机构均长于中国研究。中文系在重视中国语言、文学、历史、哲学研究的同时，特别关注那些具有本土特色的东南亚华人社团，强调具有思想性和实用性的课题研究。东亚研究所则重点关注当代中国的政治、经济、社会发展和外交等现实问题，该所有两项主要任务，其一是为政府官员提供政策分析报告，其二是从事学术研究。其中，《中国：国际期刊》（*China：An International Journal*）是东亚研究所出版的一份具有国际影响力的学术季刊。在 2022 年一共发行了 4 期，围绕中国的政治、经济、社会、地理、法律、文化和国际关系，共发表了约 30 篇研究论文和 4 篇评论笔记，并且在每期最后提供了中国与东盟关系发展的重要文件清单和事件年表。

2022 年，东亚研究所还出版了由彭轲和郝福满主编的论文集《中国共产党的未来：中国特色社会主义新时代》。该书收录了来自亚洲、美国、欧洲和澳大利亚的中国问题专家在 2022 年前后的研究成果，分为"发展、安全与中国共产党""中国共产党、中国的崛起与地缘政治变迁"等专题，共收录 23 篇论文，汇集了对当前中国经济、社会、政治、军事和外交热点议题的前沿研究和见解。

（二）新加坡学界中国研究重点议题的影响因素

从新加坡自身传统来看，该国历来具有强烈的忧患意识。一方面，新加坡处于马来西亚半岛的东南端，扼守马六甲海峡，在太平洋与印度洋之间的航道上处于关键位置。马六甲海峡被称为全球最繁忙的海运通道、"东方十字路口"或"海上生命线"，据 2018 年的数据统计，每年通过马六甲海峡运送的货物占全球货物商品贸易量的 40%，西方国家约 50% 的进口石油和 80% 的其他战略物资必须通过马六甲海峡运输。但另一方面，新加坡本身国土面积狭小，仅有

720 多平方公里，人口总量、经济腹地、国内市场都极其有限，自然资源和生产原料大都依赖进口。优越的地理位置和有限的国土空间，让新加坡长期处于隐忧之中，这使确保生存成为该国内政外交的核心考量。

从当前的经济发展新形势来看，2022 年，包括新加坡在内的东南亚地区经济增长放缓风险加大。新加坡贸易与工业部发布数据显示，2022 年全年 GDP 同比增长 3.6%，显著低于 2021 年 7.6% 的增长率[①]。国际货币基金组织（IMF）也在近期下调了对东南亚五国的经济预期。2023 年 1 月，IMF 首席经济学家皮埃尔 - 奥利维耶·古兰沙（Pierre-Olivier Gourinchas）在新加坡举行的记者会上解释道，东南亚地区"经济容易受世界贸易动向的影响"。《日本经济新闻》分析指出，经济增速放缓的主要原因是出口。其中，新加坡 2022 年 12 月出口额同比下降了 20.6%，减幅为十年来最大值，甚至出口在 2023 年全年转为负增长的可能性增大。而未来东南亚经济早日触底反弹的关键，就在于东南亚最密切的贸易伙伴——中国的经济复苏，以及中国游客的增加[②]。

从国际局势来看，在亚太地区的大国博弈中，东南亚是一个重要战略区域。美国拜登政府在 2022 年对东南亚频频发力，拉拢意图明显。然而，美国一味强调"遏制"中国，实际上并没有为新加坡等东南亚关键国家提供更好的选择。对此，美国兰德公司资深防务分析师德里克·格罗斯曼（Derek Grossman）在《拜登对东南亚奉行半心半意的政策》一文中分析道：在 2022 年，拜登政府通过高官亲临现场参加活动（如美国—东盟峰会、东亚峰会等）、发布《美

① 经济日报新闻客户端：《新加坡去年经济增长不及预期》，http://intl.ce.cn/sjjj/qy/202302/13/t20230213_38389831.shtml。
② 日经中文网：《东南亚经济放缓隐忧强，中国动向成反弹关键》，cn.nikkei.com/politicsaeconomy/epolitics/51350-2023-02-08-11-30-20.html。

国印太战略》报告、启动《印太经济框架》（IPEF）等手段，"取悦了东南亚人的耳朵，但只能到此为止"。因为拜登政府对东南亚仍然"口惠而实不至"，例如，IPEF 与此前的《跨太平洋伙伴关系协定》（TPP）相比，只提出了模糊的目标，东南亚国家也得不到更多的美国市场准入。与此相反，中国仍是东南亚几乎所有国家的最重要的经济伙伴[1]。不过，有学者指出，面对体量庞大的中国，作为小国的新加坡也有所担忧，主要集中在南海争端、台湾问题，以及中国在东南亚不断增长的影响力等方面[2]。因此，新加坡也不排斥美日等域外大国，而是试图将美国作为平衡中国在东南亚地区影响力的砝码，避免在经济上过分依赖中国，以确保其经济和政治安全。

（作者单位：中央党史和文献研究院信息资料馆）

---

① 新华通讯社:《参考资料》2023 年 2 月 23 日，第 35 期。
② 邢瑞利:《东盟国家对"印太经济框架"的认知与反应——基于经济预期与威胁认知的解释》，载《东南亚研究》2023 年第 1 期。

英　国

张壹铭

  2022 年中国和英国都经历了国内和国际的重大事件。中国成功举办了冬奥会,胜利召开了中国共产党第二十次全国代表大会,为实现第二个百年奋斗目标擘画了宏伟蓝图。英国则经历了政府的动荡和更迭、国家元首的更替,并出现了严重的经济问题。在国际局势上,双方也都为俄乌冲突牵动了神经。在这样的背景下,英国学界对中国的研究热点主要集中在英国学派眼中的中国崛起、中国的国际关系、中国的政治经济形势三个方面。

一、热点议题与主要观点

(一)英国学派眼中的中国崛起

  英国学派(English School)是国际关系理论中的一个重要流派,它区别于美国主流的实证主义国际关系理论,强调国际社会的存在,认为国家既会追求自身利益也会遵守共同的国际规范和制度,就对规范的理解而言，其内部存在多元主义和社会连带主义之争①。由于其提供了一个考察行为体如何对待国际社会中规范和制度的框架，常被用来分析中国的崛起②。

伦敦政治经济学院（the London School of Economics and Political Science）荣誉教授、国际关系理论英国学派代表人物巴里·布赞（Barry Buzan）在《英国学派视角下的中国崛起》一文中，运用"首要制度"（Primary Institution）概念分析了中国与国际社会的关系。在英国学派的语境中，首要制度指的是国际社会中深层次、持续演化的实践，它由公认的原则、规范和规则构成，并可以用来定义国际社会的准入标准和行为规范③。在这篇文章中，它集中包括主权、外交、国际法、领土权、民族主义等一系列概念，布赞通过观察中国是否接受这些首要制度，来判断中国融入国际社会的程度。从历史上看，中国在东亚曾经拥有自己独特的、以朝贡体系为基础的国际社会；到了近代，中国被强行带入西方的殖民主义国际社会中，需要努力去适应西方定义的文明标准，以期在国际社会中谋得一席之地；新中国成立后，中国一度是国际社会中的"革命者"，随后在改革开放政策的引领下重新融入国际社会，接受了绝大多数的国际首要制度，包括经典的威斯特伐利亚原则，即主权、领土权、不干涉内政、均势、大国权力管控、国际法、外交等，也包括民族主义、发展权、民族平等、尊重市场等现代规范，并且在经济和贸易领域

① Barry Buzan, *An Introduction to the English School of International Relations: The Societal Approach, Polity, 2014.* 英国学派全称为 English School of International Relations，尽管在中文语境中普遍使用"英国学派"，但这种表述存在争议，例如北京大学教授张小明认为将其翻译成"英格兰学派"更为准确。
② 张小明：《诠释中国与现代国际社会关系的一种分析框架》，载《世界经济与政治》2013 年第 7 期。
③ Barry Buzan, *From International to World Society? English School Theory and the Social Structure of Globalisation,* Cambridge: Cambridge University Press, 2004, pp. 176–181; Barry Buzan, "Revisiting World Society", *International Politics*, Vol. 55, No. 1, pp. 125–140.

积极融入现有的国际制度和组织。但同时，中国对西方价值观中的民主、人权等概念并不热衷。根据以上分析，布赞认为，中国虽然广泛接受并执行了国际社会现有的首要原则，但有鉴于价值理念上的差异，以及中国想要提升国际地位的强烈意愿，可能并不会满足于维持现状，中国应该被视为国际社会中的改革者①。

也有学者不同意布赞的看法，认为把中国称作国际社会改革者的说法是有缺陷的，这不仅不符合中国试图保持经济增长的物质利益，也忽略了中国将自身经济嵌入当前国际制度②的既有事实和长久意愿。圣安德鲁斯大学（University of St Andrews）国际关系学院教授伊恩·泰勒（Ian Taylor）和程章玺博士在《中国作为"崛起大国"：现状为何重要》一文中指出，通过参与经济全球化融入西方主导的全球资本主义体系，中国获得了巨大的利益。因此，中国的利益在于维持稳定和现状，而不是颠覆这一体系。有学者提出中国想要用自己独特的发展模式（即所谓的"北京共识"）来取代美国的主导地位，并以此来说明中国想要改变而非维持现状。对于这一说法，泰勒和程章玺予以反对，他们认为，中国是支持贸易自由化和经济全球化的，没有用另一种模式取而代之的必要。在实际行动中，中国也体现出加入当前国际秩序的意愿，而不是要推翻它。例如，中国自愿加入世界贸易组织并遵守其规则，同时中国也没有利用其债权国地位挑战全球金融体系的根基。相反，中国在世界贸易组织中扮演了一个积极参与的支持者的角色，拓宽海外市场的同时也逐步降低国内贸易的门槛。总体来说，中国的政策和行动没有显示出想

---

① Barry Buzan, "China's Rise in English School Perspective", in Chengxin Pan and Emilian Kavalski (eds.), *China's Rise and Rethinking International Relations Theory*, Bristol University Press, 2022, pp. 145–167. 该文曾于 2018 年 9 月发表在 *International Relations of the Asia-Pacific* 第 18 卷第 3 期，2022 年的版本对环境治理的相关表述作了修改。

② 这里的"制度"不同于上文中"首要制度"里的规范性"制度"，指的是具体行为体（如国家、国际组织等）根据规范或其他目的建立起来的组织和机制。

要彻底改变全球治理模式的愿望，事实表明，中国是一个追求国际秩序稳定、进一步融入国际体系和积累财富的大国，而不是推翻全球资本主义秩序的国家[①]。

在争论中国的国际社会身份和属性之外，也有学者从本体论的角度出发，认为中国崛起的过程可以让国际关系学者重新思考"友谊"这个政治概念，并为国际行为体提供不同的互动模式。伦敦国王学院中国研究所（Lau China Institute, King's College London）的教授阿斯翠德·诺丁（Astrid Nordin）和利兹大学的副教授格拉汉姆·史密斯（Graham Smith）在《友好地崛起？中国、西方和关系本体论》一文中指出，中国将成为一个更加友好的大国，因为中国秉持一种关系本体论（Ontology of Relations）。这种关系本体论区别于西方主流国际关系理论中的事物本体论（Ontology of Things），后者认为世界是由固定的单元（如国家）所构成的，这些固定单元强调个体的属性及其与他者的区别，并衍生出一些以自身生存为第一要务的恒定利益。这种二分法的本体论会令行为体更加关注生存、权力、无政府状态和安全困境等因素，并由此产生出一种针对他者的焦虑感，进而陷入对抗性的关系模式。与之相反，作者认为借鉴了中国国际关系理论的关系本体论可以提供一种替代模式。在分析了秦亚青、菲力克斯·伯伦斯科特（Felix Berenskötter）和凌焕铭（L. H. M. Ling）对关系、友谊和自我与他者关系的讨论后，诺丁和史密斯认为，"友谊"作为一种政治概念能够培养道德与善念，并且可以辩证地构建自我与他者的共生关系，使双方通过共生共建来找到一种和谐相处、彼此促进的关系模式，从而规避事物本体论导致的二分法和对抗性关系。虽然曾被主流理论长久忽视，但伴随着中国崛起的过程，"友谊"这个政治概念及其背后的关系本体论可以为国

[①] Ian Taylor and Zhangxi Cheng, "China as a 'rising power': why the status quo matters", *Third World Quarterly,* Vol. 43, No. 1, 2022, pp. 244–258.

际关系理论贡献新的观念和范式，并且有望为国际政治现实提供具有启发性的思想[①]。

布里斯托大学（University of Bristol）教授张勇进（Yongjin Zhang）在《中国、权力转移和多元国际社会的韧性：超越现实主义与自由主义》一文中从英国学派的视角对中国崛起与国际社会的关系进行了批判性的讨论。他首先重新审视了国际关系理论主要流派对中国崛起的看法，认为现实主义学者过分夸大了权力转移理论在中国崛起这个议题上的可适用性，这会限制人们的思考范围，对客观理解大国间政治是有破坏性的；而自由主义学者则对现有国际制度的约束力太过自信，认为加入已经高度制度化的国际秩序是很容易的，但想摆脱和破坏它却很难，因此中国发展到最后还是要遵循自由主义的制度。然而实际情况却并非如此，英美等西方国家普遍认为，过去几十年对中国的建设性接触没有达到它们预想的目的，中国接受这些制度但没有完全被"驯服"。归根结底，张勇进认为，主流国际关系理论的错误在于把中国崛起当作一种需要被解决的终极挑战或问题，而未能从另一个角度思考中国能为国际社会的规范构建带来哪些贡献。从英国学派的角度看，中国是主权、不干涉原则等多元主义核心制度的捍卫者，遵守联合国机制和宪章精神，提倡尊重不同国家的社会体系和发展水平，反对社会连带主义者提出的具有唯一适用性的普世价值和规则，这对于多种文明共存的国际社会来说至关重要。在维护不同种族、文化、价值观念多样性的过程中，国际关系学者可以超越现实主义权力转移和自由主义制度霸

[①] Astrid H.M. Nordin and Graham M. Smith, "Friendly Rise? China, the West and the Ontology of Relations", in Chengxin Pan and Emilian Kavalski (eds.), *China's Rise and Rethinking International Relations Theory,* Bristol University Press, 2022, pp. 83–101. 该文曾于 2018 年 9 月发表在 *International Relations of the Asia-Pacific* 第 18 卷第 3 期，原题目为 "Reintroducing Friendship to International Relations: Relational Ontologies from China to the West"。2022 年的版本对标题和部分文字表述作了调整。

权的窠臼，寻找让各类国家"和而不同"相处的方式 ①。

（二）中国的国际关系

1. 中国在俄乌冲突中的立场和中俄关系

2022 年初爆发的俄乌冲突引发了全球的关注，不仅对地区安全造成了威胁，也对全球和平态势构成了挑战。中国在俄乌冲突中保持中立，并提出了关于政治解决乌克兰危机的中国立场。基于中国的国际影响力及其与俄乌双方的关系，英国学界特别关注中国在这场冲突中的立场和作用，并进一步对中俄关系以及中国的地缘政治战略进行了分析和讨论。

国际战略研究所（International Institute for Strategic Studies）的梅阿·努文斯（Meia Nouwens）分析了中国在俄乌冲突中的官方立场，即中国既强调尊重所有国家的主权，又表示尊重俄罗斯的合理安全关切，反对西方运用制裁的手段加剧冲突。努文斯认为，这显示出中国在对俄立场上一方面要坚持自己一贯的外交原则，一方面又要考虑到与战略伙伴的关系，似乎有些左右为难 ②。但皇家联合研究所（Royal United Services Institute）的萨丽·阿霍·阿夫伦（Sari Arho Havrén）指出，这种立场恰恰显示出中国从大国竞争的角度来看待俄乌冲突。阿夫伦认为，中国实际上将美国领导的北约视为俄乌冲突爆发的始作俑者，美国为了维护自己的霸权让欧洲国家走入战争，

① Yongjin Zhang, "China, Power Transition, and the Resilience of Pluralist International Society: Beyond Realism and Liberalism", in Tonny Brems Knudsen, Cornelia Navari (eds.), *Power Transition in the Anarchical Society*, London: Palgrave Macmillan, 2022, pp. 125–152.

② Meia Nouwens, "China's Difficult Balancing Act in Russia–Ukraine Crisis", International Institute for Strategic Studies, 4 March 2022, https://www.iiss.org/online–analysis/online–analysis/2022/03/chinas–difficult–balancing–act–in–russia–ukraine–crisis/.

成为其霸权的牺牲品。因此，中国立场的本质是反对美国及其领导的排他性军事集团，特别是要防范美国把带有对抗性质的集团引入"印太"地区①。

对中国立场的讨论进一步引发了有关中俄关系的讨论。尽管有分析人士认为中俄关系有可能因俄乌冲突出现分歧，但也有学者认为中俄关系虽然变得复杂，但仍然牢固。伦敦政治经济学院研究员迈克尔·考克斯（Michael Cox）表示，中俄的合作基础是多层次的。在宏观层面，双方都对当前由美国主导的国际体系和国际秩序不满，希望构建一个多元的国际体系，使新兴国家和其他发展中国家也有发言权，而不是仅由美国和西方发达国家来裁定国际秩序。在实践层面，美国在欧洲推进北约东扩，在亚太地区组建美英澳三边安全伙伴关系（AUKUS），并通过美日印澳四边机制和"民主峰会"等方式在意识形态领域制造对立，这使中俄在安全和外交层面产生了共同目标，双方都希望推动建立多极格局，限制美国在全球和地区的霸权主义行为。出于相近的战略考量和利益需求，中国不会放弃与俄罗斯的关系。此外，考克斯同阿夫伦的看法一致，认为中国将美国视为导致俄乌冲突的终极原因，这一点使得中国的立场不会因为战场局势而轻易变化②。

2. 如何处理对华关系

在风云变幻的国际形势中，英国学界希望找到不同的解释，为如何处理对华关系提供方案。英国学术期刊《国际事务》

---

① Sari Arho Havrén, "China's Position on the Ukraine War Mirrors its Global Pursuits", Royal United Services Institute, 13 May 2022, https://rusi.org/explore-our-research/publications/commentary/chinas-position-ukraine-war-mirrors-its-global-pursuits.

② Michael Cox, "Chinese Puzzles – Putin's Long War in Ukraine", China Dialogues, The London School of Economics and Political Science, 24 October 2022, https://blogs.lse.ac.uk/cff/2022/10/24/chinese-puzzles-putins-long-war-in-ukraine/.

（*International Affairs*）在 2022 年第五期推出了题为"不该如此"
（How not to）的特别专栏，讨论国际关系中的一些错误观念和行为
及其导致的失败，并提出如何避免这种失败的结果，其中包含美国
国际关系学者约瑟夫·奈（Joseph Nye）撰写的一篇题为《不该如此
应对崛起的中国：一种美国视角》的文章。奈指出，为了避免失败
的对华战略，美国应该避免如下情况：一是由于冲突管控失效或未
察觉的危险而陷入战争；二是由于在价值观和意识形态上妖魔化中
国而导致新冷战的爆发，使得中美失去沟通和合作的空间，进而在一
些亟须同中国合作的领域，例如应对气候变化、防止核武器和生化武
器扩散等方面付出巨大代价；三是由于无法应对自己国内的政治极化
和其他社会经济问题，令美国失去同中国竞争的能力；四是由于民粹
主义和本土主义盛行，导致美国失去移民和劳动力的来源，同时失
去国际机构和盟友的信任与支持。奈在为美国擘画未来战略的同时，
也特别强调要尽可能地与中国合作，避免与中国陷入冲突，不管是
"热战"还是"冷战"，都可能造成美国、甚至全球政治的灾难①。

在英国智库界，为了研究如何应对中国崛起所带来的影响，查
塔姆研究所（Chatham House）和皇家联合研究所 2022 年联合发表
了一份题为《中国与跨大西洋关系》的报告。报告认为，美国和欧
洲国家都对中国崛起表达出了强烈关切，但在如何处理对华关系方
面，欧美之间却有诸多不一致。报告从贸易与投资、数字技术、气
候变化和全球公域四个方面分析了欧美对华政策的异同。从整体来
看，欧美在对华关系上协调困难的原因主要来自三个方面。第一，
欧美看待中国的立场不同。美国认为中美处于大国角力的"战略竞
争"之中，而欧盟委员会把中国称作"系统性对手"，并没有把对华
关系提升到与美国一样的战略高度。当美国对中国采取对抗性政策

---

① Joseph S. Nye, Jr., "How not to deal with a rising China: a US perspective", *International
Affairs,* Vol. 98, No. 5, 2022, pp. 1635–1651.

的时候，欧洲国家仍倾向于跟中国保持经济联系和政治对话。第二，欧美内部行为体多元化、政策制定过程碎片化的特点也使得欧美难以协调一致。一方面，欧洲国家对中国的经济依赖程度不同，导致其对中国的态度存在差异，也难以在欧盟层面形成统一的对华政策。另一方面，美国内部不同党派对待气候问题的态度也有所不同，美国执政党的更迭使其气候政策变得很不稳定，也曾损害美国在欧洲盟友眼中的可信度。此外，除了国家行为体，私营企业也有自己的利益取向，难以与国家政策保持一致。例如，有些公司在数字技术、应对气候变化和太空研发等领域与中国企业和部门达成合作，尽管这些合作会被一些国家视为威胁国家安全的负面因素。第三，欧美之间存在竞争与差异。除了上述四个领域的竞争，欧美之间的根本性矛盾在于欧盟及其部分成员国希望加强"战略自主"，减少对美国的政治依赖，这使得加强同美国合作的做法在欧洲并不总是受到欢迎。而过去特朗普政府的"美国优先"政策和贸易保护主义让欧洲意识到美国并非总是国际事务中的可靠伙伴，这增加了欧美合作的难度。面对上述差异，该报告认为欧美应该在理念和政策上相互做出妥协，这样才能应对中国带来的全球性挑战[1]。

除了讨论如何应对中国崛起，也有学者讨论能在哪些方面同中国开展合作。2022年初，中国成功举办了冬奥会和冬残奥会，借由这届体育盛事的影响，查塔姆研究所研究员帕特里克·施罗德（Patrick Schröder）认为，这届冬奥会是中国政府展示大国形象的窗口，也是改善中国和西方外交关系、增进民众交流的契机。但是受到西方意识形态差异、中国防疫政策等因素的影响，本届冬奥会只能在一个较为有限的范围内举行，未能实现民众之间大范围的直接

---

[1] Pepijn Bergsen, Antony Froggatt, etc., "China and the Transatlantic Relationship", Chatham House, 16 June 2022, https://www.chathamhouse.org/2022/06/china-and-transatlantic-relationship.

交流。因为有此遗憾，施罗德认为在后疫情时代，各方更应该尽一切可能开展民间交流与合作。一些国家出台对抗性的政策、提出要与中国脱钩，这些事情说起来容易，但如果想要一起应对全球各种复杂的危机，在国际社会中创造更多和平的环境，就需要保持外交对话并推进中国与西方社会的民间交流[①]。

3. 中国与发展中国家的关系

英国学界注重研究中国与发展中国家的关系，一些研究机构和学术期刊，如伦敦政治经济学院的外交与国际战略中心智库（IDEAS）、《第三世界季刊》（*Third World Quarterly*）、《中国季刊》（*The China Quarterly*）、《太平洋评论》（*The Pacific Review*）等，持续跟踪研究中国与全球南方（Global South）[②]国家的关系，并发表相关领域的论文。为了充分归纳学界的观点，在此类英国平台和期刊上发表的文章均被纳入本文考察范围，并选取了一些代表性的内容进行展示。

中非合作论坛第八届部长级会议于 2021 年 11 月在塞内加尔达喀尔举行，中国与非洲参会各方同意继续深化互利合作，开启中非关系的新时代，展现了中国与非洲国家的良好合作关系与深厚的外交基础。此次会议不仅在当时受到了英国学界的关注[③]，也在 2022 年

---

① Patrick Schröder, "Is It Time for a New Rapprochement between China and the West?", Chatham House, 18 February 2022, https://www.chathamhouse.org/2022/02/is-it-time-for-a-new-rapprochement-between-china-and-the-west.

② "全球南方"（Global South）指的是广泛分布于亚洲、非洲、拉丁美洲和大洋洲的低收入或被边缘化的国家，它们通常包括过去的"第三世界国家"，也包含广大的发展中国家。"全球南方"这个术语的使用意味着对发展中国家的关注点发生了转移，过去主要关注的是它们的经济发展水平，现在也开始关注它们的整体发展状况和地缘政治影响力。详细分析参见 Nour Dados and Raewyn Connell, "The Global South", *Contexts,* Vol. 11, No. 1, 2012, pp. 12–13; Arif Dirlik, "Global South: predicament and promise", *The Global South,* Vol. 1, No. 1, 2007, pp. 12–23.

③ 张壹铭：《2021 年英国学界关于当代中国问题研究的热点回顾及特点分析》，载《国外理论动态》2022 年第 6 期。

引发了后续讨论。伦敦政治经济学院的教授肯尼斯·金（Kenneth King）主要从职业教育、能力培训层面分析了此次会议的内容和意义。金指出，从会议精神上看，会议报告《达喀尔行动计划（2022—2024）》的文本里大量使用了"共同""双方""中非"等词汇，显示出中非合作并不是中国单方面的援助和捐献，而是两个长期伙伴基于相互理解达成的宏伟计划。在具体计划方面，金认为有两个重点领域对非洲国家帮助很大，一个是以鲁班工坊为代表的职业能力培训项目，另一个是以孔子学院为代表的语言文化交流项目。此外，在医疗、农业、航空领域的培训教育也有助于更多非洲民众掌握劳动技能，提高非洲的整体职业素养和就业水平。金特别指出，在实施和执行层面，中非合作论坛的承诺虽然是以多边合作的形式达成的，但落实这些承诺则是中国与单个非洲国家以双边的形式实施的，目的是保障合作项目可以契合所在国的具体国情。总体来说，此次会议及其行动计划是南南合作的一个良好典范①。

　　除了中非合作论坛，还有学者关注中国建立的其他区域性集体对话机制。例如，伦敦政治经济学院的教授克里斯·阿尔登（Chris Alden）在题为《探索全球南方的共同命运：中国地区论坛外交的作用》一文中分析了中国推动的区域论坛外交及其影响。文章概述了中国建立的三个区域论坛：中非合作论坛（FOCAC）、中国—阿拉伯国家合作论坛（CASCF）和中国—拉美和加勒比国家共同体论坛（CELAC）。通过比较三个论坛的原则、利益和权力关系，阿尔登认为这些论坛普遍赞同平等、互利、共同发展的原则，同时也是推广尊重主权和不干涉原则、推动国际体系民主化的平台。尽管在制度

---

① Kenneth King, "Education, Training and Capacity Building in the Forum on China–Africa Cooperation (FOCAC) 2021: Multilateral and Bilateral Ambitions Twenty Years On", China Foresight, April 2022, https://www.lse.ac.uk/ideas/publications/reports/occasional–paper–education.

设定和合作重点上有差异，但三个论坛都能够因地制宜，根据合作伙伴的区域特点制定相应的议程，充分考虑它们的关切。总体而言，这种区域论坛外交的模式反映了中国与全球南方的共同命运愿景，有利于北京倡导的多边主义合作和多极世界的建立 ①。

在关注中国与发展中国家合作理念和机制的同时，也有学者着眼于具体的合作领域，例如以孔子学院为代表的语言和文化交流项目。虽然近年来孔子学院在一些欧美国家遇挫，但在发展中国家的发展依然富有成效。《中国季刊》在 2022 年 6 月发表的第 250 卷中刊登了一篇题为《重新思考中国的软实力：埃塞俄比亚孔子学院的"务实吸引力"》的文章，研究孔子学院在埃塞俄比亚的推广和成效。该文章认为，西方现有文献倾向于将孔子学院描述为有争议的项目，但孔子学院和孔子课堂等项目在埃塞俄比亚办得比较成功，通过务实的合作方式，满足了中国和埃塞俄比亚双方的利益。对于埃塞俄比亚的大学管理者来说，孔子学院提供了多方面的好处。首先，孔子学院有助于拓宽学生的就业前景，因为在埃塞俄比亚的企业对汉语翻译的需求很大。其次，中方承担孔子学院的主要运营经费，对埃塞俄比亚大学几乎没有额外负担。再次，孔子学院被宣传为当地大学国际化和现代化的标志之一。对埃塞俄比亚学生来说，孔子学院可以提供去中国留学的机会和奖学金，这对许多未出国的埃塞俄比亚学生有很大吸引力。此外，孔子学院也可以帮助毕业生找到更多就业机会。许多学生最初被中国文化吸引，后来发现学中文还具有现实的就业价值。已经就职的毕业生反馈汉语翻译的工作收入颇丰，从而进一步吸引更多学生学习汉语。这种务实的合作模式获得

---

① Chris Alden, "Finding a Common Destiny in the Global South: The Role of China's Regional Forum Diplomacy", China Global South Project, 6 May 2022, https://chinaglobalsouth.com/analysis/finding-a-common-destiny-in-the-global-south-the-role-of-chinas-regional-forum-diplomacy/.

了埃塞俄比亚多方的支持，有助于中国增强在非洲的软实力①。

中国与发展中国家的合作经常受到一些西方智库和媒体的质疑。一般而言，常年研究中南合作的学者会从相对客观的角度分析问题，尽可能地排除刻板印象和误解偏见，同时也会发表一些文章反驳或澄清该领域内的谬论与迷思。伦敦大学亚非学院中国研究院（SOAS China Institute）2022 年在其研究博客发表了两篇专门纠正这种常见误解的文章。第一篇文章题为《非中经济合作的未来：观念与现实》，主要指出了观察中非关系时出现的三个误解。第一，非洲在中非关系中是被动方，受中国的摆布。这种说法忽视了整个非洲范围内形形色色的多元行为体，包括政府部门、私人企业、公民社会等一系列复杂而具有特殊影响力的角色，它们有着多种多样的利益取向和行为抉择，不会简单地受某一个外界行为体摆布。第二，非洲必须在中美之间选边站。非洲国家记得在冷战时期被迫选边站造成的代价，因此不会重蹈覆辙，何况美国自己也没有真正与中国"脱钩"，就这样假设非洲必须选边站是不公平的。第三，中国正在退出非洲，逐年减少对非洲的贷款。贷款数额的减少不代表中国要退出非洲，相反，这意味着在中非关系成熟后的一种投资模式的转型和改良，即加大私营企业参与程度，并深化农业、工业等领域的合作②。

第二篇文章题为《中国和非洲：埃塞俄比亚案例研究揭穿投资谬论》，该文指出了一个常见的谬论：一个企业或机构的国籍决定了其行为和结果。其暗含的意思是无需区分中国海外企业和中国政府，因为二者的目标是相同的，中国企业仅仅是中国实现海外战略的工

---

① Maria Repnikova, "Rethinking China's Soft Power: 'Pragmatic Enticement' of Confucius Institutes in Ethiopia", *The China Quarterly*, Vol. 250, 2022, pp. 440–463.

② Anzetse Were, "The future of Africa–China economic cooperation: Perception versus reality", SOAS China Institute, 18 January 2022, https://blogs.soas.ac.uk/china-institute/2022/01/18/the-future-of-africa-china-economic-cooperation/.

具。该研究以中国企业在埃塞俄比亚的情况为例，展示了影响中国私营企业在该国投资方向的众多因素，包括公司类型、企业主的身世背景、中国的"走出去"政策、埃塞俄比亚吸引外资的政策，而最重要的动力则是追求盈利和拓展市场，这与世界上其他私营企业的商业行为并无不同①。相似的观点也见于《太平洋评论》2022年第四期的《中国在东南亚的金融方略：中国在马来西亚的基础设施供应分析》一文，以及刊载于《中国季刊》第250卷的《为了利润还是爱国？平衡中国国家、东道国和企业在老挝橡胶行业的利益》一文。这些文章都指出，不应该把中国企业看作中国战略目标的工具，实际上中国海外企业，特别是一些省级企业有一定的自主性和灵活性，能够在追求商业利润的同时协调多重国家利益。而且这些项目是在双方协商的基础上达成的，东道国也有自己的能动性，所谓的东道国只能被动接受的说法是错误的②。

（三）中国的政治经济形势

1. 中共二十大

英国学界对2022年召开的中国共产党第二十次全国代表大会颇为关注，主要以智库报告或座谈的形式对二十大进行了解读。这类内容侧重于解释报告中出现的重要概念和重点政策，试图对中国未来的发展方向作出判断。其中，与"安全"相关的内容成为英国观

① Weiwei Chen, "China and Africa: Ethiopia Case Study Debunks Investment Myths", SOAS China Institute, 17 March 2022, https://blogs.soas.ac.uk/china–institute/2022/03/17/china–and–africa–ethiopia–case–study–debunks–investment–myths/.

② Guanie Lim, Chenli and Xianbai Ji, "Chinese Financial Statecraft in Southeast Asia: An Analysis of China's Infrastructure Provision in Malaysia", *The Pacific Review,* Vol. 35, No. 4, 2022, pp. 647–675; Juliet Lu, "For Profit or Patriotism? Balancing the Interests of the Chinese State, Host Country and Firm in the Lao Rubber Sector", *The China Quarterly,* Vol. 250, 2022, pp. 332–355.

察人士关注的重点，英国三个主要关注国际问题的智库都从这个角度对中共二十大报告进行了分析。

努文斯认为，"安全"作为关键词在二十大报告中出现的频次比往届报告要多，而且报告中提到的"科技自立自强"已成为影响中国国家安全的重要因素，为了保障国家安全，中国力图克服卡点瓶颈，以应对美国的科技产品出口管制。在这个过程中，中国必然要面临经济增速放缓的风险，但二十大报告对"高质量发展"和"共同富裕"的强调体现出经济增速已不再是衡量中国经济发展的唯一指标[1]。

皇家联合军种国防研究所专家查尔斯·帕顿（Charles Parton）也认为二十大报告体现出中国长期重视国家安全，这次报告将国家安全单独作为一个版块是顺理成章的。同时，帕顿还对报告中提出的科技创新内容予以关注，他认为强调"必须坚持科技是第一生产力"有助于中国打造更加可持续的经济发展模式，特别是面对美国的技术封锁，科技创新可以成为突破经济发展瓶颈的关键，从而实现"第二个百年目标"。此外，帕顿指出了依法治国在二十大报告中的重要性，认为建立法治社会对塑造良好的营商环境至关重要，同时也可以建立有效的法律机制，应对域外国家实施的"长臂管辖"[2]。

查塔姆研究所的报告认为，二十大报告专用一章来强调国家安全的重要性，这显示出中国力图实现自立自强的决心。除了其他学者提到的科技领域，中国也努力实现产业链供应链的自主可控，以及科技创新与人才培养的深度融合。研究报告指出，中国对国家安

---

[1] Meia Nouwens, "What to Expect after China's 20th National Congress", International Institute for Strategic Studies, 28 November 2022, https://www.iiss.org/online-analysis/online-analysis/2022/11/what-to-expect-after-chinas-20th-national-congress/.

[2] Charles Parton, "The 20th Party Congress: What It Means for the Ccp and the World", Council on Geostrategy, 22 November 2022, https://www.geostrategy.org.uk/research/the-20th-party-congress-what-it-means-for-the-ccp-and-the-world/.

全的重视反映出其应对外部严峻环境的决心，尽管面临风险和挑战，二十大报告依然提出要在 2035 年基本实现社会主义现代化，这是一个雄伟的计划，也反映了中国民众对中国共产党领导下的美好生活的深切期望①。

总体来看，英国智库界一般采用摘取关键词的方法对二十大报告进行文本分析，并且通过跟往届报告的比较，从语义表达和词频高低的角度对特定问题进行解读。例如，国际战略研究所的报告以"一带一路"在报告中仅提及两次为由，推测中国在淡化、甚至有可能放弃该倡议；再如，查塔姆研究所的报告以"新型大国关系"没有出现为由，认为中国放弃改善与西方发达国家的关系。然而，这样的分析方法虽然便于发现切入点，但也可能令分析人士过于关注某个词汇，反而失去对报告内容和现实情况的全面把握。以上述两个观点为例，二十大报告虽然较少提及"一带一路"，但其实是在推进高质量发展的背景下，以更高效更规范的方式让"一带一路"倡议服务于全球发展合作。至于"新型大国关系"，实际上这种表述也同样没有出现在十九大报告中，其准确表达应该是要推进"中国特色大国外交"，构建"新型国际关系"，而这两个词语出现在二十大报告中的频次与十九大报告相当，所以并不能支持上述报告的论点。可见在分析词频的同时，准确掌握被分析词语的含义方能避免得出与事实不符的结论。

2. 中国的经济发展与国际影响力

2022 年 12 月举行的中央经济工作会议指出，面对风高浪急的国际环境和艰巨繁重的国内任务，党中央和全国人民砥砺前行，保

---

① Yu Jie, "Xi Jinping Prepares the Communist Party for New Reality", Chatham House, 20 October 2022, https://www.chathamhouse.org/2022/10/xi-jinping-prepares-communist-party-new-reality.

持了经济社会大局稳定。同时，我国经济也面临需求收缩、供给冲击、预期转弱三重压力①。虽然预期转弱主要指的是国内的部分现象，但由于新冠疫情、贸易保护主义和全球供应链危机造成的国际性影响，英国学界也注意到了对中国经济发展的困难和挑战。

牛津大学中国中心研究员乔治·马格纳斯（George Magnus）认为，虽然中国在消除贫困方面取得了巨大成就，但当前似乎正面临房地产市场疲软和收入不平等加剧这两个主要问题。在过去，中国曾通过鼓励私营经济和对外开放实现经济的腾飞，未来如果可以实现财政的有效利用和收入的合理分配，中国经济有望实现回升②。

也有学者担心世界经济可能会因中国经济的发展形势受到影响。查塔姆研究所研究员大卫·鲁宾（David Lubin）指出，中国的发展历来强调独立自主、自力更生，而且 2008 年的全球金融危机削弱了西方经济体系的可信度，危机后西方的经济衰退、欧洲债务危机和全球贸易的整体疲软态势，都从经济角度进一步印证了保持经济自主发展的必要性。近年来，面对国际上的地缘政治挑战和意识形态竞争，中国更加强调在科技创新和人才培养上的自主性。鲁宾认为，中国的自主意识是对国际形势的正常反应，最终承担后果的还是世界经济本身，因为失去中国市场意味着世界其他经济体无法分享中国经济发展的巨大红利，这对世界经济来说是一件坏消息③。

根据中国政府释放的信号，中国将实行更加积极主动的开放战略，所以也许鲁宾不必为世界经济过于担心。事实上，从 2013 年到

---

① 新华社，《中央经济工作会议举行，习近平李克强李强作重要讲话》，中国政府网，2022 年 12 月 16 日，https://www.gov.cn/xinwen/2022-12/16/content_5732408.htm。

② George Magnus, "The Chinese Economy: Troubled Times Ahead", Council on Geostrategy, 5 October 2022, https://www.geostrategy.org.uk/research/the-chinese-economy-troubled-times-ahead/.

③ David Lubin, "Why a More Inward-Looking China Is Bad News for the World Economy", Chatham House, 17 October 2022, https://www.chathamhouse.org/2022/10/why-more-inward-looking-china-bad-news-world-economy.

2022 年，"一带一路"倡议已经走过近十年，在此过程中，中国深度参与了世界经济的发展和振兴。伦敦大学学院（University College London）学者伊戈尔·罗盖利亚（Igor Rogelja）和伦敦国王学院中国研究所学者康斯坦丁诺斯·西蒙尼斯（Konstantinos Tsimonis）在其著作《一带一路：第一个十年》中指出，通过建设"一带一路"倡议，中国在全球范围内，越来越多地参与到政治、规范、经济、社会、环境等领域的发展，中国逐渐成长为国际上重要的发展投资来源，为全球化进程提供了新的视野，作出了卓越贡献[①]。

国际战略研究所 2022 年出版了战略专题报告《中国的"一带一路"倡议：地缘政治与地缘经济评估》，分析了"一带一路"倡议在中国国内工业战略中的作用以及中国在全球日益增长的影响力。对中国自身工业和能源战略而言，海外基础设施建设缓解了国内供给侧产能过剩的压力，数字丝绸之路和绿色丝绸之路帮助中国企业打开了该领域的全球市场，海外能源投资有助于实现能源进口多元化。对世界其他地区而言，以中国中南半岛经济走廊、新亚欧大陆桥和 21 世纪海上丝绸之路为代表，"一带一路"项目极大改善了沿线地区的交通和基础设施，相较之下，美国和欧盟的基础设施建设倡议没有产生实质效果[②]。

二、特点分析

在上述研究热点的基础上，结合英国该年度的国内外形势，

---

① Igor Rogelja and Konstantinos Tsimonis, *Belt and Road: The First Decade*, Newcastle: Agenda Publishing, 2022.

② IISS, *China's Belt and Road Initiative: A Geopolitical and Geo-economic Assessment,* November 2022.

2022年英国学界的当代中国问题研究呈现出如下三个特点。

（一）研究氛围受英国整体环境影响

与上一年相比，2022年的当代中国问题研究在内容上有一个明显的变化，就是关于中英关系的研究变少了。究其原因，学者的研究内容不仅由其兴趣和项目驱动，也受其所在环境的影响。2022年英国大事频发：2月，俄乌冲突爆发并引燃了英俄之间的对立情绪；7月，鲍里斯·约翰逊因保守党党内丑闻失势下台；9月，英国女王伊丽莎白二世逝世；10月，莉兹·特拉斯任职不足50天便不得不辞去首相之位，留下通货膨胀率10%、能源价格涨幅80%、GDP环比萎缩0.2%的英国经济给下任首相里希·苏纳克。在这种背景下，学界的研究热点首先被俄乌冲突吸引，如前文所述，中国问题研究也侧重于讨论中国在俄乌冲突中的立场以及中俄关系。其次，由于保守党内部频繁的动荡更迭，英国政府在2022年难以制定有效的对华政策，使得智库分析人士暂时找不到讨论中英关系的切入点。

（二）通过研究中国来锚定英国的国际位置

除了国内的动荡，英国的政策研究和分析人士也需要帮英国在国际关系的湍流中找到自身定位。英国在2016年脱欧后，试图以"全球英国"政策重塑英国在国际舞台上的大国地位，这需要从英美关系、英联邦内部关系及其与新兴国家关系三个方面入手①。因此在

---

① Cabinet Office, "Global Britain in a Competitive Age: the Integrated Review of Security, Defence, Development and Foreign Policy", HM Government, 16 March 2021. 国内学者的分析参见张飚:《"全球英国"：脱欧后英国的外交选择》，载《现代国际关系》2018年第3期。

前文热点分析中可以看到，研究如何处理对华关系的文章经常会将其置入中美战略竞争或全球权力转移的框架中，在讨论中国与美国或欧洲其他国家的关系时，也是在校准英国在中美、中欧关系中的位置，寻找英国可以发挥作用的空间。研究中国与发展中国家的关系也有着相似的功能，希望通过分析中国与全球南方国家的关系来探索英国与新兴国家的合作模式。不过有所不同的是，与第三世界相关的研究话题更丰富，范式更多元，没有大国政治研究中那么浓厚的话题同质性。

（三）研究中国的声音和内容具有多元性

英国较高的教育和科研水平吸引了来自世界各地的学者和研究人士，他们或在英国的研究机构任职，或在英国高校交流，或得益于学术交流无国界的状态，在英国的期刊、论坛、报告中建言献策；同样的，英国学者也在他国的平台发表当代中国问题研究的内容。这一切都使得如何定义"英国学界"变得似乎有些困难。本着"属地"和"属人"的双重原则，本文收集了来自各种渠道的声音，其中既有英国学术平台采纳的他国声音，也有英国学者在他处的成果。思想的融合和交流使得学术研究变得更加开放和多元，有助于不同意见的表达，使当代中国问题研究变得更加丰满立体。

此外，虽然本文的大部分篇幅都与大国政治经济相关，但现实中也有许多关于当代中国问题的研究并非要呼应英国的战略需求。因为"中国"是一个博大的概念，在国际关系、政治经济之外，在城市田园之间，在历史时空之中，还有许多可供研究的内容，也有众多学者遵从自己的兴趣在做相关研究。囿于篇幅不能一一展示。

整体来看，2022年英国学界关于当代中国问题的研究成果丰硕，这得益于该年特殊的国际形势和中国国内的政治经济气候。除了实用性的研究，英国学派的参与也使得研究内容具有了更多的学理性。搜集和分析英国学界关于当代中国问题研究的成果，一是为了更好地了解英国学界乃至政策研究界的对华思想动态；二是有助于思考如何向包括学界在内的英国各界讲好中国故事，树立良好的中国形象；三是在相互了解的基础上，建立有效的沟通机制，促进思想的交流。

（作者单位：中国政法大学政治与公共管理学院）